# *Corporate Identity als Erfolgskonzept im 21. Jahrhundert*

Heinz Kroehl

HEINZ KROEHL

# *Corporate Identity als Erfolgskonzept im 21. Jahrhundert*

Verlag Franz Vahlen München

VERLAG
VAHLEN
MÜNCHEN
www.vahlen.de

Die Deutsche Bibliothek – CIP-Einheitsaufnahme

Kroehl, Heinz:

Corporate Identity als Erfolgskonzept im 21. Jahrhundert /

Heinz Kroehl. - München : Vahlen, 2000

ISBN 3-8006-2485-0

**ISBN 3-8006-2485-0**



Wilhelmstr. 9, 80801 München

Konzeption und Gestaltung: Kroehl Gruppe Frankfurt

Druck und Bindung: Kösel, Kempten

Umschlag: Kroehl Gruppe, Frankfurt

## Inhaltsverzeichnis

# 1. Einleitung

## 1.1 Management für das 21. Jahrhundert

Die "Kommunikationsbranche" ist überrascht: Immer mehr international agierende Konzerne setzen plötzlich auf Corporate Communication. Sie scheuen sich dabei sogar nicht, Kampagnen der Unternehmenskommunikation zu Lasten klassischer Produktwerbung gehen zu lassen. Sie sehen es offensichtlich als strategische Notwendigkeit, das Unternehmen, das in der Vergangenheit zunehmend hinter Produkten und Marken zurückgetreten war, wieder deutlicher sichtbar werden zu lassen.

Die Überraschung der "Kommunikationsbranche", die nach ihrem Selbstverständnis von Werbeagenturen und Medien beherrscht ist, wird vor dem Hintergrund verständlich, daß die Branche über Jahre hinweg das Thema der Corporate Identity absolut vernachlässigt hat. Man hielt CI eher für eine Modeerscheinung der 80er Jahre. Auch jetzt gibt es wieder Stimmen, die die Welle der Corporate-Kampagnen eher für eine vorübergehende Erscheinung halten. Das zeigt, wie wenig man von dem versteht, was hier wirklich vorgeht. Und dies in einer Branche, die von sich selbst behauptet: "Corporate Communications gehört zum Handwerk, denn es spielt für eine Agentur keine Rolle, ob sie für ein Produkt oder eine Firma wirbt."

Genau hier liegt das grundlegende Mißverständnis. Corporate Communications als ein wesentlicher Teil der Corporate Identity unterscheidet sich ganz gravierend von der Werbung, die ein Bestandteil des Marketing ist. Auf den wichtigsten Punkt gebracht: Werbung hat die Aufgabe, Produkte zu differenzieren, die sich aufgrund der technischen Entwicklung immer ähnlicher werden. Dabei ist sie umso erfolgreicher, je besser sie den Nerv einer klar definierten Zielgruppe trifft. Unternehmen dagegen unterscheiden sich im Zuge der Entwicklung immer deutlicher voneinander, und es ist Aufgabe der Corporate Communications, diese Einzigartigkeit angemessen gegenüber sehr verschiedenen Zielgruppen zu vermitteln. Kunden, Lieferanten, Marktpartner, Aktionäre und Mitarbeiter haben sehr unterschiedliche Informationsbedürfnisse, und dennoch muß die Kommunikation "aus einem Guß" sein.

Auslöser für die aktuell zu beobachtende Welle von Corporate Kampagnen ist der massive Wandel, den die Unternehmen aktiv gestalten müssen, wenn sie heute an der Schwelle zum 21. Jahrhundert den Anforderungen der Zukunft gewachsen sein wollen. Die Veränderungen, die die Unternehmen zu bewältigen haben, sind in diesem Jahrzehnt in praktisch allen Branchen größer als in den letzten 50 Jahren zusammen. Hartmut Mehdorn, ehemaliger Vorsitzender der Heidelberger Druckmaschinen AG, betont, daß sich auf der Drupa 2000 gezeigt hat, "daß sich im letzten Jahrzehnt im Druckgewerbe mehr geändert hat als in den Jahrhunderten zuvor." Und die Druckbranche steht damit nicht allein, in anderen Branchen, wie dem Maschinen- und Anlagenbau oder der Chemie kann man eine

1

durchaus ähnliche Dynamik beobachten. Während die Unternehmen noch dabei sind, die Auswirkungen von dreißig Jahren Mikroelektronik und deren Folgen für Informations- und Kommunikationstechnik zu verarbeiten, zeichnet sich schon ab, daß Mikro- und Nanotechnologien Prozesse und Produkte in den meisten Industriezweigen noch mehr verändern werden, als dies die Mikroelektronik getan hat.

Die wichtigste Ressource, die in dieser Situation jedes Unternehmen in jeder Branche braucht, um in den Märkten der Zukunft erfolgreich zu sein, ist Vertrauen:

- das Vertrauen der Kunden in die Zuverlässigkeit der immer komplexer werdenden Produkte;
- das Vertrauen der Marktpartner in die Leistungsfähigkeit des Unternehmens;
- das Vertrauen der Mitarbeiter in die Zukunftsorientierung des Management;
- das Vertrauen der Aktionäre in das Wachstum des Unternehmenswertes.

Ein solches Vertrauen kann nur durch eine langfristig ausgerichtete Kommunikation erworben werden, die immer wieder durch die Tatsachen bestätigt wird. Dem unsteten Zeitgeist folgende Werbeaussagen sind hier fehl am Platz. Jede Art von Schönfärberei würde sich für das Unternehmen bitter rächen. Sie wäre allenfalls geeignet, kurzfristig den Börsenwert zu steigern. Für das Unternehmen resultierte daraus kein Nutzen, der auch nur im Ansatz den längerfristig unvermeidlichen Vertrauensschaden rechtfertigen könnte. Die Bedeutung des Kundenvertrauens steht in engem Zusammenhang mit der wachsenden Komplexität von Produkten, die mit einem deutlichen Trend zu Systemprodukten verbunden ist. Man kauft nicht mehr einzelne Bau- und Ausbauleistungen sondern ein komplettes Haus, wobei die Integration der Einzelleistungen bei einem Anbieter liegt, der die Leistungen Dritter integriert. Während man früher ein Autoradio seiner Wahl einbauen ließ, liefern heute die Hersteller das Auto auch noch mit Car-Navigationssystem mit GPS, das den Kunden in ein weltweites Satellitennetz einbindet. Elektronische Systeme machen heute nicht nur das Auto, sondern auch viele andere Produkte für den Verbraucher kaum noch durchschaubar und objektiv bewertbar. Noch ausgeprägter gilt das natürlich für die Produkte der Investitionsgüterindustrie, deren Integration nur von kompetenten Systemführern geleistet werden kann.

*Die Veränderungen, die Unternehmen heute zu bewältigen haben, sind in diesem Jahrzehnt größer als in den letzten 50 Jahren zusammen.*

Vor diesem Hintergrund tendiert der Kunde zu einer hohen Lieferantentreue, wenn er mit den bisherigen Leistungen zufrieden war. Ein neuer Hersteller muß schon sehr deutliche Vorteile bieten, um den Kunden für sich zu gewinnen. Kundentreue zahlt sich vor allem beim Wettbewerb um die Systemführerschaft aus; schließlich besetzt der Systemführer in der gesamten Wertschöpfungskette die Glieder mit der höchsten Wertschöpfung, profitiert also wirtschaftlich am meisten. Da er gegenüber dem Kunden die Gesamtverantwortung trägt, stärkt er darüber hinaus gleichzeitig die Kundenbeziehung und festigt so seine eigene Position im Markt.

Solche Kundentreue ist ein objektiver Wert für das Unternehmen, auch wenn er sich nicht genau beziffern läßt. Genau bezifferbar ist der Börsenwert, der den Bilanzwert oft deutlich übersteigt. Auch wenn er im langfristigen Mittel Werte wie Investitionen in Forschung und Entwicklung, die Pflege von Kundenbeziehungen und den Aufbau neuer Märkte meist recht gut reflektiert, muß er vor dem Hintergrund des Shareholder-Value-Konzeptes auch kritisch betrachtet werden. Nicht selten verbirgt sich hinter diesem Konzept eine eher kurzfristig denkende Kurspflege, die auf den Ausweis von Gewinnen setzt. Langfristig ist die Gefahr groß, daß man mit dieser Strategie von der Substanz des Unternehmens zehrt. Hinter manchem scheinbar plötzlichen Kurssturz steht ein schleichender Substanzverlust, weil zugunsten der Gewinne an Investitionen in die Zukunft, wie Mitarbeiterqualifikation oder Prozeßverbesserung, gespart wurde.

Eine Spielart des Shareholder-Value-Konzeptes wird unter dem Stichwort des "Sharebranding" gehandelt, einer Strategie, bei der Erfahrungen aus dem Bereich von Markenprodukten auf die Vermarktung von Aktien übertragen werden. Mit den Techniken des Produktmarketing kann man, auch im Finanzmarketing Wettbewerbsvorteile erzielen. Voraussetzung ist dabei jedoch, daß man Marketing nicht auf die Kommunikation reduziert, sondern vor allem auch die Instrumente der Marktforschung im Interesse der Kundenorientierung einsetzt. Wirklichen Shareholder Value bietet nur die umfassende Information über die Situation in den Märkten und die Position des Unternehmens. Sie läßt die Zukunftsperspektiven erkennbar werden und zeigt, wie sich das Unternehmen auf die Realisierung der Chancen vorbereitet, die in den Marktentwicklungen liegen.

Das Vertrauen in die Zukunft ist das entscheidende Motiv für die Aktionäre, dem Unternehmen ihr Kapital zur Verfügung zu stellen. Vertrauen in die Zukunft ist zugleich ein zentrales Element der Motivation der Mitarbeiter. Engagement setzt eine überzeugende Zielorientierung voraus. Es war der entscheidende Fehler bei der Zeiterscheinung der "Lean"-Konzepte der 80er und 90er Jahre. Lean Production und Lean Management zeigen keine Zukunftsperspektiven auf, geben keine Zielorientierung. Da die Schlankheitskur in den Unternehmen immer auf eine Personalreduzierung hinauslief, zementierten sie den äußerst unglücklich - und völlig unnötig - aufgebauten Gegensatz zwischen Sharholder Value und dem sogenannten Stakeholder Value. Die Interessen der Mitarbeiter wurden dabei gegen die Interessen der Aktionäre gesetzt, so als stünden die Mitarbeiter der Erzielung von Gewinnen im Weg. So verunsichert man die Mitarbeiter, auf deren Engagement und Leistung das Unternehmen angewiesen ist.

Es war das Paradox der am Zeitgeist orientierten Unternehmen, daß sie auf der einen Seite konsequente Lean-Programme realisierten und auf der anderen Seite von Mitarbeitern als "der wichtigsten Ressource des Unternehmens" sprachen. Die Strategie, die bei der Auflösung - oder besser Ausblendung dieses Paradoxons hilft, trifft man immer wieder an, wenn es um die Kaschierung von scheinbar unlösbaren Widersprüchen in Unternehmen geht: es ist die Aufgabenteilung. So bedient man sich für die Information der Aktionäre spezialisierter Kommunikationsexperten und beauftragt andere Spezialisten mit der internen Kommunikation. Wie gut, daß die Werbeagentur rechtzeitig entsprechende Töchter gegründet hat. Dummerweise suggeriert der Begriff der Zielgruppe, man könne die verschiedenen Kommunikationssituationen trennen. Aber die Struktur der Öffentlichkeit ist komplex, d.h. es gibt die vielfältigsten Überschneidungen und Zusammenhänge. Das Bild des Unternehmens wird in dieser "breiten" Öffentlichkeit geprägt, die die Widersprüche sehr wohl wahrnimmt. So verspielt ein Unternehmen seine Glaubwürdigkeit, die wichtigste Basis des Vertrauens, das wie gesagt sein größtes Kapital ist.

"Die Gewinnung des öffentlichen Vertrauens" war der Titel des Buches, mit dem Hans Domizlaff vor fast fünfzig Jahren die Ära der "Markentechnik" einleitete. Seitdem hat das überaus erfolgreiche Konzept der Marke nicht nur den Konsumentenmarkt, sondern die gesamte Wirtschaft beherrscht. Die Marke war zuallererst ein Versprechen gleichbleibender Qualität, wobei der Schwerpunkt eindeutig auf gleichbleibend lag. Generationen von Werbern entwickelten daraus das "psychologische" Konzept der Marke als Produktpersönlichkeit, die in engem Zusammenhang mit der Differenzierung der Zielgruppen im Rahmen des Marketing stand.

Mit dem Begriff der "Statussymbole", der zuerst Produkten zugeordnet wurde, sich dann aber immer stärker mit der Marke verband, entstand eine völlig neue Kultur der "Kommunikation mit Produkten". Diese Kultur beschränkte sich nicht auf die Wirtschaft, sie erfaßte alle Bereiche der Gesellschaft, was dann auch kritisch mit dem Begriff der Konsumgesellschaft reflektiert wurde. Ohne einen kritischen Unterton kann man tatsächlich von einer Konsumentengesellschaft sprechen: der Konsument, der Verbraucher rückte in den Mittelpunkt der Betrachtung. Aus dem Marketing, der Orientierung am Markt, wurde zunehmend die Kundenorientierung. Konsumentenforschung wie Verbraucherschutz enstanden vor dem gleichen Hintergrund. Der Verbraucherschutz war nicht zuletzt ein Reflex auf die durch die damalige "Werbepsychologie" geförderte Vorstellung von der Manipulierbarkeit der Konsumenten. Ernest Dichter und Ralph Nader waren die Antagonisten in diesem - aus heutiger Sicht reichlich skurrilen - Szenario der Konsumwelt.

*Die wichtigste Ressource, die jedes Unternehmen braucht, um in den Märkten der Zukunft erfolgreich zu sein, ist Vertrauen.*

"Die geheimen Verführer" von Vance Packard unterstellten gar eine "unterschwellige" Wirkung der Werbung. Jahrelang gehörte dieser Titel zu den Bestsellern. Ungeachtet seines kritischen Ansatzes dürfte kaum ein anderes Buch mehr zum Image der Werbemacher als Kommunikationsgurus beigetragen haben. Ein Image, das die Werbebranche auch heute noch mit Erfolg kultiviert. Die Manipulation weit von sich weisend, suggeriert man dem Werbekunden die erfolgreiche Beherrschung ihrer Techniken.

Doch der Verbraucher ist nicht manipulierbar; längst hat er den Spieß umgedreht, hat sich auf das Konzept der Marke eingelassen und benutzt es seinerseits virtuos, um seinen Wünschen Geltung zu verschaffen. Er hat gelernt, mit Marken zu kommunizieren. Er versteht die Werbebotschaften, weiß sie zu interpretieren, ohne sie im wörtlichen Sinne ernst zu nehmen. Quasi mit einem Augenzwinkern entziffert er die Codes, hat Spaß am Spiel mit der Kommunikation, ja, will unterhalten werden. Beim Kauf gibt er dann die unerbittliche Antwort mit dem Portemonnaie. Die Werbung nährt seine Erwartungen an das Produkt, werden sie nicht erfüllt, fällt das Produkt durch. Die Welt der Marken gibt dem Verbraucher die Möglichkeit, sich differenziert zu artikulieren, z.B. Preis- und Qualitätsniveaus zu definieren. Doch die Kommunikation mit Marken geht über die Kaufsituation hinaus. Immer mehr definieren sich die Verbraucher über die Marke auch selbst im sozialen Umfeld. So ist es zu erklären, daß um bestimmte Marken ein regelrechter Kult entsteht.

Mit dem Begriff des Kultmarketing wird versucht, diesen Trend wiederum von der Anbieterseite her unter kurzfristigen Gesichtspunkten zu instrumentalisieren. Um immer mehr Marken werden ganze Bedeutungswelten implementiert. Im Gegensatz zu so langfristig erfolgreichen Konzepten wie CocaCola oder McDonalds kann man heute jedoch schon beobachten, daß solche Bedeutungswelten teilweise recht kurzen Verfallszeiten unterliegen. Man muß davon ausgehen, daß der Wearout-Effekt bei solchen künstlich und schnell mit großem Kommunikationsaufwand geschaffenen Welten prinzipiell früher eintritt als bei einem organisch gewachsenen Umfeld. Diese Beobachtungen sprechen dafür, daß man sich auch diesem Thema, das in Zukunft zweifellos an Bedeutung gewinnen wird, nicht mit der kurzfristigen Denkweise von Werbung und Marketing nähern sollte, sondern es langfristig im Rahmen der CI ausrichtet.

Als Resümmé aus dieser kurz skizzierten Entwicklung des Markenkonzepts bleibt festzuhalten, daß die psychologischen Qualitäten von Marken alles andere sind als Fiktionen; sie sind im Gegenteil äußerst wirkungsvolle Realitäten im Markt. Sie sind so real und so wirkungsvoll, daß sie als eigene Werte - etwa im Rahmen einer Lizenzpolitik oder im Merchandising - vermarktet werden können. Andererseits zeigen Erfahrungen mit verschiedenen Methoden des Image-Transfers, daß die Marke ein sehr sensibles Gut ist. Die Experimente mit der sogenannten "fraktalen Markenführung" haben sehr deutlich gemacht, daß man sich dabei auf einem sehr schmalen Grat bewegt, auf dem ein Fehltritt leicht zum Absturz führen kann.

Auch die Marke baut auf dem Prinzip des Vertrauens auf und muß daher unter langfristigen Aspekten sehr sorgfältig gepflegt werden. Der Begriff der "Brand Identity" soll dies in bewußter Nähe zu "Corporate Identity" zum Ausdruck bringen. Jede erfolgreiche Marke besitzt eine starke Identität, wird als einzigartig erlebt, ist unverwechselbar. Diese Merkmale kann sie nur auf der Grundlage einer langfristigen strategischen Orientierung gewinnen. Von einer so verstandenen "Brand Identity" ist der neuerdings häufiger auftauchende Begriff des "Corporate Branding" zu unterscheiden. Wie beim "Sharebranding" die Aktie wie eine Produktmarke geführt wird, so wird bei der Strategie des "Corporate Branding" das Unternehmen in seiner Gesamtheit im Sinne einer Marke positioniert und entsprechend kommuniziert. In der Praxis ist diese Aufgabe jedoch wesentlich komplexer, als der theoretische Ansatz vermuten läßt.

Das Verhältnis zwischen Marken und Unternehmen ist so vielgestaltig, wie die Märkte vielgestaltig sind. Neben Konglomeraten, die mit einer Vielzahl völlig unverbundener Marken im Markt vertreten sind, stehen die unter einer Dachmarke klar strukturierten strategischen Marken und die Monolithen mit nur einer Marke. Dazwischen sind alle nur denkbaren Mischformen vertreten. Gerade auch in Folge von Fusionen sind allerdings die Unternehmen, die zugleich eine Marke verkörpern, seltener geworden. Aber auch sie bilden keine einheitliche Gruppe, sondern unterscheiden sich beträchtlich je nachdem, ob sie in der Öffentlichkeit und bei ihren Kunden eher als Marke oder eher als Unternehmen gesehen werden. Für die Unternehmenskommunikation ergeben sich daraus gravierende Unterschiede. Unternehmen, die etwa aufgrund ihrer Produktpalette eher als Marke wahrgenommen werden, haben wesentlich höhere Freiheitsgrade in der psychologisch verstandenen Positionierung, weil die Eigenschaften in erster Linie mit dem Produkt verbunden werden, und die Kommunikation als Werbekommunikation decodiert wird.

Mit der Strategie des Corporate Branding wollen vor allem Unternehmen, die hochkomplexe Dienstleistungen anbieten, von diesem Effekt profitieren. In einem Markt, der von einem aggressiven Wettbewerb geprägt ist, wird schnelle und effektive Kommunikation zum erfolgsentscheidenden Faktor. Emotionale Botschaften sollen helfen, das erklärungsbedürftige Leistungsangebot im Sinne einer Marke zu positionieren. Es soll dadurch konkret erlebbar gemacht werden. Eine solche Strategie birgt ihre Risiken. Psychologische Positionierungen sind notwendigerweise unscharf und bestehen immer auch aus Projektionen des Betrachters auf das Objekt. Dabei können objektiv falsche Erwartungen entstehen, die dann unvermeidlich zu Enttäuschungen führen. Vertrauensverlust ist die Folge. Dies ist an sich schon problematisch genug, fatale Konsequenzen sind aber praktisch vorprogrammiert, wenn falsche Erwartungen durch werblich geprägte Kommunikation oder gar systematische Schönfärberei provoziert werden. Vor diesem Hintergrund wäre es absolut falsch, bei der Werbebranche per se eine generelle Kommunikationskompetenz anzunehmen; die zweifellos vorhandene Kompetenz bezieht sich auf das sehr spezifische Umfeld der Werbung. Der Chef des Nestlé-Konzerns, einem Unternehmen mit einer Vielzahl sehr starker Marken im Markt und sicher einer der größten Auftraggeber der Werbebranche, bringt es auf

*Das Verhältnis zwischen Marken und Unternehmen ist so vielgestaltig, wie die Märkte vielgestaltig sind.*

den Punkt: "Werbung ist out - Glaubwürdigkeit ist in." Corporate Communication als Teil der Corporate Identity erfordert vor allem soziale Kompetenz und eine sehr langfristige Denkweise, die sich von dem kreativen Zeitgeist, der in den Werbeagenturen und deren Umfeld herrscht, doch sehr deutlich unterscheidet.

Es gibt auch nicht den geringsten Anlaß anzunehmen, die beobachtete Intensivierung der Unternehmenskommunikation sei eine vorübergehende Erscheinung, ein Boom, der bald wieder abklingen werde. Dies wird so wenig der Fall sein, wie die technische Entwicklung nicht morgen stehenbleiben und die Welle der Fusionen nicht plötzlich verebben wird.

Beide stehen über die Globalisierung in einer sehr engen Wechselwirkung, sind gleichermaßen Ursache wie Folge dieser Entwicklung. Die Globalisierung ist in erster Linie eine Globalisierung der Märkte, der die Globalisierung der Unternehmen folgt. Im Unterschied zum internationalen Unternehmen, das lediglich an verschiedenen nationalen Märkten tätig war, ist das globale Unternehmen von der weltweiten Zusammenarbeit geprägt. Grundlage war eine technische Entwicklung, die die Entfernungen immer mehr schrumpfen ließ. Mit der modernen Kommunikationstechnik tendieren die Kosten für die Überwindung dieser Entfernungen gegen Null. Es entstehen völlig neue Formen der Arbeitsteilung, die mit dem alten Taylorismus nicht mehr das Geringste zu tun haben. Früher arbeitsteilige Prozesse können dank der neuen Technik heute wieder zusammengefaßt werden, und jede Arbeit wird dort erledigt, wo sie am kostengünstigsten und zuverlässigsten erbracht werden kann. Der damit verbundene weltweite Austausch beschleunigt seinerseits wieder die technische Entwicklung. So kann beispielsweise an einem Projekt rund um die Welt - und damit zugleich ohne Unterbrechung rund um die Uhr - gearbeitet werden. Es bedarf eigentlich keiner besonderen Erwähnung, daß dabei besondere und teilweise völlig neue Anforderungen an die Organisation von Arbeitsprozessen gestellt werden. Spätestens dann sind die Unternehmen gezwungen, sich mit der Optimierung ihrer Strukturen und Prozesse zu befassen.

In dieser Wechselwirkung von technischer Entwicklung und Globalisierung der Märkte ist die Zahl der Fusionen und Umstrukturierungen in den letzten Jahren immer stärker angestiegen und wird auch weiterhin ungebremst wachsen. Das ergibt sich aus einer ganz einfachen Marktmechanik. Mit der Globalisierung der Märkte erhöht sich die Zahl der Wettbewerber; automatisch sinken die relativen Marktanteile, wodurch ein Druck zur Erhöhung der Marktanteile erzeugt wird. Marktanteile lassen sich am effektivsten und schnellsten durch Zukäufe von Unternehmen oder durch Fusionen steigern. Dieser Prozeß geht mit einer wachsenden Differenzierung einher. Die fusionierten Unternehmen konzentrieren sich auf die Geschäftsfelder, in denen sie eine starke Marktposition haben, und trennen sich von Engagements, in denen andere stärker sind. Solche Unternehmensteile wandern dann nicht nur zu anderen Großunternehmen, sondern führen oft auch zu Unternehmensgründungen in Form von Spin-offs und Management-Buy-outs. Solche flexiblen kleinen Unternehmen können sich in Nischenmärkten hervorragend behaupten. So entsteht eine immer differenziertere Marktstruktur, in der große und kleine Unternehmen sich gegenseitig ergänzen.

Die wesentliche Voraussetzung für diese Ergänzung schufen ebenfalls wieder die Entwicklungen der Informations- und Kommunikationstechnik. Sie machen eine so weitgehende Vernetzung von Lieferanten und Kunden möglich, daß Leistungen und Prozesse, die früher nur intern zu erbringen waren, heute durchaus aus dem Unternehmen ausgelagert werden können. Diese Entwicklung wird mit dem Begriff des "virtuellen Unternehmens" beschrieben. Das virtuelle Unternehmen ist auf Projekte ausgerichtet und bindet interne und externe Ressourcen in gleicher Weise in die Prozesse der Planung, Produktion und Distribution ein.

Solche virtuellen Strukturen verändern natürlich nicht nur die Außenbeziehungen eines Unternehmens, sondern greifen auch massiv in die internen Strukturen ein, die allein schon durch die Vernetzung innerhalb des Unternehmens einem enormen Veränderungsdruck ausgesetzt sind. Das Verschwimmen der Grenzen innerhalb wie der Grenzen zwischen innen und außen, bildet nicht nur ein Problem für die Mitarbeiter, sondern kann auch für die Kunden problematisch werden. Im schlimmsten Falle erleben sie die Leistungen und Produkte und damit auch das Unternehmen als beliebig austauschbar, was das Ende jeder Markenstrategie bedeuten würde. Um dies zu verhindern, müssen Steuerung und Kontrolle der gesamten Leistungserbringung als integrative Funktion des Unternehmens deutlich gemacht werden.

In der Folge aller dieser oben aufgezeigten Prozesse sind also nicht nur tiefgreifende Strukturveränderungen zu bewältigen, sie müssen vor allem auch in den Märkten kommuniziert werden, wenn sich dort nicht Orientierungslosigkeit breit machen soll. Die Informationsbedürfnisse der betroffenen Zielgruppen sind dabei sehr unterschiedlich. Kunden, Lieferanten, Mitarbeiter, Aktionäre und die breite Öffentlichkeit müssen auf eine jeweils spezifische Art informiert werden, zugleich muß aber die Konsonanz und Glaubwürdigkeit der Kommunikation im Ganzen gewährleistet werden. Dies ist die Aufgabe der Corporate Identity, die sich in keinem Fall auf die Oberfläche der Kommunikation beschränken kann, sondern auch ihren Beitrag dazu leisten muß, daß das Unternehmen durch innere Entwicklung den sich immer schneller wandelnden Anforderungen des Marktes gewachsen bleibt.

*Es sind nicht nur tiefgreifende Strukturveränderungen zu bewältigen. Sie müssen auch angemessen in den Märkten kommuniziert werden.*

Eine wesentliche Voraussetzung für die systematische Ausrichtung eines Unternehmens auf die Anforderungen der Zukunft ist ein visionäres Management. Noch vor wenigen Jahren wurde dieses Thema in den obersten Führungsetagen der Unternehmen eher milde belächelt. Inzwischen wird es jedoch sehr ernst genommen.

Waren damals die Geschichten von visionären Gründerpersönlichkeiten, die andere für ihre Ideen begeistern konnten und ihre Zukunftsträume in konkrete unternehmerische Erfolge umwandelten, eher Geschichte, so hat gerade die jüngste Vergangenheit gelehrt, daß Visionen auch heute noch - oder gerade heute wieder - zur Grundlage überragender Unternehmenserfolge werden können. Offensichtlich gilt dies besonders für Zeiten des radikalen Wandels, in denen die Zukunft nicht mehr einfach als ein Fortschreiben der Vergangenheit behandelt werden kann.

"Überzeugende Visionen bilden dabei nicht nur eine Richtschnur für das zukünftige Handeln, sie bieten auch die Voraussetzung dafür, die wichtigen Zielgruppen für die Unternehmenszukunft zu begeistern und dadurch die nötige Sozialenergie und Motivation freizusetzen, die für eine besonders kreative Arbeit und eine breite Akzeptanz auf dem Markt zunehmend wichtiger werden."(Drosdek (1998), S. 15) Andreas **Drosdek (1998)** stellt in seiner Studie *Die Visionen der deutschen Unternehmen*, in die 321 der 500 größten deutschen Unternehmen einbezogen wurden, fest, daß sich diese Erkenntnis zwar auf breiter Front durchgesetzt hat, daß aber auf der anderen Seite 40 Prozent der untersuchten Unternehmen diese Erkenntnis nicht oder nur unzureichend in die Praxis umgesetzt haben. Zwei Gründe werden dafür in erster Linie genannt: "Zum einen wird bezweifelt, daß es überhaupt möglich ist, ohne allzu großen Aufwand überzeugende Visionen zu entwickeln und effektiv im Unternehmen zu etablieren. Zum anderen wird befürchtet, daß etablierte Visionen die Flexibilität des Unternehmens behindern könnten, wenn sie sich aufgrund der sich ständig verändernder Marktbedingungen überlebt haben." (S. 15)

Die Beobachtung, daß sich das Mangement von der "Komplexität effektiver Visionsarbeit" überfordert fühlt, trifft auch auf die CI-Entwicklung insgesamt zu, wobei die gleichen Gründe angeführt werden. Dieser Befund hat weniger mit Corporate Identity an und für sich, als mit einer mangelnden Professionalität in der CI-Beratung zu tun. Hintergrund dieser über weite Strecken zu beobachtenden professionellen Defizite ist die Vernachlässigung der theoretischen Fundierung. Seit dem ersten Erscheinen des Standardwerkes von **Birkigt/Stadler (1980)** *Corporate Identity. Grundlagen, Funktionen, Fallbeispiele* hat es kaum eine Weiterentwicklung gegeben. Dieses Manko wird dadurch verstärkt, daß die allgemein akzeptierte Unterscheidung von Corporate Design, Corporate Behavior und Corporate Communication unter wissenschaftstheoretischen Gesichtspunkten nicht sehr ergiebig ist.

Mit der Corporate-Identity-Triade wird ein wissenschaftlicher Ansatz vorgestellt, dessen Anspruch über die bisher vorliegenden Systematisierungen in diesem Bereich weit hinausgeht. Die CI-Triade macht die semiotische Theorie als Basis für die CI-Beratung fruchtbar, indem sie pragmatische Lösungen für die beiden festgestellten Kernprobleme der CI-Praxis anbietet. So wird die gefürchtete hohe Komplexität in der praktischen CI-Arbeit durch die Rückführung auf eine sehr einfache Grundstruktur zwar nicht beseitigt, aber klar strukturiert und damit handhabbar gemacht. Das Problem der mangelnden Flexibilität für zukünftige Aufgabenstellungen wird durch die Anwendung der Semiotik bereits im Ansatz eliminiert, denn die semiotische Theorie beschreibt Strukturen nicht als statische Phänomene, sondern als dynamische Beziehungen, die die permanente Anpassung an wechselnde Bedingungen zum Inhalt haben.

Das grundlegende Element der Corporate Identity ist die dreifache Wechselbeziehung von

- Mitarbeitern,
- Produkten und
- Kommunikation.

Diese ganzheitliche Beziehung bildet so etwas wie den genetischen Code, der den gesamten Aufbau einer Organisation bestimmt und die Mechanismen der Anpassung in Gang setzt. Die Semiotik ist eine pragmatische Theorie, d.h. sie ist auf Handlungen und beobachtbare Wirkungen orientiert. Dies schafft die Basis, um CI im 21. Jahrhundert angemessen zu behandeln.

Die Corporate-Identity-Entwicklung muß heute Antworten auf die Herausforderungen geben, denen sich die Unternehmen im 21. Jahrhundert zu stellen haben. In vielen zentralen Bereichen haben die Entwicklungen neue Dimensionen erreicht, auf die die Unternehmen schnell reagieren müssen:

- Explosionsartige Entwicklung der Technik
  in Produktion
  und Kommunikation
- Globalisierung der Märkte
  bei gleichzeitiger
  Fragmentierung der Zielgruppen
- Internationalsierung der Unternehmen
  bei gleichzeitiger Virtualisierung
  der organisatorischen Strukturen

*Von grundlegender Bedeutung für die Corporate Identity ist die dreifache Wechselbeziehung von Mitarbeitern, Produkten und Kommunikation.*

Alle diese Entwicklungen sind nicht neu, aber sie sind fast gleichzeitig in eine dynamische Phase getreten, sie kumulieren und verstärken sich gegenseitig, was Unternehmen, die eine kontinuierliche Anpassung in der Vergangenheit versäumt haben, in schwere Bedrängnis bringt. Eine wirklich gelungene Anpassung ist heute eher die Ausnahme als die Regel. Und so kämpfen denn Unternehmen, die bisher eher eine gemächliche Anpassung in einzelnen Feldern gewöhnt waren, plötzlich an allen Fronten gleichzeitig. Da gibt es Konzerne, in denen mehr als zwanzig Projektteams und bis zu zehn Beratungsfirmen aktiv sind. So groß auch die Kompetenz der Beratungsunternehmen in den einzelnen Bereichen, wie Reengineering, Personalentwicklung, Qualitätsmanagement oder Innovationsmanagement, sein mag, spätestens bei der Integration aller dieser Maßnahmen scheitern die traditionellen Ansätze der Unternehmensberatung. Corporate Identity, wie sie in diesem Fall gefordert ist, läßt sich nicht auf ein "Reputation Management" reduzieren, auch wenn dies ernsthaft von renommierten Beratungsfirmen angeboten wird. Noch gravierender wird die Problematik im Falle von Fusionen, bei denen in aller Regel sehr unterschiedliche Kulturen, mit meist sehr verschiedenen Problemlösungsstrategien zur Deckung gebracht werden müssen. Eine ganzheitliche Betrachtungsweise ist hier mehr als ein Schlagwort, sie braucht spezifische Beratungskompetenz, die nur auf einer soliden theoretischen Basis für interdisziplinäre Arbeit aufbauen kann.

Vor diesem Hintergrund ist ein ganzheitlicher Ansatz der Corporate-Identity-Entwicklung für die Unternehmen heute notwendiger denn je. Eine starke Corporate Identity trägt erheblich dazu bei, die beschriebenen Prozesse der Technikentwicklung, Globalisierung und Virtualisierung erfolgreich zu bewältigen. Diese Prozesse verändern in vielfältiger Weise die Wirklichkeit in den Unternehmen genauso wie in den Institutionen, wobei nicht nur im Rahmen der Privatisierung Institutionen zu Unternehmen werden, sondern auch immer mehr Institutionen begreifen, daß sie sich einerseits als Dienstleister verstehen, andererseits aber auch unter wirtschaftlichen Bedingungen arbeiten müssen.

Schon lange hat sich die Erkenntnis durchgesetzt, daß es dazu keineswegs ausreicht, die formale Organisation zu optimieren. Auch Investitionen in neueste Technik garantieren keinen Erfolg. Entscheidend ist vielmehr, daß sich die Menschen mit ihren Aufgaben identifizieren und sie im Sinne des Unternehmens oder der Institution erfüllen. Angesichts der oben nur kurz angerissenen Dynamik von Wirtschaft und Gesellschaft läßt sich das, was "im Sinne der Organisation" ist, nicht in festen Regeln oder Anweisungen formulieren. Jeder Mitarbeiter muß an seinem Platz die Flexibilität haben, um auf wechselnde Anforderungen in der jeweiligen Situation rasch und angemessen reagieren zu können. Dazu ist eine intakte Corporate Identity eine fast unverzichtbare Voraussetzung.

Was vor diesem Hintergrund nottut, ist eine Professionalisierung des Identity-Managements. Das erfordert eine Sicherung der wissenschaftlich-theoretischen Basis und eine Entwicklung der Praxis von der Intuition zu einer von der Theorie geleiteten systematischen Vorgehensweise. Hier gilt das Wort Kurt Lewins: „There's nothing so practical as a good theory."

## 1.2 Relevante Wissenschaftsbereiche

Es ist nicht das Ziel der vorliegenden Arbeit, einen umfassenden Überblick über die gesamte - in den letzten Jahren sprunghaft angewachsene - Literatur zum Thema Corporate Identity zu geben. Dies macht vor allem deshalb wenig Sinn, weil viele Arbeiten, die wesentlich zur Praxis der Corporate Identity beitragen können, bisher nicht explizit mit diesem Konzept in Verbindung gebracht wurden. Sie stammen aus den unterschiedlichsten wissenschaftlichen Bereichen und wurden unter sehr unterschiedlichen Voraussetzungen formuliert.

Das Konzept der Corporate Identity bezieht sich auf das Unternehmen als Ganzes und muß sich daher mit einer Vielzahl von Themen beschäftigen, die traditionell von verschiedenen Bereichen und mit sehr unterschiedlichen Ansätzen behandelt werden, als Beispiel seien hier nur Management, Marketing und Personalentwicklung genannt. Schon für sich genommen erfordert jeder dieser Bereiche eine interdisziplinäre Zusammenarbeit von Betriebswirtschaftslehre, Psychologie und Soziologie. Um so mehr ist eine Theorie der Corporate Identity auf die Zusammenarbeit verschiedener wissenschaftlicher Disziplinen angewiesen.

In der **Betriebswirtschaftslehre**, die den größeren Zusammenhang für das Thema Corporate Identity bildet, leisten vor allem die Theorien zum *Strategischen Management* wichtige Beiträge; aber auch die Erkenntnisse des *Marketing* gehören zu den unverzichtbaren Voraussetzungen. Mit der Betrachtung von *Organisationsstrukturen* und der *Organisationsentwicklung* ergibt sich der Übergang in das Umfeld der Sozialwissenschaften, wobei sich viele Themen im Übergangsbereich von **Soziologie** und **Psychologie** bewegen. Dies gilt besonders für die *Gruppendynamik*, aber auch für die allgemeinere *Organisationssoziologie*. Bei den soziologischen Grundlagen wird vor allem auf die *Funktionale Systemtheorie* zurückgegriffen. Bei der Psychologie der *Persönlichkeit* werden in erster Linie theoretische Anleihen genommen, während das Thema *Motivation* eher praktische Aspekte hat. Mit der *Wahrnehmungspsychologie* vollzieht sich der Übergang zum Umfeld **Design**, in dem man allerdings von den größten theoretischen Defiziten ausgehen muß. Fruchtbar ist mit Sicherheit die Auseinandersetzung mit der *Design-Geschichte*. Im Zusammenhang mit Corporate Identity ist *Produkt-Design* von ebenso großem Interesse wie *Grafik Design*. Bewußt benutze ich nicht die Begriffe Industrial Design und Communication Design; sie erscheinen mir gerade in der heutigen Zeit nicht mehr trennscharf: auch Produkte müssen kommunizieren, und die Zahl der Kommunikationsprodukte steigt im Zeitalter von Multimedia und Internet rasant weiter an. Fast alles läßt sich unter dem Gesichtspunkt der Kommunikation betrachten. Das gilt auch für die *Architektur*, ein im Rahmen der Corporate Identity völlig zu unrecht vernachlässigtes Thema. Vor diesem Hintergrund gewinnt auch die **Kommunikationswissenschaft** an Bedeutung. Dieser sehr junge Wissenschaftszweig befindet sich heute noch mehr oder weniger in einer Phase der Selbstdefinition. Die Suche nach einem theoretischen Gesamtkonzept der Kommunikation hat einem im Grunde sehr alten Zweig der Wissenschaft zu neuem Ansehen verholfen: der *Semiotik*. Diese Lehre von den Zeichen war ein wichtiger Bestandteil der klassischen **Philosophie**. Neu belebt wurde die Semiotik im Rahmen des amerikanischen *Pragmatismus*, der heute auch in Europa immer mehr Anerkennung findet.

*Betriebswirtschaftslehre, Soziologie, Pyschologie, Design, Kommunikationswissenschaft, Philosophie: sie alle leisten einen Beitrag zu einem umfassenden Konzept der Corporate Identity.*

## 1.3 Zielsetzung des Buches

Trotz der Bedeutung, die dem Konzept der Corporate Identity heute zugeschrieben wird, fehlt bisher die theoretische Fundierung und damit die allgemeine Basis für eine wissenschaftliche Auseinandersetzung mit dem Thema. Das gilt trotz - oder gerade wegen - der Vielzahl der Wissenschaftsbereiche, die einen Beitrag zur theoretischen Fundierung leisten könnten.

Mit diesem Buch soll versucht werden, zumindest einen Ansatz für eine einheitliche und integrierende Theoriebildung auf dem Feld der Corporate Identity zu leisten.

Grundlagen jeder wissenschaftlichen Theorie sind

- eine klare Abgrenzung des Arbeitsfeldes,
- die saubere Definition der verwendeten Begriffe und
- die Bestimmung der Beziehung, in der sie zueinander stehen.

Prüfstein für jede Theorie ist

- die Formulierung kritischer Hypothesen, d.h. überprüfbarer Behauptungen zu entscheidenden Fragestellungen.

Eine Theorie der Corporate Identity, die diesen Ansprüchen genügen soll, sieht sich erheblichen Schwierigkeiten gegenüber, die schon mit der Abgrenzung des Arbeitsfeldes beginnen. Corporate Identity tangiert eine Vielzahl von betrieblichen Prozessen. Es muß deutlich gemacht werden, unter welchen Aspekten sie sich mit diesen Prozessen auseinandersetzt. Eine Theorie der Corporate Identity beschäftigt sich nicht mit den einzelnen Prozessen; sie tritt nicht in Konkurrenz zur Betriebswirtschaftslehre, zur Soziologie oder zur Psychologie; ihre Aufgabe und ihr Arbeitsfeld kann nur die Integration unter ganzheitlichen Aspekten sein.

Die Schwierigkeiten setzen sich fort bei dem Versuch, eine einheitliche Definition von Corporate Identity zu finden. Es gibt fast so viele Definitionen wie Autoren zu diesem Thema, doch keine der Definitionen kann heute als allgemein akzeptiert angesehen werden.

Da der Begriff der Corporate Identity sehr unterschiedlich verstanden und verwendet wird, ist zunächst einmal der Begriff an und für sich zu definieren. Dabei wird davon ausgegangen, daß die adäquate Übersetzung des englischen Corporate Identity der deutsche Begriff der Unternehmenspersönlichkeit ist. Daß dennoch weiterhin der Terminus Corporate Identity verwendet wird, hat zum einen damit zu tun, daß er international eingeführt ist, zum anderen aber auch damit, daß Corporation im Sinne von Körperschaft nicht nur Unternehmen sondern Organisationen ganz allgemein erfaßt. Dies ist ein wichtiger Gesichtspunkt, der nicht oft genug betont werden kann: Corporate Identity ist eine Erfordernis, dem sich alle gesellschaftlichen Institutionen gegenübersehen. Wenn sie der seelenlosen (auch geistlosen) Anonymität der Bürokratie entkommen wollen, müssen sie eine für die Menschen erkennbare Persönlichkeit entwickeln.

In Analogie zur psychologischen Definition der Individualpersönlichkeit (Allport (1970), S.28) wird die folgende Definition der Corporate Identity gegeben. Sie will den vielen existierenden Definitionen keine weitere hinzufügen. Sie will diese vielmehr, soweit irgend möglich, überflüssig machen und **eine allgemein akzeptable Basis** für die wissenschaftlich-theoretische Behandlung der Corporate Identity schaffen:

*Corporate Identity (CI) ist die dynamische Organisation der Systeme einer Institution, die ihr charakteristisches Verhalten gegenüber ihren Mitgliedern, ihren Partnern und der Gesellschaft insgesamt bestimmen.*

Diese Definition, die weiter unten (siehe S.80) ausführlicher hergeleitet und in ihren Elementen dargestellt und begründet wird, ist umfassender, als man vielleicht auf den ersten Blick vermutet. Sie schließt Konzepte wie Ganzheitlichkeit und Einzigartigkeit mit ein, verweist auf Grenzen zwischen innen und außen und thematisiert den permanenten Wandel, der immer wieder von neuem bewältigt werden muß.

Es ist wichtig, in diesem Zusammenhang darauf hinzuweisen, daß der Begriff des Verhaltens, wie er in dieser Definition verwendet wird, wesentlich umfassender zu verstehen ist, als dies im Strukturmodell der CI bei Birkigt/Stadler/Funck der Fall ist. Verhalten schließt hier ganz selbstverständlich auch kommunikatives Verhalten mit ein. Genauso selbstverständlich schließt dieser Begriff des Verhaltens auch das Design in vollem Umfang ein. In vollem Umfang meint nicht nur das Corporate Design im Sinne des visuellen Auftritts des Unternehmens, sondern alle Prozesse der Gestaltung, vom Produktdesign bis zur Formensprache der Architektur.

Das **theoretische Modell**, das als systematische Basis der praktischen CI-Arbeit vorgeschlagen wird, ist die CI-Triade, die auf der triadischen Zeichenrelation der Semiotik (S.123) beruht, ein Konzept, das auf den noch folgenden Seiten ausführlich begründet wird.

Entscheidend für die Wahl dieses Modells ist zum einen der interdisziplinäre Charakter der auch als "Unified Science" bezeichneten Semiotik und zum anderen die Tatsache, daß auf dieser Basis Strukturen als dynamische Prozesse beschrieben werden können. Auf dieser Basis soll der leider viel zu weit verbreiteten statischen Auffassung der Corporate Identity konsequent der Kampf angesagt werden. Nur wer die Dynamik der Prozesse in den Organisationen versteht, kann sie in Strategien umsetzen, mit denen Unternehmen und Institutionen den Anforderungen des 21. Jahrhunderts gewachsen sind.

## 1.4 Zur Zusammenstellung der Literatur

Vor dem skizzierten Hintergrund besteht die Zielsetzung des vorliegenden Buches weniger darin, einen umfassenden Überblick über die aktuelle CI-Literatur zu geben und die verschiedenen Ansätze aufzuzeigen. Dies würde aus meiner Sicht nur zur weiteren Verwirrung beitragen. Mir geht es vielmehr darum, aus der aktuellen Entwicklung heraus Wege zu einer Theorie der Corporate Identity aufzuzeigen, die allgemein akzeptiert werden können und den Rahmen bieten, in dem die Beiträge aus den verschiedensten wissenschaftlichen Bereichen zusammengeführt und für eine Anwendung in der Praxis fruchtbar gemacht werden können.

Die Literaturauswahl wurde in erster Linie unter dem Gesichtspunkt getroffen, interessierten Praktikern, vor allem Managern einen Einstieg in das komplexe Thema der Corporate Identity zu ermöglichen. Jeder soll dadurch in die Lage versetzt werden, zum einen einen gewissen Überblick zu erhalten, zum anderen aber auch seine eigenen Schwerpunkte zu setzen. Bei der Vorstellung einzelner Bücher geht es nicht darum, unbedingt einen Zusammenhang zu konstruieren. Es sollen vielmehr Anregungen für die eigene Beschäftigung mit den relevanten Themen gegeben werden. Manche Zitate sind daher einfach nur als Leseproben zu verstehen, die auch ein wenig die Art charakterisieren, wie der jeweilige Autor sich seinem Gegenstand nähert.

Für das vorliegende Buch wurden als Literatur fast ausschließlich Monographien herangezogen, die die Themen in ihrem jeweiligen Zusammenhang umfassend behandeln. Zeitschriftenartikel wurden nur in wenigen Ausnahmefällen berücksichtigt.

Aus Gründen der Lesbarkeit werden Literaturverweise im Text nur in der Kurzform (Autor (Jahr), Seite) gegeben, wobei für den jeweils gegebenen Zusammenhang wichtige Autoren durch **Fettdruck** hervorgehoben sind. Einfache in Klammern wiedergegebene Seitenzahlen beziehen sich auf das aktuell behandelte Buch.

Das folgende Kapitel über die verschiedenen im Umfeld des Corporate-Identity-Konzeptes auftauchenden Begriffe bietet eine Hilfe für den selektiven Leser: die Seitenangaben hinter den **Begriffen** verweisen auf die Abschnitte der Arbeit, in denen sie näher abgehandelt werden.

2

## 2. Zum Begriff der Corporate Identity

### 2.1 Das begriffliche Umfeld der Corporate Identity

"Die Sprache ist die Quelle aller Mißverständnisse", läßt Antoine de Saint-Exupéry einen seiner Protagonisten sagen. Daß das so ist, liegt in erster Linie an der unreflektierten Verwendung von Begriffen. Immer häufiger müssen wir heute mitansehen, wie interessante und vielversprechende Konzepte aus dem Zusammenhang gerissen werden und uns als Modebegriffe wieder begegnen, die nach Belieben mit eigenen Inhalten gefüllt werden. Aber leider lösen Begriffe allein keine Probleme. Manchmal stellen sie eher selbst das Problem dar. Weil das so ist, müssen wir uns zunächst einmal mit Begriffen auseinandersetzen, um eine gemeinsame Sprache zu finden.

Beginnen wir mit dem Begriff der **Corporate Identity** (S.70) selbst. In der wörtlichen Übersetzung würden wir von der Identität einer Körperschaft sprechen. Im Amerikanischen, aus dem der Begriff kommt, werden in erster Linie Aktiengesellschaften als "corporations" bezeichnet. Das verweist darauf, daß CI als Problem vor allem in größeren Unternehmen auftaucht. Der deutsche Begriff "Körperschaft" macht dagegen deutlich, daß sich das Konzept nicht auf Unternehmen beschränkt, sondern im Grunde auf jede Institution anwendbar ist. Tatsächlich lassen sich unter diesem Gesichtspunkt ohne weiteres auch Behörden, Verbände, Gewerkschaften, Kirchen oder jeder andere Zusammenschluß von Menschen betrachten. Soziologisch würde man von "Gruppen" sprechen. **Identität** (S. 77), das ist eine sich ihrer selbst bewußte Einheit. Was damit gemeint ist, erschließt sich am ehesten über negative Ausdrücke "Identitätsverlust" oder "Identitätskrise". Identität meint neben der Unterscheidbarkeit immer auch die Unverwechselbarkeit, das Einmalige. Als weiterer Begriff gehört in diesen Zusammenhang: die **Ganzheit** (S. 78). "Ganzheit" verweist nicht nur auf die wechselseitige Abhängigkeit der einzelnen Teile, sondern auch auf die Unteilbarkeit im Erleben, das sowohl von innen heraus als auch für die Wahrnehmung von außen gilt. In diesem Erleben sind rationale und emotionale Elemente untrennbar miteinander verbunden.

*Identität und Einheit*

*Das Erleben der Ganzheit*

Eine zutreffende und nützliche Übersetzung von Corporate Identity bietet der Begriff der Unternehmenspersönlichkeit. **Persönlichkeit** (S.76) wird hier keineswegs nur im übertragenen Sinne benutzt. Wie eine genauere Betrachtung zeigt, ist die häufig zu hörende Kritik an der "Analogie zur Individualpersönlichkeit" absolut unberechtigt. Der Begriff Persönlichkeit führt uns noch ein Stück weiter. Er verweist auf die Einheit von Denken, Reden und Handeln.

*Persönlichkeit und Unternehmen*

Und er führt uns zu zwei weiteren Begriffen, die auf das engste mit dem der Corporate Identity verbunden sind: Kultur und Philosophie. Beide werden in den Zusammensetzungen "Unternehmenskultur" und "Unternehmensphilosophie" oft sehr ähnlich wie Corporate Identity verwendet.

*Die Behandlung der Begriffe dient dazu, eine gemeinsame Sprache zu finden.*

Von beiden abzugrenzen ist der Begriff des **Organisationsklimas** oder des häufiger verwendeten Ausdrucks Betriebsklima. Klima bezieht sich auf die Wahrnehmung der Organisationsmitglieder, beschreibt also in erster Linie situative und persönliche Faktoren, die das Verhalten bestimmen. Während das Klima von aktuellen Konstellationen abhängt und relativ leicht und schnell positiv wie negativ beeinflußt werden kann, beruht **Unternehmenskultur** (S. 24) in erster Linie auf einer bewußt gepflegten Gemeinsamkeit von Werten, die das Verhalten bestimmen. Kultur bezieht sich also eher auf von aktuellen Situationen unabhängige und dauerhafte Faktoren, die wesentlich schwerer zu beeinflussen sind und nur im Rahmen langfristiger Prozesse verändert werden können.

*Vision als Richtschnur für die Zukunft*

*Unternehmenskultur und Wertegefüge*

Der Begriff *Unternehmenskultur* hat sich neben Corporate Identity als eigenständiges Konzept etabliert. Ich betrachte Unternehmenskultur jedoch als einen wichtigen Teil eines umfassenden Corporate-Identity-Konzepts.

*Strategisches Management*

Mit der Gemeinsamkeit von Werten ist zugleich auch die Philosophie angesprochen. Philosophie bezeichnet ganz allgemein die Art und Weise des Denkens. Ein im gegebenen Zusammenhang besonders wichtiges Teilgebiet der Philosophie ist die Ethik, die ein bestimmtes System von Werten beschreibt. Andere Teilgebiete sind Logik und Ästhetik. Es ist unschwer zu erkennen, daß auch das Konzept der **Unternehmensphilosophie** sehr wohl für die Praxis fruchtbar gemacht werden kann. Weil "Philosophie" jedoch noch einen wesentlichen weiteren Bedeutungshorizont hat, spreche ich lieber etwas weniger anspruchsvoll von **Unternehmensgrundsätzen.**

*Die Bedeutung der Unternehmensphilosophie*

Unternehmensgrundsätze oder -leitlinien stehen in einem engen Zusammenhang mit dem Begriff der **Vision** (S. 98) als dem Leitbild, auf dem die Leitlinien aufbauen sollten. "Vision" gehört zu den zentralen Begriffen im Zusammenhang mit der Corporate Identity. Während Grundsätze mehr oder weniger den Alltag bestimmen, geben Visionen die große Linie an, weisen den Weg in die Zukunft. In der neueren Management-Literatur setzt sich zunehmend die Erkenntnis durch, daß eine mitreißende Vision eine wichtige Voraussetzung für strategisches Management ist.

**Strategisches Management** (S. 94) und Corporate Identity stehen in vielfältiger Wechselwirkung zueinander. Jedes Unternehmen verfolgt - mehr oder weniger konsequent - Strategien. Jedes Unternehmen hat - mehr oder weniger bewußt - eine Corporate Identity. Entscheidend ist, ob CI als strategischer Erfolgsfaktor gesehen und entwickelt wird. Umgekehrt braucht man, um das Erfolgspotential, das in einer CI steckt, zu nutzen, eine **CI-Strategie**.

Der Begriff der CI-Strategie darf jedoch nicht dazu verführen, Corporate Identity als manipulierbare Variable im Sinne einer Marketing-Strategie zu verstehen. Das Verhältnis von Corporate Identity und Marketing ist immer wieder Gegenstand von Mißverständnissen. Keines der Konzepte ist Teil des anderen oder ihm untergeordnet. Es sind zwei verschiedene Sichtweisen des Unternehmens, die sich gegenseitig bedingen und ergänzen. **Marketing** (S. 90) ist die Orientierung der betrieblichen Funktionen am Markt, an den erfaßbaren Bedürfnissen der Verbraucher und damit ein nach außen gerichteter Prozeßverlauf.

Die Entwicklung der Corporate Identity ist ein in erster Linie nach innen gerichteter Prozeß, der nur mittelbar dann auch nach außen wirkt. Corporate Identity ist kein Mittel der Selbstdarstellung. Das ist das große Mißverständnis, das hinter dem Begriff des **Image** steckt. Das Image als die Art und Weise, wie das Unternehmen oder die Institution von der Öffentlichkeit - und damit besonders auch von den Kunden - gesehen wird, ist wesentlich schwerer zu manipulieren, als das oft angenommen wird. Nur wenn das nach draußen vermittelte Bild mit der tatsächlichen inneren Verfassung des Unternehmens im Einklang steht, kann es auch erfolgreich in der Kommunikation eingesetzt werden. Jeder Versuch, sich anders darzustellen als man tatsächlich ist, ist zum Scheitern verurteilt. Zu vielfältig sind die Prozesse, über die sich das Image bildet, als daß sie vollständig kontrollierbar wären. Je größer die Diskrepanz zwischen dem "schönen Schein", den man versucht zu vermitteln, und den tatsächlichen Gegebenheiten ist, um so größer ist der Schaden, der vor allem im Verlust der Glaubwürdigkeit besteht. Wehe, wenn diese einmal verlorengegangen ist.

*Die Rolle des Corporate Design*

Auf der anderen Seite zeigt uns die praktische Erfahrung, daß **Corporate Design** (S.26) ein guter - vielleicht der beste - Ansatzpunkt ist, wenn es darum geht, eine systematische Entwicklung der Corporate Identity in Gang zu bringen. Die Rolle des Design für die Corporate Identity ist ebenso oft überschätzt worden, wie sie gerade bei der heute vielfach zu beobachtenden Dominanz des Corporate Behavior unterschätzt wird.

*Marketing und Corporate Identity*

Die **Geschichte der Corporate Identity** (S.33) ist untrennbar mit der Geschichte des Design verbunden, wie beide wiederum mit der Industrialisierung verbunden sind. In Deutschland war es Peter Behrens und die AEG, in den USA die Verbindung von Dreyfuss und Bell, die die Entwicklung vom Produktdesign über die Architektur und die Unternehmenskommunikation zum Gesamterscheinungsbild des Unternehmens ganz entscheidend beeinflußt haben.

Wie dieses historische Paradigma der CI als visuelles Erscheinungsbild im Zeichen der Industrialisierung stand, so steht das neue Paradigma der CI als ganzheitlicher Sicht des Unternehmens im Zeichen der Informatisierung von Wirtschaft und Gesellschaft. Die Informatisierung zwingt uns, sowohl die Beziehungen innerhalb und zwischen den Unternehmen als auch innerhalb der Gesellschaft neu zu überdenken. Sie ist kein plötzlich auftauchendes Phänomen, sondern ein sich seit Mitte der siebziger Jahre kontinuierlich entwickelnder Prozeß, der inzwischen eindeutig die wirtschaftliche und gesellschaftliche Entwicklung bestimmt. Für die Corporate Identity wichtigste Konsequenz dieses Prozesses ist die Entwicklung zum **virtuellen Unternehmen** (S. 64).

Die theoretischen Grundlagen für das neue Paradigma der CI beruhen auf der Sicht des Unternehmens als sozialem System, die sich inzwischen auch in der neueren Betriebswirtschaftslehre und insbesondere im verhaltenswissenschaftlichen Ansatz der Managementlehre durchgesetzt hat. Die soziologische Basis bildet die funktionale **Systemtheorie** (S. 111), die als allgemeine Theorie nicht allein auf soziale Systeme beschränkt ist. Sie gilt ebenso für biologische oder mechanische Systeme.

## 2.2 Unternehmenskultur und Wandel

*Kultur als das System der Wertvorstellungen im Unternehmen.*

Da sich "Unternehmenskultur" als eigenständiges Konzept in der Managementliteratur etabliert hat, soll hier etwas näher darauf eingegangen werden.

Der Begriff "Kultur" wird im deutschen Sprachraum in unterschiedlicher Bedeutung verwendet. Wenn wir sagen, jemand habe Kultur, dann beziehen wir das auf die Bildung, vielleicht auch Tradition; wir beziehen das auf das Auftreten, auf die äußere Erscheinung und wir beziehen das auf das Verhalten. Neben diesem auf die Person bezogenen Kulturbegriff haben wir den eher allgemeinen, der durch den Gegensatz Natur - Kultur geprägt ist.

Eine weit verbreitete und allgemein akzeptierte Definition der Unternehmenskultur liefern Hinterhuber/Winter: "Unter Unternehmenskultur verstehen wir die Gesamtheit der in der Unternehmung vorherrschenden Wertvorstellungen, Traditionen, Mythen, Normen und Denkhaltungen, die den Führungskräften und Mitarbeitern auf allen Verantwortungsebenen Sinn und Richtlinien für ihr Verhalten vermitteln." (Hinterhuber/Winter (1991) S.192)

Parsons macht auf weitere wichtige Aspekte aufmerksam, indem er Kultur als "shared order of symbolic meanings" definiert, und darauf hinweist, daß Kultur sowohl ein Resultat als auch eine Determinante sozialen Handelns ist. (Bruckmeier, S. 89). Speziell in der amerikanischen Literatur wird immer wieder die große Bedeutung von Symbolen - und symbolischen Handlungen - herausgestellt. Vor diesem Hintergrund muß auch die Rolle des Design für die Unternehmenskultur gesehen werden.

Umfassend behandelt **Schein** (1995) das Thema Unternehmenskultur. Er betont neben der Funktion der internen Integration von Kultur auch deren Rolle im Zusammenhang mit der externen Anpassung und dem Überleben der Organisation. (Staehle, S. 480)

Schein plädiert dafür, "oberflächliche Kulturkonzepte zu vermeiden und auf den fundierteren und komplexeren Modellen der Anthropologie aufzubauen. Der Begriff der Kultur wird sich als besonders konstruktiv erweisen, wenn er einen

Beitrag zum besseren Verständnis der verborgenen und komplexen Aspekte des Lebens in einem Unternehmen leistet. Und solch ein Verständnis läßt sich mit Hilfe von oberflächlichen Definitionen bestimmt nicht gewinnen." (Schein, S.18/19)

Er nennt folgende zentralen Funktionen der Unternehmenskultur:

- *Integrationsfunktion*
  Kultur wirkt sozial integrativ, insofern als sie allen Organisationsmitgliedern als Basiskonsens über Grundfragen dient und damit die Konsensfindung auch in Konflikt-Situationen erleichtert.
- *Koordinationsfunktion*
  Kultur wirkt handlungskoordinierend über gemeinsam geteilte Werte und Normen. Sie entlastet von fallweisen Handlungsanleitungen und stellt somit ein Substitut für strukturelle und personelle Führung dar.
- *Motivationsfunktion*
  Kultur vermag zentrale Bedürfnisse der Organisationsmitglieder, etwa nach Sinnvermittlung, zu befriedigen. Sie wirkt motivationsfördernd nach innen und handlungslegitimierend nach außen.
- *Identifikationsfunktion*
  Kultur stiftet Identifikationsmöglichkeiten mit der Organisation, schafft ein Wir-Gefühl und stärkt das Selbstbewußtsein. (Staehle, S. 480)

Hinterhuber/Winter versuchen eine Abgrenzung von Unternehmenskultur und Corporate Identity, indem sie Kultur als "System" und "primär nach innen und von oben nach unten gerichtet" beschreiben, während die CI sich als "Subsystem" "primär nach außen" richte. "Corporate Identity ist ... das Erscheinungbild der Unternehmung, so wie diese von der Außenwelt gesehen und bewertet werden will; sie ist der faßbare und wahrnehmbare Teil der Unternehmenskultur." (Hinterhuber/Winter (1991) S.194)

*Die unterschiedlichen Funktionen der Unternehmenskultur*

Die Konzepte von Unternehmenskultur und Corporate Identity verhalten sich komplementär zueinander. Je nach Standpunkt wird einmal das eine und einmal das andere als das Umfassendere angesehen. Man kann ohne weiteres darin übereinstimmen, daß CI das bewußtere und damit leichter zu beeinflussende Konzept ist. Man kann aber nicht generell zustimmen, daß die Kultur sich "von oben nach unten" richte. Das trifft noch am ehesten auf Unternehmensgründer zu, obwohl man auch in diesem Fall immer von einer Wechselwirkung zwischen ihm und den Mitarbeitern ausgehen muß. Auf keinen Fall stimmt dies aber für Manager, die zweifellos die Unternehmenskultur zwar auf längere Sicht maßgeblich beeinflussen können, nicht selten aber auch an der Kultur scheitern.

"Die Unternehmenskultur ist das Resultat eines langen Entwicklungsprozesses, dessen Richtung sich nicht kurzfristig nach Maßgabe der verfolgten Strategie verändern läßt." (Hinterhuber/Winter (1991) S.193)

*Unternehmenskultur sorgt nicht nur für eine reibungslose Zusammenarbeit im Unternehmen, sondern sichert auch die Anpassung an die sich verändernde Umwelt.*

*Wandel: Die Veränderung eines Unternehmens ist ein vielschichtiger Prozeß, der sich nicht auf einfache Zusammenhänge reduzieren läßt.*

Ganz gleich, ob man vom Konzept der Unternehmenskultur oder der Corporate Identity ausgeht, in jedem Fall sind sie durch einen permanenten *Wandel* gekennzeichnet, dessen erfolgreiche Bewältigung die zentrale Aufgabe jeder Pflege der Corporate Identity oder der Unternehmenskultur ist. Mit Faktoren und Bedingungen des Wandels in Organisationen setzt sich Staehle (S.665 ff) auseinander.

Mit konkreten Beispielen von Veränderungsprozessen in Unternehmen und Institutionen beschäftigen sich **Dreesmann/Kraemer-Fieger (1994)** in ihrem Buch *Moving. Neue Managementkonzepte zur Organisation des Wandels*. Im ersten Teil des Buches werden Konzepte dargestellt, die fast regelhaft in jedem Veränderungsprozeß eine besondere Rolle spielen. "Es wird deutlich, daß es unerläßlich ist, den systemischen Gesamtzusammenhang eines "Moving"-Prozesses zu berücksichtigen. Die Einschränkung auf Teilelemente führt nicht selten zu unrichtigen Schlußfolgerungen und Maßnahmen.
Die oft gehörte Meinung: "das liegt nur am verkrusteten Management" ist so in der Regel genauso platt wie falsch, denn sie läßt außer acht, daß das Management auch vielfachen Beeinflussungen unterliegt, die bei ihm gerade diesen Mechanismus der Starrheit haben wachsen lassen."(S.9)

*Corporate Design kann eine erfolgreiche Initialzündung für eine umfassende Neuorientierung sein.*

Es wird versucht, einen Überblick zu geben über all die Komponenten, die bei einem Veränderungsprozeß eine Rolle spielen. "In den seltensten Fällen verlaufen Veränderungsprozesse jedoch so, wie man sie einmal geplant hat. Insbesondere sind es mangelnde Akzeptanz und Widerstände, die den Wandel behindern und aus der Bahn bringen können. Widerstände treten in vielfacher Form bei Veränderungen auf, und man muß die ihnen innewohnenden Regelhaftigkeiten berücksichtigen, wenn man Erfolg haben will." (S.10ff)

"Im zweiten Teil des Buches geht es um praktische Beispiele, die die Umsetzung der Modelle und Konzepte in betrieblichen und organisatorischen Zusammenhängen darstellen. Die Auswahl der Organisationen reicht durch alle Wirtschaftsbereiche und berücksichtigt Industriebetriebe ebenso wie öffentliche und Non-Profit-Unternehmen." (S.10)

## 2.3 Zur Rolle des Corporate Design

Im Zusammenhang mit notwendigen Prozessen des Wandels in Unternehmen spielt das Design eine besondere Rolle. Ein neues Corporate Design ist der markanteste und sichtbarste Ausdruck einer Veränderung im Unternehmen. Wenn es nicht nur als Kosmetik gedacht ist, sondern auch Veränderungen in anderen Bereichen einleitet und dabei als eine Selbstverpflichtung der Unternehmensleitung kommuniziert wird, bildet es eine starke Motivation für den gesamten Prozeß.

Wir können heute eine Inflation von mit *Corporate* zusammengesetzten Begriffen beobachten. Manche davon, wie Corporate

Marketing, sind lediglich hohle Phrasen. Sie fügen dem Begriff an sich nichts Neues hinzu. Viele der in diesem Zusammenhang auftauchenden Begriffe geben auch Anlaß zur Verwirrung, insbesondere dann, wenn sie verkürzt angewendet werden. So ist es zumindest irreführend, die kulturellen Aktivitäten eines Unternehmens als Corporate Culture zu bezeichnen. Andere, wie Corporate Finance, machen dann einen Sinn, wenn sie darauf hinweisen, daß ein bestimmter Aspekt in die Unternehmensstrategie als ganzheitlichen Prozeß eingebunden ist. Dies gilt in besonderer Weise für Corporate Design, das durch den Zusatz *Corporate* bewußt von isolierten Einzelaktivitäten abgegrenzt werden soll.

Jedes Unternehmen hat eine Corporate Identity, ob es sich dessen bewußt ist oder nicht. Sie drückt sich aus in allen Formen der Kommunikation des Unternehmens - in der Werbung und Öffentlichkeitsarbeit, genauso wie in Geschäftsbriefen, Mahnungen oder Einladungen. Zum konkreten Bild des Unternehmens wird die Identität im Auftritt - von der Architektur über die Ausstattung von Büros und Ladengeschäften bis hin zu den Visitenkarten. Die systematische Gestaltung aller dieser Elemente wird als Corporate Design bezeichnet. Es muß zwangsläufig mit der Analyse der vorhandenen Identität und Kultur beginnen und darauf aufbauen.

Für die großen amerikanischen CI-Beratungsunternehmen steht das Design eindeutig im Vordergrund. Dabei haben sie jedoch eine recht weitgehende Vorstellung davon, was das Design zu leisten hat. Chermayeff & Geismar drücken dies so aus:

*Design ist eine Problemlösungsmethode.*

"Allem gemeinsam ist die zugrundeliegende Philosophie, daß Design zu einem großen Teil ein Vorgang der Problemlösung ist und daß geeignete Markenzeichen nicht entwickelt werden können, solange das "identification problem" des Klienten nicht klar definiert worden ist."

Clive Chajet, CEO von Lippincott & Margulies, bringt die Aufgabe des Design schon im Titel seines Buches zum Ausdruck: Image by Design. From Corporate Vision to Business Reality. Es kommt also primär darauf an, eine Vision für das Unternehmen erlebbare Realität werden zu lassen.

*Nur als Ausdruck einer überzeugenden Vision vermittelt Corporate Design Glaubwürdigkeit.*

Diesen Punkt betont **Schmitt-Siegel** (1992) in seinem Aufsatz "Nur der Schein trügt nicht". Dieser Titel geht auf ein Zitat von Paul Klee zurück; er soll dazu provozieren, sich von eingefahrenen Denkmustern zu lösen.

"Um als glaubwürdige Institution angesehen zu werden, ist das bewußt gestaltete, einheitliche Erscheinungsbild heute mehr denn je ein notwendiges Mittel und zur Erreichung einer unverwechselbaren Identität unverzichtbar. Diese Identität wird aber nur erreicht, wenn Visionen, Denken, Handeln, Ausdrücken und Darstellen jedes Einzelnen an einem gemeinsamen Identitäts-Konzept ausgerichtet sind, bei dem sich im formulierten Selbstverständnis Leitbild und unternehmenspolitische Grundsätze widerspiegeln. Erst auf dieser Basis können kommunikative und gestalterische Maßnahmen geplant,

*Design geht über die Gestaltung eines Erscheinungsbildes weit hinaus.*

entwickelt und eingeführt werden, um nach außen glaubwürdig zu wirken." (S.127)

"Nur der Schein trügt nicht", sagte Paul Klee und liefert damit die knappste Begründung für die Entwicklung von Corporate Design-Programmen. Corporate Design ist das optische Konzentrat eines inhaltlichen, sozialen Konzeptes, einer Weltanschauung, eines gesellschaftlichen Auftrags, eines Parteiprogramms, einer religiösen Glaubensrichtung, einer Veranstaltungskonzeption, einer Unternehmensphilosophie, kurzum eines formulierten Selbstverständnisses. Corporate Design ist lediglich ein, wenn auch wichtiges Mittel zur Identitätsfindung und -bildung. Es ist das geplante, umfassende Designprogramm, das alle Objekte, Dienstleistungen und Einrichtungen eines makrosozialen Systems mit einheitlichen - aber nicht unbedingt gleichen - und klaren Gestaltungsmerkmalen prägt. Dabei ist gleichgültig, ob es sich um Unternehmen, Organisationen, Institutionen, Parteien, Kirchen, Städte, Messen oder Kongresse handelt. Corporate Design ist ein Identitätsdokument." (S.127/128)

*Aufgabe des Design ist nicht nur die Gestaltung von Kommunikationsmitteln, sondern auch von Kommunikationssystemen.*

Dem aufmerksamen Leser wird auffallen, daß in der in diesem Buch zentral behandelten CI-Triade (Abb. 1) Corporate Design als Begriff nicht vorkommt. Tatsächlich ist die CI-Triade aus dem Versuch heraus entstanden, die Aufgaben des Design im Unternehmen systematisch zu erfassen. So ergeben sich aus diesem Modell eine Vielzahl von Designaufgaben, die drei zentralen Aufgabenbereichen zugeordnet werden können:

| | |
|---|---|
| **Zeichengestaltung** | Produktausstattung |
| | Werbung/Verkaufsförderung |
| **Formgestaltung** | Environmental Design |
| | Produktgestaltung |
| **Systemgestaltung** | Personalentwicklung |
| | Interne Kommunikation |

Bei genauerer Betrachtung bilden die einzelnen Aufgaben Schnittstellen mit starken Wechselwirkungen untereinander. Am offensichtlichsten ist dies bei der Zeichengestaltung, wo Produktausstattung, zu der natürlich auch das Verpackungsdesign gehört, und Werbung auf das engste miteinander korrespondieren. Aber auch Environmental Design, oder enger gefaßt die Arbeitsplatzgestaltung, hat einen erheblichen Einfluß auf die Produktgestaltung, ganz gleich, um welche Art von Produkt es sich handelt. Dabei wird der Begriff "Produkt" hier in seiner allgemeinsten Form gebraucht, schließt also auch Handel und Dienstleistungen mit ein. So wird selbstverständlich die erlebte Qualität einer Finanzberatung von der räumlichen Umgebung einer Bank maßgeblich mitgeprägt.

Bei traditioneller Betrachtung des Design erscheinen die Arbeitsbereiche Personalentwicklung und interne Kommunikation vielleicht überraschend. Über die natürlich auch hier anfallende Gestaltung von Kommunikationsmitteln hinaus, geht es dabei um die Entwicklung von Kommunikationssystemen als eigenständige Aufgabe, die in engem Zusammenhang mit der Organisation im Unternehmen gesehen werden muß. Wobei sich zeigt, daß neben der Aufbau-

Abbildung 1: **Die triadische Struktur der CI**

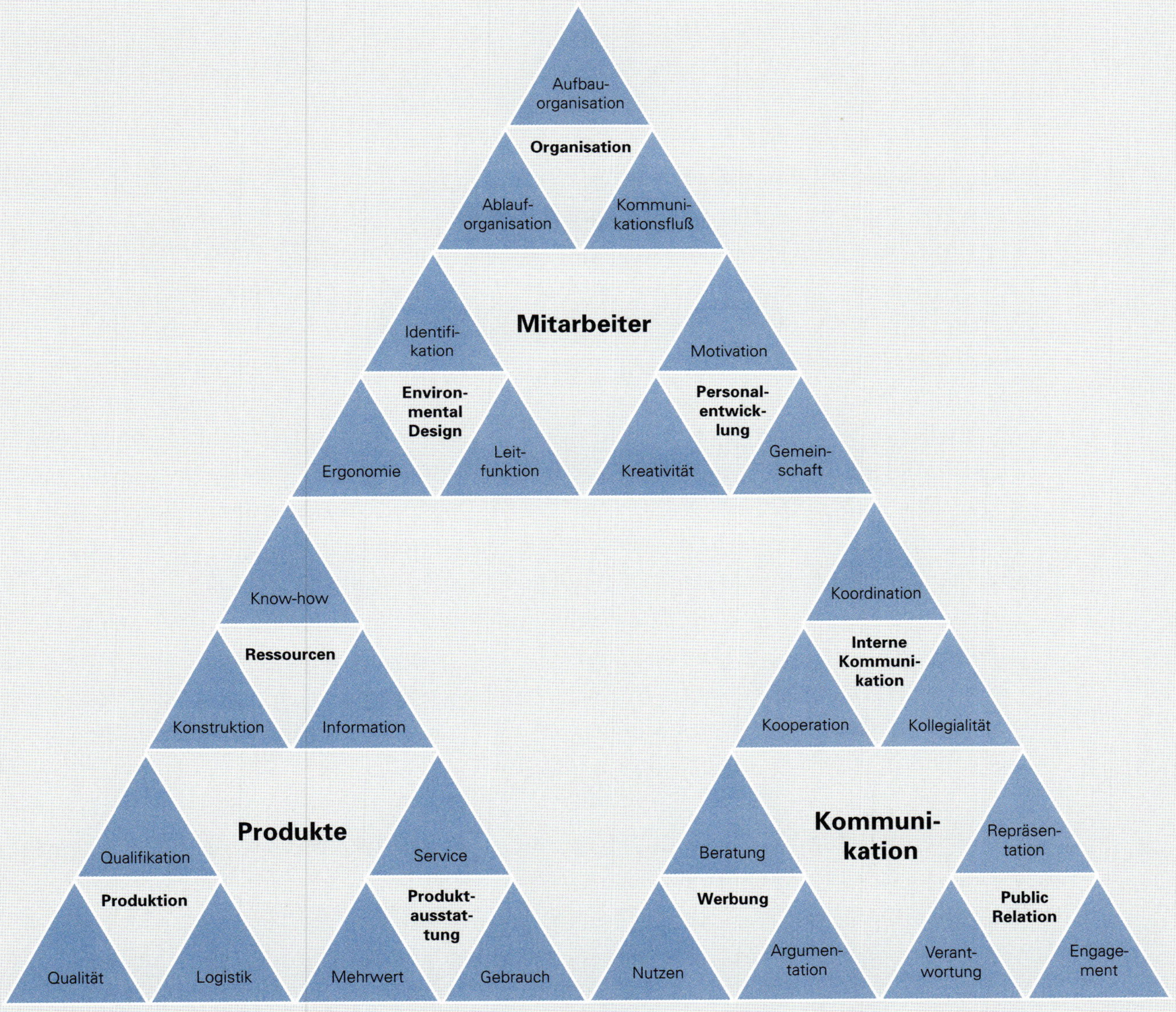

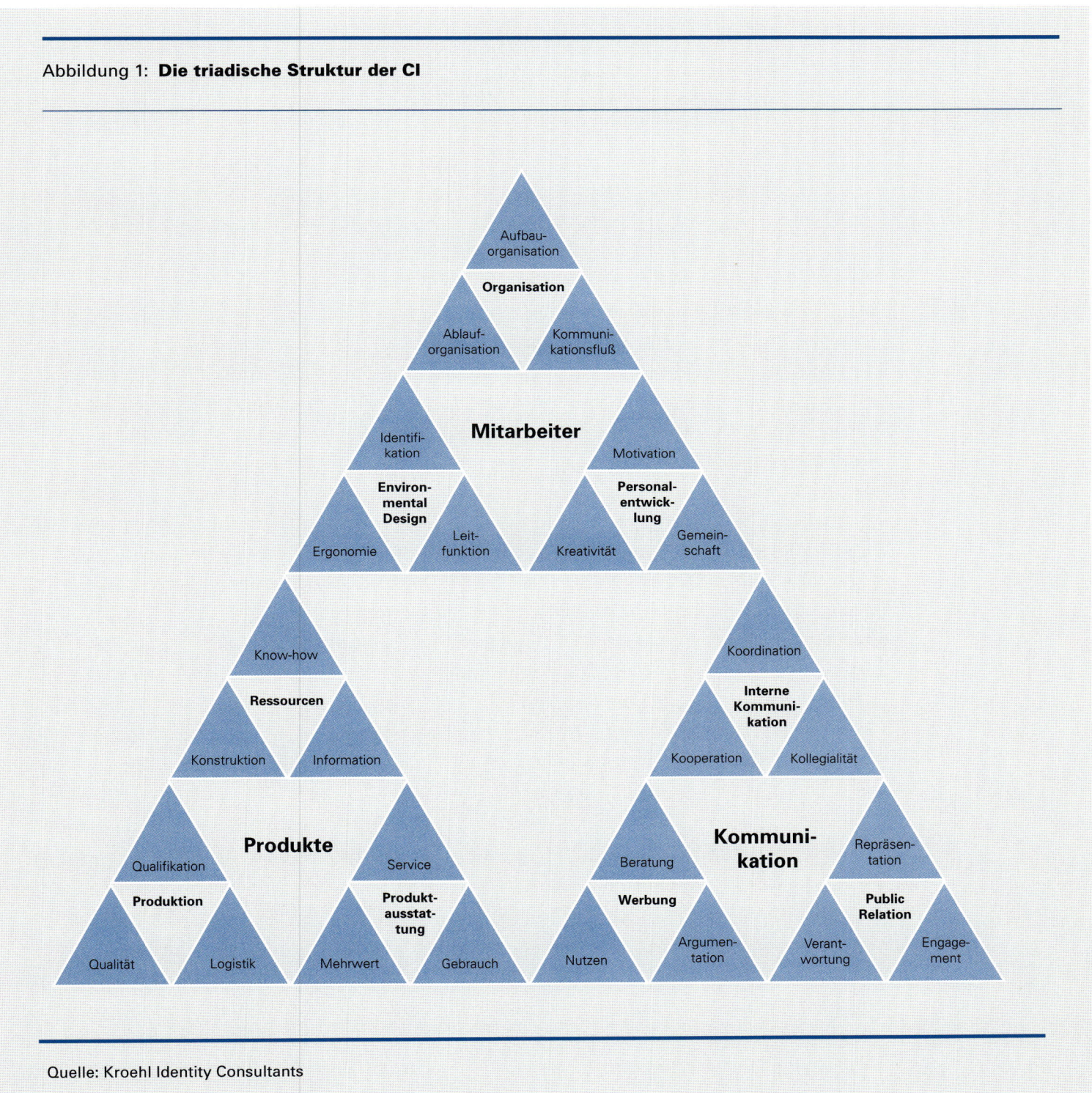

Quelle: Kroehl Identity Consultants

*Design Management macht Design durch bewußte Steuerung zu einem strategischen Erfolgsfaktor.*

und der Ablauforganisation der Kommunikationsfluß als eigene Planungsperspektive gesehen werden muß.

Corporate Design kann allein schon durch die grafische Darstellung der Organisation zum Ziel jeder CI-Entwicklung, nämlich der Integration der einzelnen Teilsysteme zu einem ganzheitlich funktionierenden System, beitragen. Denn eine Voraussetzung für das Gelingen der Integration ist eine überschaubare Struktur. Je klarer für jeden Einzelnen die Struktur in ihrer Gesamtheit erkennbar ist, um so eher wird er bereit sein, sich in seinem Bereich einzufügen.

An dieser Stelle sollte man auch auf den Begriff des **Designmanagement** eingehen. Neben der einfachen Bedeutung im Sinne von Management der Designaufgaben im Unternehmen wird dieser Begriff als Beschreibung dafür verwendet, daß die gesamte Philosophie eines Unternehmens auf Design abgestellt ist. Bekannte und immer wieder angeführte Beispiele dafür sind Braun, Wilkhahn, Erco oder Vitra. In diesen Unternehmen ist Design nicht nur Chefsache, sondern zentrale Leitlinie.

*Die Design-Konferenzen in Aspen spiegeln die aktuellen Entwicklungen im Design-Verständnis.*

**Buck/Vogt (1997)** haben eine Reihe von Aufsätzen zum Thema Design Management zusammengetragen. Der gemeinsame Nenner ist der Einsatz von Design-Management als strategischem Erfolgsfaktor. "Insgesamt wird damit ein umfassender Ansatz zur Definition und Entwicklung von Produkten beschrieben, der im zweiten Teil des Buches durch Praxisbeispiele veranschaulicht wird." (S.14)

"Design Management ist die Steuerung aller designrelevanten Prozesse im Unternehmen, von der Produktidee bis zur Markteinführung. Designrelevante Prozesse sind sämtliche Aktivitäten, bei denen zur Erreichung der Unternehmensziele gestalterisch-kreative mit unternehmensüblichen Tätigkeiten verschmolzen werden müssen" (S.18)

"Design als Identifikationsinstrument nach innen sollte aber in dieser Sicht nicht unerwähnt bleiben. Auch wenn sich der Erfolg eines Unternehmens im Markt beweisen muß, stellt die positive Verankerung der Produkte innerhalb der gesamten Belegschaft eine nicht zu unterschätzende Motivationsgrundlage, einen "corporate spirit" dar, der insbesondere bei Belastungsspitzen jedweder Art außerordentlich wertvoll werden kann." (S. 24)

Aber auch wenn dem Design nicht ein solch überragender Stellenwert eingeräumt wird, bleibt Designmanagement in jedem Unternehmen eine wichtige Aufgabe. Dabei wird zwischen einer rein operativen und einer strategischen Ebene unterschieden. Sony ist ein gutes Beispiel dafür, wie in einem primär von der Technologie getriebenen Unternehmen das Design von einer operativen zu einer strategischen Größe werden kann.

Die zentrale Rolle des Design bei der Integration von Technologien "wurde Anfang 1985 formell gewürdigt, als der Chefdesigner von Sony, Yasuo Kuroki, zum Direktor für Systemprodukte ernannt wurde und sein Team durch mehrere

leitende Ingenieure und Planer ergänzt wurde. Eine formelle Aufwertung des Designbereichs ist in dieser Größenordnung sowohl in Japan als auch im Westen ohne Beispiel."
**(Lorenz (1992) S.107)**

Die Entwicklung ging bei Sony: vom - bewußt vage definierten - "PP-Center"(1978) über "Systemprodukte und Design" (1985) zur "Unternehmensimage-Strukturgruppe" (1988)".

"Hinter der Umbenennung von 1988 stand im wesentlichen der folgende Gedanke; Sony hatte sich seit einigen Jahren bemüht, neben der Unterhaltungselektronik in Spezialgeräte zu diversifizieren, und verzeichnete erste Erfolge. Gleichzeitig bewegte sich das Unternehmen in eine ganz andere Richtung, nämlich zur Unterhaltungs"software": zunächst mit CBS Records und dann 1989 mit Columbia Pictures. Sonys Design-Spitzenmanager waren damals der Meinung, dazu sei ein sorgfältig kontrollierter Wandel des Unternehmensimage erforderlich." (Lorenz, S.119)

Mit der sich wandelnden Rolle des Design, speziell auch vor dem Hintergrund des Einsatzes neuer Kommunikationstechniken, setzte sich die 45. Design-Konferenz in Aspen 1995 auseinander. Die Dokumentation dieser Konferenz wurde von **John Kao (1996)** unter dem Titel "The New Business of Design" veröffentlicht. Im Eröffnungsvortrag stellt der bekannte Managementberater Tom Peters ("Auf der Suche nach Spitzenleistungen") dar, warum die Unternehmen ihre Aufmerksamkeit verstärkt dem Design zuwenden (müssen).

"Die Aufmerksamkeit für Design (design mindfulness) tritt in dem Maße immer deutlicher in Erscheinung wie die Wirtschaft immer mehr von weichen Faktoren bestimmt wird." (S.20)

Weiche Faktoren, das sind vor allem Ideen und Innovationen. Peters ist überzeugt, daß auch das sogenannte "Informationszeitalter" nur eine Übergangsphase in eine Zeit ist, in der die "Kreation" im Mittelpunkt stehen wird.

*Ein selbstbewußtes Unternehmen darf sich nicht von der Konkurrenz definieren lassen.*

Peters kritisiert das traditionelle Marketing, das sich auf die "Positionierung" konzentriert.

"Im Kern besteht Positionierung darin, die Marktlücke zu finden, statt den eigenen Gedanken und Gefühlen zu folgen. Damit läßt das Unternehmen zu, daß es durch seine Wettbewerber definiert wird, und endet ohne eine innere Identität. ...

Indem es die Welt in einem weniger wettbewerbsorientierten Licht sieht, ist das Charakter-Unternehmen eher in der Lage, den Markt neu zu erfinden, statt das Spiel auf die gleiche Art zu spielen wie die Wettbewerber." (S.22)

Wie weit die Unternehmen vor diesem Hintergrund neu gestaltet - redesigned - werden müssen, macht der Beitrag von Hatim Tyabji deutlich. Tyabji ist Gründer und Chef von VeriFone, einem Musterbeispiel für ein Virtuelles Unternehmen. VeriFone ist zugleich ein Beispiel für die neue Erfindung eines Marktes.

"Wir nahmen nicht teil an einer existierenden Industrie. Die Begriffe "Transaction Automation" und die Industrie, die sie repräsentieren, existierten nicht, bevor die Firma gegründet wurde. Wir schufen eine Industrie, und bis heute führen wir sie erfolgreich an." (S. 69)

*Zu den großen Herausforderungen gehört der Umgang mit Komplexität.*

Zur Arbeitsweise von VeriFone sagt Tyabji: "Wir sprechen über Kreativität. Im Kern erzeugen wir Kreativität, indem wir Entwicklungs- und Design-Center über die ganze Welt verteilt haben. Jedes Design-Center ist konzipiert als "Center of Excellence", und sie machen Design, nicht nur für einen bestimmten Teil der Welt, sondern für die ganze Welt. Weil das ganze Unternehmen, 100 Prozent, vernetzt ist, und weil das ganze Unternehmen, 100 Prozent - ohne Ausnahme - online arbeitet, sind wir in der Lage, daß jeder den Gedanken von jedem anderen aufgreifen kann. Dies geschieht so, daß es absolut keinen Unterschied macht, wo jemand sitzt. ... Das ist der wirklich wichtige Punkt, der tatsächlich eine Atmosphäre intensiver Kreativität gefördert hat." (S.68)

*Online-Arbeit beschleunigt die Abläufe weiter.*

Mit der Online-Arbeit werden die wirtschaftlichen Abläufe noch einmal erheblich beschleunigt. Die Arbeitsplatz-Computer haben die Arbeit selbst schneller gemacht. Doch im Design, wie in vielen anderen Arbeitsprozessen, wird ein Großteil der Laufzeit eines Projekts durch Abstimmungsprozesse und Kommunikation aufgezehrt. Die meiste Zeit kostet dabei oft nicht einmal die Kommunikation selbst, sie wird von den Kommunikationswegen in Anspruch genommen. Mit der Vernetzung geht diese Zeit plötzlich gegen Null. Doch mit der Erleichterung der Kommunikation werden die Abläufe zugleich komplexer, weil mehr Teilnehmer am Prozeß an immer mehr Stationen die Möglichkeit erhalten einzugreifen.

"In den meisten Geschäftsbereichen gibt es einen Trend hin zu einem höheren Grad an Komplexität. Und die Herausforderung besteht darin, wie wir entweder die Komplexität vereinfachen oder Systeme entwickeln, um die Komplexität zu managen und Brücken zu bauen zwischen von Grund auf unterschiedlichen Teilen einer Organisation mit unterschiedlichem Vokabular und unterschiedlichen Sensibilitäten." (S. 47)

So wie es Michael Schrage in seinem Beitrag zur Aspen-Konferenz sieht, werden alle Arbeitsprozesse, wird das gesamte Unternehmen zum Gegenstand des Design. Umgekehrt wird aber auch die Design-Arbeit von der Organisation der Prozesse maßgeblich beeinflußt.

"Um bestimmte Formen der kreativen Zusammenarbeit zu fördern, bedarf es gemeinsamer Räume (shared spaces). Wenn man will, daß innovative Prototypen innovative Konzepte erzeugen, dann müssen sie so etwas wie gemeinsame Räume sein." (S. 53)

Mit der digitalen Vernetzung werden die gemeinsamen Räume ganz erheblich ausgedehnt. Die Gemeinsamkeit wird - und wurde zu allen Zeiten - durch Medien hergestellt.

"Es gibt so etwas wie eine Ökologie der Ereignisse. Sie hat schon immer bewirkt, daß neue Arten von Medien neue Arten der Interaktion schaffen." (S. 54)

Der Wandel, den die neuen Medien als neue Möglichkeiten mit sich bringen, ist auch im Design in vollem Gange.

3

## 3. Zur Geschichte der Corporate Identity
### 3.1 Historische Wurzeln

*CI-Entwicklung: 1. Koordination des visuellen Stils*

Die Entwicklung der Corporate Identity hatte ihren Ausgangspunkt in den USA. Clive Chajet, CEO von Lippincott & Margulies, New York, eines der heute weltweit führenden CI-Beratungsunternehmen beschreibt diese Zeit in seinem Buch "Image Design" auf sehr anschauliche Weise. Der Begriff der Corporate Identity wurde von L&M geprägt. "Damals war die Firma gerade mit der Gestaltung des Messestands für Johnson´s Wax auf der New Yorker Weltausstellung sowie dem Design neuer Verpackungen für Johnson beauftragt. Gleichzeitig wurde über eine Lösung für ein drittes Problem des Kunden nachgedacht: Johnson`s Wax hatte ein Unternehmen für Reformkost erworben, und Lippincott und Margulies kam der Gedanke, daß das Image des Wachsproduzenten dem neuen Produktbereich möglicherweise schaden könnte. Die Unternehmensleitung von Johnson´s Wax war mit den beiden einig darin, daß hier ein potentielles Problem bestand und beauftragte sie deshalb mit der Erarbeitung einer Lösung. Damit war "Corporate Identity" geboren, denn so nannten Lippincott und Margulies den von ihnen entwickelten Prozeß zur Lösung der Imageprobleme." **(Chajet (1995)** S.18/19)

In der Selbstdarstellung beschreibt L&M die weitere Entwicklung kurz und prägnant:

*2. Image-Prägung durch Unternehmens-kommunikation*

"Am Anfang - wir wissen das, weil wir dabei waren - war Identity Management, wie es von den größten US-Unternehmen praktiziert wurde, einzig und allein eine Funktion der Koordination des visuellen Stils und der Grafik. Wir gaben ihm den Namen "Corporate Identity". In den 1950ern und 1960ern beinhaltete der Begriff dann auch package design und im folgenden das gesamte System, wie ein Unternehmen seinen Namen, sein Logo und seine Markenzeichen einsetzte.

*3. Kommunikations-komponente des strategischen Managements*

In den 1970ern und 1980ern dehnte sich die Breite der Corporate-Identity-Aktivitäten aus, schloß alle Aktivitäten der Unternehmenskommunikation ein und wurde als eines der wichtigsten Werkzeuge für die Prägung des Unternehmens-Image eingeschätzt. Heute wird es richtigerweise als die Kommunikationskomponente des Prozesses der Strategischen Unternehmensplanung anerkannt."

*Der CI-Begriff in den USA wird vom Prinzip der Machbarkeit bestimmt.*

Diese instrumentelle Konzeption von der Machbarkeit entspricht der heute in den USA fast generell anzutreffenden Auffassung der Corporate Identity. "Unter dem Image eines Unternehmens versteht man die Art und Weise, in der es von der Öffentlichkeit wahrgenommen wird. ...Die Identität drückt sich in der vom Unternehmen gewählten Art und Weise aus, diese Wahrnehmung zu formen und zu beeinflussen." (Chajet S.26)

*Industrial Design als Vorläufer der CI.*

Wenn man diese Auffassung vertritt, muß man aber eine andere Tradition einbeziehen, die sich kurz nach der Jahrhundertwende in Europa und den USA zeitgleich entwickelte, nämlich die des Industrie-Design, die in Deutschland untrennbar mit den Namen AEG und Peter Behrens verbunden ist. In den USA gab es eine ähnliche Zusammenarbeit zwischen Bell (dem heutigen AT&T) und dem Designer Henry Dreyfuss, dessen "europäische" Designauffassung in den USA allerdings eher eine Ausnahme war.

"Von Anfang an klaffte eine gähnende Lücke zwischen den in Europa und in den USA gängigen Konzepten von Industrie-Design: Intellektuell und funktional das eine (was man häufig als "von innen nach außen arbeiten" bezeichnet hat); das andere ein gestalterisches Werkzeug im Dienste von Verkauf und Werbung, bei dem nur das zählte, was man sah, während das Innenleben des Produktes hingegen wenig interessierte." **(Lorenz (1992)** S. 30) Diese spezifische Verbindung von Marketing und Image beherrschte - und beschleunigte - in den USA auch die Weiterentwicklung der Corporate Identity.

*Typische Industrie-Designer verstanden sich in den USA als Integratoren der Gesellschaft.*

Typische Vertreter des amerikanischen Industrial Design waren Norman Bel Geddes, Raymond Loewy und Walter Dorwin Teague. Geddes war so etwas wie der Vordenker des Design-Gedankens. "Obwohl viele Entwürfe von Geddes nie in Serie gingen, leistete er einen entscheidenden Beitrag, indem er das Image des Industriedesigners mit der Vorstellung eines technischen Visionärs verband. Sein 1932 veröffentlichtes Buch "Horizons" förderte die Verbreitung des Prinzips der Stromlinie durch eine Fülle von Zeichnungen und Modellfotos ...
Diese futuristischen Entwürfe wurden durch die Wochenschauen der Großkinos und die Sonntagsbeilagen der Zeitungen verbreitet und machten die Streamline auch den Massen bekannt." **(Schönberger (1990)**, S. 54)

Das brachte dann auch die führenden Manager der Eisenbahngesellschaften und der Automobilindustrie dazu, entsprechende Produkte auf den Markt zu bringen. Die von Loewy entworfene GG1 der Pennsylvania Railroad veränderte das Gesicht des amerikanischen Schienenverkehrs und sorgte in ganz Amerika für Aufsehen. Das Prinzip der Streamline war die Trennung der äußeren Hülle des Produkts von seinem inneren Mechanismus. "Und wenn die Designer komplizierte technische Apparate in glatten Gehäusen verpackten, gaben sie auch der Vorstellung Ausdruck, die technische Zivilisation funktioniere beinahe automatisch. Die Stromlinienform wurde zur Metapher für "Konsumtechnik": wie der Luftwiderstand sollten auch die Kaufhemmnisse überwunden werden.

"Als sich der Einfluß der Industriedesigner gegen Ende der dreißiger Jahre ausweitete, begannen sie sich selbst immer weniger als Diener der Industrie zu verstehen, sondern zunehmend als Integratoren der Gesellschaft. Als Dreyfuss den Schnellzug "20th Century Limited" für die New York Central Railroad entwarf, gestaltete er alle Details von den Streichholzbriefchen und dem Speisewagengeschirr bis hin zu den kühnen und klaren Linien der Lokomotive selbst. Solche Erfahrungen legten den Schluß nahe, daß sich der Prozeß auf die Integration immer umfangreicherer Systeme und Prozesse ausweiten ließe." (S. 57/58)

Einen Höhepunkt erreichte diese Entwicklung mit der New Yorker Weltausstellung im Jahr 1939.

"Es war eine Ausstellung der Industriedesigner. In wenig mehr als zehn Jahren hatte sich ihr Beruf in den USA durchgesetzt. ...

Die Designer waren darauf bedacht, ihre Arbeit ins rechte Licht zu rücken und sich selbst als Männer mit Weitblick darzustellen. Eine Weltausstellung bildete das ideale Medium dafür, ein Gesamtkunstwerk, durch welches die Massen auf das unterhaltsamste von der Sache der Industrie und Technik überzeugt werden konnten." (S. 89)

Die Attraktion war das "Futurama", mit dem Norman Bel Geddes versuchte, eine Vorstellung vom Amerika des Jahres 1960 zu geben. In einem riesigen Modell wurden Stadtutopien mit Schnellstraßen und Modellindustrien gezeigt. Mit seinem Modell der Wolkenkratzerstadt "Democracity" wollte Henry Dreyfuss die Rolle des Design in einer friedlichen und vernünftigen Gesellschaft veranschaulichen. Raymond Loewy hatte die Pennsylvania Railroad Company überredet, die 42 Meter lange Dampflok "S1" auszustellen. Für die Greyhound Corporation entwarf er den offiziellen Weltausstellungsbus.

Von seinem Kunden Greyhound erhielt Loewy zum ersten Mal den Auftrag nicht nur für das Erscheinungsbild der verschiedenen Überlandbusse, sondern auch zur Stärkung des Firmenimages. Auch für International Harvester hatte er zunächst einzelne Produkte entworfen und wurde dann mit der Neugestaltung sämtlicher Erzeugnisse und Einrichtungen betraut. Bekannt wurde das Logo, das die Initialen I und H zum Piktogramm eines Traktors mit Fahrer verband. Diese Aufgaben gaben der Designagentur Loewy die neue Richtung vor.

"Mit der Etablierung der Abteilung für Spezialbauten neben denjenigen für Transport, Produktdesign, Packungsdesign und Corporate Identity war Loewys Agentur weltweit die erste, die in allen Bereichen von Gestaltung Kompetenz errang." (S. 99)

*Einen Höhepunkt erreichte die Design-Entwicklung mit der Weltausstellung von 1939.*

"Mit dem erwachenden Wohlstand nach 1945 wurde Industriedesign zu einer festen Institution. Dabei war die Entwicklung des amerikanischen Design ein Ausdruck des problematischen Nebeneinanders zweier grundsätzlich verschiedener Auffassungen. Die eine verstand sich selbst als elitär und betonte die moralische, wo nicht gar spirituelle Verantwortung des Designers, die andere war eher demokratisch orientiert und wollte der Öffentlichkeit geben, was sie verlangte. Beide Haltungen wurzelten in den dreißiger Jahren, als die Gründer des Industriedesigns bemüht waren, dem sogenannten Maschinenzeitalter ästhetischen Ausdruck zu verleihen und dem Streben der Hersteller nach besserem Verkauf gerecht zu werden." (S. 59)

In den fünfziger Jahren begann man, das typisch amerikanische Design und seine Orientierung am Publikumsgeschmack zunehmend kritischer zu sehen. "Good Design" wurde immer häufiger mit der vermeintlich höheren Qualität europäischer Kultur identifiziert.

*In den fünfziger Jahren begann man, das amerikanische Design kritischer zu sehen.*

"Obwohl vor allem das Pratt Institute in New York City und das Carnegie Institute of

Technology in Pittsburgh bereits Ausbildungsprogramme für den Beruf des Industriedesigners entwickelt hatten, war das öffentliche Design nach wie vor von Walter Gropius an der Harvard University in Cambridge/Massachusetts und Ludwig Mies van der Rohe am Illinois Institute of Technology in Chicago geprägt." (S.59)

*Internationalisierung war eine der Triebfedern der CI in Deutschland.*

Beide waren Behrens-Schüler. Und eher in dieser Tradition stand Henry Dreyfuss. Die Traktorenfabrik John Deere gehörte schon als einer der Auftraggeber von Dreyfuss zu den Design-Pionieren in den USA. Unter seinem Präsidenten William Hewitt entwickelte sich John Deere in den 60er Jahren auch zum CI-Pionier. Ein Meilenstein war dabei 1964 die Planung des neuen Firmensitzes:

"Tatsächlich sollte das Unternehmen eine Botschaft aussenden, von der Hewitt hoffte, sie würde in allen Etagen des Unternehmens zu hören sein, bei den Händlern, den Kunden und in der breiten Öffentlichkeit." (Lorenz S.100)

"Große Aufmerksamkeit verwandte Hewitt auch auf die grafische Darstellung des Unternehmens bis hin zu Darstellungen, die von den Führungskräften für interne Präsentationen verwendet wurden." (S.101)

*IBM: eine der ersten beispielhaften CI-Entwicklungen.*

Zu den ersten und zugleich beispielhaften Corporate-Identity-Entwicklungen gehört auf jeden Fall IBM. "Ausgehend von einer Vision oder auch Unternehmensphilosophie, wurde die Identität entwickelt, von der Unternehmenskultur über das Design bis hin zur Kommunikation. Sollte man die Identität von IBM in zwei Worten beschreiben, so wären dies sicherlich Qualität und Professionalität. Der Erfolg von IBM liegt in der konsequenten Umsetzung dieses Anspruch in allen Bereichen und Aspekten des Unternehmens. Dabei beschränkt sich das Qualitätsbewußtsein nicht nur auf Produkte, Service und Kunden, sondern auch auf die eigenen Mitarbeiter und das jeweilige gesellschaftliche Umfeld." (Schmidt (1994) S.17)

Das Bewußtseins der Unternehmen für die Notwendigkeit der Pflege der Corporate Identity entwickelte sich vor allem im Zusammenhang mit der Internationalisierung. In Deutschland setzte diese Entwicklung erst mit einiger Verzögerung ein. Wie in den USA war sie in erster Linie vom Design geprägt, wobei der Schwerpunkt im Kommunikationsdesign lag. Herausragende Beispiele dieser Phase der *Einheitlichen Erscheinungsbilder* sind die Entwicklungen für die Olympischen Spiele 1972 in München von Otl Aicher und für die Deutsche Bank von Anton Stankowski. Auch die Münchner Rückversicherung und die Lufthansa sind in diesem Zusammenhang zu nennen.

Daß Corporate Identity aber nicht ausschließlich eine Sache von großen Unternehmen ist, zeigen die bereits genannten profilierten Beispiele aus dem mittelständischen Bereich wie Braun, Erco, Vitra, Wilkhahn. Nicht ganz zufällig definieren diese Unternehmen ihre Identität in erster Linie über das Produktdesign, dessen Qualitätsansprüche auf die Kommunikationsmittel bis hin zur Architektur ausgedehnt werden.

Ende der siebziger Jahre errang Corporate Identity in Deutschland eine breite Popularität. Nicht alles, was seitdem unter dieser Flagge gesegelt ist, verdient allerdings auch diese Bezeichnung. Mit der Popularität begann zugleich auch der Abstieg zu einem Modebegriff, weshalb nicht wenige heute auf diesen Begriff lieber verzichten möchten. Dies hieße jedoch, das Kind mit dem Bade auszuschütten. Mir scheint es richtiger und interessanter, das Konzept der Corporate Identity heute - auf einer neuen Basis - klar zu definieren und in seiner praktischen Anwendung zu professionalisieren.

### 3.2 Bauhaus und New Bauhaus

Die Geschichte der Corporate Identity in Deutschland läßt sich nicht erzählen, ohne ausführlich auf den Einfluß des Bauhauses und der Hochschule für Gestaltung in Ulm einzugehen. Beide erhalten hier auch deshalb ein eigenes Kapitel, weil sie zeigen, wie wichtig es ist, daß Ideen und Strömungen auch ihre Institutionen finden, ihre Kristallisationspunkte, in denen sie entwickelt, weiterentwickelt und auch vermittelt werden. Ich denke, daß es an der Zeit wäre, wieder "Schulen" mit ähnlichen Ansprüchen und Möglichkeiten entstehen zu lassen.

Ein ausführliche Darstellung der Geschichte des Bauhauses bietet die Dokumentation von Hans Maria Wingler (1962). Der Direktor des Bauhaus-Archivs gibt damit einen umfassende Bericht über das Phänomen Bauhaus, der durch eine umfangreiche Bibliographie ergänzt wird.

Die Grundidee des Bauhauses beschreibt Walter Gropius bereits in seinen Vorschlägen zur Gründung einer Lehranstalt als künstlerische Beratungsstelle für Industrie, Gewerbe und Handwerk. Vieles, was er hier ausführt, hat auch heute noch Gültigkeit. Man braucht es nur statt auf die Industrialisierung auf die heute anstehende Informatisierung zu beziehen:

"Während in alter Zeit die gesamte Masse menschlicher Erzeugnisse allein durch die Hand hergestellt wurde, wird heute nur noch ein verschwindend kleiner Teil der Weltware ohne maschinelle Beihilfe erzeugt, da das natürliche Bestreben, die Arbeitsleistung durch Einführung mechanischer Hilfsmittel zu steigern, in ständigem Wachsen begriffen ist. Der drohenden Gefahr der Verflachung, die hieraus folgerichtig erwächst, kann der Künstler, dem die Bildung und Fortentwicklung der Form in der Welt obliegt, nur dadurch begegnen, daß er sich mit dem gewaltigsten Mittel moderner Formgestaltung, mit der Maschine jeder Art - vom einfachen Werkzeug bis zur komplizierten Spezialmaschine - verständnisvoll auseinandersetzt und sie in seinen Dienst zwingt, anstatt ihr in Verkennung des natürlichen Laufes der Dinge aus dem Wege zu gehen. Diese Einsicht wird notwendigerweise zu einer engen Zusammenarbeit zwischen dem Kaufmann und Techniker einerseits und dem Künstler andererseits führen." (Wingler S.29)

*Im Bauhaus und in der Hochschule für Gestaltung Ulm liegen die Wurzeln der CI in Deutschland.*

"Während des praktischen Unterrichts im Atelier wird der Lehrer häufig Gelegenheit haben, auch Erörterungen theoretischer Art einfließen zu lassen; besondere Lehrkurse über Systemlehre

*Das Verhältnis von Praxis und Theorie war am Bauhaus auch für heutige Zeiten beispielgebend.*

Abbildung 2: **The institute of design**

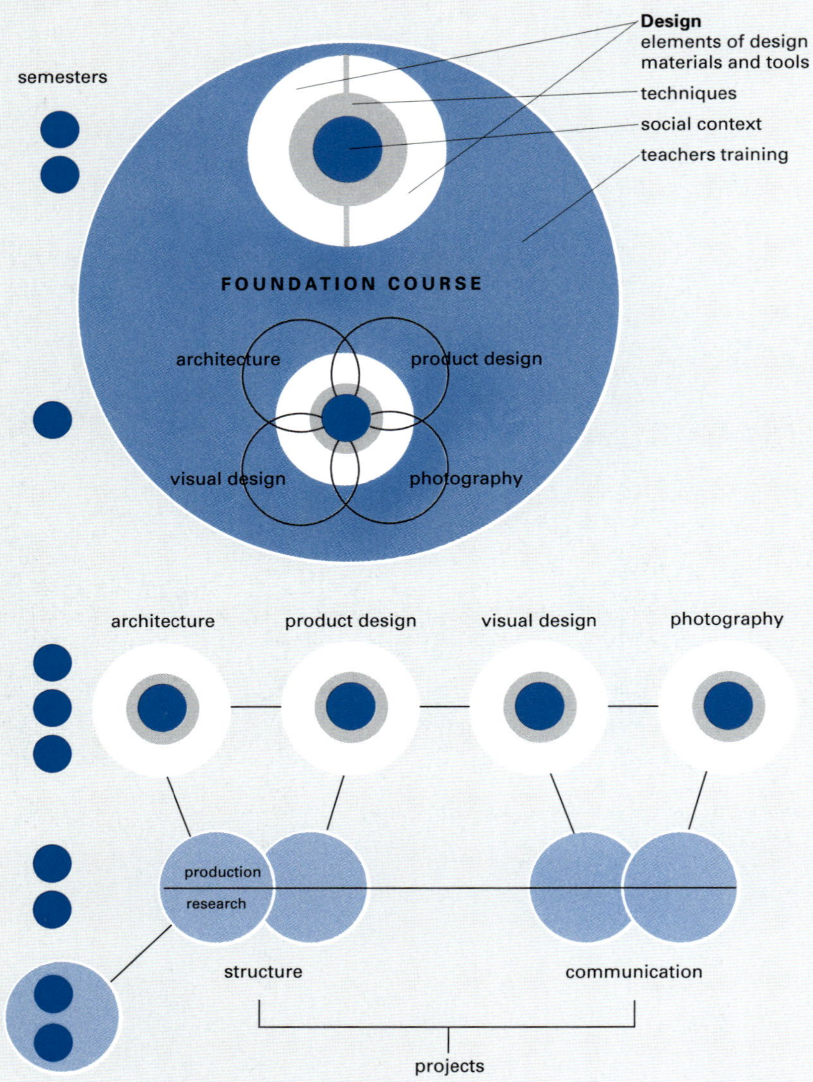


Quelle: Wingler (1962), S. 210

und Entwicklungsgeschichte am historischen Beispiel werden aber erst dem praktisch fortgeschrittenen Schüler wirklichen Nutzen bringen. Erst die praktische Erfahrung setzt ihn gefahrlos in den Stand, die theoretische Lehre nicht als reine Kunstgeschichte oder als imitierbares Vorlagebuch aufzufassen, sondern fruchtbringend für das eigene Gestalten umzuwerten. ...

In ihrem Kreis könnte eine ähnlich glückliche Arbeitsgemeinschaft wiedererstehen, wie sie vorbildlich die mittelalterlichen "Hütten" besaßen, in denen sich zahlreiche artverwandte Werkkünstler - Architekten, Bildhauer und Handwerker aller Grade - zusammenfanden und aus einem gleichgearteten Geist heraus den ihnen zufallenden gemeinsamen Aufgaben ihr selbständiges Teilwerk bescheiden einzufügen verstanden aus Ehrfurcht vor der Einheit einer gemeinsamen Idee, die sie erfüllte und deren Sinn sie begriffen. Mit der Wiederbelebung jener erprobten Arbeitsweise, die sich der neuen Welt entsprechend anpassen wird, muß das Ausdrucksbild unserer modernen Lebensäußerungen an Einheitlichkeit gewinnen, um sich schließlich wieder in kommenden Tagen zu einem neuen Stil zu verdichten. (S. 30)

Nach der Schließung des Bauhauses in Dessau 1932 und der Auflösung des Nachfolgeinstituts in Berlin 1933 setzt sich die Bauhaus-Tradition in den USA fort. Auf Empfehlung des inzwischen an der Harvard University lehrenden Walter Gropius wird László Moholy-Nagy 1937 die Leitung einer neuen Schule für Industrial

Design in Chicago angetragen. Für die zu gründende Schule entwarf er ein Programm, das sich auf das des Dessauer Bauhauses stützte, jedoch entschiedener noch als diese Institution die naturwissenschaftlichen Aspekte einbezog; Moholy-Nagy strebte eine Ausbildung des jungen Menschen auf universeller Grundlage an. (Abb. 2 und Abb. 3)

Die Schule erhielt den Namen "The New Bauhaus" mit dem Untertitel "American School of Design". Es paßte zum universellen Anspruch des New Bauhaus, daß zu seinen Förderern Charles William Morris gehörte. Der Professor an der University of Chicago war ein überzeugter Anhänger der Unity of Science-Bewegung. Er gilt als der Wiederbegründer der modernen Semiotik, wobei er sich allerdings ausdrücklich auf Charles Sanders Peirce beruft. Im Sinne einer ganzheitlich-künstlerischen Ausbildung hält er auch Vorlesungen am New Bauhaus.

"Die Absicht des New Bauhaus, die Studenten in direkten und dauernden Kontakt mit dem aktuellen wissenschaftlichen Denken zu bringen ist von großer erzieherischer Bedeutung.

Wir brauchen dringend eine vereinfachte und gereinigte Sprache, um über Kunst in der einfachen und direkten Art zu sprechen, in der wir in wissenschaftlichen Begriffen über die Welt reden. Aus Gründen des intellektuellen Verstehens muß über Kunst in der Sprache der wissenschaftlichen Philosophie gesprochen werden und nicht in der Sprache der Kunst." (Morris)

Abbildung 3: **The program of the New Bauhaus. 1937-38**

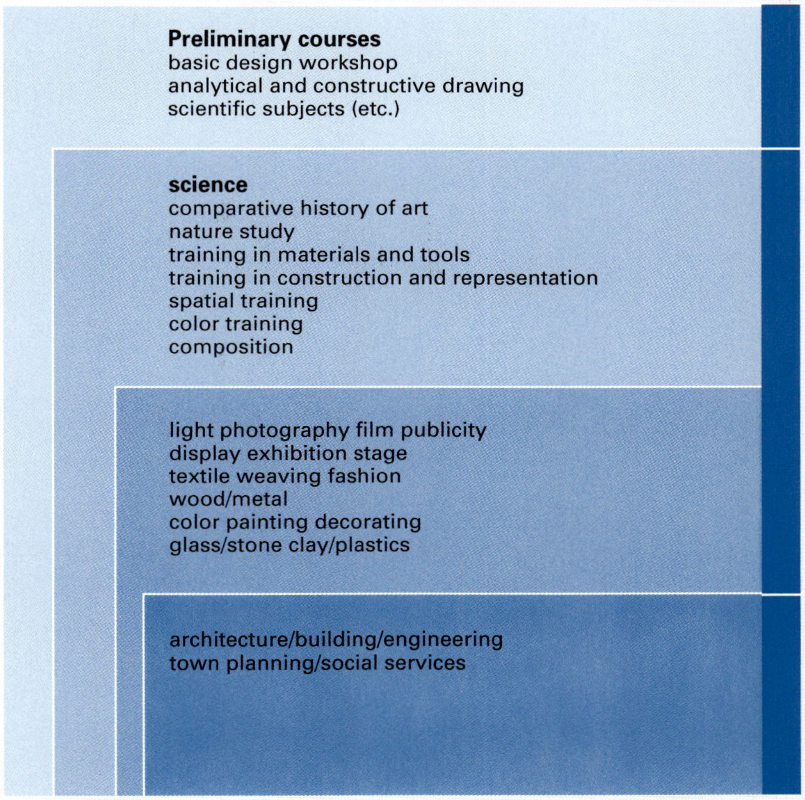


Quelle: Wingler (1962), S. 200

*Ziel der Hochschule für Gestaltung Ulm war es nicht, Kunst von außen an die Industrie heranzutragen, sondern das Potential der Industrie zu entfalten.*

### 3.3 Hochschule für Gestaltung Ulm

Die Moral der Gegenstände nennt Herbert Lindinger (1987) die von ihm herausgegebene Dokumentation über die Hochschule für Gestaltung Ulm. Die Darstellungen machen deutlich, wie nahe man in Ulm dem Thema der Corporate Identity stand, und wie dort bereits die Semiotik als brauchbares Instrument der theoretischen Auseinandersetzung angesehen wurde.

"In den Jahren 1955-60 formulierten in Ulm Otl Aicher und Hans Gugelot mit ihren Mitarbeitern durch ihre Thesen und Entwürfe die essentiellen Grundzüge der neuen Corporate Identity von BRAUN, Frankfurt. Gemeinsam mit Erwin und Arthur Braun und Dr. F. Eichler legten sie eine neue Philosophie für die Haltung des Unternehmens zur Gesellschaft, zu den Kunden und für die Konzeption und Gestaltung der Produkte, Ausstellungen, Fotos, Werbung, Sprache und Architektur." (Lindinger S.135)

Von Otl Aicher, dem Altmeister der Corporate Identity in Deutschland, stammt die folgende Darstellung:

"eines der ersten bücher, die ich für die bibliothek der hfg anschaffte, war die zeichentheorie von charles morris. mit der klassifikation von information als semantik, syntax und pragmatik hatten wir auch einen theoretischen fundus, gestaltungskriterien zu definieren und kunst als ein syntaktisches handwerk zu interpretieren. das hatte für uns eine bedeutung wie für viele siegmund freud, als er das psychische als organisationsform des körperlichen erklärte."
(S.128, Otl Aicher)

Die Leitung der Abteilung Information lag bei Max Bense, der zu den Wegbereitern der Semiotik in Deutschland gehörte.

"Welche Bedeutung der Begriff der Information für die Sprache gewonnen hat - dafür ist der Lehrplan bezeichnend. Der Plan optiert radikal für eine Betrachtung von Texten - vom "einfachen" Gebrauchstext bis zur Dichtung - auf das Maß von Information hin, das sie enthalten. In der Abteilung Information werden spezielle und allgemeine Probleme der Texte aller Art behandelt, und das Neue liegt nicht nur in der engen Zusammenarbeit mit der Abteilung Visuelle Kommunikation, sondern darin, daß Allgemeine Semantik und Informationstheorie die verbindenden Grundwissenschaften für beide Zweige abgeben." (Lindinger S.170)

Unter der Überschrift *Das "Ulmer Modell" in der Peripherie* schreibt Guy Bonsiepe;

"Die Konzeption des Ulmer Modells ging von der Tatsache aus, daß die moderne Umwelt entscheidend von der Industrie geprägt wird, insbesondere von der verarbeitenden Industrie, von der Kommunikationsindustrie und von der Bauindustrie, und daß man im Rahmen der Hochschulausbildung den von diesen Industrien gestellten Problemen nicht beikommen kann. ...

Es ging nicht mehr darum, Kunst als zivilisierendes Element von außen an die Industrie heranzutragen - das grundlegende Mißverständnis der "angewandten" Künste - , sondern die der Industrie immanenten Gestaltungsmöglichkeiten zu entfalten. Diese Offenheit gegenüber der Industrie als einer kulturellen Manifestation bedeutet nun durchaus nicht, sich ihr kritiklos und affirmativ zu nähern. Waren es doch gerade die Erscheinungen funktionalen, ästhetischen und sozialen Defizits in der industriellen Produktion, an denen die HfG Anstoß nahm und zu deren Behebung sie mit ihrem Programm beizutragen suchte. (Lindinger S. 266)

"Die HfG war als eine experimentelle Institution geplant, offen für neue Thesen, Theorien und Entwicklungen. Folgerichtig kam sie nie zur Ruhe. Allein der enorme Anteil an Gastdozenten gegenüber den ordentlichen, den sogenannten Festdozenten, sorgte für nie abreißende Dynamik, für permanente geistige Beunruhigung. Die Liste der damals jungen und noch weitgehend unbekannten Gastdozenten liest sich heute wie ein Who is Who in Wissenschaft, Literatur und Kunst." (Lindinger S.10)

1968 wurde die Hochschule für Gestaltung Ulm nach langen Kämpfen gegen erbitterte Widerstände geschlossen.

"Erstaunlich bleibt das Bekanntsein an sich. War sie doch eigentlich nur 12 Jahre in voller Entfaltung, wenn man die pädagogischen Provisorien von 1953 und 1954 ebenso beiseite läßt wie die Jahre 1967 und 1968, in denen die Kräfte überwiegend den Widersachern und Widerständen, der verzweifelten Suche nach Überleben gewidmet waren. Es waren wohl die ungewöhnlichen Ideen und Leute oder der ungewöhnliche Ansatz insgesamt, die Ulm in Erinnerung halten und präsent sein lassen." (Lindinger S.10)

"Erst das offizielle Ende der Hochschule machte "Ulm" offiziell, so bitter die Schließung der HfG grundsätzlich gewesen war. Denn erst dadurch, in der Verteilung und Ausbreitung, wurden Qualität und Kraft von "Ulm" gemein. So daß heute zumindest Design und visuelle Kommunikation und deren Ausbildung in der sogenannten westlichen Welt nicht denkbar sind, ohne den Einfluß der "Ulmer". Denn diese sind die Lehrer und Designer, machen die Konzepte und - auch das - verwalten die Ulmer Ideen. Viele der ehemaligen "Ulmer" wurden zu Protagonisten des zeitgenössischen Bilds von Modernität und lösten damit die Ambivalenz der HfG zwischen Ausflug in die Kritik und Integration ins Bestehende integrativ auf: Aus dem Experiment "Ulm" wurde Normalität, gar Norm." (Lindinger S.227)

*Letztendlich war die Wirkung von Ulm begrenzt.*

So groß der Einfluß der "Ulmer" auf das heutige Design gewesen sein mag, ihre Wirkung war letzlich doch begrenzt, wie die folgende Passage aus dem Vorwort von Renzo Zorzi deutlich machen:

"Die letzten zwanzig Jahre mit ihrem oft prinzipienlosen Eklektizismus, ihrem Hang zur ständigen, spektakulären Veränderung, zur Beurteilung von Intelligenz nach modischen Gesichtspunkten, ihrer Verfügbarkeit, die im Grunde Ausdruck von Zynismus und eine Folge des Schwindens von Wertbegriffen ist, zeigen vielleicht am deutlichsten den Schaden, der durch das Fehlen kultureller Institutionen entstanden ist, die eigens dazu geschaffen waren, unvoreingenommen Neues zu entwickeln, nonkonformistische Methoden der Pädagogik einzuführen, zu experimentieren, ohne Rücksicht auf politische oder - was praktisch dasselbe ist - auf wirtschaftliche Zwänge."

*Pragmatische Maxime: Wirklich ist, was Wirkung hat.*

# 4. Zur Praxis der Corporate Identity

## 4.1 Die Wirkung der Corporate Identity

Abbildung 4: **Externe Wirkungen von Corporate Identity**

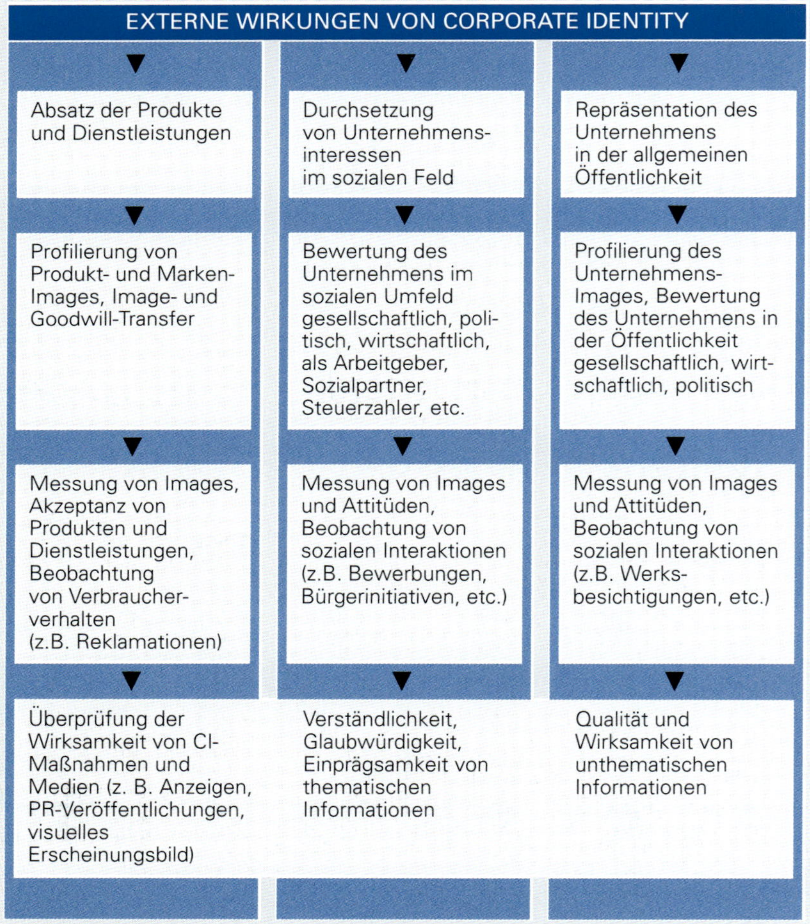

EXTERNE WIRKUNGEN VON CORPORATE IDENTITY
Absatz der Produkte und Dienstleistungen
Profilierung von Produkt- und Marken-Images, Image- und Goodwill-Transfer
Messung von Images, Akzeptanz von Produkten und Dienstleistungen, Beobachtung von Verbraucher-verhalten (z.B. Reklamationen)
Überprüfung der Wirksamkeit von CI-Maßnahmen und Medien (z. B. Anzeigen, PR-Veröffentlichungen, visuelles Erscheinungsbild)
Durchsetzung von Unternehmens-interessen im sozialen Feld
Bewertung des Unternehmens im sozialen Umfeld gesellschaftlich, poli-tisch, wirtschaftlich, als Arbeitgeber, Sozialpartner, Steuerzahler, etc.
Messung von Images und Attitüden, Beobachtung von sozialen Interaktionen (z.B. Bewerbungen, Bürgerinitiativen, etc.)
Verständlichkeit, Glaubwürdigkeit, Einprägsamkeit von thematischen Informationen
Repräsentation des Unternehmens in der allgemeinen Öffentlichkeit
Profilierung des Unternehmens-Images, Bewertung des Unternehmens in der Öffentlichkeit gesellschaftlich, wirt-schaftlich, politisch
Messung von Images und Attitüden, Beobachtung von sozialen Interaktionen (z.B. Werks-besichtigungen, etc.)
Qualität und Wirksamkeit von unthematischen Informationen


Quelle: Birkigt/Stadler/Funck (1993), S. 88

Da wir uns unserem Thema mit dem Ansatz des (philosophischen) Pragmatismus nähern, gilt für die Herangehensweise auch die *Pragmatische Maxime:* "Überlege, welche Wirkungen, die denkbarerweise praktische Bezüge haben könnten, wir dem Gegenstand unseres Begriffs in Gedanken zukommen lassen. Dann ist unser Begriff dieser Wirkungen das Ganze unseres Begriffs des Gegenstandes." (Peirce 1985, S. 63)

Bei einem Wirtschaftsunternehmen liegt es nahe und ist es auch gerechtfertigt, die Frage nach der Wirkung zunächst einmal auf das wirtschaftliche Ergebnis zu beziehen. Eine Industrie-Enquete (Berth (1990)), bei der über 400 deutsche Topmanager befragt wurden, belegt indirekt den Zusammenhang zwischen einer guten CI und dem wirtschaftlichen Erfolg: von den befragten Unternehmen verfügen 23% über eine bewußt gestaltete CI, aber nur 7% sehen diese auch als gelungen an. Schaut man sich diese Unternehmen an, so liegen sie bei den entscheidenden Indikatoren, wie Umsatzrendite, Innovationsgeschwindigkeit und Innovationsrendite, fast dreimal so gut wie andere. Der tatsächliche Beitrag einer CI-Entwicklung zum Gesamtergebnis eines Unternehmens ist allerdings nicht so leicht zu quantifizieren, weshalb die Frage nach dem Nutzen immer wieder gestellt wird. Bei einer Werbekampagne darf man mit Recht die Kosten im Verhältnis zum Umsatz bzw. zur Umsatzsteigerung betrachten. Bei der Bewertung von CI-Maßnahmen sind erheblich mehr Faktoren zu berücksichtigen, die zudem nicht so ohne weiteres meßbar sind.

4

Ein wesentlicher Faktor ist die Einstellung der Mitarbeiter. Ihre Motivation steigert nicht nur die Leistung, sondern trägt auch maßgeblich zur Kostensenkung bei. Die Indikatoren sind vielfältig: von reduzierten Fehlzeiten über weniger Ausschuß bis hin zu entscheidenden Impulsen für die Produktinnovation. Ein anderer, nicht minder wichtiger Faktor ist das Image des Unternehmens bei seinen Zielgruppen. Wie sie die Leistungsfähigkeit und Zuverlässigkeit des Unternehmens einschätzen, wirkt sich unmittelbar auf die Auftragslage aus. Übrigens bestehen hier in der Regel massive Wechselwirkungen mit der Einstellung der Mitarbeiter zum Unternehmen. Diese Zusammenhänge tragen ganz entscheidend dazu bei, daß CI vor allem auch im Investitionsgüter-Marketing eine so wichtige Rolle spielt.

Wenn man als einen dritten Faktor das Bild des Unternehmens in der Öffentlichkeit betrachtet - das auch wieder in Wechselwirkung mit dem Bild bei Mitarbeitern und Kunden steht - , dann haben wir es in der Regel mit einer Vielzahl von Mechanismen zu tun, die sich auf sehr unterschiedliche Weise für das Unternehmen auswirken. Das Spektrum reicht von Schwierigkeiten - oder eben keinen - bei Betriebsgenehmigungen bis hin zur Rekrutierung von Arbeitnehmern. Schon an den wenigen genannten Beispielen läßt sich erkennen, daß wir es bei der Bewertung von CI-Maßnahmen mit einem komplexen Geflecht von Wirkungen zu tun haben. Aber sie sind meßbar. Und wie die erwähnte Enquete zeigt, schlagen sie sich in den für jedes Unternehmen entscheidenden Kennzahlen eindeutig nieder.

Mit den Wirkungen der Corporate Identity hat sich die Projektgruppe "Corporate Identity " auseinandergesetzt. Sie wurde im Anschluß an

Abbildung 5: **Interne Wirkung von Corporate Identity**

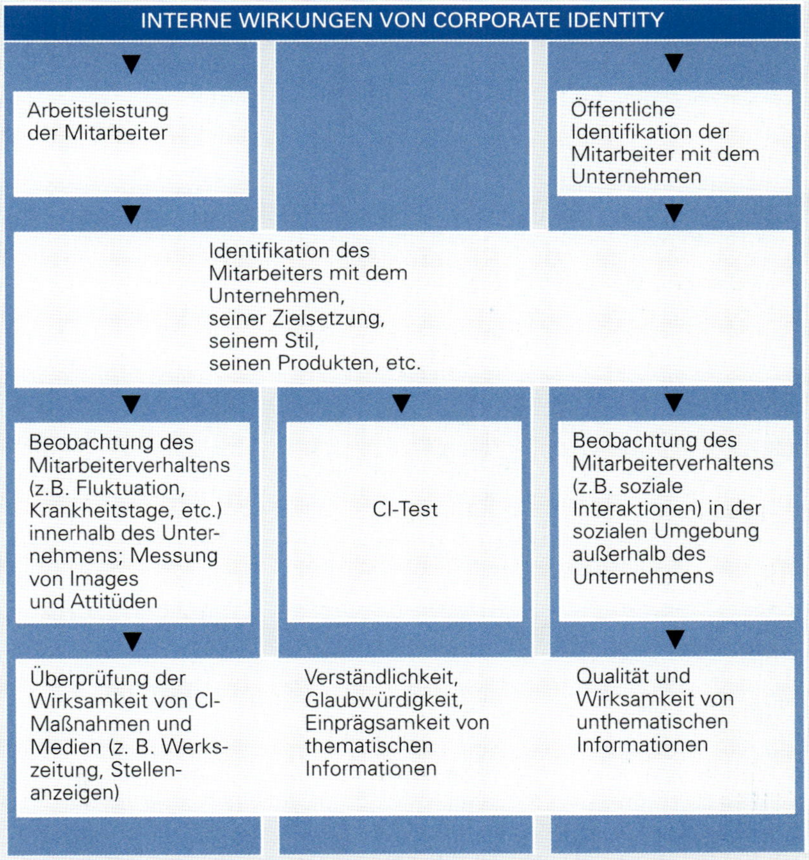


Quelle: Birkigt/Stadler/Funck (1993), S. 90

Abbildung 6: **Positive Wirkungsspirale**

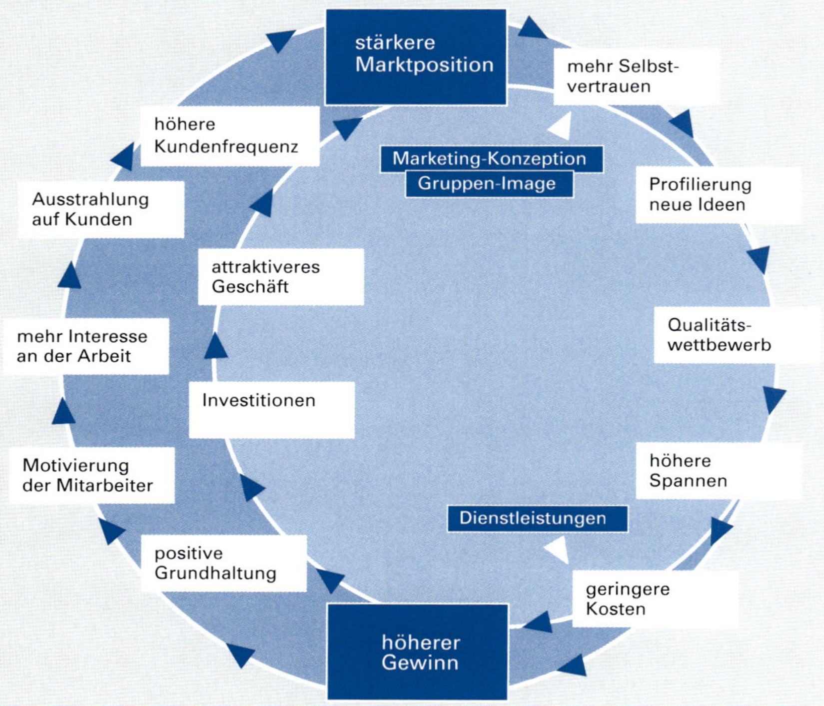


Quelle: Birkigt/Stadler/Funck (1993), S. 242

*Faktoren der CI-Wirkung: Motivation der Mitarbeiter, Image bei den Kunden, Bild in der Öffentlichkeit.*

die Herbst-Arbeitstage des BDW 1978 gebildet, um das "in Hannover erstmals grundsätzlich aufbereitete Thema "Corporate Identity" nicht nur weiterzuverfolgen, sondern der Praxis nutzbringend zu erschließen." Ein Arbeitsergebnis sind *101 nützliche Erkenntnisse aus der Praxis* **(Birkigt/Stadler/Funck (1993)** S. 567 ff).

Unter der Überschrift *Was bringt Corporate Identity dem Unternehmen* werden folgende Punkte im einzelnen genannt:

- Eine klare Profilierung des Unternehmens gegenüber Mitarbeitern und der gesamten Umwelt des Unternehmens.
- Eine bessere Abgrenzung des Unternehmens gegenüber der Konkurrenz.
- Eine schnellere Erkennbarkeit und Wiedererkennbarkeit des Unternehmens sowie seiner Produkte und Botschaften.
- Ein stärkeres Wir-Bewußtsein: Eine stärkere Einsatzbereitschaft und Verhaltens-Anpassung der Mitarbeiter.
- Eine Kostensenkung für Einzelmaßnahmen durch Synergie.
- Eine deutliche Zunahme der innerbetrieblichen Wirtschaftlichkeit durch Straffung, Vereinfachung und Vereinheitlichung von Kommunikationsmitteln und -abläufen.
- Eine Vereinfachung und Verbesserung der organisatorischen Zusammenhänge und der Entscheidungsstrukturen.
- Mehr Vertrauen der Zielgruppen (Konsumenten, Handel, Kapitalgeber, Personalmarkt, Lieferanten) in das Unternehmen.
- Eine bessere Führungsmöglichkeit des Unternehmens durch mehr Entscheidungssicherheit, besonders bei neuen Fragestellungen.
- Weniger Reibungsverluste.

An einer anderen Stelle (S. 88 u. S. 90) werden die Wirkungszusammenhänge - unterteilt in interne und externe Wirkungen - systematisiert (Abb. 4 und Abb. 5, Seite 32/33).

Eine interessante Form der Darstellung und Systematisierung der Wirkungszusammenhänge liefert Boehm in seinem Beitrag *Corporate Identity als Erfolgsfaktor in Franchise-Systemen und Verbundgruppen* **(Birkigt/Stadler/Funck** S. 233 ff) mit der Wirkungsspirale (Abb. 6, Seite 34), die wesentlich zum Verständnis der Wirkungsprozesse beitragen kann. Sie ist hier natürlich auf den gegebenen Zusammenhang bezogen und muß für jedes Unternehmen individuell umgesetzt werden.

Am Institut für Marketing der Universität Mannheim hat man sich vor allem mit der Operationalisierung der Corporate Identity beschäftigt, also der Frage, wie man sowohl den aktuellen Status der CI als auch die Wirkungen von CI-Maßnahmen erfassen kann. Dazu wurde der *Mannheimer CI-Test* entwickelt, der auf einem umfangreichen Fragebogen basiert.

Der Test stellt die Mitarbeiter-Identifikation in den Mittelpunkt. Sie ist "das Ergebnis einer Wechselwirkung von Mitarbeiter-Bedürfnissen und Unternehmens-Verhalten."

Ein Verfahren, das zur Ermittlung der internen Kommunikationswirkung von CI und zur Analyse von Problemfeldern in der Kommunikation geeignet sein soll, muß daher sowohl die Bedürfnisse als auch den Verhaltensaspekt gleichermaßen berücksichtigen. Insofern werden im Mannheimer CI-Test insgesamt fünf Grunddimensionen erfaßt, die im Hinblick auf die Mitarbeiter-Identifikation von wesentlicher Bedeutung sind:

- die Identifikationsfähigkeit der Mitarbeiter,
- die Bereitschaft der Mitarbeiter zu leistungsorientiertem Verhalten,
- die Zufriedenheit der Mitarbeiter,
- die Leitbildfunktion des Unternehmens,
- das Verhalten des Unternehmens - der Unternehmensstil.

Aufgrund des Wechselwirkungsprozesses bei der Entstehung der Mitarbeiter-Identifikation, der relativ überdauernde, d.h. konstante Merkmale (Bedürfnisse) einerseits und situative, d. h. relativ variable Merkmale (Verhalten) andererseits einschließt, setzen sich die Grunddimensionen auch aus verschiedenen Einzelaspekten zusammen. Diese Aspekte geben schließlich Hinweise darauf, was veränderungsfähig und veränderungsbedürftig ist, d. h. wo die Veränderungen vorrangig stattzufinden haben." (S. 91/92)

*Ziel des Mannheimer CI-Modells ist die Operationalisierung.*

"Die Struktur und der formale Aufbau des Tests erlauben eine problemlose und objektive Durchführung und Auswertung der Daten." (S. 93)

Ohne die Nützlichkeit dieses Tests für die Praxis abwerten zu wollen, muß man doch sehr deutlich darauf hinweisen, daß die unterstellte Objektivität nur sehr eingeschränkt in Anspruch genommen werden kann. Sie gilt sicher im Hinblick auf die Vergleichbarkeit der Ergebnisse, was den Test sowohl für den Vergleich von verschiedenen Unternehmen als auch als Instrument für die Erfolgskontrolle von CI-Maßnahmen geeignet macht.

Ungeklärt bleibt jedoch die Frage der Validität, also die Frage, was ich denn überhaupt

Abbildung 7: **Struktur der Corporate Identity**

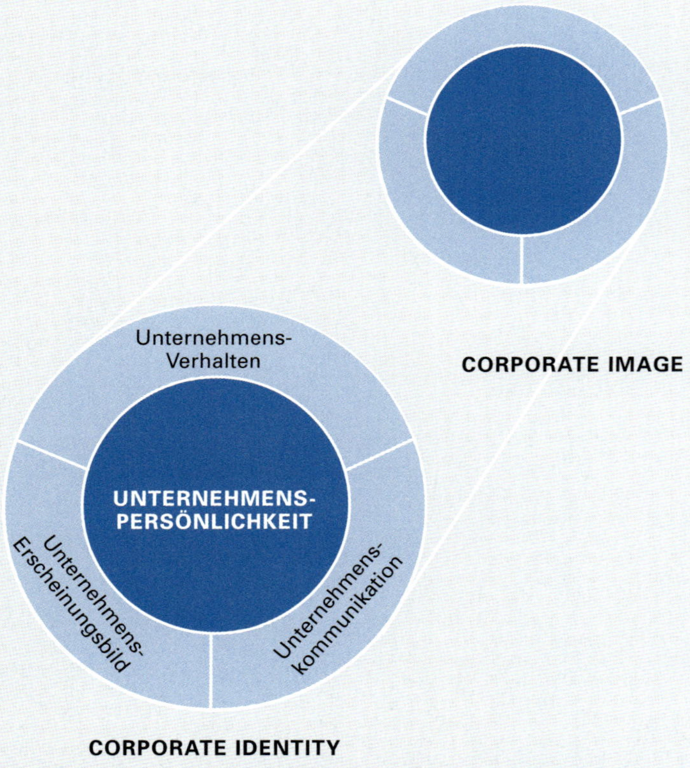


Quelle: Birkigt/Stadler/Funck (1993), S. 23

messe. Sie stellt sich mit besonderem Nachdruck vor dem Hintergrund der mangelnden theoretischen Fundierung des Corporate-Identity-Konzepts. Daß sie auch gerade für das Mannheimer Modell gestellt werden muß, zeigt sich schon in der zirkulären Definition des Untersuchungsgegenstandes (Kreutzer et al. S.16).

Indem ich nicht nur CI als das bestimme, was gemessen wird, sondern auch die zu treffenden Maßnahmen an den Meßinstrumenten orientiere, bleibt offen, ob ich die wirklich relevanten Faktoren überhaupt erfaßt habe.

Bei einer solchen Vorgehensweise besteht nicht nur die Gefahr, daß ich für das individuelle Unternehmen wichtige Elemente der CI nicht in den Blick bekomme, sondern auch, daß gemessene "Wirkungen" reine Meßeffekte sind. Dies ist insbesondere angesichts des sehr umfangreichen Fragebogens zu befürchten, der mit einer Vielzahl von Vorgaben arbeitet, die bestimmte Erwartungen nahelegen. (Kreutzer et al. S.102 ff).

Unbeschadet dieser Kritik - die in erster Linie zu einem bewußten Umgang mit solchen Instrumenten anregen will - sollte man auch in der Praxis der Corporate Identity den alten Grundsatz der Werbeforschung beherzigen, den die DAGMAR-Formel beschreibt: *Define Advertising Goals on Measurable Advertising Results.*

Die meßbaren Ergebnisse dürfen jedoch immer nur als Indikatoren verstanden werden, die in den Rahmen eines umfassenden und theoretisch sauber abgesicherten Konzepts der Corporate Identity eingebunden sind.

## 4.2 Corporate-Identity-Systematiken

Was heute als *theoretische Basis* der Corporate Identity angesehen wird, beruht fast ausschließlich auf Systematisierungen des Arbeitsfeldes. Diese Systematiken sind zwar nur ein erster, aber wichtiger Schritt in Richtung einer Professionalisierung von CI-Entwicklungen.

Abbildung 8: **Prozeß der Erarbeitung einer Corporate Identity**

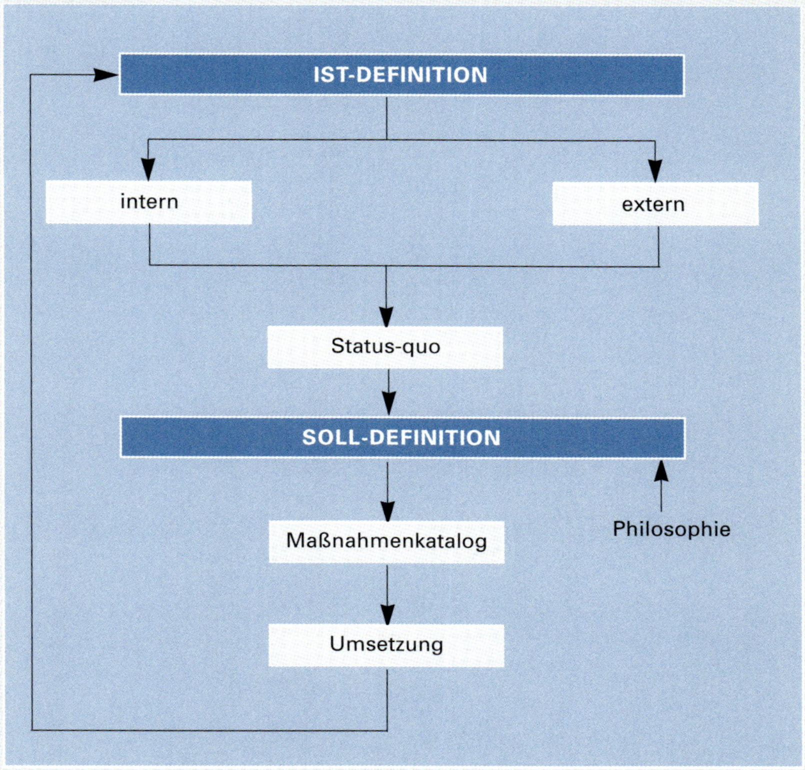


Quelle: Kreutzer et al. (1989), S.17

In der Literatur wird immer wieder nicht nur auf die unterschiedlichen Definitionen des Begriffs Corporate Identity hingewiesen, sondern auch auf mangelnde Logik bei seiner Verwendung (Kammerer (1987), S.15ff, Tafertshofer (1982)). Man kann dagegenhalten, daß die in diesem Zusammenhang kritisierten Autoren in der Regel aus der Praxis für die Praxis geschrieben haben und ihre Definitionen und Argumentationen daher wissenschaftlichen Ansprüchen nicht standhalten können und auch nicht müssen.

Das gilt auch und vor allem für das bis heute unbestritten wichtigste Standardwerk der Corporate Identity von **Birkigt/Stadler/Funck,** das erstmals 1980 erschien und 1993 in der 6. Auflage vorgelegt wurde. Es liefert nach wie vor gültige *Grundlagen, Funktionen, Fallbeispiele*, wie es im Untertitel heißt, und ist eine wertvolle Lektüre für jeden, der sich mit dem Thema ernsthaft auseinandersetzt. Die größte praktische Wirkung hatte sicher die Beschreibung der *Struktur der Corporate Identity*, die sich ganz bewußt an das Modell des Marketing-Mix anlehnte. (Abb. 7)

Wichtig war dabei vor allem die klare Unterscheidung von *Corporate Identity und Corporate Image*, die sich bis dahin - und manchmal auch heute noch - im Konzept des Einheitlichen Erscheinungsbildes vermischten.

So einleuchtend die Unterscheidung von *Corporate Design, Corporate Behavior und Corporate Communication* auf den ersten Blick sein mag, so wenig eignet sie sich als Grundlage einer wissenschaftlichen Theoriebildung. Dazu sind die Begriffe nicht trennscharf genug. Verhalten von Organisationsmitgliedern ist über weite Strecken kommunikatives Verhalten und Design ist in erster Linie realisierte Kommunikation. Damit würde sich das Konzept der Corporate Identity auf die Kommunikation reduzieren.

Abbildung 9: **Phasen und Ablauf einer Corporate Identity**

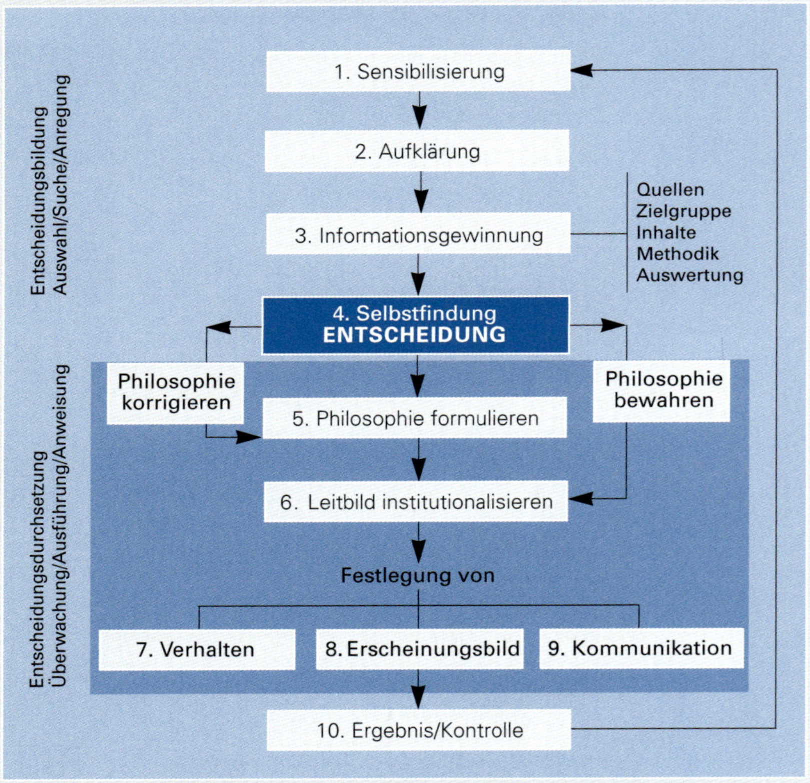


Quelle: Achterholt (1991), S. 59

Ein Schritt, der von vielen Autoren tatsächlich vollzogen wird, z. B. mit der Definition, CI sei die *kommunikative Seite des strategischen Management.* Es ist keine Frage, daß dies nach dem hier zugrundegelegten Verständnis der Corporate Identity keineswegs ausreichend sein kann.

Gegenüber der Struktur, die bei Birkigt/Stadler/Funck in den Vordergrund gestellt wird, betont das Mannheimer Modell den Prozeß. Unter dem Begriff Corporate Identity werden die "strategischen Maßnahmen zur Verwirklichung dieser Identität" zusammengefaßt. (Kreutzer et al. S.16) (Abb. 8).

Die mangelnde Klarheit darüber, ob Corporate Identity nun ein Zustand ist oder die Maßnahmen bezeichnet, die zu diesem Zustand führen, ist über weite Strecken kennzeichnend für die gesamte CI-Literatur.

Ein typisches Beispiel dafür ist Gertrud Achterholt (1991), *Corporate Identity. In zehn Arbeitsschritten die eigene Identität finden und umsetzen.* Sie weist darauf hin, daß die Frage, ob Corporate Identity nun Ziel oder Instrument ist, letztendlich nicht beantwortet sei und auch nicht beantwortet werden müsse. In der Praxis müsse man sich nur darüber verständigen, was man gerade meine.

Konsequent beschäftigt sie sich in ihren weiteren Ausführungen mit der Identitätsstrategie, dem Programm, durch das der Zustand der Identität erreicht werden soll. Phasen und Ablauf eines solchen Programms stellt die folgende Grafik dar (Abb. 9).

So einfach und unproblematisch, wie es es auf den ersten Blick vielleicht aussieht, ist die Systematisierung des Prozesses allerdings nicht. Zum Beispiel sei nur darauf hingewiesen, wie in den Schritten 7, 8 und 9 die von Birkigt/Stadler/Funcke bekannte Struktur kurzerhand in einen

Prozeß umgesetzt wird. Man muß hier sehr auf der Hut sein, daß die an sich für eine solche Darstellung notwendige Vereinfachung nicht zu einer fehlerhaften Verkürzung wird, d.h. wesentliche Elemente und Teilprozesse aus dem Blickfeld geraten. So folgt im vorliegenden Fall auf die Festlegung der zentralen Strukturelemente sofort die Ergebniskontrolle. Die in der Praxis schwierigste Phase - nämlich die Implementierung - wird einfach ausgespart.

Vergleichbare Systematiken findet man allenthalben in der Literatur. Das folgende Beispiel stammt wieder aus Birkigt/Stadler/ Funcke und bezieht sich nur auf die Entwicklung einer CI-Konzeption. (Abb. 10)

Aus der hier gewählten Darstellung wird deutlich, daß ein CI-Prozeß nicht einfach als Dienstleistung von externen Beratern erbracht werden kann, sondern an vielen Stellen ein starkes Engagement des Unternehmens selbst erforderlich ist. Jede systematische CI-Entwicklung ist ein diffiziler Prozeß, in dem interne Abläufe und externe Beratung nahtlos ineinandergreifen müssen. Das macht auch die folgende Grafik deutlich (Abb. 11).

Die kreativste Systematik der Corporate Identity stammt von einem Altmeister der CI: Roman Antonoff. Er nennt seine System-Architektur Das CI-Haus. **(Antonoff (1994)).** *Der CI-Report 1994. Das Jahrbuch vorbildlicher Corporate Identity* ist auf jeden Fall eine interessante Lektüre, nicht zuletzt auch mit Blick auf die präsentierten Beispiele.

Abbildung 10: **Grundstruktur der ersten Stufen eines CI-Prozesses**

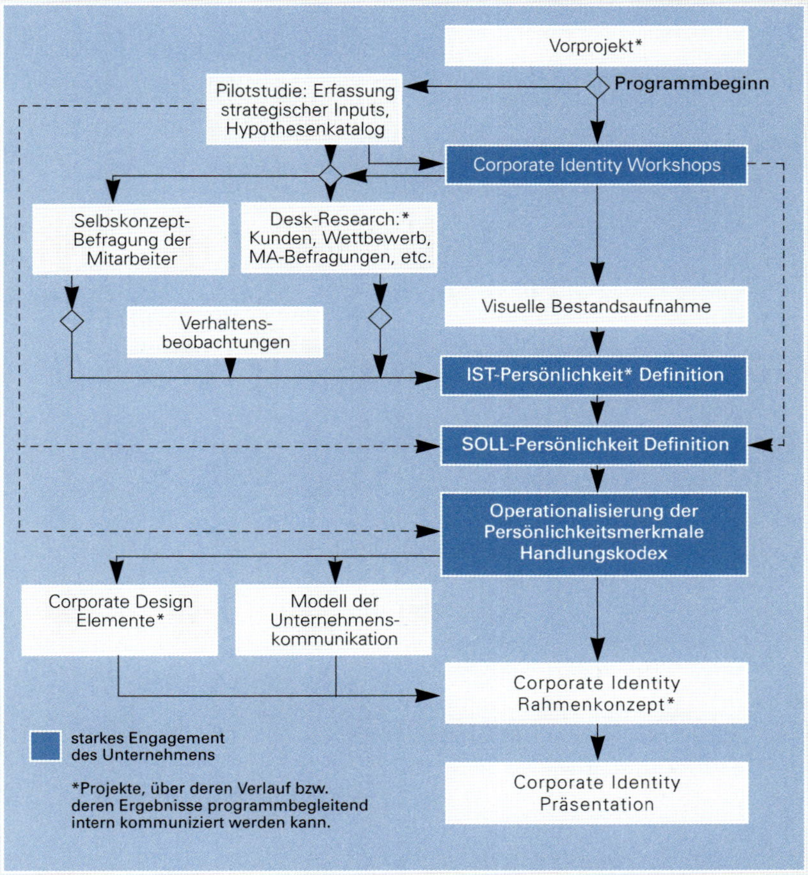


Quelle: Birkigt/Stadler/Funck (1993), S. 602

Die grafische Darstellung des CI-Hauses (Abb. 12) beschreibt Antonoff: "Die Vielfalt der Komponenten, die bei der Optimierung einer Corporate Identity entscheiden, verlangt nach Ordnung. Ich habe für diese Ordnung eine Struktur ersonnen, die an die Architektur eines großen Gebäudes erinnert. Ich nenne es "CI-Haus".

Abbildung 11: **Der Weg zu einer Corporate Identity**

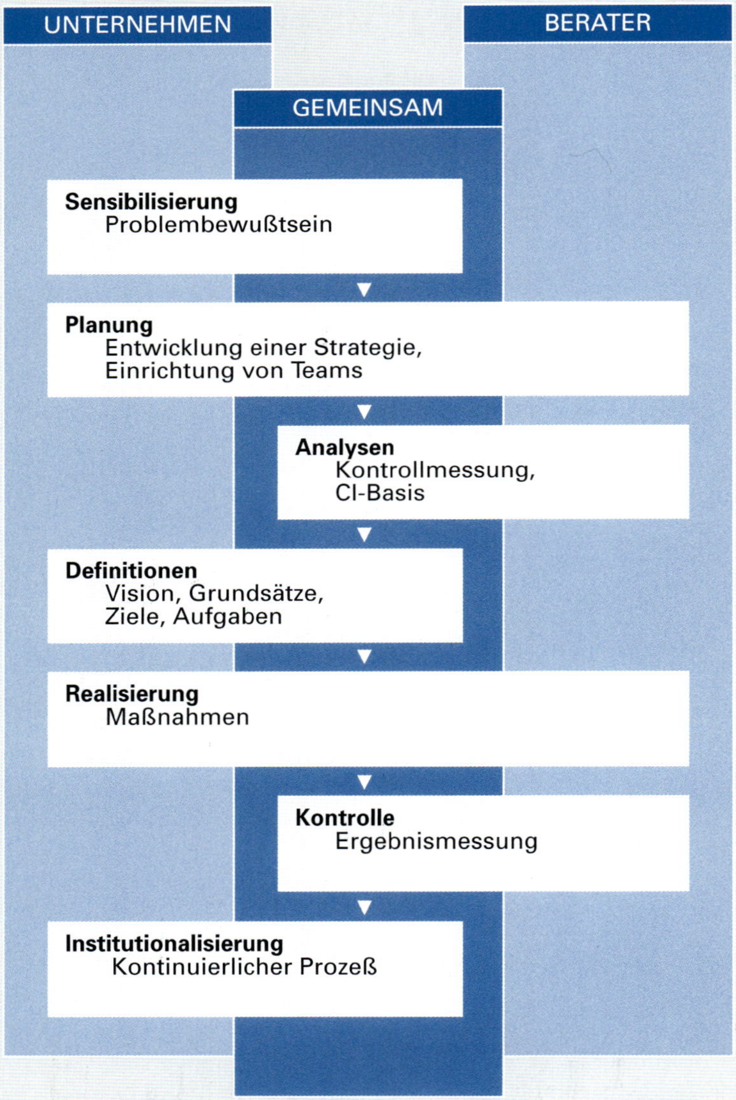


Quelle: Kroehl (1994), S. 27

Das CI-Haus muß man sich vor Augen halten, wenn man eine Komponente seiner CI korrigieren bzw. optimieren will. Dabei darf man niemals übersehen, daß alles mit allem zusammenhängt. Das CI-Haus besteht aus sieben komplexen Komponenten. Es sind:

1. Das Fundament: Das sind die Systeme, die das Unternehmen mit seinem Markt und der Umwelt verbindet.
2. Die S.I.N.N.-Pyramide: Das sind die sinngebenden und sinnprägenden Merkmale des Unternehmens, geordnet in der Reihenfolge Symbole, Ideen, Normen, Namen.
3. Der CI-Stern: Er repräsentiert die Stil-Merkmale des Unternehmens: Design, Kommunikation und Kultur.
4. Die Z.I.E.L.-Pyramide: Sie steht für das Zukunftsprogramm des Unternehmens. Ihre vier Etagen bilden die Ziele "Zusammenarbeit, Innovation, Einzigartigkeit und Leistungslust".
5. Die Etage der "WIRKUNG": Ihre Zimmer heißen Bekennen, Kennen, Erkennen, Können und Wollen.
6. Die "STATUS-Etage": Sie beinhaltet den Rang von Firmen-Image und Firmen-Leistung.
7. Der ERFOLG: Er ist die Krönung aller unter ihm liegenden Aktivitäten. Sein Symbol ist eine Kugel, die nur dann nicht "abrollt", wenn die unteren Bauten im harmonischen Gleichklang bleiben.
   Im Idealfall ist mit dem Erfolg der E.L.I.T.E.-Zustand erreicht. (Antonoff S. 41)

Abbildung 12: **Das Corporate-Identity-Haus**

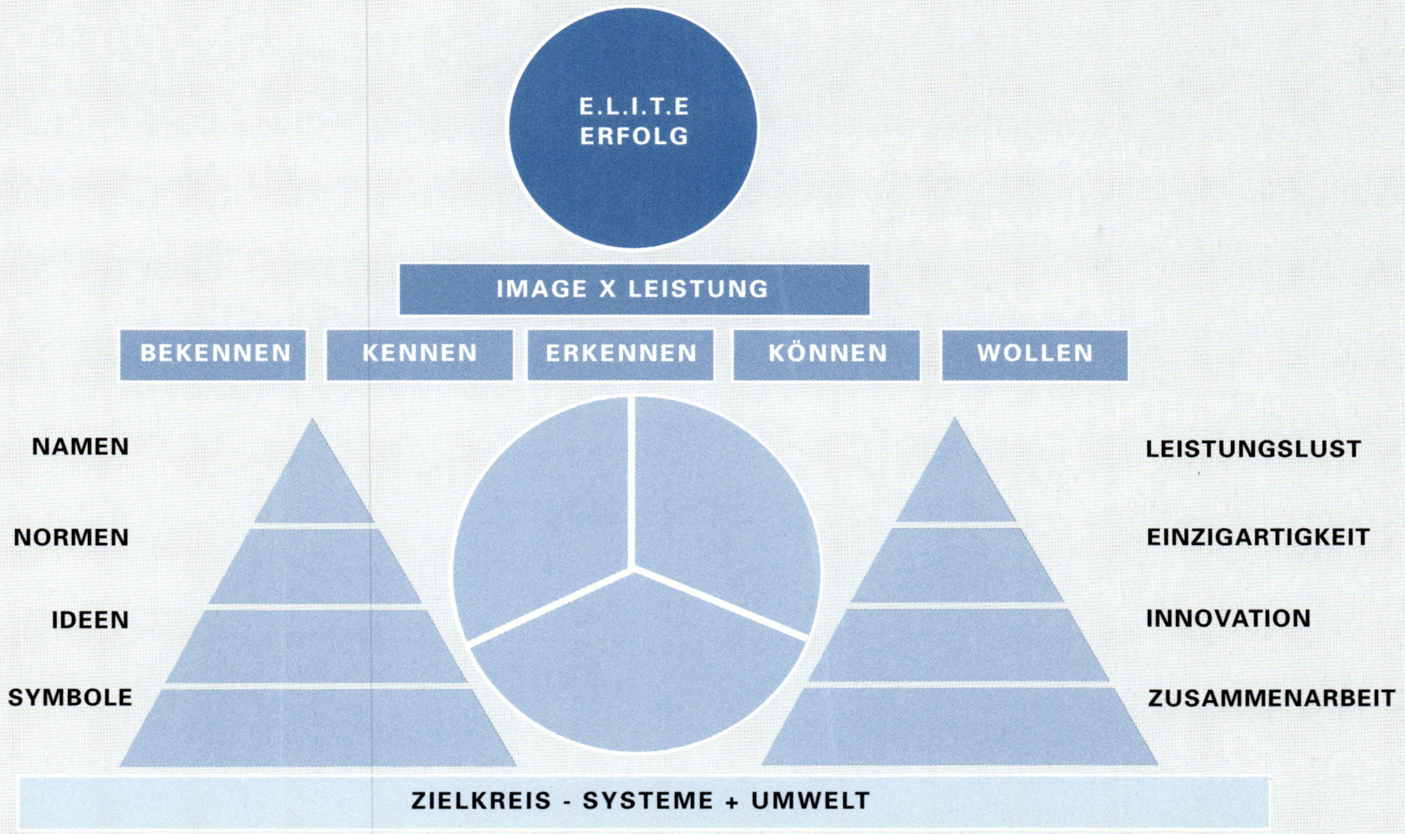


Quelle: Antonoff (1994), S. 41

E.L.I.T.E. ist für Antonoff eine Formel, die sich aus den Anfangsbuchstaben für die "CI-Bausteine" eines erfolgreichen Unternehmens zusammensetzt. Dabei unterscheidet er zwischen "Werkzeugen" und "Effekten". Die Werkzeuge sind: Eigensinn, Leitbild, Ideenquellen, Transfermedien und Erscheinungsbild. Die Wirkung des Einsatzes dieser CI-Werkzeuge beschreibt er mit den folgenden Begriffen: Einfluß, Lebenslust, Innovationen, Tempo und Erfolg.

*Auch Schmitt-Siegel (1992) versucht, sich mit grafischen Mitteln der Komplexität des Themas zu nähern (Abb. 13). Auch wenn er mit der Überschrift auf die "Gestaltung von CD-Programmen" abhebt, so macht nicht nur die Hinzufügung "auf der Basis von UK/UI-Konzepten", sondern vor allem auch der Aufbau deutlich, daß ein CD nicht unabhängig von Kultur und Identität des Unternehmens behandelt werden kann. (Siehe dazu auch oben S. 26) (Quelle: Schmitt-Siegel, Econ-Handbuch S. 130/131)*

Abbildung 13: **Gestaltung von CD-Programmen**

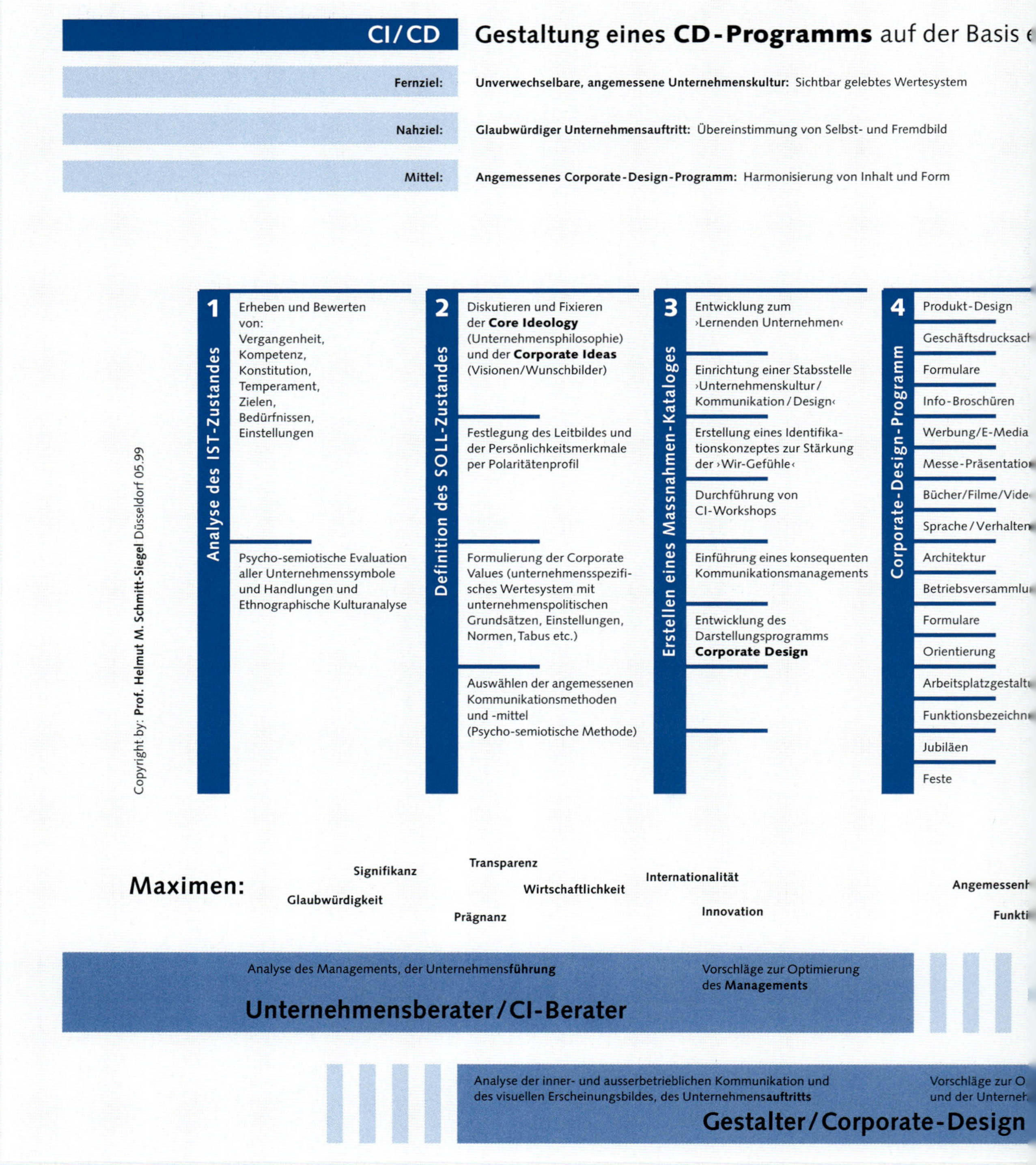

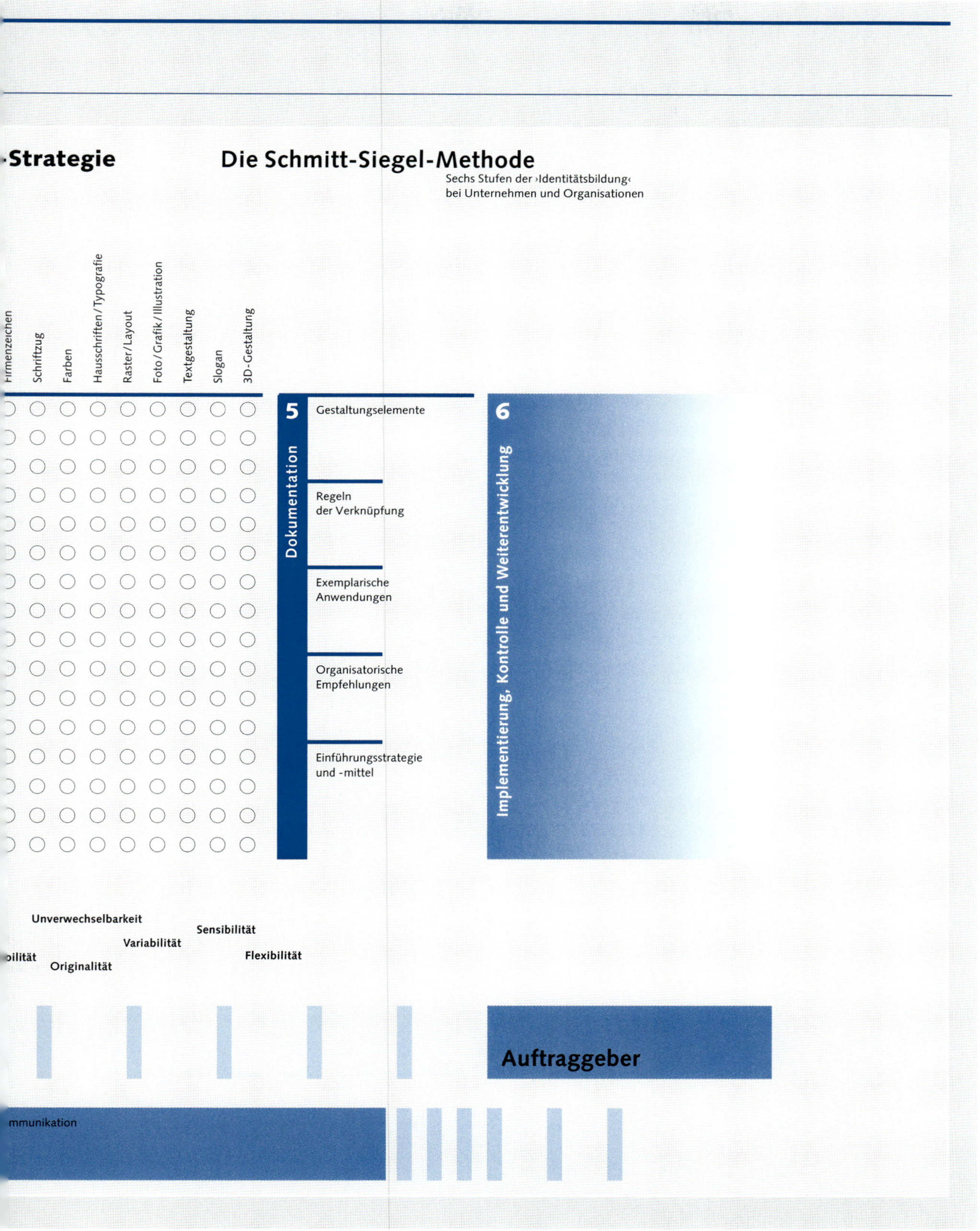


*Mit grafischen Mitteln versucht sich Schmitt-Siegel der Komplexität des Themas zu nähern.*

Während die Ansätze von Antonoff und Schmitt-Siegel den Grafik-Designer nicht verleugnen können - auch nicht wollen -, kommen **Gouillart/Kelly ((1995)** von der betriebswirtschaftlichen Seite. Der Titel *Business Transformation* macht deutlich, daß sie sich mit Prozessen des Wandels beschäftigen.

"Es stellt den Versuch dar, ein Spektrum normalerweise getrennt betrachteter Disziplinen wie etwa Strategie, Reengineering, Informationstechnologie und Verhaltenspsychologie ganzheitlich zu behandeln." (S. 14)

Sie tun dies in erster Linie unter dem "Blickwinkel" des Topmanagement, der Unternehmensvorstände (im Amerikanischen speziell des Chief Executive Officer CEO), "weil diese per definitionem den größeren Überblick haben." (S.14)

Ihr Modell ist das Unternehmen als biologischer Organismus.

"Wir stellen uns Unternehmen als lebende, mit Willenskraft ausgestattete Wesen vor, wie Menschen, mit einem Körper, mit einem Bewußtsein und einer Seele. Unternehmen werden geboren, sie wachsen, werden krank, erholen sich wieder, werden reifer und schließlich alt. Unternehmen denken, wählen, lernen, arbeiten und fühlen. Jedes Unternehmen ist einzigartig und unverwechselbar, es hat seine Persönlichkeit, zum Teil aufgrund freier Entscheidung und zum Teil aufgrund von Umwelteinflüssen allmählich entwickelt." (S.15)

*Systematiken kommen aus der Praxis und haben keinen wissenschaftlichen Anspruch.*

"Aus der Genetik wissen wir, daß der genetische Code, das Genom, das jeden Menschen zu einem unverwechselbaren Individuum macht, in jedem seiner Chromosomen enthalten ist - das Große ist im Kleinen und das Kleine im Großen vorhanden. Auf ähnliche Weise müssen die zwölf Systeme des Unternehmens demselben "genetischen Code" entspringen, so daß jedes System ein folgerichtiger Ausdruck aller anderen ist. Das Business-Transformation-Konzept geht von einem solchen genetischen Unternehmensmodell aus." (S.16)

Das Gesamtsystem (Abb. 14) beruht auf vier Hauptdimensionen, die den Dimensionen des menschlichen Seins entsprechen:

| | | |
|---|---|---|
| ➔ REFRAME | Einstellung verändern | Bewußtsein |
| ➔ RESTRUCTURE | Umstrukturieren | Körper |
| ➔ REVITALIZE | Wiederbeleben | Sinne |
| ➔ RENEW | Erneuern | Seele/Geist |

Das von Gouillart/Kelly "vorgestellte Programm der Unternehmenstransformation ist kein theoretisches Modell auf der Grundlage neuer Erkenntnisse und Hypothesen; es ist ein praxiserprobtes System, ein bewährtes und wirksames Instrument zur systematischen Entwicklung von Unternehmen." (S. 20)

Man muß hier noch einmal deutlich darauf hinweisen, daß an eine Systematik nicht die Anforderungen gestellt werden dürfen, die für die wissenschaftliche Behandlung eines Themas gelten. Systematiken sind aus der Praxis geboren und dürfen nur daran gemessen werden, was sie zu einer Bewältigung der täglichen Aufgaben der professionellen CI-Beratung beitragen, wobei die Erarbeitung von Strategien zur CI-Entwicklung im Vordergrund steht.

In dem Maße, wie sich das Arbeitsfeld der CI-Beratung ausdehnt, wie neben den Fragen des Design Fragen der Organisation, der Personalentwicklung oder des Management immer mehr Bedeutung erlangen, in dem Maße steigen auch die Anforderungen, die an die CI-Beratung zu stellen sind. Vor diesem Hintergrund muß heute die theoretische Basis unbedingt ausgebaut werden.

Diese Notwendigkeit kann am Beispiel des Körpers veranschaulicht werden: Die Gesundheit ist dem Menschen von Natur aus gegeben. Er kann sie mit natürlichen Mitteln pflegen und seine Leistungskraft fördern. Sportliche Höchstleistungen wird er aber kaum ohne fachmännischen Rat und einen systematischen Trainingsplan erzielen können, die auf fundiertem medizinischen Wissen beruhen. Zu groß ist die Gefahr, daß er Gelenke und Bänder zu hohen Belastungen aussetzt und dauerhafte gesundheitliche Schäden erleidet.

Abbildung 14: **Transformation der Organisation**

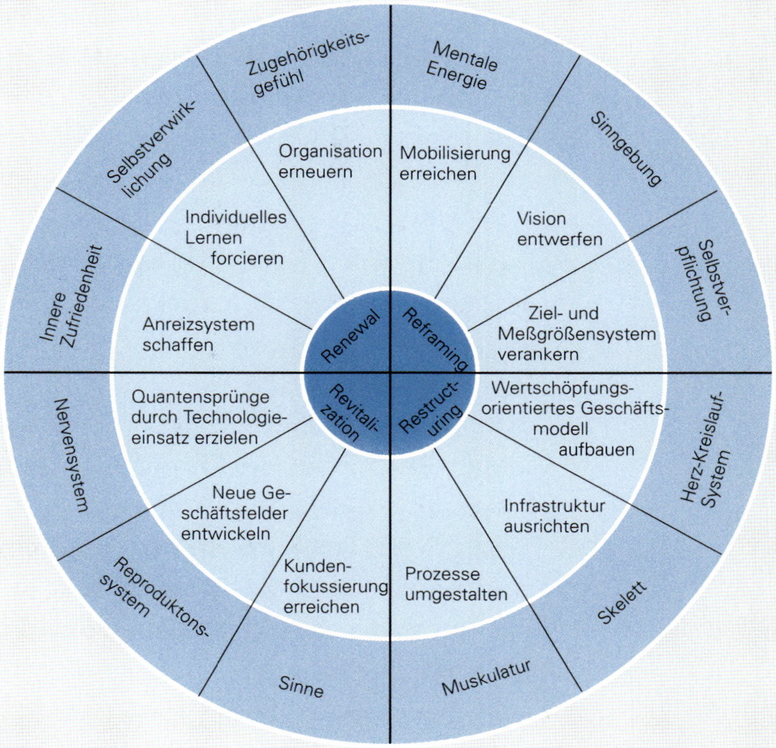


Quelle: Gouillart/Kelly (1995), S. 24

Damit durchaus vergleichbar ist der Versuch, Unternehmen durch Corporate Identity zu Höchstleistungen zu führen. Dabei werden nämlich gruppendynamische Prozesse in Gang gesetzt, über deren Beherrschbarkeit sich Laien oft völlig falsche Vorstellungen machen. Schon manches Unternehmen hat den dilettantischen Einstieg in eine solche Entwicklung teuer bezahlen müssen. Derartige Fehler sind in der Regel nur sehr schwer zu korrigieren. Auch ohne solche negativen Erfahrungen bildet sich in fast jedem Unternehmen regelmäßig Widerstand gegen eine systematische CI-Entwicklung.
Am harmlosesten sind noch Mitarbeiter und Führungskräfte, die einfach den damit verbundenen Arbeitsaufwand scheuen. Wesentlich

*Bei jeder systematischen CI-Entwicklung muß mit Widerständen gerechnet werden.*

hartnäckiger widersetzen sich diejenigen, die in der Vergangenheit mit Erfolg Abgrenzungsstrategien betrieben haben und nun um ihre "Erbhöfe" fürchten. Eine dritte Kategorie von Gegnern hat - teilweise vielleicht auch aus leidvoller Erfahrung mit früheren Versuchen - ehrliche Sorge, daß für die eigene Arbeit benötigte Gestaltungsspielräume durch starre Richtlinien eingeengt werden.

Diese kurzen Hinweise lassen schon erkennen, daß eine reine Systematik für die Entwicklung der Corporate Identity keine ausreichende Grundlage bietet. Doch die Theorie der CI ist bis heute nicht über den Stand von Birkigt/Stadler (1980) hinausgekommen. Dies belegt ein Blick in die aktuelle Literatur, wie etwa das „Kompendium" Corporate Identity und Corporate Design von Daldrop (1997). Die im Widerspruch zum Titel eher unzusammenhängende Sammlung von Aufsätzen macht einmal mehr deutlich, daß es keine gemeinsame theoretische Grundlage gibt, und die reine Systematik der Komplexität des Themas nicht gerecht wird; der Anspruch einer ganzheitlichen Betrachtungsweise kann auf dieser Basis nicht eingelöst werden. Was gebraucht wird, ist ein tieferes Verständnis der bei Corporate Identity ablaufenden Prozesse, um bewußter mit ihnen umgehen zu können. Schon eine für die strategische Planung so existenzielle Funktion wie die Definition der Ziele verlangt nach einer Basis für entsprechende Operationalisierungen. Schließlich will man nicht an den Symptomen kurieren, sondern die Ursachen in den Griff bekommen.

*Der Umgang mit CI-Prozessen setzt ein sehr präzises Verständnis voraus.*

Ein typisches Beispiel hierfür ist die in vielen Unternehmen immer wieder aufflammende Diskussion zwischen Konstruktion und Fertigung im Fall von Qualitätsmängeln. In der Regel ist es jedoch völlig unergiebig, der einen oder der anderen Abteilung Fehler nachweisen zu können. Sie sind nur die Symptome. Die Ursachen liegen oft in tiefgreifenden Kommunikationsstörungen zwischen den Abteilungen, die es zu beheben gilt. Diese Störungen sind nämlich nicht nur für die aufgetretenen Fehler verantwortlich, sondern blockieren nicht selten ungeahnte Potentiale.

Ein anderes Element jeder Strategie ist die Analyse der verfügbaren Mittel und Wege. Noch stärker als im Fall der Zieldefinition machen sich hier Theoriedefizite der CI-Entwicklung bemerkbar. Da werden aufwendige Programme zu Personalentwicklung aufgelegt, während die stillen Reserven, die in einer besseren Gestaltung der internen Kommunikation liegen, weiter ungenutzt bleiben, weil die Instrumente fehlen, mit denen sie aufgedeckt werden könnten.

Eine ähnliche Problematik zeigt sich bei der Operationalisierung von Erfolgsfaktoren, einer bei vielen Strategieentwicklungen vernachlässigten Diskussion. Hier kapituliert man häufig vor der Vieldimensionalität der Zusammenhänge und flüchtet sich in einfache Ursache-Wirkungs-Relationen. Der Erfolgsfaktor Kundenorientierung läßt sich zum Beispiel nicht allein mit noch so freundlichem und kompetentem Verkaufspersonal realisieren. Da sind Variablen von der Produktentwicklung bis zur Architektur beteiligt.

Das im folgenden dargestellte Modell der CI-Triade macht es möglich, mit dieser Komplexität in der Praxis umzugehen, indem es sich auf die Beziehungen konzentriert.

### 4.3 Die Corporate-Identity-Triade

Wenngleich die Triadische Zeichenrelation, auf der sie beruht, ein im strengen Sinne wissenschaftliches Modell ist (siehe S. 112), wurde die Corporate-Identity-Triade aus der Praxis heraus für die Praxis entwickelt. Ich möchte sie daher zunächst einmal als eine Systematik vorstellen, die sich in der Praxis unserer alltäglichen Arbeit als CI-Berater bewährt hat.

Meine Beschäftigung mit der Triadischen Zeichenrelation geht zurück auf die zeichentheoretische Analyse von Bildern, aus der heraus sich die Möglichkeit der Entschlüsselung einer auf Bildern beruhenden Sprache und damit einer systematischen Gestaltung bildlicher Aussagen ergab. **(Kroehl (1979))**

Mit einer Studie zur kommunikativen Leistung von Printmedien hatte ich die Gelegenheit, die in diesem Zusammenhang entwickelten Hypothesen einer empirischen Prüfung zu unterziehen, die die theoretischen Annahmen eindrucksvoll bestätigten. **(Kroehl (1984))**

Die intensive Beschäftigung mit der Theorie und gleichzeitig wachsenden Aufgaben im Bereich der Corporate-Identity-Beratung legten eine Umsetzung der theoretischen Erkenntnisse auch in diesen Bereich nahe, wobei der Erfolg zu einer weiteren Ausarbeitung ermutigte. Im Rahmen eines Studienaufenthaltes in den USA konnte ich das Thema sowohl wissenschaftlich weiterverfolgen, als auch mit hochkarätigen Praktikern der Branche auf Relevanz und praktischen Nutzen hin diskutieren. Das Ergebnis war eine umfassende - mit vielen Beispielen aus der Praxis illustrierte - Beschreibung der Grundlagen in Communication Design 2000 (Kroehl (1987)). Allerdings war damals die CI-Triade noch nicht in der Form ausgearbeitet, wie ich sie dann im Rahmen eines Beitrags für den Harvard Business Manager vorgestellt habe. (Kroehl (1994)) (Abb. 15)

*Die gestiegenen Anforderungen an die CI-Beratung erfordern einen Ausbau der theoretischen Basis.*

In der dreidimensionalen Form (Abb. 16) steht die CI-Triade in ihrer einfachen Klarheit für die Geschlossenheit des Unternehmensauftritts. Erst wenn man hineinblickt, wird man sich der Vielschichtigkeit der inneren Struktur mit ihren wechselseitigen Abhängigkeiten bewußt. Das System der Triade beruht auf der grundlegenden Dreierbeziehung *Mitarbeiter - Produkte - Kommunikation*, aus der heraus sich alle für die CI relevanten Prozesse und Strukturen im Unternehmen erklären und damit auch systematisch beeinflussen lassen.

*Die CI-Triade ist wissenschaftliches Modell und Systematik zugleich*

Als Theorie integriert die Triade betriebswirtschaftliche, psychologische, sozial- und kommunikationswissenschaftliche Ansätze und wird damit zur Basis einer praxisorientierten CI-Beratung. So komplex wie die Wirkungsmechanismen der CI sind auch die möglichen An-

*Die CI-Triade bildet die theoretische Basis.*

satzpunkte für ihre gezielte Entwicklung: von der Organisationsstruktur über die Personalentwicklung bis zur Planung von Produktionsprozessen; von der Internen Kommunikation über Werbung und Verkaufsförderung bis zur Öffentlichkeitsarbeit; von der Architektur über das Environmental Design bis hin zur Produktgestaltung.

Der CI-Berater ist natürlich kein Universalgenie, das alle diese Bereiche perfekt beherrscht. Seine Arbeitsweise läßt sich am besten mit der eines Architekten vergleichen. Es geht darum, ein Gebäude zu errichten, das den Bedürfnissen des Auftraggebers gerecht wird. Wie der Architekt nicht nur plant, sondern auch die Arbeiten am Bau koordiniert, muß der CI-Berater dafür sorgen, daß sich die einzelnen Teile zu einem Ganzen fügen. Er muß den dafür notwendigen Rahmen schaffen.

Abbildung 15: **Die zentralen Elemente einer Corporate Identity**

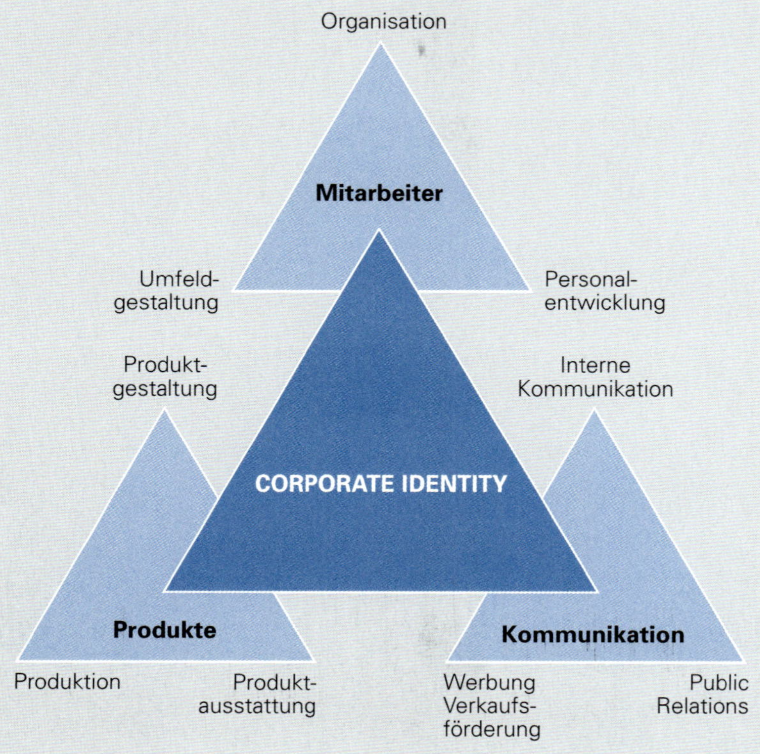


Quelle: Kroehl (1994), S. 27

Entscheidend ist die ganzheitliche Betrachtungsweise. Wenn man von der Erkenntnis ausgeht, daß sich das Ganze aus der Beziehung aller seiner Teile zueinander konstituiert, wenn man davon ausgeht, daß alles, was in diesem System geschieht, sich auf das Gesamte auswirkt, dann kann man bei der Pflege und Entwicklung an fast jeder Stelle ansetzen.

Seit den Gründerjahren war man es gewohnt, das Unternehmen als technisches System zu sehen. Auch die Entwicklung des Scientific Management erfolgte nur unter dem Gesichtspunkt der Optimierung dieses Systems. Das galt bis weit in die sechziger Jahre, auch wenn andere Ansätze sich bereits im Kern entwickelt hatten. In den siebziger Jahren setzte man bevorzugt beim Mitarbeiter an. Nach der Entdeckung des Unternehmens als soziales System hatte die Organisationssoziologie Hochkonjunktur. Human Relations, Organisationsentwicklung und Personalentwicklung waren die Schlagworte. In den achtziger Jahren lag der Schwerpunkt auf der Kommunikation. Corporate Identity entwickelte sich als Kommunikationsstrategie, als kommunikative Seite des strategischen Management. Heute ist der Ansatzpunkt oft ein betriebswirtschaftlich begründeter Reengineering-Prozeß, also die von der Produktion her bestimmte Neuorganisation. Leider wird sie oft nur unter betriebswirtschaftlichen Gesichtspunkten angegangen. Ein rein mechanistisches Systemdenken vernachlässigt das Unternehmen als Sozial- und Kommunikationssystem.

Es scheint, daß wir wieder an den Ausgangspunkt zurückgekommen sind. Und tatsächlich: wie die Konzentration auf das Unternehmen als technisches System damals von der Industrialisierung getrieben war, so ist heute die Informatisierung der Motor der Entwicklung.

Insgesamt befinden wir uns jedoch auf einem höheren Niveau der Entwicklung und des Kenntnisstandes über das Unternehmen als ganzheitliches System. Daß dieses Wissen insgesamt vorhanden ist, bedeutet noch nicht, daß es auch verfügbar ist und in der Praxis genutzt wird. Das würde nämlich voraussetzen, daß das Management in den Unternehmen alle diese Aspekte beherrschen würde. Obwohl in der Managementlehre und -ausbildung durchaus entsprechende Ansätze erkennbar sind (vgl. Staehle (1994)), kann man davon heute nicht ausgehen.

Das Management muß also auf externe Beratung zurückgreifen. Wenn man sich nun die Beratungsszene ansieht, wird man feststellen, daß die Beratungsunternehmen fast alle auf einer der eben skizzierten Phasen der Entwicklung stehengeblieben sind. Sie konzentrieren sich also entweder auf die technisch-organisatorischen oder die sozialen oder die kommunikativen Aspekte. Die besseren berücksichtigen heute zwar Wechselwirkungen zweiter Ordnung, also zwischen technischen und sozialen Aspekten oder organisatorischen und kommunikativen Anfor-

*Die CI-Triade integriert verschiedene wissenschaftliche Ansätze. Sie steht für die Geschlossenheit des Unternehmensauftritts.*

Abbildung 16: **Die CI-Triade in dreidimensionaler Form**

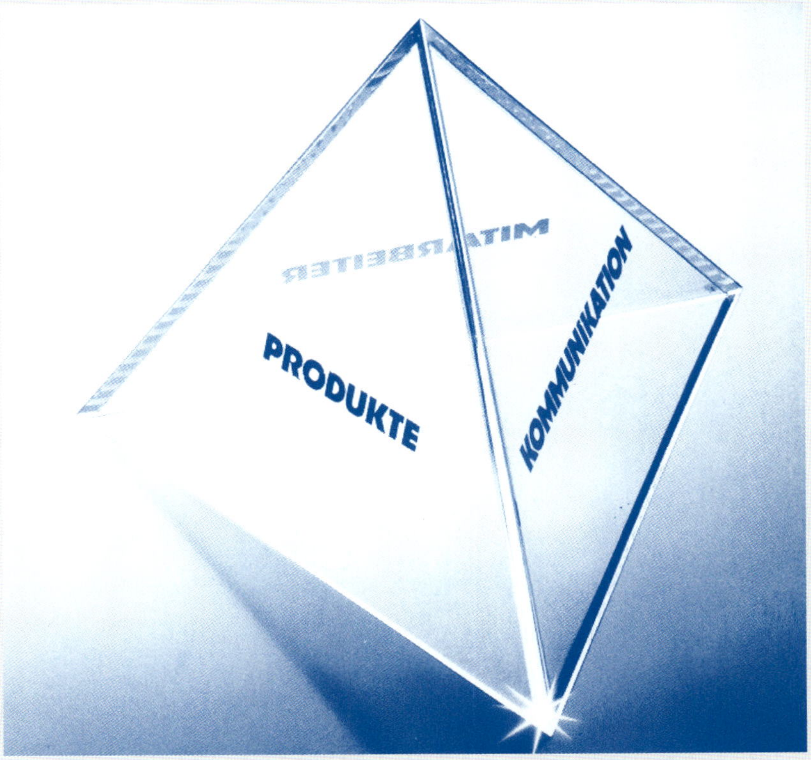


Quelle: Kroehl (1994)

*Es müssen Wechselwirkungen der dritten Ordnung berücksichtigt werden.*

*Die CI ist der genetische Code eines Unternehmens.*

derungen, in der letzten Zeit schwerpunktmäßig auch in der Verbindung von Technik und Kommunikation, Wechselwirkungen der dritten Ordnung werden jedoch kaum berücksichtigt. Das kommt daher, daß sie mit den traditionellen Instrumentarien auch nur schwer beschreibbar und noch schwerer beherrschbar sind.

Die CI-Triade dient in erster Linie der Beschreibung von Wechselwirkungen der dritten Ordnung. Bei der Basisrelation *Mitarbeiter - Produkt - Kommunikation* wurde bewußt das Produkt und nicht die Produktion an die zweite Stelle gesetzt. Die Produktion wird nur als ein Aspekt des Produktes gesehen. Eine differenziertere Herleitung erfolgt im Zusammenhang mit der intensiveren Darstellung der semiotischen Grundlagen. (S.116)

Hier genügt es, darauf hinzuweisen, daß diese Relation auf den folgenden Grundkategorien beruht:

*Möglichkeit - Wirklichkeit - Vernunft*

Die Möglichkeit ist die Materie, der Stoff, die reine Existenz. Die Dinge bestehen ohne eine Beziehung zueinander, sie bergen jedoch grundsätzlich alle Möglichkeiten in sich. Ein uns durchaus vertrauter Ausdruck dafür ist Potential.

In der Wirklichkeit treten die Dinge in Beziehung zueinander, wirken aufeinander ein. Die Vielzahl der Möglichkeiten reduziert sich auf das, was dann tatsächlich gegeben ist. Mit der Vernunft tritt ein Drittes hinzu, das die Dinge zueinander in Beziehung setzt, das es erlaubt, aus der beobachteten Realität Gesetzmäßigkeiten abzuleiten und diese zu nutzen, um aktiv zu gestalten. Dieses Dritte wird oft falsch verstanden als der Mensch. Die genaue Analyse zeigt, daß das nicht stimmen kann; dieses Dritte ist am ehesten zu beschreiben als System.

Als wesentliche Erkenntnis ergibt sich aus der triadischen Relation, daß ich ein Objekt, wenn ich es pragmatisch, d.h. mit Handlungsorientierung beschreiben will, auf die ihm zugrundeliegende dreifache Wechselwirkung untersuchen muß. Das Besondere der triadischen Relationen besteht darin, daß sie sich in sich selbst wiederholen. Wie jede biologische Zelle den Bauplan des gesamten Organismus als genetische Information in sich trägt, so findet sich die für ein Unternehmen charakteristische Beziehung zwischen Mitarbeitern, Produkten und Kommunikation auch in den einzelnen Elementen wieder.

Konzentriere ich mich auf den Aspekt Mitarbeiter, so betrachte ich ihn auch wieder in Beziehung zu

*Mitarbeiter - Produkt - Kommunikation*

Die Beziehung *Mitarbeiter - Mitarbeiter* ist die Organisation. Die Beziehung *Mitarbeiter - Produkt* ist geprägt von den Produktionsbedingungen, also der Gestaltung der Arbeitsplätze, der Architektur, wie sprechen insgesamt von Environmental Design. Die Beziehung *Mitarbeiter - Kommunikation* wird durch den Bereich der Personalentwicklung abgedeckt.

Auch auf der nächsten - tieferen oder feineren - Stufe der Analyse betrachtet man zum Beispiel wieder die Organisation im Hinblick auf die Beziehung Mitarbeiter - Produkt - Kommunikation. Die Beziehung *Organisation - Mitarbeiter* wird durch die Aufbau-Organisation abgebildet. Die Beziehung *Organisation - Produkt* ist die Ablauf-Organisation. Üblicherweise beschränkt man sich auf diese beiden Aspekte der Organisation, die Triade macht deutlich, daß die Betrachtung ohne die Beziehung *Organisation - Kommunikation* unvollständig ist; sie findet sich im Kommunikationsflußplan. Die gesamte Struktur der CI-Triade bis zu der hier erreichten Ebene stellt Abbildung 17 dar.

Zur Feinstruktur der CI-Triade ist allerdings anzumerken, daß die einzelnen Elemente auf der dritten Analyseebene noch nicht theoretisch endgültig ausgearbeitet sind. Manche der Begriffe sollten eher als Platzhalter verstanden werden, die bei intensiver Auseinandersetzung sicher noch durch treffendere Begriffe ersetzt werden.

Insgesamt hat sich diese Systematik jedoch in der Praxis bewährt. Die Erkenntnisse daraus haben nicht nur einen analytischen Wert, sondern auch einen generativen Aspekt. Auf dieser Grundlage lassen sich Prozesse und Strukturen in Unternehmen nach einheitlichen Prinzipien konzipieren, die bei der Bildung von Verhaltensmustern wirksam werden. Ableiten lassen sich solche Prinzipien von den in der Definitionsphase formulierten Unternehmensgrundsätzen.

Abbildung 17: **Feinstruktur der CI-Triade**

| MITARBEITER | PRODUKT | KOMMUNIKATION |
|---|---|---|
| **Mitarbeiter** | | |
| **Organisation** Aufbauorganisation | Ablauforganisation | Kommunikationsfluß |
| Identifikation | **Environmental Design** Ergonomie | Leitfunktion |
| Motivation | Kreativität | **Personal-Entwicklung** Gemeinschaft |
| **Produkt** | | |
| **Produktentwicklung** Know-How | Konstruktion | Information |
| Qualifikation | **Produktion** Qualität | Logistik |
| Service | Mehrwert | **Produktausstattung** Gebrauch |
| **Kommunikation** | | |
| **Interne Kommunikation** Koordination | Kooperation | Kollegialität |
| Beratung | **Werbung** Nutzen | Argumentation |
| Repräsentation | Verantwortung | **Public Relations** Engagement |

Quelle: Kroehl Identity Consultants

*CI ist eine Aufgabe des Topmanagement.*

## 4.4 Die Organisation der CI-Entwicklung

Es wurde bereits mehrfach darauf hingewiesen, daß die Entwicklung der Corporate Identity keine Dienstleistung ist, die einfach von außen zugekauft werden könnte. Wie *Marketing* (S. 90) und *Strategisches Management* (S. 94) stellt *Corporate Identity* keinen Funktionsbereich im Unternehmen (wie z.B. Forschung und Entwicklung oder Produktion) dar. Alle drei Begriffe bezeichnen die gesamte Organisation durchdringende unternehmenspolitische Konzepte oder genauer noch Grundhaltungen, die keineswegs miteinander konkurrieren, sondern sich gegenseitig stützen.

Abbildung 18: **Struktur eines CI-Projektes**

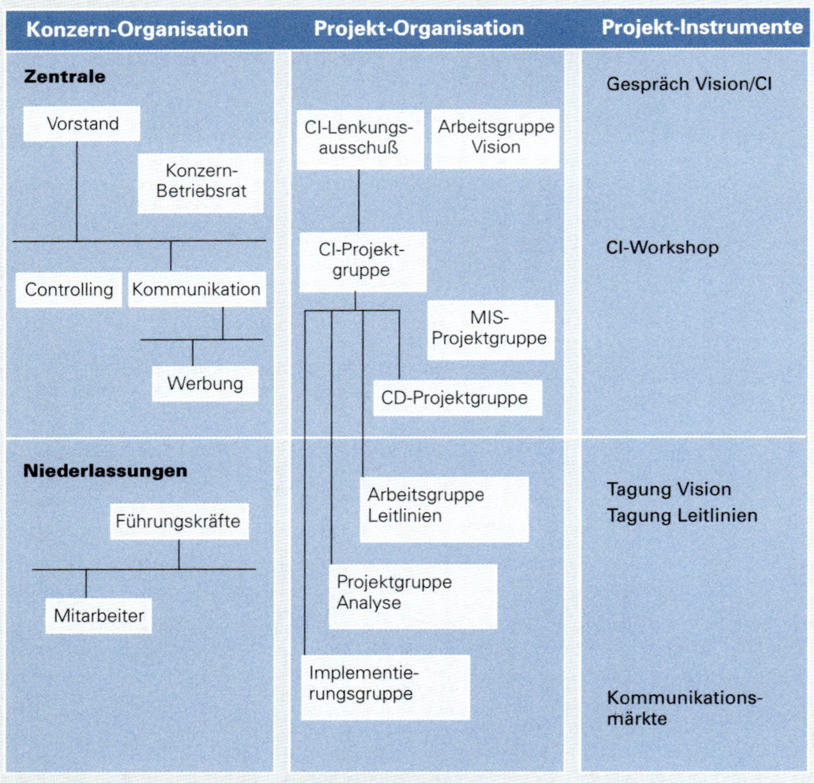


Quelle: Kroehl Identity Consultants

Klar und eindeutig läßt sich die Frage beantworten, wer für diese Querschnittaufgaben im Unternehmen verantwortlich ist: in jedem Fall das Topmanagement, die oberste Führungsebene. Schwieriger wird die Frage, wie die damit verbundenen Aufgaben wahrgenommen werden können. Auch wenn man sich externer Beratung bedient, braucht man interne Kompetenz, also Mitarbeiter, die die Berater aussuchen, briefen, den Kontakt halten und letztendlich die Ergebnisse nicht nur bewerten, sondern auch die Implementierung im Unternehmen sicherstellen. Mit all diesen Aufgaben wäre das Topmanagement zeitlich und zum Teil auch fachlich äußerst überfordert.

Allen drei Konzepten ist gemeinsam, daß ein breites Repertoire an Instrumenten zu ihrer Realisierung zur Verfügung steht, daß es also Fachwissen und damit Fachleute für diese Themen gibt. Gemeinsam ist den Konzepten aber auch, daß es fast allen Organisationen schwerfällt, diese Fachleute in hierarchische Strukturen im Unternehmen einzuordnen.

Entweder sind diese Mitarbeiter schnell unbeliebt, weil sie überall mitreden, oder sie haben nichts zu sagen, weil sie in Stabsabteilungen außerhalb der Linie organisiert sind. Da schafft auch die Matrix-Organisation kaum Abhilfe, weil sich der Zuständigkeitsbereich der Querschnittfunktion nur sehr schwer definieren läßt. Betrachtet man die Lösungen, die Unternehmen für Strategisches Management oder Marketing gefunden haben, dann fällt auf, daß die entsprechenden Abteilungen oft nur in der Lage sind, Teilaufgaben zu erfüllen. Strategisches Management wird auf einen Planungsstab reduziert, Marketing auf Marktforschung. Im positiven Fall integriert Marketing als übergeordnete Abteilung Marktforschung, Vertrieb und Werbung, in seltenen Glücksfällen noch mit Einfluß auf die Produktentwicklung.

Eine ähnliche Positionierung ist auch für einen CI-Bereich denkbar, der - z.B. auch unter der Bezeichnung Unternehmenskommunikation - in erster Linie die Abteilungen *Interne Kommunikation, Personal-Entwicklung und Public Relations* integrieren könnte. Neben der *Organisation* wäre in diesem Bereich auch eine Abteilung für *Design Management* optimal zu plazieren. Es wäre auf jeden Fall zu empfehlen, die *Werbeabteilung* einzubeziehen, wenn sie nicht bereits dem Marketing zugeordnet ist. Die große Lösung wäre natürlich die Integration von Marketing und Corporate Identity. Ausdrücklich muß man jedoch davor warnen, CI als Teilbereich einer Marketing-Abteilung zu betrachten.

Eine wirkliche Empfehlung für den Zuschnitt eines solchen CI-Bereichs läßt sich aller-

Abbildung 19: **Ablauf eines CI-Projektes**

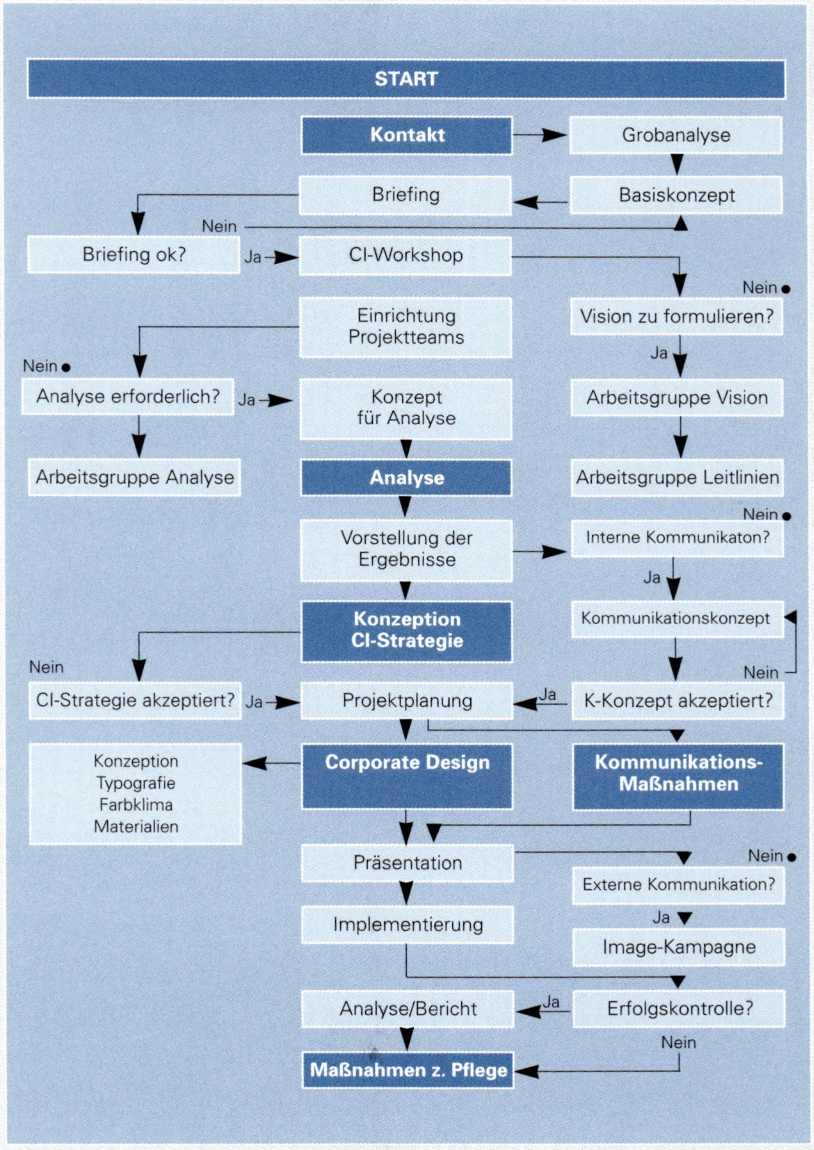


Quelle: Kroehl Identity Consultants

*Beim virtuellen Unternehmen verschwimmen die Grenzen.*

dings nur geben, wenn man die Bedingungen innerhalb der jeweiligen Organisation (zu denen ganz wesentlich auch die Organisationskultur gehört) sehr genau kennt (ein Blick auf den Organisationsplan ist dafür jedenfalls nicht ausreichend). Dabei spielt nicht nur die Organisationsform eine Rolle, sondern auch die Produktpalette und die Kundenstruktur.

Von den verschiedenen Organisationsformen ist die Projektorganisation am besten in der Lage, Querschnittaufgaben wie die Pflege und Entwicklung der Corporate Identity angemessen in das Unternehmen insgesamt zu integrieren. Leider steckt diese Organisationsform heute erst in den Kinderschuhen. Als durchgängiges Organisationsprinzip wird sie nur in sehr wenigen Unternehmen realisiert. Es spricht jedoch vieles dafür, daß der Projektorganisation die Zukunft gehört. Das aktuelle Stichwort dazu in der amerikanischen Managementliteratur ist das *virtuelle Unternehmen.* (Davidow/Malone (1993))

Das Kennzeichen des virtuellen Unternehmens ist die enge Vernetzung nach innen und außen. Wobei "innen" und "außen" keine räumlich abgrenzenden Begriffe mehr sind. Es sind soziologische Kategorien. Innen, die Mitarbeiter, ganz gleich wo sie sitzen, das kann überall auf der Welt sein. Auch die Art der Bindung an das Unternehmen kann sehr unterschiedlich sein. Damit kann das virtuelle Unternehmen Ressourcen ausschöpfen oder Marktnischen füllen, die ihm sonst nicht zugänglich wären.

*In CI-Projekten lassen sich neue Strukturen erproben.*

Das virtuelle Unternehmen ist vollständig auf die Bedürfnisse der Kunden ausgerichtet, der Kunde wird in den Produktionsprozeß integriert. Produkte und Dienstleistungen entstehen zu jeder Zeit, unmittelbar und individuell auf Nachfrage. Produzenten, Lieferanten und Kunden sind über Datenbanken in einem flexiblen Netzwerk miteinander verbunden. Die Innen- und Außenbeziehungen des Unternehmens verändern sich, Großunternehmen bauen ihre starren Strukturen und Hierarchien ab, Entscheidungsprozesse werden transparenter.

Die Autoren sind überzeugt: "Wenn die westlichen Industriestaaten an ihren herkömmlichen Management- und Produktionsmethoden festhalten, dann werden sie bald nicht mehr in der Lage sein, auf den Weltmärkten zu konkurrieren, weil sie stark exportabhängig sind und weil modernste technische Ausrüstungen zunehmend auch in den Schwellen- und Entwicklungsländern zur Verfügung stehen. Der entscheidende Unterschied kann nur in der nationalen Infrastruktur, einer bestens ausgebildeten Bevölkerung und in leistungsfähigen Datenverarbeitungssystemen liegen." (S.11)

Corporate-Identity-Projekte sind besonders geeignet, solche neuen Strukturen im Rahmen klar begrenzter Aufgabenfelder und definierter Ergebniserwartungen zu erproben und eventuell schrittweise einzuführen. Aber auch unabhängig von dieser Perspektive bilden unternehmensinterne Projekte (im Gegensatz zu externen Aufträgen) den Rahmen, in dem CI-Entwicklungen am ehesten zu realisieren sind. Die allgemeinen Phasen des Ablauf eines solchen Projekts zeigte bereits Abbildung 11 (S. 50). Die Darstellungen der Struktur (Abb. 18) und des Ablaufs (Abb.19) können nur beispielhaft für ein typisches CI-Projekt gesehen werden. (Im vorliegenden Fall handelte es sich um einen international tätigen deutschen Konzern mit 35.000 Mitarbeitern, 50 Niederlassungen und etwa100 Beteiligungen.) In der Praxis müssen Struktur, Ablauf und Kommunikationsfluß entsprechend den Bedingungen und Bedürfnissen des jeweiligen Unternehmens individuell konzipiert werden.

## 4.5 Die Praxis internationaler CI-Agenturen

Das Beratungsangebot ist im Fluß, das heißt, es ist mit starken Veränderungen zu rechnen. Eigene Forschungs- und Entwicklungsarbeit wird notwendig, um der Komplexität an Anforderungen gerecht zu werden. Das gilt auch für die Pioniere der CI-Berater, deren Arbeitsweise noch weitgehend bestimmt, wie Corporate Identity heute von den Unternehmen gesehen wird.

1999 hatte ich im Rahmen von Studienreisen die Gelegenheit, mit führenden Mitarbeitern einiger dieser Beratungsunternehmen ausführlichere Gespräche zu führen. Sie haben mir noch einmal deutlich gemacht, daß trotz des eindeutigen Übergewichts des Design in der Praxis die ganze Palette der Corporate-Identity-Dienstleistungen gefragt ist und auch eingesetzt wird. Zum Tragen kommen dabei weniger die theoretischen Grundlagen als die praktischen Erfahrungen. Zu den größten Networks weltweit zählte die Interbrand Group in New York, dicht gefolgt von Enterprise in London. Es folgen:

*Landor Associates, San Francisco*

**Landor Associates,** San Francisco, gegründet 1941 von Walter Landor, hat 250 Mitarbeiter und Büros in New York, London und Tokyo. Landor bezeichnet sich selbst "the largest image management firm in the world". Der Hauptsitz der Firma befindet sich in San Francisco.

Kunden: Fed Ex, Alcatel, Xerox, Du Pont, Shell, Reuters, Microsoft, NEC, Pepsi Cola.

"Die wirklich erfolgreiche Identity vermittelt das Wesen und die Werte eines Produkts oder eines Unternehmens in einer Weise, die die Menschen anspricht. Daher müssen wir nicht nur verstehen, wie Unternehmen denken, sondern auch wie Menschen fühlen."

*Das Beratungsangebot ist im Fluß, das heißt, es ist mit starken Veränderungen zu rechnen. Eigene Forschungs- und Entwicklungsarbeit wird notwendig.*

Zentral für Landor ist der Begriff des *Strategic Design:* "Strategisches Design ist ein komplexer, sorgfältig durchdachter Marketing- und Design-Prozeß, durch den die wirklichen und wahrgenommenen Eigenschaften eines Unternehmens, eines Produkts oder einer Dienstleistung im Hinblick auf langfristige Wettbewerbsvorteile positioniert und projiziert werden."

"Was wir haben, ist ein Orchester von Spezialisten. Wir haben Spezialisten in Interior Design, in Marktforschung, in Architektur, im Entwurf. Dies ist die einzige Organisation, in der so viele Spezialisten aus völlig verschiedenen Disziplinen zusammenarbeiten."

"Manche unserer Arbeiten repräsentieren Lösungen, die allein auf Kreativität und Intuition beruhen. Die meisten unserer Projekte beweisen jedoch eine von der Form her sehr enge Beziehung zwischen dem kreativen Prozeß und der sorgfältigen Entwicklung von Wettbewerbsstrategien und ausgeklügelter Marktforschung, eine Kombination von Intuitivem und Rationalem." "Obwohl Landor Associates die höchste Präferenz bei der Kreativität hat, denken wir, daß der interne Managementprozeß uns am ehesten von anderen unterscheidet. Landors Methodologie beruht auf der Objektivität, die wir von außen hereinbringen, und der Fähigkeit, das Management durch einen soliden Entscheidungsprozeß zu führen."

*Lippincott & Margulies Inc., New York*

**Lippincott & Margulies** Inc, New York, gegründet 1945.
Kunden: Amtrak, AT&T, Avis, Chrysler, Coca-Cola, Johnson & Johnson, Pepsico, Procter & Gamble, Samsung, United Technologies.

"Am Anfang war Identity Management, wie es von den größten US-Unternehmen praktiziert wurde, einzig und allein eine Funktion der Koordination des visuellen Stils und der Grafik. In den 1950ern und 1960ern beinhaltete der Begriff dann auch package design und, im folgenden, das gesamte System, wie ein Unternehmen seinen Namen, sein Logo und seine Markenzeichen einsetzte. In den 1970ern und 1980ern dehnte sich die Breite der Corporate-Identity-Aktivitäten aus, schloß alle Aktivitäten der Unternehmenskommunikation ein und wurde als eines der wichtigsten Werkzeuge für die Prägung des Unternehmens-Image eingeschätzt. Heute wird es richtigerweise als die Kommunikationskomponente des Prozesses der Strategischen Unternehmensplanung anerkannt. "

"Dieselbe Bewegung, die Teil des Wachstumsprozesses eines Unternehmens ist, hat die Kraft, existierende Images des Unternehmens zu verdrängen und die Wahrnehmungen in positiver oder negativer Weise zu verschieben. Ignorieren Sie Ihre Identity-Anforderungen und Ihre Zielgruppen werden Ihr Image für Sie bestimmen." (Walter P. Margulies)

"Im weitesten Sinne des Begriffes ist Identity-Management Teil des Prozesses, in dem die öffentliche Wahrnehmung des Unternehmens geprägt und an den Vorstellungen des Managements ausgerichtet wird. Bei sachkundiger Entwicklung verleiht eine prägnante Identity den verbalen und visuellen Botschaften des Unternehmens Integrität und schafft einen glaubwürdigen Kontext." (Clive Chajet)

*Siegel & Gale, New York*

**Siegel & Gale**, New York, gegründet 1969, mit Büros in Los Angeles, London, Madrid. "Heute ist Siegel & Gale eine der handvoll Corporate-Identity-Beratungsunternehmen, die die Erfahrung, die geografische Abdeckung und die Ressourcen hat, um globale Corporate-Identity-Programme zu handhaben."
Kunden: Cemex, Caterpillar, Citibank, Schlumberger, American Express, Toys R us.

Für S&G ist der umfassendste Begriff *Image*,

von den anderen Unternehmen der Spitzengruppe der CI-Berater unterscheiden sie sich durch die Betonung von *Corporate Voice*, das eng mit dem Thema der *Simplified Communications* zusammenhängt. Ein eigener Unternehmensbereich beschäftigt sich mit diesem Thema, gestaltet komplexe Rechts- und Geschäfts-Dokumente und Formulare. Die Arbeiten für die Citibank, die U.S.-Regierung und andere finden weltweit Aufmerksamkeit. Von Siegel & Gale stammen die folgenden Definitionen: "*Corporate Image* ist die Wahrnehmung des Charakters und Wesens eines Unternehmens. Es ist, wie die Menschen das Unternehmen, seine Produkte und Dienstleistungen empfinden. Ein positives Image kann eine starke emotionale Bindung schaffen zwischen dem Unternehmen und seinen verschiedenen Zielgruppen - Mitarbeitern, Kunden, potentiellen Kunden, Aktionären, dem Handel und der Gesellschaft insgesamt. Es ist wichtig, sich bewußt zu machen, daß ein Unternehmen eine starke Identity haben und doch zur selben Zeit an einem schwachen oder gar negativen Image leiden kann.

*Corporate Identity* ist der Teil des visuellen Erscheinungsbildes eines Unternehmens, der Wiedererkennung und Erinnerbarkeit seines Namens, seiner Produkte und Dienstleistungen verstärkt. Sie kann die Bildung eines starken Corporate Image anstoßen oder zumindest erleichtern. Daher liefert sie nur die *Corporate Voice*, sie ist die "verbale Identität" eines Unternehmens - die Botschaft, der Inhalt und Ton aller Kommunikationen, die ein Unternehmen hervorbringt. Eine einheitliche Corporate Voice ist ein wesentliches Element, um ein kraftvolles Corporate Image aufzubauen. Wenn es einmal erreicht ist, dann übernimmt ein Unternehmen die aktive Kontrolle über seine public persona.

*Corporate Culture* wird einerseits von der Grundeinstellung des Managements in Fragen der Unternehmensführung geschaffen, spiegelt sie aber auch gleichzeitig. Diese Einstellung prägt alle Aspekte eines Unternehmens - die Arbeitsumgebung, die Ethik und Politik, die Beziehungen leitet, und die Verpflichtung des Unternehmens zu Spitzenleistungen in allem, was es tut."

"Die "verbale Identität" eines Unternehmens - die Art wie es durch seinen Sprachstil, Ton und Wortwahl kommuniziert - ist ein ebenso mächtiges Werkzeug wie die Grafik, um sein Image zu prägen und Klarheit in seine Botschaften zu bringen. Die Sprache, die auf jeder Ebene genutzt wird - von den Namen des Unternehmens und seiner Abteilungen über die Nomenklatur seiner Produkte bis zur Benennung von Arbeitsplätzen - ist ebenso gut ein Teil der Identity eines Unternehmens wie sein Logo, seine Typografie und seine Farbpalette.

Interdisziplinäre Teams von Textern, Information Designern und System Experten machen aus Verlautbarungen, Formularen und Vereinbarungen nutzerfreundliche Dokumente, die leicht zu verstehen und zu handhaben sind; sie ordnen dabei ganze Papierberge und Informationssysteme neu und entwickeln eine klare

*Siegel & Gale zeichnen sich vor allem auch durch die Betonung der sprachlichen Seite der CI aus.*

Sprache für Organisationsstrukturen, Produktbezeichnungen und Publikationen des Unternehmens. Es kommt darauf an, eine einzigartige Corporate Voice zu etablieren - eine Verbindung von Name, Positionierung und Hauptbotschaften des Unternehmens in einem typischen verbalen und visuellen Stil - sie hebt Corporate Identity über ein Markenzeichen und ein Manual der grafischen Standards hinaus zu einer zusammenhängenden, nahtlosen und wirkungsvollen Corporate Communications." (Siegel & Gale)

*Anspach Grossman Portugal Inc., New York seit 1996 in Enterprise Identity Group aufgegangen*

**Anspach Grossman Portugal Inc.,** New York, gegründet 1969, 45 Mitarbeiter, Kunden: American Express, Citibank, Gilette, Hewlett-Packard, RWE, Sanyo, Texaco, Unisys, UPS

"Identity. Die einzigartigen Merkmale, die ein Unternehmen von allen anderen unterscheidet.. Identity. Gemeinsame Werte, die sich in einer gemeinsamen Sprache ausdrücken: einer Sprache, die nationale Kulturen, vielfältige Geschäftsfelder, regionale Distributionssysteme und lokale Managementstrukturen übergreift."

Es gibt Dimensionen der Identität, die über attraktive Namen, interessante Marken und noble Grafik hinausgehen. Die Partner von Anspach Grossman und Portugal haben ihre Aufgabe (mission) immer darin gesehen, "to help solve business and marketing problems through corporate, brand and retail identity programs." Sie verstehen sich selbst als "Realisten" bei der Entwicklung von langfristigen Identitätsstrategien, die Unternehmen und deren Produkten und Dienstleistungen überlegene und dauerhafte Vorteile in einem vom Wettbewerb beherrschten Markt zu sichern.

Anspach Grossman Portugal bietet dazu vier zusammenhängende Dienstleistungen an:

Analyse, Planung, Gestaltung und Implementierung. Sie sehen Identity im weitesten Sinne als die typischen Fähigkeiten und Werte eines Unternehmens, die in der Analyse- und Planungsphase geklärt und dann in der Design- und Implementierungsphase auf allen geschäftlichen Ebenen kommuniziert werden müssen. Identität ist kein Wert an sich, aber das Mittel, alle Aspekte des Unternehmens zu stärken, von Marketing und Verkauf über Investor Relations bis zur Leistungsfähigkeit der Mitarbeiter.

Für Anspach Grossman Portugal kommt dem Design eine besondere Bedeutung zu.

"Durch Design bringen wir Identität auch in die letzte Ecke eines Unternehmens: Marketing und Verkauf, Weiterbildung und Personalwerbung, Management-Entwicklung, Fertigung, Kunden, Handel, Zulieferer und Aktionäre."

*Wolff Olins, London*

**Wolff Olins,** London; gegründet 1965, 100 Mitarbeiter
Kunden: Akzo, Aral, British Telecom, Eurotunnel, Forte, ICI, Prudential, Q8, Renault, VW-Audi
"Wir helfen Organisationen zu definieren und auszudrücken, was sie einzigartig macht für

alle ihre Zielgruppen und alles , was sie tun. Wir helfen unseren Kunden auf drei Wegen:

// Entwickeln einer Vision,
// Schaffen einer neuen visuellen Identität und
// Implementieren und Managen einer Identität."

"Wir helfen unseren Klienten, die Vision zu definieren, die ihre Organisation in die Zukunft trägt, und geben ihnen wirkliche Wettbewerbsvorteile. Wir helfen ihnen, diese Vision für jede ihrer Zielgruppen bedeutungsvoll zu artikulieren und zu kommunizieren. Mit einer klar definierten Vision erhalten interne Zielgruppen eine Richtung und externe Zielgruppen verstehen, für was die Organisation steht. Eine klare und erfolgreich kommunizierte Vision verstärkt sich mit der Zeit selbst und schafft echte Differenzierung."

Für Wolff Olins steht am Anfang immer ein tiefgreifendes Verständnis des Kunden und seiner spezifischen Probleme: "Wir sind darauf trainiert, die Dynamik einer Industrie und eines Unternehmens schnell zu erfassen. Wenn wir die Organisation und ihre Situation verstanden haben, entwickeln wir gemeinsam mit dem Kunden ein Arbeitsprogramm, das auf die für die Organisation wichtigen Themen zugeschnitten ist. "

Oft zeigt sich dabei auch die Notwendigkeit für einen radikalen Wandel. "Ein neuer Name oder eine neue visuelle Identität dient als ein markantes Zeichen für den Kurswechsel, den ein Unternehmen vorgenommen hat. Das Neue steht für einen sauberen Bruch mit der Vergangenheit."

*Henrion, Ludlow & Schmidt, London*

**Henrion, Ludlow & Schmidt,** London, gegründet 1955,
Kunden: Beiersdorf, Braun, British Rail, C&A, KLM, London Underground, Mitsubishi, Philips, Volkswagen, West LB

"Corporate Identity ist ein strategischer Prozeß zur Erreichung von Wettbewerbsvorteilen und geschäftlichem Nutzen. In der heutigen komplexen und vielfältigen Geschäftswelt mit ihren begleitenden sozialen und ökonomischen Umwälzungen ist es von vitaler Bedeutung, alle Aspekte der Identität - wie Kultur, Verhalten, den Markt, Produkte und Dienstleistungen, Kommunikationen und Corporate Design - bei der Entwicklung einer unterscheidungskräftigen, dauerhaften und erfolgreichen Corporate Identity zu berücksichtigen."

"Wir stellen Lösungen für strategisch komplizierte Identitätsprobleme in einem sich schnell ändernden globalen Markt. Unternehmen, die in diesem Klima überleben und wachsen wollen, müssen Differenzierung etablieren, Mitarbeiter motivieren und sich im Wettbewerb der Kommunikation mit den lebenswichtigen Zielgruppen der Kunden, der Finanzmärkte, der Kommunen und der Gesellschaft insgesamt durchsetzen."

*Interbrand Zintzmeyer & Lux*

**Interbrand Zintzmeyer & Lux AG,** Zürich, gegründet 1972 von Jörg Zintzmeyer und Peter Lux, 96 Mitarbeiter,
Kunden: BMW, Landis & Gyr, Telecom, Thyssen

"Wenn wir die Corporate Identity eines Unternehmens entwickeln, dann heißt das: die Interpretation seiner gesamten Kommunikation in eine Strategie."

## 5. Zur Definition der Corporate Identity

### 5.1 Wissenschaftliche Grundlagen

Zur Erinnerung sei noch einmal darauf hingewiesen, was eingangs als Grundlagen wissenschaftlicher Theorien genannt wurde:

- Abgrenzung des Arbeitsfeldes,
- die Definition der verwendeten Begriffe und
- die Bestimmung der Beziehung, in der sie zueinander stehen.

Prüfstein für jede Theorie ist

- die Formulierung kritischer Hypothesen, d.h. überprüfbarer Behauptungen zu entscheidenden Fragestellungen.

*Die wissenschaftliche Auseinandersetzung mit CI*

Wenn wir versuchen, das Arbeitsfeld einer wissenschaftlichen Auseinandersetzung mit der Corporate Identity zu bestimmen, stoßen wir auf das gleiche Problem, das Allport im Hinblick auf eine Psychologie der Persönlichkeit anspricht: es ist das "Dilemma Wissenschaft - Einzigartigkeit". Die Wissenschaft befaßt sich mit allgemeinen Gesetzmäßigkeiten. "Sie kann ihrem Wesen nach dem intakten Individuum niemals Gerechtigkeit widerfahren lassen: nur Drama, Dichtung und Biographie können das tun. Die Wissenschaft ist unerbittlich darin, das Partikulare auszuschliessen." **(Allport (1970)** S.11)

*Was macht ein Unternehmen überhaupt einzigartig?*

Daraus erklärt sich auch die Tatsache, daß ein Großteil der Literatur, die sich mit dem Phänomen CI beschäftigt, eher episodischer Natur ist. Da werden Geschichten erzählt, weil sich so das, was man richtigerweise als den Kern der Sache empfindet, eher vermitteln läßt, als mit betriebswirtschaftlichen Analysen. Man kann die Biologie sehr gut als Beispiel heranziehen.

Die detaillierte Analyse etwa der molekularen Biologie zeigt immer mehr, daß die lebendigen Substanzen in allen Arten identisch sind. Die Bausteine des Lebens - bei Pflanzen und Tieren ebenso wie beim Menschen - stellen sich als auffallend uniform heraus; sie heißen Nukleinsäuren, Protein-Moleküle und enzymatische Reaktionen. Doch damit kommen wir der Vielfalt der Natur, der Schönheit und Einzigartigkeit jedes Exemplars, eben dem, was uns an der Natur erfreut, in keiner Weise nahe. "Je mehr wir untersuchen und entdecken, was im menschlichen Wesen uniform ist, um so dringender wird es, der Einzigartigkeit in Form und Gestalt des Ganzen Rechnung zu tragen. .. Der Nachdruck liegt bei uns daher auf der inneren Ordnung von Motiven, Eigenschaften und dem persönlichen Stil." (S.VIII)

Dies muß auch für die Unternehmenspersönlichkeit gelten. Das Arbeitsfeld der CI-Forschung muß also das sein, was die Einzigartigkeit des Unternehmens ausmacht. Es kommt entscheidend darauf an, sich durch die Analyse der einzelnen Phänomene nicht den Blick auf das Ganze verstellen zu lassen. Ein anschauliches Beispiel dafür liefern die sogenannten 3-D-Bilder. Solange man den Blick nicht von den Mustern auf dem Blatt löst, praktisch durch die Oberfläche hindurchsieht, kann man das räumliche Bild nicht wahrnehmen. Je angestrengter man es versucht, um so weniger gelingt es. Erst wenn

5

man entspannt das Bild als Ganzes auf sich wirken läßt, tritt die plastische Struktur hervor.

Vor dem Hintergrund dieser Überlegungen muß man für die Corporate Identity die Ganzheit des Unternehmens als Untersuchungsgegenstand definieren. Die Gestalttheorie beschreibt Ganzheit als ein "dynamisches Feld", dessen Organisations-, Strukturierungs- und Kompositionsgesetze sich grundsätzlich von festen Korrelationen zwischen festen einzelnen Variablen unterscheiden. Wenn man die Einheit des Ganzen systematisch erfassen will, muß man nach den Regeln suchen, die das Aufbau- und Strukturprinzip des Ganzen kennzeichnen und nach der alle weiteren Einzelerkenntnisse aufgesucht und eingeordnet werden müssen. (vgl. Baßler (1988))

*Wie wird man der Ganzheit des Unternehmens gerecht?*

Keine der Einzelwissenschaften, die sich mit betrieblichen Prozessen beschäftigen, ist bisher in der Lage, derartige Gesetzmäßigkeiten angemessen zu erfassen und zu behandeln. Das gilt für die Psychologie, Soziologie (auch in Form der Betriebspsychologie oder der Organisationssoziologie) und die Kommunikationswissenschaften. Auch die (klassische) Betriebswirtschaftslehre oder die sich in Deutschland erst allmählich etablierende Managementlehre bieten hier keine Lösungen. Sie alle leisten wichtige Beiträge zum Verständnis betrieblicher Vorgänge; bisher fehlt jedoch der im Sinne einer Ganzheit integrierende Rahmen. Es besteht kein Zweifel, daß dies nur ein interdisziplinärer Ansatz zu leisten vermag. Dies wird zwar immer wieder gefordert, doch Interdisziplinarität auf diesem Feld beschränkt sich mehr oder weniger auf das Nebeneinanderstellen theoretischer Konzepte aus verschiedenen Disziplinen, die in keinen gemeinsamen Rahmen eingebettet sind.

*Nur ein interdisziplinärer Ansatz kann das Unternehmen in seiner Ganzheit erfassen.*

Ein solcher gemeinsamer theoretischer Bezugsrahmen wird in der pragmatischen Semiotik gesehen, wie sie der amerikanische Naturwissenschaftler und Philosoph Charles Sanders Peirce entwickelt hat. Peirce hat diese Semiotik, die er auch als eine Logik bezeichnet, als Kern einer Unified Science, einer Vereinheitlichten Wissenschaft gesehen. Sie geht von den grundlegenden Kategorien des *Ersten, Zweiten* und *Dritten* aus.

Diese als wissenschaftstheoretische Konzepte bewußt sehr abstrakt formulierten Kategorien (siehe unten S. 117) lassen sich auch als *Möglichkeit, Wirklichkeit* und *Notwendigkeit* beschreiben. In der Psychologie sind die Grundbegriffe *Fühlen, Handeln, Denken.*

"In der Biologie ist die Idee der *willkürlichen Mutation* das Erste, die *Vererbung* das Zweite und der *Prozeß, durch den die zufälligen Merkmale verfestigt werden,* das Dritte." (S.284 )

"Jene Idee ist von mir ausführlich ausgearbeitet worden. Sie erklärt die wichtigsten Dinge des Universums, so wie wir es kennen - die Eigenschaften von Raum, Materie, Kraft, Gravitation, Elektrizität usw. Vieles andere mehr sagt sie voraus, das allein durch neue Beobachtungen überprüft werden kann. " (S.285)

Als anerkannter Naturwissenschaftler weiß Peirce sehr genau, wovon er spricht. Man muß diese Aussage daher durchaus ernst nehmen.

*Die Semiotik bietet einen solchen Ansatz und den integrierenden Rahmen.*

Vor dem Hintergrund dieser Basiskategorien läßt sich auch die Notwendigkeit von Definitionen für die wissenschaftliche Arbeitsweise begründen: Wenn wir über einen Gegenstand reden wollen, brauchen wir dafür eine Sprache. Den Grundkategorien entsprechend gibt es drei grundsätzlich verschiedene Sprachsysteme:

Das uns geläufigste ist die *Umgangssprache*, sie bezieht sich auf die Wirklichkeit. Wir nehmen an, daß die Dinge, über die wir reden, wirklich existieren. Wir brauchen sie auch nicht näher zu bestimmen, solange wir in der Lage sind, uns über Handlungen, die mit dem Gegenstand im Zusammenhang stehen, zu verständigen. Es gibt aber auch die *Sprache der Kunst.* Sie bezieht sich lediglich auf Möglichkeiten. Sie vermittelt keine festen Bedeutungen. Es besteht auch keine Notwendigkeit, sich über ihre Objekte zu verständigen oder im Bezug auf ihre Objekte zu handeln.

*Die präzise Definition ist eine Voraussetzung für die wissenschaftliche Behandlung.*

Das dritte Sprachsystem ist die exakte *Terminologie der Wissenschaft.* Sie bezieht sich auf die Notwendigkeit. Für einen Begriff darf es immer nur eine Bedeutung geben, und über diese Bedeutung muß ich mich mit anderen auf das Genaueste verständigen. Hier kann es kein naives Verständnis von Wirklichkeit geben.
An die Stelle der umgangssprachlichen Wirklichkeit tritt das Modell, das die komplexe Wirklichkeit nur unter einem bestimmten Aspekt erfaßt. Dieses Modell aber muß frei sein von Widersprüchen. Sobald Widersprüche nicht gelöst werden können, bin ich gezwungen, das Modell als unbrauchbar zu verwerfen. Solche Modelle werden auch Konzepte genannt und beruhen auf der Definition ihrer Elemente und deren Beziehungen untereinander.

Obwohl Corporate Identity zu den heute vielleicht wichtigsten Konzepten für eine erfolgreiche Unternehmensführung gehört, fehlt bis auf den Tag eine allgemein anerkannte Definition. Die 1978 ins Leben gerufene *Projektgruppe Corporate Identity des Deutschen Kommmunikationsverbandes BDW e.V.* meint, auf eine solche Definition auch verzichten zu können: "Bewußt gibt es in diesem Abschnitt keine Definition von "Corporate Identity". Wir nehmen vielmehr an, daß der Leser dieser "Erkenntnisse aus der Praxis" sehr rasch empfinden wird, was Corporate Identity ist - ebenso aber auch, was Corporate Identity nicht ist." (Birkigt/Stadler/Funck (1993) S. 569)

Wie problematisch die fehlende Begriffsklärung für eine Professionalisierung des Umgangs mit Corporate Identity ist, wird erst dann deutlich, wenn man sich die oben knapp beschriebene Rolle der Terminologie in der Wissenschaft bewußt macht. In dem Aufsatz "Was heißt Pragmatismus" weist Peirce darauf hin, “daß kein Studium im beschriebenen Sinn wissenschaftlich werden kann, bevor es nicht mit einer geeigneten technischen Nomenklatur ausgestattet ist, in der jeder Terminus eine einzige, fest umrissene Bedeutung hat, die unter denen, die dieses Gebiet studieren, allgemein anerkannt ist, und in der Vokabeln nicht solche Süße und solche Reize besitzen, daß lockere Schreiber verführt werden könnten, sie zu mißbrauchen, - letzteres ist eine Tugend der wissenschaftlichen Nomenklatur, die viel zu wenig geschätzt wird. Ich gebe zu bedenken, daß die Erfahrungen der Wissenschaften, die die größten Schwierigkeiten der Terminologie überwunden haben - und das sind zweifellos die klassifizierenden Wissenschaften: Chemie, Mineralogie, Botanik, Zoologie -, schlüssig gezeigt haben, daß der einzige Weg, auf dem die erforderliche Einmütigkeit und der erforderliche Bruch mit individuellen Gewohnheiten und Vorlieben erreicht werden kann, der ist, die Richtlinien der Terminologie so zu formen, daß sie die Unterstützung des Moralprinzips und des Anstandsgefühls eines jeden gewinnen." **(Apel (1976)** S.430)

Doch "lockere Schreiber" gibt es leider heute mehr denn je. Sie schrecken auch vor den exakten mathematischen Wissenschaften - wie der im Moment aktuellen Chaostheorie - nicht zurück. Einer der Nachteile der Popularität einer wissenschaftlichen Theorie ist, daß manche ihre Ideen, ohne sie wirklich zu verstehen, auf Gebiete ausdehnen, wo es keine Rechtfertigung für die Anwendung gibt.

Derartige Versuche, schwierige Probleme mit einem umgangssprachlichen Verständnis neuer wissenschaftlicher Konzepte zu behandeln, sind generell problematisch, vor allem dann, wenn in der Praxis ungelöste Probleme mit dem Mäntelchen einer neuen Terminologie zugedeckt werden. Durch willkürliche Interpretationen degeneriert so auch eine präzise wissenschaftliche Theorie zur Modeerscheinung.

*Semiotik ist keine Modeerscheinung.*

Leider ist auch die Semiotik, eine der vielversprechendsten Basistheorien der Kommunikationswissenschaften, in den Verdacht geraten, eine Modererscheinung zu sein. Das liegt aber weniger an der Semiotik selbst, als am Umgang mit ihr. Auf der einen Seite steht die rein wissenschaftliche Behandlung, in der sich die Thematik verselbständigt und sich eine sterile Wissenschaftsdisziplin immer wieder nur selbst reproduziert, ohne für die Praxis fruchtbar zu werden. Auf der anderen Seite steht eine Praxis, die unfähig ist, die Theorie zu verarbeiten, sich aber dessenungeachtet das pseudowissenschaftliche Mäntelchen der Terminologie umhängt und nichts weiter als den Ausverkauf wissenschaftlicher Begriffe betreibt. Dabei ist der Gegenstand der Semiotik gerade die angemessene Verwendung von Zeichen - und damit auch von Begriffen.

## 5.2 Definitionen der CI in der Fachliteratur

*Populärwissenschaftliche Auffassungen sind problematisch.*

Die Mängel in der Definition von Corporate Identity hat vor allem **Tafertshofer (1982),** dessen Arbeit bis heute nichts an Aktualität verloren hat, als Ausgangspunkt seiner Kritik an der "magischen Formel Corporate Identity" genommen:

"Der neuerdings im deutschsprachige Raum populär gemachte Begriff "corporate identity", der den Rang einer theoretischen Konzeption beansprucht und dessen Praxisorientierung betont wird, wird in seinen Ansprüchen, insbesondere hinsichtlich seines Praxisbezuges einer kritischen Analyse unterzogen. Dabei zeigt sich, daß es sich bei corporate identity weder um einen einheitlich verstandenen Begriff handelt, noch corporate identity als theoretisches Konzept fundiert ist.

Dies wird besonders deutlich an der Tatsache, daß corporate identity zirkulär definiert wird, und in der verfehlten Analogiesetzung von corporate identity zur Ich-Identität. Der gravierendste Mangel ist, daß nicht erklärt werden kann, auf welche Weise corporate identity-Programme wirken. Corporate identity erscheint somit als magische Formel, die im Dienste einer bestimmten Unternehmensideologie latente Funktionen hat." (S.11)

*Notwendige Kritik gibt Impulse für die Weiterentwicklung.*

Der Wert des Beitrags von Tafertshofer besteht vor allem darin, daß er Kritik im positiven Sinne darstellt; Kritik, die Schwachstellen anspricht, und damit Impulse für die Weiterentwicklung gibt. Mit seiner Kritik benennt Tafertshofer die für eine Wissenschaft zentralen Bereiche der Auseinandersetzung mit dem Thema CI:

*CI hat erst in zweiter Linie etwas mit Selbstdarstellung zu tun.*

- Definition des Begriffs
- theoretische Fundierung, die wissenschaftlichen Kriterien entspricht
- Verbindung zu anderen wissenschaftlichen Konzepten
- Klärung der Wirkungszusammenhänge

Die Betonung der Bedeutung der Wirkungszusammenhänge verweist uns auf die *Pragmatische Maxime* von Peirce: "Unser Begriff von etwas ist unser Begriff von seinen wahrnehmbaren Wirkungen." Der pragmatischen Ansatz wird in dem vorliegenden Buch als absolut zentral für eine wissenschaftliche Behandlung der Corporate Identity gesehen. Der zweite wichtige Ansatz ist die funktionale Systemtheorie. Die Erwähnung von "latenten Funktionen" setzt voraus, daß das Unternehmen als soziales System gesehen und systemtheoretisch behandelt wird. Damit ist zugleich ein Hinweis darauf gegeben, daß das Forschungsfeld Corporate Identity eher soziologisch, denn psychologisch zu definieren ist.

Die Kritik Tafertshofers bezieht sich auf ein Verständnis von Corporate Identity, das in den meisten Definitionen zum Ausdruck kommt, nämlich die Betonung der Selbstdarstellung des Unternehmens. So auch bei Birkigt/Stadler, die das CI-Verständnis einer ganzen Generation sowohl von CI-Beratern als auch von Führungskräften geprägt haben:

"In der wirtschaftlichen Praxis ist demnach Corporate Identity die strategisch geplante und operativ eingesetzte Selbstdarstellung und Verhaltensweise eines Unternehmens nach innen und außen auf Basis einer festgelegten Unternehmensphilosophie, einer langfristigen Unternehmenszielsetzung und eines definierten (Soll-) Images - mit dem Willen, alle Handlungsinstrumente des Unternehmens in einheitlichem Rahmen nach innen und außen zur Darstellung zu bringen." (Birkigt/Stadler/Funck (1993) S.18)

Genau darauf bezogen, spricht Tafertshofer von einem "unauflösbaren Widerspruch", der darin besteht, "daß Ich-Identität ein entwicklungstheoretisches Konstrukt darstellt, corporate identity aber - von außen her - geschaffen werden soll." (Tafertshofer S.20)

"Die unglückliche Wahl der Analogie Ich-Identität, die sich im Begriff corporate identity niederschlägt, resultiert auch aus dem Bemühen, im Begriff corporate identity zwei unterschiedliche Sachverhalte auf einen Nenner zu bringen: die Identifikation der Mitglieder mit dem Unternehmen und die Selbstdarstellung des Unternehmens nach außen. .. Es ist keine Frage, daß sich hier der manipulative Charakter des corporate identity-Konzeptes offenbart. Denn Ausgangspunkt der corporate identity-Maßnahmen sind die Marktsituation und nicht die Bedürfnisse des Mitarbeiters. Das bedeutet konkret, daß die Mitarbeiter "zu ihrem Glück" gezwungen werden müssen." (S. 21)

In der Praxis, so wie sie auch in der Definition von Birkigt/Stadler/Funck zum Ausdruck kommt, wird tatsächlich meistens der Versuch gemacht, Corporate Identity unter rein strategisch/operativen Gesichtspunkten zu entwickeln. Die moralische Kritik, die im Vorwurf der Manipulation liegt, ist aber ebenso ungerechtfertigt, wie sie am Kern der Sache vorbeigeht. Selbstverständlich wird ein strategisch orientiertes Unternehmen auch seine CI strategisch einsetzen. Aber jeder Versuch, ein Image zu schaffen, das nicht mit der inneren Verfassung des Unternehmens übereinstimmt, ist von vornherein zum Scheitern verurteilt. Er wäre vergleichbar mit dem Versuch, eine Führungsposition mit Hilfe eines Schneiders zu erreichen. Wo die Persönlichkeit nicht entwickelt ist, hilft auch das feinste Kostüm, der exquisiteste Anzug nicht. Andererseits ist die Kleidung natürlich ein Teil, ein Ausdrucksmittel der Persönlichkeit. Insofern spielt das Corporate Design als Gestaltung des äußeren Erscheinungsbildes eine wichtige Rolle für den gesamten CI-Prozeß, aber es ist eben nur ein Teil eines Prozesses, der immer ganzheitlich gesehen und behandelt werden muß.

*Äußeres Erscheinungsbild und innere Verfassung des Unternehmens müssen übereinstimmen.*

Nicht zu halten ist auch die Kritik an der "verfehlten" Analogie zur Ich-Identität: "Immer nur der einzelne Mensch kann sich seiner Identität bewußt sein. Begriffe wie kollektive Identität oder Gruppenidentität besagen lediglich, daß sich der Einzelne als Teil einer größeren sozialen Einheit fühlt und zwar auch nur hinsichtlich von Teilaspekten seiner Person." (S.19) Einen anderen Anspruch stellt das Konzept der Corporate Identity auch nicht. Aus der Perspektive der Systemtheorie bilden "Teilaspekte" kein theoretisches Problem. Auch das Individuum kann als System betrachtet werden, das Teilsysteme (z.B. Rollen, Handlungen) integriert.

So kommt es auch in der Definition der Persönlichkeit bei Allport zum Ausdruck, dessen Ausführungen deutlich machen, wie hilfreich und fruchtbar eine Anleihe beim psychologischen Konzept der Persönlichkeit für die Behandlung von Fragen der Corporate Identity sein kann.

### 5.3 Persönlichkeit, Identität und Ganzheit

*Persönlichkeit als dynamische Organisation.*

Bei Gordon W. **Allport (1970)**, *Gestalt und Wachstum in der Persönlichkeit* finden wir die folgende Definition: "**Persönlichkeit** ist die dynamische Organisation derjenigen psychophysischen Systeme im Individuum, die sein charakteristisches Verhalten und Denken determinieren." (S.28)

*Die Unternehmenspersönlichkeit ist die Summe der Persönlichkeiten im Unternehmen.*

Zur Erläuterung des Begriffs der *dynamischen Organisation* führt Allport aus: "Integration und andere organisierende Prozesse sind notwendig, um der Entwicklung und der Struktur der Persönlichkeit Rechnung zu tragen. Daher ist "Organisation" ein wesentlicher Bestandteil der Definition." (S. 28)

"Der Lauf der Natur ist, sagt Goethe, zu trennen, was vereinigt ist, und zu vereinigen, was getrennt ist. Er gab damit sehr gut den beiden Aspekten jedes Wachstums Ausdruck. Der Prozeß der Entwicklung kann teilweise betrachtet werden als die progressive Differenzierung der Struktur und des Verhaltens, teilweise aber auch als progressive Integration des Verhaltens und der Struktur."

Allport geht dabei von einer Hierarchie von integrativen Ebenen aus:

- bedingte Reflexe, Gewohnheiten, persönliche Eigenschaften.
- "Gewohnheiten (habits) sind integrierte Systeme von bedingten Reflexen, die speziell "verstärkte" Reaktionen enthalten.
- Persönliche Eigenschaften (traits), dynamischere und flexiblere Dispositionen, resultieren wenigstens zum Teil aus der Integration von spezifischen Gewohnheiten. Zu dieser Ebene gehören Dispositionen, welche Gesinnungen (sentiments) genannt werden, Werte, Bedürfnisse (needs), Interessen." (S.98)

Interessant in Hinblick auf eine Übertragung auf unsere Fragestellungen ist auch Allports Begriff der *Kultur:*

"Die Kultur formt die Persönlichkeit hauptsächlich dadurch, daß sie fertige, erprobte Lösungen für viele Lebensprobleme liefert. .. Sicher hat das Individuum in der realen Kultur einen gewissen Spielraum, aber nur innerhalb des erlaubten kulturellen Rahmens." (S.164)

"Die Persönlichkeit ist ein System in einer Matrix von soziokulturellen Systemen. Sie ist eine "innere Struktur", die eingebettet ist in "äußere Strukturen" und mit ihnen in Wechselwirkung steht. Die äußeren (kollektiven) Strukturen könnten überhaupt nicht existieren, wenn alle Persönlichkeitssysteme, die sie konstituieren, zerstört wären." (Allport S.191)

Diesen Gedanken kann man - auch mit Blick auf den Manipulationsvorwurf, der nicht nur von Tafersthofer erhoben wird - nicht genug betonen: eine intakte Unternehmenspersönlichkeit integriert Persönlichkeiten und unterdrückt sie nicht. Man würde der CI-Entwicklung schaden, wenn man versuchte, individuelle Persönlichkeiten im Unternehmen "gleichzuschalten".

Allport verweist im Zusammenhang mit seiner Definition der Persönlichkeit als *dynamische Struktur* auf das Beispiel der kindlichen Entwicklung (vgl. S.95)

Eine Parallelität dazu finden wir bei **Erikson (1995)**, der die Entwicklung der **Identität** als einen Prozeß beschreibt. Die Auseinandersetzung mit Erikson ist im gegebenen Zusammenhang nicht einfach, und man muß sicher vor oberflächlichen Versuchen der Übertragung aus der Individualpsychologie warnen. Andererseits ist diese Auseinandersetzung interessant, vor allem im Hinblick auf die Zusammenhänge zwischen Entwicklungsphasen, Krisen und Gefährdungspotentialen, die im Überblick S.150/151 dargestellt werden. Von hier läßt sich ein Bogen spannen zu den Phasen und Krisen der Unternehmensentwicklung (siehe unten S. 88).

Erikson beschreibt die im Diagramm dargestellte Übersicht - nicht ohne vor einer zu engen Auslegung gewarnt zu haben "(Ein solches Diagramm kann jedoch nur dann empfohlen werden, wenn der Leser auch wieder davon abzusehen vermag.)" (S. 148):

"Die Diagonale zeigt die Aufeinanderfolge der psychosozialen Krisen. In jedem Feld steht ein Kriterium relativer psychosozialer Gesundheit und darunter das korrespondierende Kriterium relativer psychosozialer Störung. In der "normalen" Entwicklung wird das erstere dauerhaft überwiegen, wenn auch nie ganz das zweite verdrängen. Die Folge der Stadien ist zugleich die Entwicklungslinie der Komponenten der psychosozialen Persönlichkeit. Jede Komponente existiert in einer gewissen Form (vertikale Spalten) auch schon vor der Zeit, in welcher sie "phasenspezifisch" wird, d.h. in welcher eine spezielle psychosoziale Krise entsteht, und dies sowohl durch die entsprechende Reife des Individuums als auch durch die zu erwartenden Ansprüche seiner Gesellschaft. So steigt jede Komponente langsam empor und erhält am Schluß "ihres" Stadiums ihre mehr oder weniger dauerhafte Lösung. Sie bleibt aber mit allen anderen Komponenten systematisch verbunden; alle hängen von der rechtzeitigen Entwicklung jeder einzelnen ab, wobei die "rechte Zeit" und das Tempo der Entwicklung jeder einzelnen Komponente (und damit das Verhältnis aller zueinander) doch von der Individualität des einzelnen und von dem Charakter seiner Gesellschaft bedingt werden. Die Identität wird am Ende der Adoleszenz phasen-spezifisch, d. h. das Identitätproblem muß an dieser Stelle seine Integration als relativ konfliktfreier psychosozialer Kompromiß finden - oder bleibt unerledigt und konfliktbelastet." (S. 149)

*Die Identität entwickelt sich in der Bewältigung von Krisen.*

Neben der Persönlichkeit ist noch ein weiterer Begriff aus der Psychologie eng mit dem Konzept der Identität verbunden, es ist der Begriff der *Ganzheit.* Auch *Ganzheit* gehört zu den heute häufig mißbrauchten wissenschaftlichen Termini. Zu leicht läßt es sich als Etikett einfach aufkleben. Der Satz "Das Ganze ist mehr als die Summe seiner Teile" geht leicht von den Lippen, und kaum jemand wird ihm widersprechen. Selten verlangt jemand, doch einmal genau zu bestimmen, was denn das "Ganze" ist und was dieses "mehr". Ohne daß es einer merkt, ist man wieder bei den Teilen. Gerade bei Managern ist das besonders einfach, da ihnen das "Verstandesdenken" (siehe S. 84), das Denken in Teilen ohnehin näherliegt.

*Der Sinn jeder einzelnen Handlung ergibt sich aus ihrer Einordnung in das Ganze.*

Der Begriff der **Ganzheit** wird gern in Zusammenhang mit der Gestalttheorie gebracht. Beiden Begriffen haftet ein wenig der Geruch des Antiquierten an; man sollte sich dadurch jedoch von einer Auseinandersetzung, die sehr fruchtbar sein kann, nicht abhalten lassen.

Ich beziehe mich im folgenden bei der kurzen Behandlung des Themas auf ein neueres Werk von Wolfgang **Baßler (1988)**, *Ganzheit und Element. Zwei kontroverse Entwürfe einer Gegenstandsbildung in der Psychologie*, wo man bei Interesse auch Hinweise auf die entsprechende grundlegende Literatur findet.

"Die ursprünglichste Form des Erlebens, auf jeder Stufe sich erhaltend, ist diffus ganzheitlich, ist völlig oder größtenteils ungegliedert; diese Erlebnisse sind rein oder überwiegend als Gefühle gegeben und qualifiziert ... aus ihnen entwickelt sich alles, was wir desweiteren in der seelischen Wirklichkeit vorfinden und mit sachlichem Recht unterscheiden mögen." (Krüger zit. n. Baßler (1988) S.184)

Dem Phänomen Ganzheit kann man sich vielleicht am ehesten mit den erkenntnistheoretischen Überlegungen von Karl Jaspers nähern, der sich seinerseits an Kants Kritik der reinen Vernunft anlehnt.

Jaspers unterscheidet zwischen Verstand und Vernunft, die er auch Geist nennt. Der Verstand ist darauf eingerichtet, etwas klar und isoliert für sich zu erfassen, demgegenüber ist es die Aufgabe der Vernunft, das Erfaßte zu Ganzheiten zu verbinden. Aber das von der Vernunft entworfene Ganze ist Idee und nicht gegenständliche Realität. Dennoch übernimmt dieses Denken in zusammenfassenden Ideen die Führung im Erkenntnisprozeß, gibt das Maß an, das aufgrund der Vorstellung von einem Ganzen, dem einzelnen Tun und Denken Sinn gibt. Die in Ideen vorgestellten Inhalte können nicht direkt als etwas Gegenständliches erkannt werden, wohl aber gemäß einem Schema, das die Regel an die Hand gibt, nach der das Ganze methodisch immer weiter geordnet und durchgliedert werden kann. Es soll also alles bis dahin Zerstreute systematisch in Beziehung gesetzt werden können. (vgl. S.155)

"Neben dieser synthetisierenden, den übergreifenden Zusammenhang herstellenden Funktion haben die Ideen (bzw. ihre Schemata) noch eine zweite, genauso wichtige Aufgabe, insofern sie nämlich das Maß "der Wahrheit des Seins" sind. ... Eine bestimmte Wahrheit ist um so wahrer, je mehr sie dem im Begriff erfaßten Wesen ihrer selbst entspricht. Spreche ich z. B. im Hinblick auf eine bestimmte Person von einem wahren Freund, so ist das Maß der Wahrheit des Freundseins die Idee von dem, was Freund überhaupt bedeutet." (S.156)

Nach Kant ist ein Ideal das, was durch die Idee allein ganz und gar bestimmt ist. Das Ideal ist also "ein unentbehrliches Richtmaß der Vernunft" und dient als "Urbild der durchgängigen Bestimmung des Nachbildes". (S.158)

"Der Idee als Vorstellung der systematischen Einheit des Ganzen läßt sich die Regel entnehmen, die das Aufbau- und Strukturprinzip des Ganzen kennzeichnet und derzufolge alle weiteren Einzelerkenntnisse aufgesucht und eingeordnet werden müssen." (Baßler S.157)

Es ist eine menschliche Grunderfahrung, daß alles unmittelbar psychisch Gegebene und Erlebte uns nicht zerstückt, elementenhaft, summativ gegeben ist, sondern als "Anschauungs-Feld", als "dynamischer Zusammenhang". "Der angemessene methodische Zugang zu einem solchen "dynamischen Zusammenhang", der in der Beschreibung zu sehen ist, führt uns zu weiteren, im engeren Sinne wissenschaftlichen Erkenntnissen über diesen. Wir gelangen zu Organisations-, Strukturierungs- und Kompositionsgesetzen solcher Zusammenhänge, die grundsätzlich verschieden sind von festen Korrelationen zwischen festen einzelnen Variablen." (S.199 bezieht sich dabei auf Köhler (1933))

"Die Gesetze nach denen sich das anschauliche Feld organisiert, sind von den Gestalttheoretikern in vielen hundert Experimenten nachgewiesen und untersucht worden. Es zeigte sich alsbald, daß sie nicht auf den Bereich des Sensorischen beschränkt sind, sondern daß man sie im gesamten Bereich des seelischen Geschehens, des Denkens, des Lernens, des Erinnerns, des Strebens etc. zur Anwendung bringen kann und muß." (S. 203)

"Man könnte das Grundproblem der Gestalttheorie etwa so zu formulieren suchen: es gibt Zusammenhänge, bei denen nicht, was im Ganzen geschieht, sich daraus herleitet, wie die einzelnen Stücke sind und sich zusammensetzen, sondern umgekehrt, wo - im prägnanten Fall - sich das, was an einem Teil dieses Ganzen geschieht, bestimmt wird von inneren Strukturgesetzen dieses seines Ganzen. Das Bestehen solcher Gestalt- und Gestaltungsgesetzlichkeiten macht sich im Erleben direkt bemerkbar, als Erwartung, als Enttäuschung, als sinnvolle Abrundung, als "natürliches Ergebnis" etc." (Baßler S.199/200)

*Was geschieht, wird bestimmt von inneren Strukturgesetzen.*

Genau diese Ganzheit ist auch der Corporate Identity zu eigen. Mitarbeiter, Lieferanten und Kunden merken sofort, ob das Bild, das ein Unternehmen von sich zu vermitteln sucht, mit der Realität übereinstimmt. Wer hier mit aufgesetzten Maßnahmen falsche Erwartungen weckt, programmiert Enttäuschungen vor. Die Corporate Identity läßt sich nicht manipulieren, aber sie kann - und muß - entwickelt werden. Wer seine Schwächen emotionslos analysiert, kann sie auch ausmerzen, und wer seine Stärken kennt, darf sich auch auf sie berufen.

## 5.4 Pragmatische Definition der Corporate Identity

CI ist nicht - wie die wohl am weitesten verbreitete und akzeptierte Definition lautet - der Ausdruck der Persönlichkeit eines Unternehmens, CI ist die Unternehmenspersönlichkeit selbst. Deshalb wird die Definition der CI im folgenden unmittelbar aus der Definition der Persönlichkeit bei Allport (S. 28) abgeleitet.

*Corporate Identity (CI) ist die dynamische Organisation der Systeme einer Institution, die ihr charakteristisches Verhalten gegenüber ihren Mitgliedern, ihren Partnern wie der Gesellschaft insgesamt bestimmen.*

*Diese Definition der Corporate Identity reicht wesentlich weiter, als man auf den ersten Blick erkennen kann.*

Die *dynamische Organisation* verweist in dieser Formulierung auf die Ganzheitlichkeit; die *Systeme* sind im Sinne der Systemtheorie zu sehen, Systeme sind Handlungszusammenhänge wie die Arbeitsorganisation, das Management, der Zielfindungsprozeß.

Der Begriff der *Institution* macht deutlich, daß Träger einer CI verfaßte soziale Gebilde sind, die konstituiert werden, einen Anfang und ein Ende haben. In der Qualifizierung des Verhaltens als *charakteristisch* findet die zentrale Forderung nach Einzigartigkeit ihren Ausdruck.

*Verhalten* ist ein umfassender Begriff und deckt alle Formen der Daseinsäußerung ab: wie Verträge verhandelt, abgeschlossen und eingehalten werden, wie man mit Mitarbeitern umgeht, wie man produziert und kommuniziert. Das Verhalten einer Organisation manifestiert sich im Verhalten jedes einzelnen Mitglieds. Hinter dem Verhalten steht dabei weniger die individuelle Persönlichkeit, die ja nach der Definition von Allport auch nur wieder ein System von Subsystemen (z. B. Rollen) ist. Da die Rollen innerhalb der Institution dem Einzelnen durch die Organisation - und zwar nicht nur durch die formale, sondern auch die informelle Organisation - zugewiesen werden, leiten sich die Verhaltenserwartungen aus diesem Gesamtsystem ab.

Die Termini *Mitglieder* und *Partner* verweisen auf die Tatsache, daß es ein Innen und Außen für die Institution gibt, dabei sind Mitgliedschaft und Partnerschaft frei gewählte Beziehungen, die auf Leistung und Gegenleistung beruhen und auch wieder aufgelöst werden können; *Gesellschaft* macht schließlich darauf aufmerksam, daß die Institution immer auch als Teil eines größeren Systemzusammenhangs gesehen werden muß, aus dem heraus sie erst die Möglichkeit und Berechtigung ihrer Existenz bezieht.

Wie die individuelle Persönlichkeit besteht auch die Unternehmenspersönlichkeit aus dem Zusammenwirken der unterschiedlichsten Elemente: Wissen, Fähigkeiten, Fertigkeiten, Einstellungen, Charaktereigenschaften, Traditionen, Ressourcen, Interessen, Stile, Aussehen und Auftreten haben ihre Entsprechungen in jedem Unternehmen. Naturgemäß sind diese Elemente in ihrer Struktur wesentlich komplexer als beim Individuum, schließlich treffen hier die verschiedensten Personen und damit auch Persönlichkeiten aufeinander.

Die Entwicklung und Pflege der Corporate Identity beinhaltet alle Maßnahmen, die geeignet sind, diese Persönlichkeiten in die Unternehmenspersönlichkeit zu integrieren. Dabei kann es nicht um simple Einheitlichkeit oder Harmonisierung gehen; letztendlich geht es um die Ausrichtung auf die Ziele des Unternehmens. Integration wird in diesem Zusammenhang ganz im Sinne der Systemtheorie (S.111) verstanden, das Unternehmen als soziales System behandelt.

Das Unternehmen ist ein soziales System, die Corporate Identity ist seine integrierende Struktur. Diese Struktur muß als dynamisch begriffen werden. Denn das Unternehmen muß sich dem permanenten Wandel der Märkte ständig anpassen können. Diese Anpassung gelingt umso besser, je effektiver es gelingt, die Subsysteme (Niederlassungen, Abteilungen, Mitarbeiter) zu integrieren. Integration bedeutet für die Subsysteme Anpassung an das übergeordnete System.

Systeme können durch die Mittel charakterisiert werden, mit denen sie diese Anpassung bewerkstelligen, das reicht von physischem Zwang über monetäre Anreize bis zur Überzeugung. In der Regel handelt es sich um eine Mischung dieser Komponenten in unterschiedlicher Ausprägung, wobei sich die Komponenten komplementär zueinander verhalten. Das heißt, je höher der Beitrag einer Komponente ist, desto niedriger fallen die anderen aus, da die Summe nie 100% überschreiten kann. Da in der Praxis keine Komponente je 0% oder 100% erreichen wird, gibt die innere Fläche den Möglichkeitsraum an. (Abb. 20)

In dem in dieser Abbildung dargestellten Beispiel wird die Anpassung der Mitarbeiter zu 50% durch die Bezahlung erreicht, 30% beruhen auf Überzeugung und immerhin 20% auf Zwang.

Abbildung 20: **Charakteristische Anpassung**

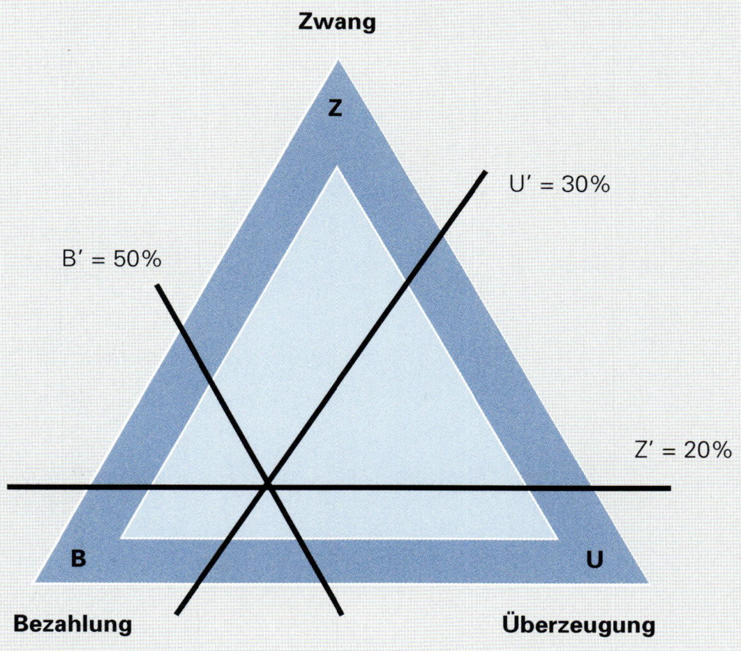


Quelle: Kroehl Identity Consultants

Zwang ist nur in absoluten Ausnahmefällen physische Gewalt. In erster Linie beruht er auf der Drohung des Ausschlusses, also der Kündigung. Dieses Potential ist umso größer, je größer die Abhängigkeit der Beschäftigten ist, die sich nicht nur aus der tatsächlichen Schwierigkeit ergibt, einen neuen Arbeitsplatz zu finden, sondern noch mehr - und dies besonders bei langjährigen Mitarbeitern - aus der individuell eingeschätzten Schwierigkeit.

Daraus ergibt sich eine wichtige Konsequenz: Druck kann nur bis zu der Grenze ausgeübt werden, wo der Mitarbeiter sich durch seinerseitige Kündigung entzieht. Da diese Grenze, wie oben dargelegt, individuell gezogen wird, führt eine vorwiegend auf Zwang beruhende Anpassung automatisch zu einer negativen Auslese. Die besseren Mitarbeiter, die objektiv bessere Chancen haben, einen neuen Arbeitsplatz zu finden, die optimistischen, die ihre Chancen höher einschätzen, und die risikofreudigeren, die auch größere Schwierigkeiten in Kauf nehmen, verlassen das Unternehmen als Erste. Es ist schwer, mit schlechten, risikoscheuen und pessimistischen Mitarbeitern Erfolg zu haben.

*Ein Modell der CI muß die Dynamik der Anpassungsprozesse strukturell beschreibbar machen.*

In der Praxis dürfte es schwer fallen, die einzelnen Komponenten zu quantifizieren. Aber darauf kommt es auch nicht an. Wichtig ist es, sich bewußt zu machen, daß jedes Unternehmen, jede Organisation permanent Integrationsleistungen erbringen muß, um einerseits seine Existenz zu sichern, andererseits aber auch bestimmte Ziele zu erreichen, und daß diese Integrationsleistungen Ressourcen in Anspruch nehmen, die immer nur begrenzt verfügbar sind.

Mit dem Modell haben wir eine Charakteristik des Prozesses der Integration, aber noch nicht die Corporate Identity als integrierende Struktur beschrieben. Die Corporate Identity ist sowohl Determinante als auch Resultante in diesem Prozeß. Man kann also nicht von einfachen Ursache/Wirkungs-Beziehungen ausgehen, sondern muß sich mit komplexen Wechselwirkungen auseinandersetzen.

Die Corporate Identity wird ganz wesentlich durch die Charakteristik der Integrationsprozesse bestimmt. Gleichzeitig bestimmt sie aber auch, wie diese Prozesse ablaufen. Eine gute Corporate Identity fördert und erleichtert die Überzeugung, indem sie Sinn vermittelt, indem sie den Mitarbeiter verstehen läßt, warum dieses oder jenes Verhalten aus der Sicht des Unternehmens wünschenswert oder abzulehnen ist. In dem Maße, wie der Anteil der Überzeugung an der Anpassung steigt, kann der Zwang oder die Bezahlung oder beides reduziert werden. In der Konsequenz bedeutet dies, daß Unternehmen mit guter CI auch bei einem niedrigeren Lohnniveau gute Mitarbeiter bekommen und halten können. Umgekehrt verdecken besonders hohe Löhne nicht selten Probleme im CI-Bereich.

Wenn wir hier nicht in eine zirkuläre Betrachtungsweise geraten wollen, müssen wir bei der Beschreibung der dynamischen Struktur neu ansetzen.

Die Semiotik bietet mit der triadischen Zeichenrelation ein geeignetes Beschreibungsmodell an (vgl. S.60). Es hebt den Gegensatz von Struktur und Prozeß auf, indem es Dynamik strukturell beschreibbar macht.

Möglichkeit, Wirklichkeit und Vernunft, das sind die drei Grundkategorien, auf die sich nach der Pragmatischen Philosophie alles zurückführen läßt. Für die Analyse von Unternehmen läßt sich die Beziehung zwischen Mitarbeitern, Produkten und Kommunikation als grundlegend identifizieren. Mitarbeiter, Produkte und Kommunikation sind keine Elemente in dem Sinn, daß sie sich additiv zu einem Unternehmen zusammenfügen. Es sind vielmehr Handlungssysteme, dynamische Systeme, die auf tieferen Ebenen ebenfalls wieder als triadische Beziehungen beschrieben werden können (siehe Abb. 21). Das, was sie als Elemente des Systems Unternehmen sind, werden sie erst dadurch, daß sie in diese dreifache Wechselbeziehung eintreten.

Die Struktur des Unternehmens wird nicht mehr primär in den Abteilungen gesehen, die sich ihrerseits aus Mitarbeitern zusammensetzen. Die Struktur konstituiert sich im Unterschied dazu aus Handlungen, die über die Arbeitsabläufe hinaus als Unternehmensprozesse begriffen werden, die nicht an Abteilungsgrenzen gebunden sind.

Vor dem Hintergrund der gegebenen Definition der Corporate Identity bieten Systemtheorie und Semiotik die notwendigen Voraussetzungen, um die Beiträge verschiedener Wissenschaftsbereiche in eine umfassende Theorie der Corporate Identity zu integrieren und für die Praxis nutzbar zu machen.

*CI ist die dynamische Organisation der Systeme einer Institution, die ihr charakteristisches Verhalten gegenüber ihren Mitgliedern, ihren Partnern wie der Gesellschaft insgesamt bestimmen.*

Abbildung 21: **Die zentralen Elemente einer Corporate Identity**

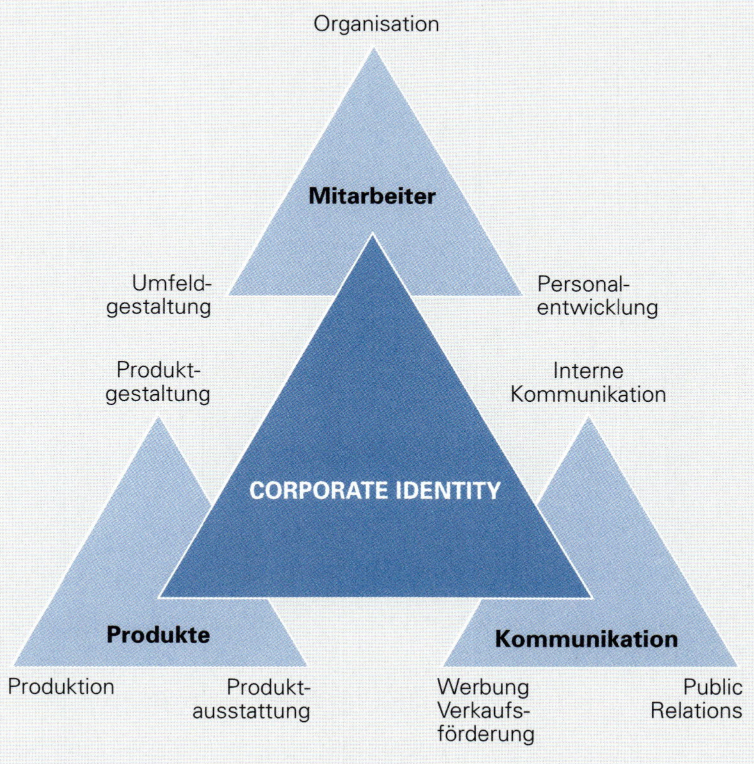


Quelle: Kroehl (1994), S. 27

## 6. Zum Beitrag verschiedener Wissenschafts-Disziplinen

*Um CI wirklich zu verstehen, darf man sich mit den einzelnen Wissenschaften nicht nur aus betriebswirtschaftlicher Sicht auseinandersetzen*

Das Studium der Betriebswirtschaftslehre wird heute allgemein als die adäquate Vorbereitung auf eine Laufbahn im Management angesehen und man müßte eigentlich davon ausgehen, daß die Betriebswirtschaftslehre die geeignete Basis für eine wissenschaftliche Behandlung des Unternehmens und damit auch der Corporate Identity darstellt.

Man hat jedoch früh erkannt, daß die mechanistische Betrachtungsweise, die diesem Fach zugrundeliegt, nicht ausreicht. Aber auch die Einbeziehung psychologischer und soziologischer Elemente (z.B. mit dem Human-Relation-Ansatz) reduziert diese auf Sozialtechniken.

Vor diesem Hintergrund plädiere ich dafür, sich mit den einzelnen Wissenschaftsdisziplinen nicht - mit einem zu kurz greifenden Verwertungsinteresse - nur aus der Sicht der Betriebswirtschaftslehre auseinanderzusetzen, sondern sich auf die Grundlagen der Fächer selbst zu beziehen. Dazu muß man ihre je eigene Denkweise berücksichtigen und sich auch auf Themen einlassen, die nicht unmittelbar mit dem Generalthema Corporate Identity zu tun haben.

Man wird sehr schnell feststellen, daß gerade dieser Perspektivenwechsel die wesentliche Voraussetzung für neue Erkenntnisse ist, die dann plötzlich doch wieder von ungeheurer praktischer Relevanz für unser Thema werden.

### 6.1 Betriebswirtschaftslehre

### 6.1.1 Betriebswirtschaftliches Denken

Wie sehr das betriebswirtschaftliche Denken - geprägt von den Glaubenssätzen der Berechenbarkeit und der Machbarkeit - andere Ansätze absorbiert, kann man an vielen Beispielen der Betriebspsychologie und Organisationssoziologie verfolgen. Es kann hier nicht darum gehen, dies im Einzelnen kritisch darzustellen. Es geht vielmehr darum, sich einerseits dieser Gefahr immer bewußt zu bleiben, sich andererseits - als Nicht-Betriebswirtschaftler - aber auch genügend auf dieses Denken einzustellen, weil es den ausbildungsmäßigen wie beruflichen Hintergrund der mit dem Thema Corporate Identity zuerst angesprochenen Führungskräfte bestimmt.

Die folgende kurze Annäherung an die betriebswirtschaftliche Denkweise orientiert sich an der Darstellung von Berndt (1992 a), dem es in erster Linie um die Einordnung des Marketing in den Gesamtrahmen der Betriebswirtschaftslehre geht. (S.1 ff)

Wie der Name besagt, setzt sich die Betriebswirtschaftslehre mit Betrieben als wirtschaftlichen Einheiten und den Prinzipien des wirtschaftlichen Handelns in diesem Rahmen auseinander.

Betriebe lassen sich charakterisieren als

// technische, soziale und wirtschaftliche Einheiten,
// mit der Aufgabe der Fremdbedarfsdeckung,
// mit selbständigen Entscheidungen und
// eigenen Risiken (vgl. Schweitzer (1988) S.14 ff)

# 6

Eine - oder vielleicht *die* - Grundbedingung wirtschaftlichen Handelns ist der Umgang mit knappen Gütern, für die ein Bedarf besteht. Die Gesamtheit der Beziehungen zwischen Anbietern und Nachfragern einer Gruppe von Gütern innerhalb eines bestimmten Gebietes bildet einen Markt. Die Märkte sind ständigen Veränderungen unterworfen, also auch von der Zeit abhängig.

Die Disposition über Güter innerhalb der Unternehmen erfolgt im Rahmen betrieblicher Funktionsbereiche, die zwischen Unternehmen wieder Märkte bilden:

- Beschaffung
- Produktion
- Absatz und
- Finanzierung.

Zwischen diesen Bereichen bestehen enge Wechselwirkungen. Die Betriebswirtschaftslehre setzt sich mit diesen Wechselwirkungen in erster Linie unter dem Gesichtspunkt der Entscheidungsfindung auseinander. Entscheidung bedeutet eine Abwägung zwischen positiven und negativen Folgen unter der Setzung von Prioritäten. Damit stellt sich sofort die Frage nach der Rangordnung der Funktionsbereiche. Gutenberg (1968) hat in diesem Zusammenhang das *Ausgleichsgesetz der Planung* formuliert, "welches besagt, daß von dem Engpaßfaktor (dem Minimumsektor) auszugehen ist; die Entscheidungsfindung in den restlichen Funktionsbereichen hat sich hieran auszurichten. Offensichtlich ist, daß jeder betriebliche Funktionsbereich zum Engpaßfaktor werden kann." (Berndt (1992 a) S.2)

Die sich daraus ergebende individuelle Rangordnung ist nicht nur charakteristisch für einzelne Unternehmen, sie definiert auch bestimmte Marktphasen, die zumindest von den westlichen Industrieländern nacheinander durchlaufen worden sind, aber auch heute und in Zukunft noch in der Folge von Konjunkturzyklen in unterschiedlichem Ausmaß an Bedeutung gewinnen können.

Die **Produktionsorientierung** ist typisch für sogenannte Verkäufermärkte, in denen die Nachfrage das Angebot deutlich übersteigt. Man kann soviel absetzen, wie man produziert. Der Gewinn ist in erster Linie von den Kosten der Produktion abhängig, die durch Massenfertigung gesenkt werden können. Durch die Massenfertigung entsteht aber bald ein Überangebot, das zur Übergangsphase der **Verkaufsorientierung** führt. Sie ist gekennzeichnet durch eine aggressive Verkaufspolitik, hauptsächlich mit den Mitteln der Werbung und Verkaufsförderung. Die folgende Anpassung der Produktion an den Bedarf ist kennzeichnend für die **Marktorientierung.** Sie beinhaltet nicht nur die Erfassung des Bedarfs sondern entwickelt mit Hilfe des Marketing Instrumente zur Beinflussung der Nachfrage.

*Die BWL betrachtet die Wirtschaft als ein System von Entscheidungen.*

Die Betriebswirtschaftslehre hat vor diesem Hintergrund eine Vielzahl von Modellen und Formeln entwickelt, um die ablaufenden Prozesse möglichst genau zu beschreiben und damit die weitere Entwicklung abschätzen zu können. Viele dieser Modelle funktionieren nach dem Schema "was passiert, wenn". Gemeinsam ist diesen

*Die Managementlehre hat sich als eigenes Fachgebiet etabliert.*

Modellen, daß sie eine in der Regel nicht gegebene Genauigkeit vortäuschen. Das zeigt sich schon am einfachen Beispiel einer Preis/Absatz-Funktion, die nur unter der Voraussetzung stimmt, daß alle anderen Faktoren konstant sind. Das trifft jedoch in der Realität selten zu. Allein schon die Berücksichtigung des Konkurrenzverhaltens bereitet enorme Schwierigkeiten. Dabei sind aber wenigstens noch die Faktoren einfach zu definieren und zu messen.

Vollends problematisch ist aber der Versuch, derartige Formeln für psychologische Faktoren, wie bei der *Motivationsgleichung von House* (vgl. Staehle S. 337) zu entwickeln:

$$M = IVb + P1\ [IVa + (P2i \times EVi)]$$

wobei:
- M = Arbeitsmotivation
- IVb = intrinsische Valenz des zielorientierten Verhaltens (Tätigkeit)
- IVa = intrinsische Valenz der Zielerreichung (Ergebnisse)
- EVi = extrinsische Valenz der Zielerreichung (Ergebnisse)
- P1 = Weg-Instrumentalität des zielorientierten Verhaltens (Tätigkeit)
- P2i = Weg-Instrumentalität des Ergebnisses für extrinsische Bedürfnisse

Diese Formel stellt den Versuch dar, den Sinn der Arbeit zu definieren. Es stellt sich jedoch die Frage, was die Beherrschung dieser und ähnlicher Formeln zur sozialen Kompetenz beiträgt. Sie tragen jedenfalls nicht dazu bei, die Kommunikation zwischen Management und Meistern zu verbessern, deren Repertoire an praxisbewährten Motivationsstrategien dadurch auch nicht annähernd erfaßt werden kann. Aber auch im Management in den Betrieben wird man kaum jemanden finden, der mit dieser Art von Betriebswirtschaftslehre, die zumindest wesentliche Teile des Studiums ausmachen, viel anfangen kann. Dennoch prägt diese Art zu denken nach wie vor das Management.

### 6.1.2 Management

"Management ist der Prozeß der Beschaffung und Kombination menschlicher, finanzieller und physikalischer Ressourcen, um das vorrangige Ziel der Organisation zu erreichen, die Herstellung eines Produkts oder die Erbringung einer Dienstleistung, für die bei einem Teil der Gesellschaft Bedarf besteht." (Schoppe (1992) S. 287 (nach Longenecker/Pringle))

Managementlehre hat sich in den letzten Jahren als eigener Teil der Betriebswirtschaftslehre durchgesetzt. Allerdings gibt es bisher keine geschlossene Managementtheorie, sondern nur verschiedene Teiltheorien bzw. Theorietypen: sie beschäftigen sich mit

- den Beziehungen zwischen Managern und Untergebenen (Führungsverhalten, Führungsstile)
- dem Management-Prozeß (Entscheidungsprozesse, -techniken)
- Organisations- bzw. System-Design
- Planung von Veränderungen (Strategische Unternehmensführung, Change Management)

Ein großer und wichtiger Teil der Managementliteratur kann als eher episodisch charakterisiert werden (Biographien von Managern, Erfolgsstories). (vgl. Schoppe, S. 288) Unter dem Gesichtspunkt Corporate Identity oder Unternehmenskultur ist diese Art von Literatur durchaus eine angemessene Form der Behandlung, da sich darin das, was die Unternehmenspersönlichkeit ausmacht, besser spiegelt als in nüchternen Analysen, Zahlen und Modellen.

Eine gute Übersicht über eine Vielzahl von Managementansätzen bietet Wolfgang H. **Staehle (1994)** *Management. Eine verhaltenswissenschaftliche Einführung,* auf den sich die Ausführungen im Abschnitt über Strategisches Management über kurze Strecken stützen.

Wenn man die Erkenntnisse der Wissenschaft zum Nutzen der Praxis einsetzen will, muß man die Nutzer der Erkenntnisse kennen und verstehen - die Manager. Theodore **Levitt (1992),** ein profilierter Management-Theoretiker, setzt sich in seinem kleinen Buch *Über Management* mit den Eigenschaften und Denkstrukturen von Managern auseinander:

"Gute Manager und Managerinnen zeichnen sich vor allem durch eine Eigenschaft aus: sie sind entschlossen und handlungsfähig, gleich unter welchen Umständen und Unsicherheiten." (S.7) Mit anderen Worten, sie haben erfolgreich Strategien entwickelt um Komplexität zu reduzieren; sie arbeiten *mit System.* Wissenschaft bewirkt im Grunde genau das Gegenteil. Je mehr ich von einem Gegenstand weiß, umso komplexer stellt er sich dar, umso vielfältiger werden die möglichen Handlungsalternativen. Dennoch trägt Wissenschaft erheblich zur Lösung der Aufgaben des Management bei, indem sie die Modelle liefert, die eine *angemessene* Reduktion der Komplexität ermöglichen und damit wieder mehr Sicherheit geben. Wenn diese Leistung aber nicht von seiten der Wissenschaft erbracht wird, ist nicht zu erwarten, daß die Lücke von seiten des Management ausgefüllt wird, das sich generell nicht gern mit Theorien auseinandersetzt.

"Unglücklicherweise ist das Denken nicht sehr in Mode. Wenn Managementpositionen besetzt werden, zählt vor allem die Erfahrung der Anwärter - vorzugsweise Erfahrung mit Erfolg gepaart." (S. 17) "Theorie wird wie das Denken geringgeschätzt." (S. 18)

*Heute muß das Management Abschied nehmen vom Glauben an die Berechenbarkeit der Zukunft.*

Die Grundhaltung vieler Manager beruht auf dem Glauben an die Berechenbarkeit der Zukunft, eine Haltung, die Levitt als futuristisch bezeichnet. "Der Futurist geht davon aus, daß die Zukunft in der Gegenwart begründet liegt, in der Gegenwart, die ... (er kennt. Aber) ... Die Zukunft liegt auch in der Zukunft selbst begründet, in der Gegenwart von morgen und in den vielen Gegenwarten, die jedes Morgen bringt. In jedem künftigen Jahr arbeitet die Systemdynamik weiter und erzeugt unvorhersehbare, unkalkulierbare Zukunftsmöglichkeiten." (S. 98)

Die Konsequenz daraus ist die Entwicklung von Strategien. Ziel jeder Strategie ist es, das Gesetz des Handelns zu übernehmen und sich aus der Rolle des nur Reagierenden zu befreien. An die Stelle des Glaubens an die Berechenbarkeit tritt der Glaube an die Machbarkeit der Zukunft. Das Konzept der Corporate Identity modifiziert die These von der Machbarkeit der Zukunft. Die Zukunft entwickelt sich aus der Gegenwart auf

*Auch Unternehmen wachsen an Krisen.*

der Grundlage eines Systems von Verhaltenserwartungen, das heute besteht und auch über einen längeren Zeitraum in Zukunft bestehen wird, aber einer beständigen Überprüfung unterworfen ist und im Hinblick auf neue Ziele aktiv verändert werden kann. Es muß verändert werden, wenn neue Umweltbedingungen auftreten. Allzu oft wird die im Zusammenhang mit der strategischen Entwicklung der Corporate Identity zu leistende Basisarbeit wegen dringlicher, kurzfristig wichtiger Aufgaben und Entscheidungen zurückgestellt. Mängel in der Corporate Identity führen aber unweigerlich zu immer neuen Problemen im Unternehmensalltag.

Abbildung 22: **Revolutionäre und evolutionäre Perioden im Leben einer Organisation**

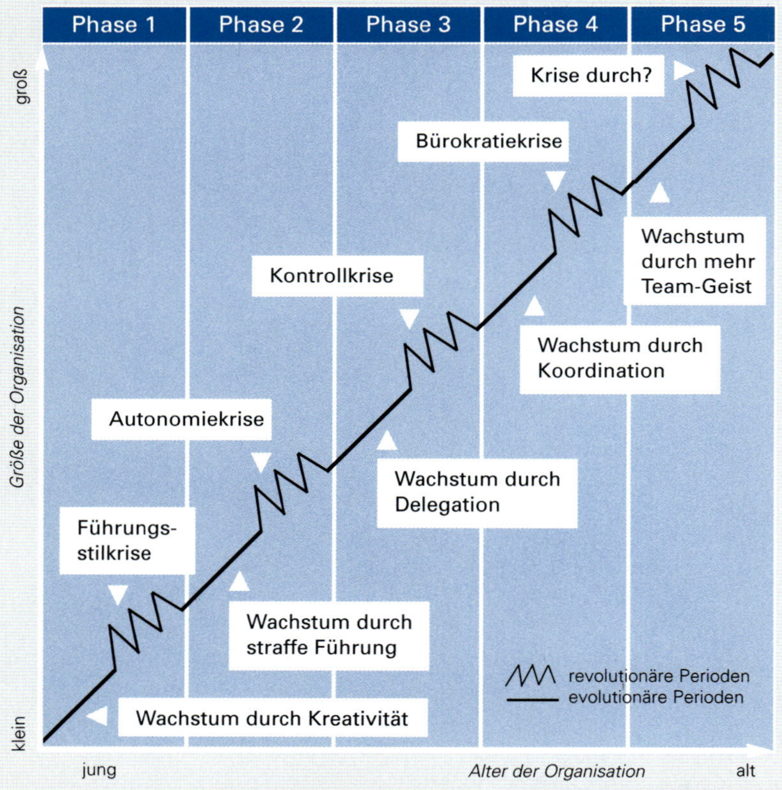


Quelle: Staehle (1994), S. 555

Das ist ein Teufelskreis, der oft nur durch eine massive Krise unterbrochen wird, eine Krise, die durch die Nichtbeachtung vitaler Unternehmensbedürfnisse erst heraufbeschworen wurde. Da Krisen gehäuft in wirtschaftlich schwierigen Zeiten auftreten, verweisen die verantwortlichen Manager nur zu gern auf die Konjunktur oder andere nicht beeinflußbare Faktoren, statt die Ursache im Unternehmen zu suchen. Aber mit der Konjunktur ist es wie mit dem Wetter: es gibt kein schlechtes Wetter, nur falsche Kleidung. So ist es denn auch ein schwerer Managementfehler, für schlechte Zeiten nicht gerüstet zu sein.
Und wie für den Jahresablauf gilt auch für den Lebenslauf jedes Unternehmens: der nächste Winter kommt bestimmt, will sagen, die nächste Krise ist vorprogrammiert.

Es gehört inzwischen zu den akzeptierten Erkenntnissen der Management-Wissenschaften, daß Organisationen sich in Phasen entwickeln. Nach Perioden relativ ruhiger Entwicklung (Evolution) wird der Übergang in die nächste Phase durch eine in der Regel kurze turbulente Entwicklung (Revolution) gekennzeichnet, wie diese Grafik zeigt (Abb. 22).

Krisen stellen in dieser Betrachtungsweise Managementprobleme dar, die in neue Managementkonzepte münden. Der Wandel wird hier als die natürliche Befindlichkeit des Unternehmens begriffen. Was sich nicht weiterentwickelt, hört auf zu bestehen.

"Greiner ist entschieden der Auffassung, daß der verantwortliche Manager selbst bei Kenntnis des Standes seiner Organisation in der Entwicklungslinie keinesfalls versuchen sollte, eine Phase zu überspringen oder auch nur die revolutionären Perioden zu vermeiden. Denn in jeder Phase werden bestimmte Lernprozesse ablaufen, und in den Krisen werden notwendige Entwicklungsschübe vorbereitet, was beides für die zukünftige "gesunde" Entwicklung einer Organisation unentbehrlich sei." (Staehle S. 555)

Abbildung 23: **Das Verhältnis von Corporate Identity und Marketing**

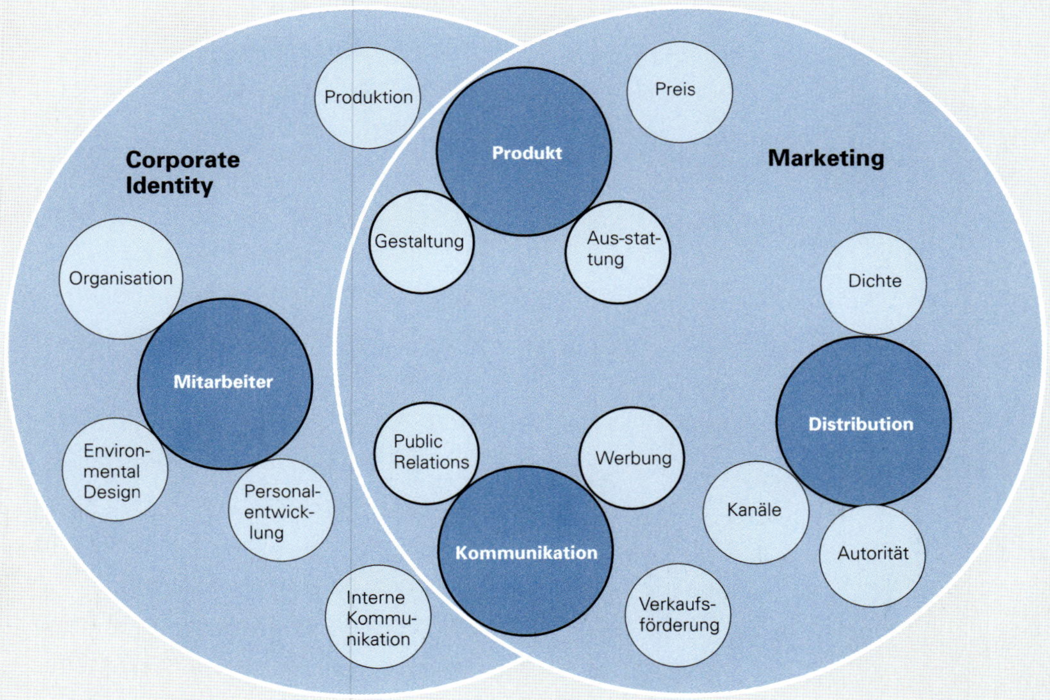


Quelle: Kroehl Identity Consultants

*CI und Marketing greifen systematisch ineinander.*

### 6.1.3 Marketing

Das Verhältnis von Corporate Identity und Marketing ist heute noch weitgehend ungeklärt. Nicht selten wird die Auffassung vertreten, CI sei ein Teilbereich des Marketing. Andererseits "bestehen kaum nennenswerte Versuche, CI aus Marketingsicht systematisch und umfassend darzustellen." (Birkigt/Stadler/Funck S.167)

Abbildung 24: **Modell des Marketing-Mix**

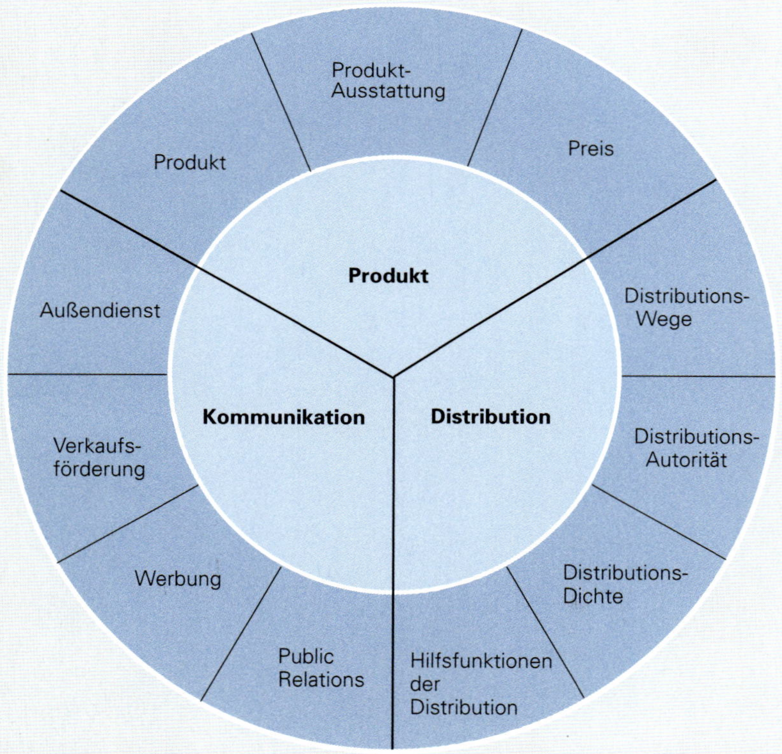


Quelle: Kroehl Identity Consultants

CI ist aber kein Marketing-Instrument, sondern wie das Marketing selbst ein übergreifendes Unternehmenskonzept. Corporate Identity und Marketing sind zwei Seiten einer Medaille (siehe Seite 131), sind zwei unterschiedliche Betrachtungsweisen, die sich gegenseitig ergänzen. Wie diese beiden Betrachtungsweisen ineinandergreifen, zeigt Abbildung 23.

Während sich beim CI der Blick nach innen richtet, das Unternehmen und seine Ressourcen und Potentiale zum Gegenstand hat, richtet sich beim Marketing der Blick nach außen, auf den Markt. Marketing ist die Orientierung des Unternehmens an den Bedürfnissen des Marktes.

Als grundlegende Systematisierung dient das Marketing-Mix-Modell (Abb. 24), das drei Bereiche - *Produkt, Distribution und Kommunikation* - umfaßt.

In neueren Systematiken wird vor allem der Produktbereich differenzierter betrachtet. Es wird zwischen Produkt-, Sortiments- und Service-Politik einerseits und der Kontrahierungspolitik andererseits unterschieden. In diesem Rahmen "sind vielfältige Handlungsalternativen gegeben, Bei der *Produktpolitik* beispielsweise

- die Entwicklung neuer Produkte,
- die Produkt- und Verpackungsgestaltung sowie Namensgebung,
- die Produktdifferenzierung,
- die Produktvariation oder
- die Herausnahme von Produkten aus dem Markt.

Gegenstand der *Sortimentspolitik* ist die Frage, welche Produkte in welchen Mengen in einer Planungsperiode produziert und abgesetzt werden sollen." **(Berndt (1992 a)** S. 10)

Die *Servicepolitik* hat in den letzten Jahren erheblich an Bedeutung als Wettbewerbsinstrument gewonnen. Die *Kontrahierungspolitik* bezieht sich auf Preise und Konditionen, also die Gestaltung der Zahlungsbedingungen, die Gewährung von Rabatten oder Krediten und die Lieferbedingungen.

Unter Marketing-Mix versteht man den kombinierten und sorgfältig aufeinander abgestimmten Einsatz der Marketing-Instrumente. Das Marketing-Mix-Modell macht deutlich, wie vielfältig diese Instrumente sind. Eingesetzt werden sie im Rahmen eines mehrstufigen Prozesses (Abb. 25), der in sich wieder rückgekoppelt ist und damit die Anpassung an sich wandelnde Märkte sicherstellt.

Ein wichtiger Teil und zugleich Grundlage der Marketingarbeit ist die Informationsgewinnung, die im wesentlichen durch Marktforschung geleistet wird. Allerdings ist die Marktforschung im engeren Sinne nicht die einzige Quelle. Oft vernachlässigt wird das Marketing-Controlling. Es kann aus der Umsetzung der Strategie heraus eine Vielzahl von Daten und Informationen liefern, die nicht nur zur Steuerung des operativen Marketing, sondern auch als Grundlage für die Weiter- oder Neuentwicklung der Strategie dienen können.

Das Arbeitsfeld der Marktforschung stellt Abbildung 26 dar. Sie baut auf Theorien des Anbieter- und Konsumentenverhaltens auf, die sie zugleich auf der Basis der gewonnenen Daten ständig überprüfen und weiterentwickeln muß.

So wichtig die Rolle der Marktforschung für das Marketing ist, sie hat leider auch negative Nebenwirkungen. "Allerdings führte gerade die hohe Bedeutung, die man der Marktforschung einräumte, zu einer über ein halbes Jahrhundert

Abbildung 25: **Marketing-Prozeß**

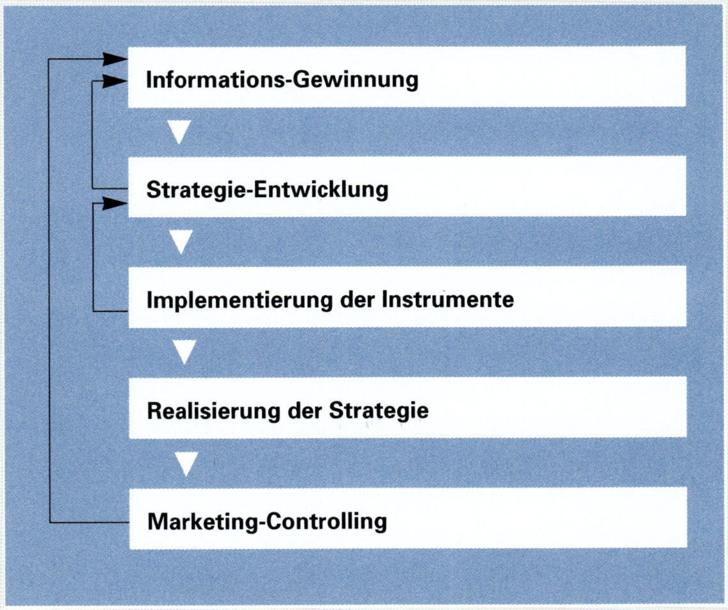


Quelle: Kroehl Identity Consultants

Abbildung 26: **Informationsgrundlagen des Marketing**

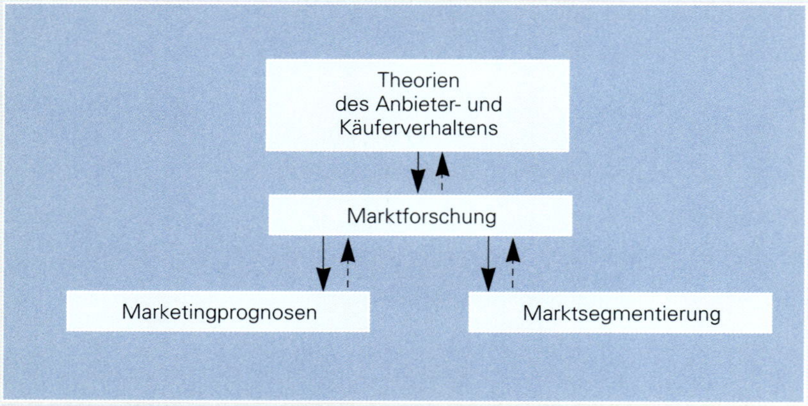


Quelle: Berndt (1992 a), S.12

währenden Kurzsichtigkeit: die Hersteller hielten sich sklavisch an die Resultate der Umfragen, die zwar die augenblicklichen Kunden-Präferenzen wiedergaben, jedoch nichts darüber aussagten, was möglicherweise am nächsten Tag gefragt war." (Lorenz S. 35)

Damit ist die Rolle der Kreativität angesprochen, die durch die Sammlung von Daten nicht ersetzt werden kann. Dazu braucht es Visionen, Vorstellungen von möglichen Entwicklungen, die dem Unternehmen eine Produkt- und damit auch eine Marktführerschaft verschaffen können. Visionen haben es schwer. In einer Zeit, in der man alles für berechenbar hielt, baute das Marketing auf präzise Zielgruppenbeschreibungen, ausgefeilte Preisstrategien, computergestützte Mediaplanung und vertraute auf eine verläßliche Economy of Scales. Kurz: quantitative Marktforschung war das Maß aller Dinge. Und eine Weile funktionierte das auch. Doch plötzlich stimmte die Welt nicht mehr.

Aber so plötzlich, wie es schien, kam das nicht. Das haben kontinuierliche Prozesse so an sich, daß sie sich einschleichen. Wenn dann der berühmte Tropfen das Faß zum Überlaufen bringt, dann setzt Unruhe ein, und es schwappt gleich kräftig über. Das nennt man dann "plötzlich", sozusagen aus heiterem Himmel. "Nicht vorhersehbare Entwicklungen" ist die politisch korrekte Formulierung. So drückt man sich noch einmal um die Erkenntnis herum, daß prinzipiell etwas nicht stimmt. Um im Bild zu bleiben: Man hat die Qualität des Wassers bis auf das letzte Nanogramm darin gelöster Stoffe bestimmt, aber der Füllhöhe des Fasses keine Beachtung geschenkt.

Die quantitative Marktforschung ist an ihre Grenzen gestoßen. Die Märkte sind nicht mehr so berechenbar, wie sie einmal waren. Es ist aber barer Unsinn, in diesem Zusammenhang vom Ende des Marketing zu reden. Im Gegenteil, das Marketing ist mehr gefordert denn je, nur braucht es für die neuen Herausforderungen auch neue Paradigmen und Methoden. Eine ganz ähnliche Entwicklung sehen wir heute in der Physik oder der Informatik. Chaos-Theorie und Fuzzy-Logik vermitteln uns die Erkenntnis, daß auch sehr komplexe und vom Zufall beeinflußte Prozesse bestimmten Regeln unterworfen sind und auf dieser Basis gesteuert werden können.

*Die Funktion der Marke hat sich im Laufe der Zeit gewandelt, doch sie hat nicht an Bedeutung verloren.*

Dies ist auch der Kern des Paradigmas vom Virtuellen Unternehmen (siehe S. 64). Je unberechenbarer der Markt wird, um so flexibler müssen die Unternehmen werden.

Untrennbar mit dem Marketing-Konzept - speziell der Marktsegmentierung - verbunden ist die Markentechnik. Wenn die Corporate Identity die Unternehmenspersönlichkeit ist, ist die Marke die Produktpersönlichkeit. Beide beeinflussen sich natürlich gegenseitig und werden auch nicht unabhängig voneinander wahrgenommen. Dennoch folgen sie ihren eigenen Gesetzmäßigkeiten. Die Marke ist in der Regel ein Produkt der Marktforschung, im Unterschied zur CI ist sie relativ leicht manipulierbar. Sie richtet sich vollständig nach den Bedürfnissen der Verbraucher. Die Konzepte von Marke und Zielgruppe sind daher unmittelbar miteinander verbunden.

Die Funktion und Bedeutung der Marke hat sich seit der Einführung der Markentechnik durch Domizlaff (1951) mit der Zeit gewandelt. Stand früher der funktionale Aspekt der Produkte im Vordergrund, so haben heute die kommunikativen Aspekte längst die Oberhand gewonnen. Am Anfang stand einmal die Erkenntnis der Statussymbolik. Dann fiel das Augenmerk auf den Zusatznutzen, entwickelte sich das Konzept der Convenience-Produkte. Nie löste ein Konzept das andere ab, immer war es eine Erweiterung der Perspektive, die sich nicht zuletzt aus verfeinerten Methoden der Marktforschung ergab. Die Entwicklung der Werkzeuge der Marktforschung folgte der Verfeinerung des kommunikativen Umgangs mit Produkten durch die Konsumenten. Wir haben es hier mit einer typischen Wechselwirkung zwischen der Entwicklung der Markentechnik und der Entwicklung einer "Sprache mit Produkten" beim Verbraucher zu tun. Wenn sich heute das Ende der klassischen Marke andeutet, so liegt die Betonung auf "klassisch". Das Konzept der Marke muß und wird in differenziertere Strategien einfließen. Mit Lifestyle, Merchandising und Image-Transfer sind verschiedene Ansätze dazu schon länger zu beobachten. Gemeinsam ist diesen neueren Ansätzen der Markentechnik, daß sie sich vom Konzept her deutlich auf die Corporate Identity zubewegen.

Mit der Orientierung des Marketing auf die Marktforschung korrespondiert eine gewisse Konzentration auf die Entwicklung von Marketingstrategien, wobei man die Realisierung, die Umsetzung der Strategie als nächsten Schritt nicht weiter problematisierte. Dem in der Abbildung 25 (S. 81) zwischengeschalteten Schritt der Implementierung der Marketinginstrumente schenkte man in der Regel keine besondere Beachtung. Dies ist sicher mit eine Erklärung für immer wieder zu beobachtende Defizite im Marketing deutscher Unternehmen.

"In der betrieblichen Praxis wird seit langer Zeit immer wieder festgestellt, daß viele Unternehmen Schwierigkeiten mit der Anwendung des Marketingkonzeptes haben. In der Vergangenheit konzentrierte sich die Diskussion zu Problemlösungen primär auf die konzeptionelle Gestaltung des Marketing, während Fragen der

Marketingimplementierung deutlich seltener untersucht wurden. Dieses ist insofern ein gravierender Mangel, als Fragen der Implementierung untrennbar mit der Konzeptionierung verbunden sind und zu erwarten ist, daß nur bei simultaner Berücksichtigung beider Problembereiche die anvisierte Anwendung des Marketing im Unternehmen möglich ist." (Hilker (1993)

Es werden fünf Implementierungsebenen unterschieden:

// Unternehmensstrategie
// Unternehmenskultur
// Zusammenarbeit der Funktionseinheiten
// Individualverhalten
// Managementsysteme

*Gutes Marketing ist auf Corporate Identity angewiesen.*

Bei dieser Unterscheidung wird deutlich, daß wir uns mit der Implementierung der Marketinginstrumente voll und ganz im Bereich der Corporate Identity bewegen, denn sie ist nach innen, auf das Unternehmen selbst, gerichtet. Damit bestätigt sich noch einmal die eingangs aufgestellte Hypothese, daß es sich bei Marketing und Corporate Identity nur um zwei Seiten einer Medaille handelt.

### 6.1.4 Strategisches Management

*Mit strategischem Management übernimmt das Unternehmen das Gesetz des Handelns.*

Das Konzept des Strategischen Management ist ähnlich umfassend wie Marketing und Corporate Identity. Das Verhältnis dieser drei Elemente zueinander läßt sich als triadische Relation beschreiben (siehe S.131).

Die historische Entwicklung zum strategischen Management läßt sich sehr gerafft folgendermaßen im Verhältnis zur Situation des wirtschaftlichen und gesellschaftlichen Umfeldes charakterisieren (vgl. Staehle (1994) S.581 ff):

Bei relativ stabilen internen und externen Verhältnissen (bis ca. 1930) lag die Betonung auf der Vergangenheit und der Kontrolle. Die bevorzugten Management-Systeme waren:

— Richtlinien und Vorschriften
— Finanzkontrolle

Mit zunehmender Instabilität der Märkte erfolgte eine Abkehr von der Vergangenheitsanalyse und die Hinwendung zu extrapolierten Zukunftsentwicklungen. Die bevorzugten Management-Systeme waren:

// Budgetierung (Vorgabe von Sollwerten für eine zukünftige Planungsperiode)
// Management by Objectives (Vereinbarung von Zielen auf der Grundlage von Extrapolationen aus der Vergangenheit)
// Langfristplanung (ausgehend von langfristig extrapolierten Zielen werden Aktionsprogramme und Budgets entwickelt)
// Strategische Planung (Identifikation von Chancen und Risiken in der Umwelt und Umsetzung in interne Pläne, Programme und Budgets)

"Ab 1970 lassen sich keine extrapolierfähigen Trends mehr erkennen, sondern Diskontinuitäten sind typisch für alle Umweltentwicklungen (z.B. neuartige Regierungs-, Gewerkschafts- und Konsumentenaktionen). Von stabilen Umwelten kann nicht mehr die Rede sein. Marktsättigung, politische und gesellschaftliche Veränderungen erschweren die Unternehmensplanung. Schwer vorhersehbare Ereignisse, plötzlich auftauchende Bedrohungen, aber auch Chancen sorgen für ständige Überraschungen in den Organisationen." (S. 583/584) Die Unternehmen suchen nach *Früherkennungssystemen.* Die bevorzugten Management-Systeme in dieser Entwicklungsphase sind:

➔ Strategisches Management (Die externe Analyse der strategischen Planung wird ergänzt durch eine interne Anpassungsstrategie von Organisation und Management)

➔ Problemmanagement (Analyse strategisch wichtiger Sachverhalte neben rein ökonomischen Daten; vor allem sozialpsychologische, politische und gesellschaftliche Daten)

➔ Krisenmanagement (Wenn die Zeit, die verbleibt, um strategisch zu antworten, kürzer ist, als diejenige, die das zur Zeit bestehende Management-System zur Reaktion benötigt, wird Krisenmanagement erforderlich).

Strategisches Management ist prinzipiell keine neue Variante der Unternehmensplanung, sondern ein Konzept, das die nach außen gerichtete Planung und die nach innen gerichtete Strukturentwicklung der Organisation als gleichberechtigte und wechselseitig voneinander abhängige Bereiche betrachtet.

"Damit rückt nach einer Zeit der Überbetonung externer Umweltorientierung wieder die interne Kompetenz der Organisation sowie das dialektische Spannungsverhältnis von externer Orientierung und interner Kompetenz aus evolutionstheoretischer Sicht in den Mittelpunkt der Analyse."(S. 584/585)

"Grundsätzlich ist es Sinn und Ziel einer strategischen Konzeption, das "Gesetz des Handelns" zu bestimmen und sich aus der Rolle dessen zu befreien, dem das Gesetz des Handelns von den Mitbewerbern aufgezwungen wird. Es sollte zu denken geben, daß die Unternehmen, die sich nach diesem Grundsatz richten, indem sie "Angreifervorteile" wahrnehmen, eine durchschnittlich 30% höhere Kapitalrendite aufweisen als der Rest." (Schoppe, S.155)

Einer der bekanntesten Ansätze zur Unternehmensstrategie ist das *Harvard-Konzept,* das noch der *strategischen Planung* zuzurechnen ist. Es "ist eindeutig extern, marktorientiert. ... Dies macht es schwer, wenn nicht unmöglich, interne Ressourcen als strategische Erfolgspotentiale zu identifizieren (z.B. Human Resource Management)." (Staehle S. 578)

Heute ist man sich einig darüber, daß die "Festlegung der langfristigeren Unternehmensziele (Mission, Philosophie, generelle Absichten) einen von der Strategieformulierung abzugrenzenden Vorgang" bilden sollte, "während dieser

*Vision und Unternehmenskultur werden heute als unverzichtbare Bestandteile der strategischen Unternehmensführung angesehen.*

im Harvard-Konzept ein integraler Bestandteil ist; Ziele sind dort ein Output des strategischen Prozesses." (ebd. S. 579)

Diese Trennung von Zielfindung und Strategieentwicklung vertritt auch der Arbeitskreis *Langfristige Unternehmensplanung* der Schmalenbach-Gesellschaft (1977):

Er unterscheidet vier Planungskomplexe in Unternehmungen:

1. Generelle Zielplanung (Festlegung von Unternehmungskonzeption, Unternehmenszweck, Leitlinien)
2. Strategische Planung (Geschäftsfeldplanung als langfristige Produkt- und Produktprogrammplanung, Potentialstrukturplanung der Organisation, Informationssysteme, Führungskräfte)
3. Operative Planung (kurzfristige Programmplanung, Ziel- und Maßnahmenplanung in den Funktionsbereichen)
4. Ergebnis- und Finanzplanung (als monetäres Abbild der ersten drei Planungskomplexe und Integration des künftigen Geschehens)

*Methoden und Instrumente der Führung müssen sich neuen Bedingungen anpassen.*

"Diese konzeptionelle Fassung der Strategischen Planung ist bis heute unverändert geblieben." (Staehle (1994) S.580)

Hans H. **Hinterhuber (1992)** *Strategische Unternehmensführung* greift das Harvard-Konzept auf und entwickelt ein Fünf-Phasen-Modell, "das den neuen Ansatz des Portfolio-Managements in das klassische Konzept der Unternehmensstrategie integriert" (vgl.Staehle S. 577 ff):

- 1. Phase: Analyse der Ausgangsposition und des Ausblicks
- 2. Phase: Formulierung der Strategien
- 3. Phase: Ausarbeitung der funktionalen Politiken
- 4. Phase: Strategiegerechte Gestaltung der Organisation
- 5. Phase: Durchführung der Strategien

Im Vorwort zur 5. neubearbeiteten und erweiterten Auflage begründet Hinterhuber die Erweiterung dieses Modells um zwei wesentliche Komponenten, die Vision und die Unternehmenskultur: "Die eigentliche Herausforderung für die Unternehmungen besteht in der Bewältigung des Unerwarteten und nicht in der Extrapolation von Erfolgsrezepten der Vergangenheit. Die Rechtfertigung der Unternehmen liegt zunehmend in ihrer Fähigkeit, das Unerwartete, das nicht Vorhersehbare erfolgreich und effizient im Sinne des Allgemeinwohls zu meistern.

An den Grundprinzipien der Führung hat sich nichts geändert; doch die Methoden und Instrumente müssen angesichts der veränderten Umweltbedingungen modifiziert werden, und es müssen andere Prioritäten gesetzt werden. In Zeiten zunehmender Beschleunigung der Veränderungen und vermehrter Risikoabwägung kommt der unternehmerischen Flexibilität, der Wahrung der Handlungsfreiheit und somit der strategischen Führung der Unternehmung wesentliche Bedeutung zu. ... Die Formulierung einer unternehmerischen Vision, die ihren Niederschlag in der Unternehmenspolitik und -kultur findet, und die Integration der Strategien mit den funktionalen Politiken, der Organisation, der operativen Planung, der Motivations- und Überwachungssysteme kennzeichnen den Prozeß der strategischen Führung." (S.V)

Vor diesem Hintergrund kommt er zu den "sieben Komponenten der strategischen Unternehmensführung" (Abb. 27)

In dem Abschnitt über "Strategische Führungskompetenz" fragt Hinterhuber "Woran erkennt man den Strategen?" Für die Antwort nimmt er die Komponenten als Bezugsgrößen und stellt entsprechend sieben Thesen auf:

→ **These 1:**
Unternehmer und Führungskräfte mit einem hohen Grad an strategischer Führungskompetenz besitzen eine unternehmerische Vision und können diese in einem oder ganz wenigen Sätzen ausdrücken.

→ **These 2:**
Der Grad der strategischen Führungskompetenz zeigt sich darin, ob der Unternehmer oder die Führungskraft in der Lage ist, in einem Leitsatz den Zweck der Unternehmung so auszudrücken, daß alle Mitarbeiter engagiert und motiviert "an einem Strick" und "in die gleiche Richtung" ziehen.

→ **These 3:**
Unternehmer und Führungskräfte mit einem hohen Grad an strategischer Führungskompetenz sind in der Lage, die leitenden Gedanken und die grundlegenden Wettbewerbsvorteile der Unternehmung in bezug auf die einzelnen Geschäftseinheiten oder Produktlinien zu nennen und in wenigen Sätzen klar zu beschreiben.

→ **These 4:**
Der Grad an strategischer Führungskompetenz

Abbildung 27: **Komponenten der strategischen Unternehmensführung**

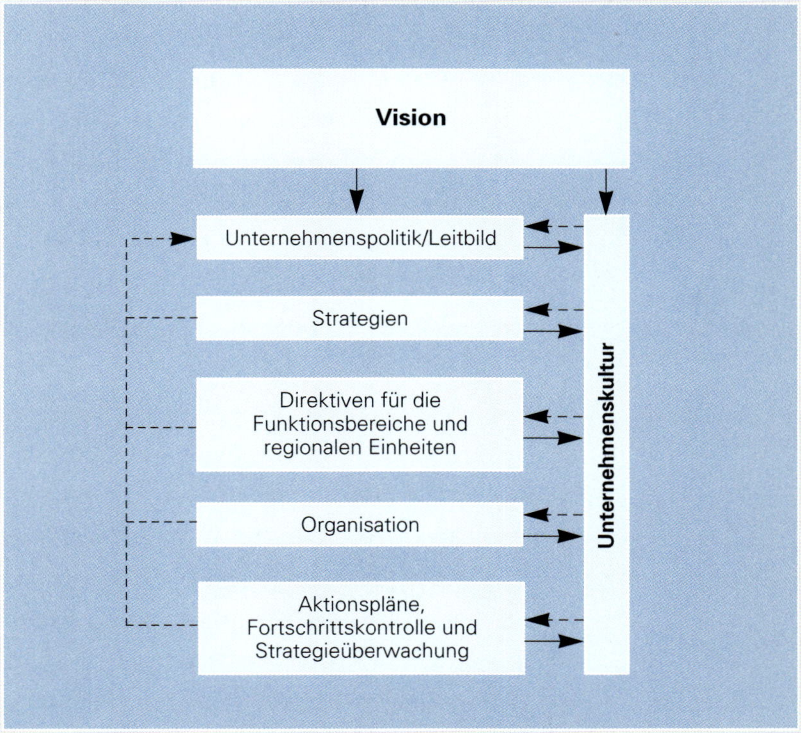


Quelle: Hinterhuber (1992)

des Unternehmers oder der Führungskraft zeigt sich darin, in welchem Ausmaß seine Mitarbeiter die Handlungsfreiheit, über die sie verfügen, im Interesse der Unternehmung nutzen.

→ **These 5:**
Der Grad an strategischer Führungskompetenz zeigt sich darin, ob die Unternehmer und die obersten Führungskräfte um sich herum die Organisation aufgebaut haben, die eine wirksame Umsetzung der Strategien erst möglich macht.

→ **These 6:**
Der Grad an strategischer Führungskompetenz zeigt sich bei der Ausführung der Strategien daran, wie die personellen und sachlichen Probleme gelöst werden.

→ **These 7:**
Der Grad an strategischer Führungskompetenz ist um so höher, je besser es dem Unternehmer und/oder den obersten Führungskräften gelungen ist, die Unternehmenskultur in Einklang mit den Strategien zu bringen.

*Jeder Versuch, die Unternehmenskultur oder die CI unter strategischen Aspekten zu manipulieren, ist zum Scheitern verurteilt.*

Speziell bei der letzten These zeigt sich, daß die Kritik von Staehle (S. 578) an der externen Marktorientierung des Harvard-Konzepts nach wie vor ihre Berechtigung hat. Im Vergleich zu Strategien ist die Unternehmenskultur wesentlich langfristiger zu betrachten. Wie die Praxis zeigt, ist jeder Versuch, Unternehmenskultur kurz- oder mittelfristig im Sinne von Strategien zu manipulieren, prinzipiell zum Scheitern verurteilt. Das erklärt, warum erfolgreiche Sanierer nicht selten mit der gleichen Strategie an einer neuen Aufgabe kläglich scheitern: sie haben nicht erkannt, daß die Strategie zwar mit der ersten, nicht aber mit der zweiten Unternehmenskultur vereinbar war.

Die Notwendigkeit einer unternehmerischen Vision wird inzwischen auch von den nüchternsten Betriebswirtschaftlern anerkannt. (Bleicher S.101 ff.) Doch die Frage, wie man zu einer solchen Vision kommt, bleibt in aller Regel unbeantwortet. Die Formulierung einer Vision gehört in der Tat zu den schwierigsten Aufgaben, besonders in managergeführten Unternehmen. Da, wo noch Gründerpersönlichkeiten die Unternehmen beherrschen, bereitet sie deutlich weniger Probleme. Gouillart/Kelly beschäftigen sich sehr ausführlich und anschaulich mit dem Entwerfen von Visionen (S.73 ff).

Nach der Formulierung stellt sich als weitere große Hürde die Vermittlung der Vision sowohl gegenüber den Mitarbeitern als auch nach außen.

"Zunächst muß die Vision kommuniziert werden. Dabei muß der besondere Charakter der Vision, die sich vom routinemäßigen Planungs- und Kontrollprozeß abhebt, durch die Wahl geeigneter Kommunikationsträger und -mittel betont werden. Als Kommunikationsträger kommt hier insbesondere die Leitungsspitze in Betracht, um der Vision das nötige Gewicht zu geben. Außergewöhnliche Orte und Medien der Kommunikation und symbolträchtige Gesten können die Bedeutung der Vision unterstreichen." **(Bleicher (1994)**, S.111)

"Die einmalige Kommunikation der Vision genügt nicht, um sie für den einzelnen als positives Bild der Zukunft permanent vor seinem geistigen Auge erscheinen zu lassen. Daher ist auf allen Stufen der Organisation viel Zeit darauf zu verwenden, die Vision in ihren Auswirkungen auf den einzelnen zu übersetzen." (S.111)

*Die Vision muß kommuniziert werden.*

Zur Notwendigkeit der Revision der Vision: "Geht es in den Phasen der Diversifikation, Akquisition und Kooperation zumeist eher um partielle Änderungen der Vision, so wird sie in der Restrukturierungsphase häufig grundlegend zur Disposition gestellt." (S.114)

### 6.1.5 Strategische Identität

Die Verbindung von Corporate Identity und Strategischem Management führt zum Konzept der Strategischen Identität, das von Große-Oetringhaus (1996) in die Diskussion eingeführt worden ist. Dem Autor, der die Entwicklung des Führungssystems bei Siemens maßgeblich mitgestaltet hat, geht es mit seinem Buch "Strategische Identität. Orientierung im Wandel" weniger um eine theoretische Fundierung, als um die praktische Gestaltung des Transformationsprozesses, den jedes Unternehmen heute permanent organisieren muß, wenn es eine Spitzenstellung erreichen oder behalten will. Das Buch ist aus der Praxis heraus für die Praxis geschrieben und enthält praktisch eine Anleitung zur Erreichung der strategischen Identität in fünf Phasen von jeweils fünf Schritten. Dabei werden die Erfahrungen von Siemens generalisiert, was nicht nur Vorteile hat, sondern auch eine gewisse Vorsicht bei der Übertragung auf andere Unternehmen angebracht erscheinen läßt. Denn auch die Herangehensweise ist bereits der Ausdruck einer siemensspezifischen Kultur.

Große-Oetringhaus legt Wert darauf, den Begriff der Strategischen Identität vom Begriff der Corporate Identity abzugrenzen, wobei einmal mehr deutlich wird, wie die traditionelle Auffassung CI auf ein Kommunikationsmodell reduziert. Dem stellt er das Konzept der Strategischen Identität als Managementmodell gegenüber. Es soll hier noch einmal klar zum Ausdruck gebracht werden, daß ein solches Managementmodell ebenfalls nur einen Ausschnitt bildet aus dem umfassenden Unternehmensmodell, das die bereits (Abschnitt 5.4) gegebene Definition der Corporate Identity zum Ausgangspunkt nimmt.

*Strategische Identität beruht auf der Übereinstimmung von Vision und Kompetenz.*

Große-Oetringhaus definiert: "Strategische Identität ist der unverwechselbare Charakter eines Unternehmens, der auf der Schlüssigkeit zwischen Vision und Kompetenz beruht." (S. 467)

Während Identität im traditionellen Verständnis auf vorhandenen Werten und Kompetenzen aufbaut, ist die strategische Identität zukunftsgerichtet. "Sie aktiviert das Potential für zukünftiges Handeln. Sie fokussiert auf den Vorteil und gewinnt daraus die notwendige Prägnanz." (S.144)

Damit wird der Vision eine ganz entscheidende Rolle zugewiesen. "Eine Vision ist eine Vorstellung von der Zukunft. Sie geht über den Horizont der formalen strategischen Planung

*Strategische Identität in fünf Schritten.*

hinaus. Aber sie ist ein "Traum mit einem Endtermin". Wenn man sich die Zukunft vorgestellt hat, muß man sie schaffen, und zwar durch Angebotskompetenzen." (S.156)

Diese systematische Gestaltung der Zukunft setzt allerdings schon früher an. Ehe man an den Aufbau einer strategischen Identität gehen kann, sind mit dem Transformationsplan und der Umfeldanalyse zunächst zwei unverzichtbare Vorstufen zu bewältigen. Abbildung 28 zeigt die fünf Stufen des gesamten Transformationsprozesses. "Dies scheint die größtmögliche Verdichtung zu sein." (S.17) Große-Oetringhaus bezieht sich dabei auf John P. Kotter von der Harvard Business School, der in einer Untersuchung von mehr als 100 Unternehmen festgestellt hat, daß der Veränderungsprozeß stets eine Reihe von Phasen durchläuft.

"Das Überspringen einzelner Abschnitte schafft lediglich die Illusion von raschem Fortschritt und führt nie zu einem befriedigenden Resultat." (Kotter, zitiert nach Große-Oetringhaus (1996), S.17)

Der Aufbau der Strategischen Identität ist in sich wieder ein Prozeß in fünf Schritten (siehe Abb. 29). Ob zufällig oder gewollt - der dritte Schritt - die Integration - ist zugleich der Mittelpunkt des gesamten Prozesses.

"Die Integrationsaufgabe der Stufe 3 "Strategische Identität" beinhaltet keine detaillierten Aktionspläne, sondern lediglich Leitlinien. Sie greift auf die relevanten Erkenntnisse der Stufe 2 "Umfeldanalyse" zurück und bildet das Rückgrat für die Stufe 4. Das Rückgrat - die Ursache-Wirkungs-Kette - verhindert, daß "Luftschlösser" gebaut werden.

Dies ist die enge Sicht auf die Integrationsaufgabe - eng, weil nur die Stufe 3 betrachtet wird. Hier - und im Verlauf der weiteren Stufen dann rückgreifend - muß die Integrationsaufgabe jedoch über alle Stufen hinweg betrachtet wer-

Abbildung 28: **Die Stufen des Transformationsprozesses**

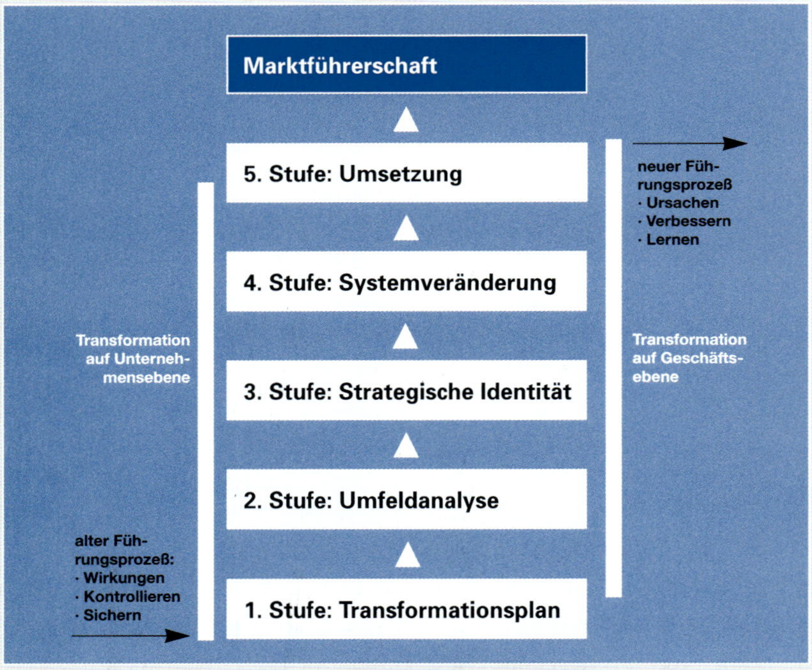


Quelle: Große-Oetringhaus, (1996), S.18

den. Die Praxis zeigt, daß sich die Integration nur schrittweise entwickelt." (S.183)

"Die Komplexität der Integration wird manchmal unterschätzt. Sie erklärt sich aus dem hohen Anspruch einer Transformation: Die Veränderung eines gesamten Unternehmes bzw. einer Geschäftseinheit, mit allen Beteiligten. Das erfordert neben Verantwortung eine extreme Professionalität." (S.183)

Neben der Vision ist das zweite wichtige Element, das sich in der Definition der Strategischen Identität findet, die Kompetenz. Auch Kompetenz ist ein sehr komplexes Phänomen, was bedeutet, daß man die verschiedenen im Unternehmen vorhandenen Kompetenzen nicht einfach addieren kann, wenn man die Gesamtkompetenz eines Unternehmens betrachtet. Es kommt darauf an, wie die einzelnen Kompetenzen durch ein Synergiemanagement integriert werden.

"Der Synergiegedanke läßt sich wohl am besten durch den Aufbau einer besonderen Angebotskompetenz darstellen, durch die Systemkompetenz, d. h. die Fähigkeit, Produkte integrieren zu können. Systemintegration ist nach vielfältiger Erfahrung ein so tragfähiger Gedanke, daß sich darauf auch die Vision eines Unternehmens aufbauen läßt. Kein anderes Konzept bringt Synergie so wirksam zum Ausdruck wie Systemintegration: Synergie schlechthin. Allerdings: Je diversifizierter das Unternehmen, desto abstrakter wird dieser Gedanke, weil er in jedem Geschäft etwas anderes bedeutet. Aber es ist ein Leitmotiv von großer Kraft für Unternehmen, die aus der Breite eine Stärke machen wollen, die über leistungsfähige Produkte verfügen und Erfahrungen in den integrierenden Dienstleistungen haben." (S. 189)

Abbildung 30 zeigt die wesentlichen Komponenten, die integriert werden müssen, um Systemkompetenz aufzubauen. Wenn es heute bei aller Differenzierung innerhalb der Wirtschaft der Industrienationen einen gemeinsamen Trend gibt, dann ist es der zu Systemprodukten. An der

Abbildung 29: **Aufbau einer Identität** Ein Prozeß in Fünf Schritten, der auf Schlüssigkeit von Kompetenz- und Angebotsvorteilen zielt.

Quelle: Große-Oetringhaus, (1996), S.179

Fähigkeit zur Systemintegration wird sich das Schicksal mindestens aller großen Unternehmen entscheiden. Gerade aber auch für kleinere Unternehmen kann die Entwicklung einer speziellen Systemkompetenz neue Marktchancen eröffnen, besonders dann, wenn sich die Konzerne vor dieser Aufgabe "drücken" und auf die Strukturen von Finanzholdings zurückziehen.

Angesichts der Praxisorientierung des Buches von Große-Oetringhaus lohnt ein Blick auf die Erfolgskriterien der Umsetzung (vgl. S. 433 ff). Hier werden neben dem Willen der Leitung, ohne den man den Prozeß gar nicht erst zu beginnen braucht, vor allem die klare Formulierung der Vision, die totale Kommunikation von Vision, Leitlinien und Strategie und nicht zuletzt die Integrationskraft der Identität angesprochen. Das zeigt noch einmal, wie wichtig ein umfassendes Konzept der Corporate Identity ist. "Strategische Identität" ist als praxisorientierte Systematik, die auf sehr vielfältige Erfahrungen zurückgreifen kann, ein großer Schritt in diese Richtung.

Abbildung 30: **Integration der Systemkompetenz**
Die komplexeste Integrationsaufgabe

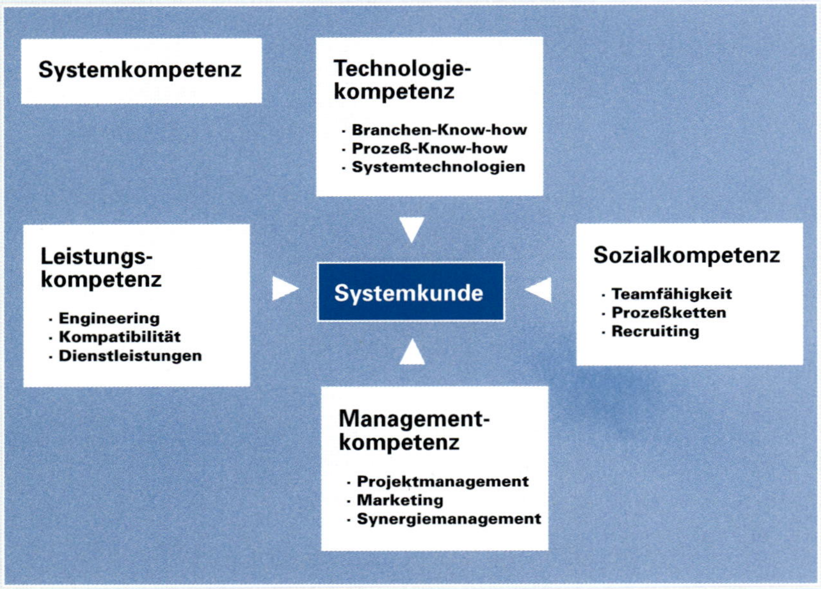


Quelle: Große-Oetringhaus, (1996), S.189

### 6.1.6 Projektmanagement

Das Thema Projektmanagement ist im Zusammenhang mit dem CI-Konzept in zweifacher Weise von Bedeutung. Zum einen ist CI-Entwicklung in erster Linie Projektarbeit; zum anderen bietet Projektmanagement die Chance, eine neue Form der Organisationsstruktur zu etablieren, die den Anforderungen, denen sich Unternehmen heute stellen müssen, vielleicht besser gerecht werden. Gegenüber den traditionellen Organisationsformen muß sie sich jedoch auf eine völlig veränderte Unternehmenskultur stützen können.

Ein Projekt ist ein zielgerichtetes, klar definiertes, zeitlich begrenztes Vorhaben, dem bestimmte Kosten und Risiken zugeordnet werden können. Es kann aufgrund seiner Größe, Bedeutung, Komplexität, Neuartigkeit oder Einmaligkeit aus dem üblichen Rahmen der

*Die Art der Organisation ist entscheidend für den Erfolg von Projekten.*

Organisation herausfallen und die Bildung einer eigenen (ergänzenden) Organisationsstruktur erforderlich machen. Projekte sind durch folgende Merkmale gekennzeichnet:

- // Dauer
- // Zahl einbezogener Personen/Abteilungen
- // Schnittstellen mit anderen Projekten/Aufgaben
- // Konkurrenz um Ressourcen
- // Konkurrenz von Zielen
- // Unsicherheiten im Hinblick auf Termine und Kosten
- // Ergebnisrisiko (Folgen bei Nichterreichen der Projektziele)

Die verschiedenen möglichen Formen der Projektorganisation haben unterschiedliche Vor- und Nachteile:

*Einfluß-Projektorganisation*
Die funktionale Organisation des Unternehmens bleibt unverändert. Der Projektleiter ist Projektkoordinator; er übt lediglich beratende, koordinierende und entscheidungsvorbereitende Funktionen aus. Er verfolgt den Projektablauf in sachlicher, terminlicher und kostenmäßiger Hinsicht und schlägt im Bedarfsfall den zuständigen Linieninstanzen Maßnahmen vor; er hat aber keine Entscheidungs- und Weisungsbefugnis (Abb. 31).

Vorteile:
- // Flexibilität des Personaleinsatzes
- // Sicherstellung der fachlichen Kompetenz
- // organisatorische Umstellungen sind nicht erforderlich
- // Integration des Projekts in die Gesamtorganisation

Nachteile:
- // Mitarbeiter fühlen sich für das Projekt nicht voll verantwortlich
- // Reaktionsgeschwindigkeit bei Störungen gering
- // Abteilungsinteressen können blockierend wirken

*Reine Projektorganisation*
Die Projektmitarbeiter bilden eine eigene Organisationseinheit unter dem Projektleiter, der weisungsbefugt ist und volle Kompetenz und Projektverantwortung hat (Abb. 32).

Vorteile:
- // klare Führungs- und Weisungsstrukturen
- // schnelle Reaktionsfähigkeit bei Störungen
- // Identifikation der Mitarbeiter mit dem Projekt

Nachteile:
- // Probleme bei der Rekrutierung der Mitarbeiter
- // Frage der Sicherung der fachlichen Kompetenz
- // Probleme bei der Integration des Projekts

*Matrix-Projektorganisation*
Mitarbeiter werden temporär in die Projektgruppe delegiert, sie unterstehen fachlich dem Projektleiter und disziplinär ihrem Linienvorgesetzten (Abb. 33).

Vorteile:
- // Projektmitarbeiter fühlen sich für das Projekt voll verantwortlich

*Projektmanagement ist die Organisationsform der Zukunft und Grundlage der CI-Entwicklung.*

Abbildung 31: **Einfluß-Projektorganisation**

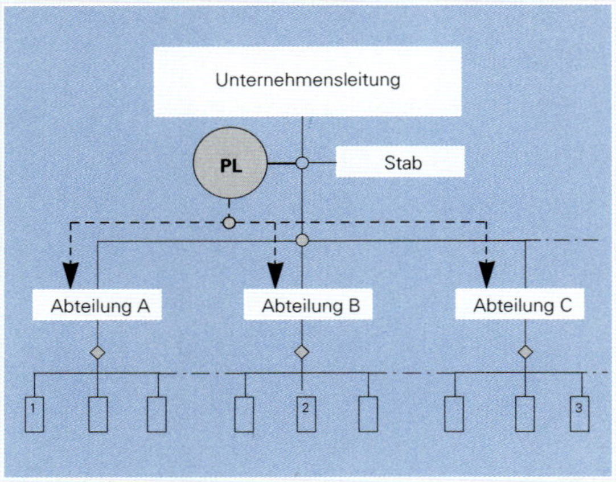


Quelle: Heinrich/Burgholzer (1990), S.131

Abbildung 32: **Reine Projektorganisation**

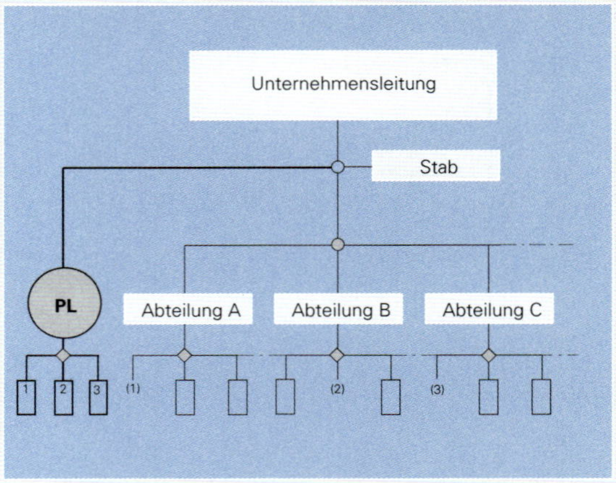


Quelle: Heinrich/Burgholzer (1990), S.132

*Der OE als angewandter Wissenschaft geht es weniger um Theoriebildung als um die Lösung praktischer Probleme.*

// flexibler Personaleinsatz ist möglich
// Spezialwissen und besondere Erfahrungen können gezielt eingesetzt werden

Nachteile:

// Verunsicherung von Vorgesetzten und Mitarbeitern
// Konflikte um Personalressourcen

*Projektbegleitende Maßnahmen*
Insbesondere bei Projekten, die Querschnittfunktionen betreffen (Informations-Infrastruktur, CI-Projekte) ist die Einrichtung besonderer Steuerungs- oder Implementierungsgremien sinnvoll. Durch Beteiligung auf verschiedenen Managementebenen erleichtern sie nicht nur die strategische Einbindung von Projekten, sondern auch die anschließende Umsetzung in der regulären Organisation.

### 6.1.7 Organisationsentwicklung OE

Organisation: "Organisieren heißt, innerhalb eines institutionellen Rahmens die Strukturträger zu bestimmen und deren Beziehungen untereinander dauerhaft (z.B. Leitungsinstanzen) oder auf Zeit (z. B. Projekt-Teams) zu regeln. Die zentralen Aufgaben des Managements von Strukturen besteht darin, die Organisationselemente Aufgaben, Informationen, Macht gedanklich, in einem Organisationsplan, auf die Strukturträger Mensch und Arbeitsmittel (Maschine) zu verteilen (Differenzierung) und deren zielentsprechende Koordination sicherzustellen (Integration)" (Staehle (1994) S. 641)

Einen Überblick über verschiedene Organisationstheorien aus der Sicht der Betriebswirtschaftslehre gibt **Kieser (1993).**

Abbildung 33: **Matrix-Projektorganisation**

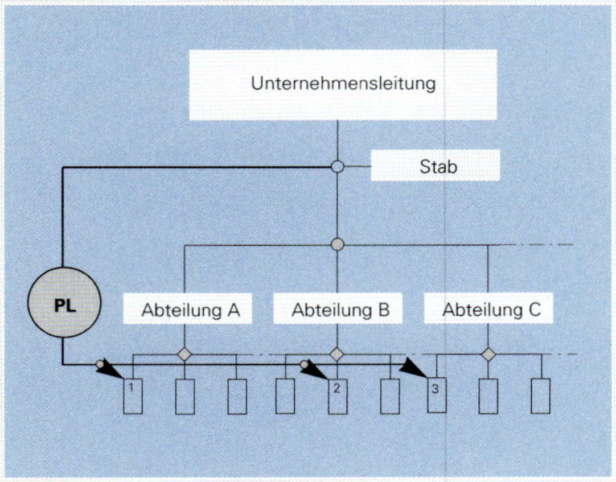


Quelle: Heinrich/Burgholzer (1990), S.133

"Organisationen sind hochkomplexe soziale Gebilde. Es ist unmöglich, alle ihre Eigenschaften und alle Beziehungen zwischen ihren Elementen in einer Theorie zu erfassen. Theorien müssen sich immer auf bestimmte Aspekte konzentrieren, bestimmte Eigenschaften und Zusammenhänge hervorheben und andere ausblenden." (S.1)

Organisationswissenschaftler haben ganz unterschiedliche Auffassungen darüber, wie Organisationswissenschaft betrieben werden sollte. "Für eine Gruppe sind Organisationen und die in ihnen ablaufenden Prozesse Phänomene, die in ihren äußeren Manifestationen - Stellenbeschreibungen, Abteilungsgliederungen, Kompetenzverteilungen, Technologien usw. - in einer "objektiven Weise" auf der Basis von Beobachtungsdaten erfaßt werden können, wie das im Prinzip auch bei physikalischen Prozessen geschieht. Eine andere Gruppe sieht in Organisationen dagegen sinnhafte Wirklichkeiten, die von den handelnden Individuen hergestellt werden und die nur aus der "Innenwelt" dieser Individuen "verstanden" werden können." (S.2)

Einen Überblick über die verschiedenen organisationstheoretischen Ansätze und Modelle in den USA gibt Staehle (1994) (S.144)

*Widersprüche in der Wertstruktur sind eine permanente Quelle von Konflikten.*

Ein spezielles Thema ist die Organisationsentwicklung (OE), die in den USA in der Nachfolge von Kurt Lewins *Feldtheorie* entstand, sich aber ungeachtet dieses Namens in erster Linie an der Praxis orientiert.

"Empirische Forschung und Theoriebildung bleiben weit hinter den Erfahrungen der OE-Praxis zurück." ..."Bei der Diskussion des Theoriebezugs von OE muß man sich allerdings in Erinnerung rufen, daß es OE als angewandter Wissenschaft weniger um die Theorienbildung als um die Lösung praktischer Gestaltungsprobleme geht. Das letztere ist aber auf Dauer ohne Theorie nicht möglich." (Staehle S. 549)

"Unmittelbare praktische Relevanz und Eignung bilden die Auswahlprinzipien für OE-Techniken. Gerade diese einfachen, plausiblen Techniken führen dazu, daß von OE fälschlicherweise angenommen wird, sie biete schnelle, schmerzlose Lösungen für alle Arten von Organisationsproblemen. Diese Art des OE-Marketing kommt der Mentalität vieler Praktiker entgegen, die weniger nach umfassenden Problemanalysen suchen als nach Rezepten, mit deren Befolgung sie ihre Interessen wahren."

*Besonders in der Psychologie empfiehlt es sich, auf die Grundlagen zurückzugreifen.*

### 6.2 Psychologie

Die Psychologie ist wie kaum eine andere Wissenschaft instrumentalisiert worden. In den 60er Jahren war es vor allem die sogenannte Tiefenpsychologie, aus der sich ganz spezielle Formen der Betriebspsychologie, der Werbepsychologie und der Verkaufspsychologie entwickelten. Einer der bekanntesten Namen in diesem Zusammenhang ist Ernest Dichter. Der bekannteste Kritiker dieser Richtung war Vance Packard mit seinem Buch *Die geheimen Verführer*, das aber eher zur Verbreitung dieser Legenden beitrug. Dabei ging es um Themen, wie die unterschwellige Wahrnehmung oder eine perfide Sexualsymbolik, der sich angeblich kein Mensch entziehen konnte. Man glaubte, die Mechanismen der perfekten Manipulation entdecken zu können. *Motivforschung* war das Stichwort. Dabei bezog man sich in der Regel auf die bekannte *Bedürfnispyramide* von Maslow.

*Die kognitive Psychologie birgt ein großes kreatives Potential, das bei weitem noch nicht ausgeschöpft ist.*

Manche dieser obskuren Ansätze geistern noch heute in neue Moden gekleidet durch die Beratungslandschaft. Manchmal werden die alten Hüte auch als neueste Erkenntnisse in irgendwelchen Bestsellern wieder publikumswirksam ausgegraben. Nur aus diesem Grunde wird hier auf diese Spielarten der Psychologie hingewiesen.

Andere - wirklich ernst zu nehmende - Bereiche der Psychologie hatten zwar etwa zur gleichen Zeit ihren Höhepunkt, sind aber heute noch als wichtige Grundlagen anzusehen. Mit wesentlichen Elementen haben wir uns bereits im Zusammenhang mit den Themen Persönlichkeit und Ganzheit (siehe S.76) auseinandergesetzt.

Ein ganzheitlicher Ansatz ist die Gestalttheorie (Köhler (1933)), die im Zusammenhang mit der Wahrnehmungspsychologie besonders unter dem Gesichtspunkt des Design von Interesse ist (Kebeck (1994)). Eine mehr praxisorientierte und anschauliche Darstellung liefert Rock (1985). Nicht weniger anschaulich, aber mit stärkerer Orientierung auf die wissenschaftlichen Grundlagen, behandelt J.J. **Gibson (1973)** in *Die Sinne und der Prozeß der Wahrnehmung* das interessante Thema.

Eine Erweiterung und Grundlegung dieser wissenschaftlichen Betrachtungsweise stellt die Kognitive Psychologie dar **(Neisser (1974)).**

Er macht auf einen in seinen Folgen ganz erheblichen Aspekt aufmerksam:

"Die Gestaltpsychologen waren in mancher Hinsicht erfolgreich, und die Wichtigkeit von Muster und Struktur in der Wahrnehmung wird heute allgemein als erwiesen betrachtet. In einem Punkt jedoch wird ihre Ansicht für irrig gehalten. Sie waren "Nativisten" und glaubten, daß die Prozesse der Wahrnehmung weitgehend durch notwendige und angeborene Prinzipien bestimmt werden, nicht aber aufgrund von Erfahrung und Lernen. ...Heute wissen wir, daß die Erfahrung sehr beträchtliche Auswirkungen auf die Wahrnehmung hat." (S. 313)

Gerade auch für die Wahrnehmung eines Unternehmens durch seine Umwelt ist es wichtig, sich bewußt zu machen, daß diese Wahrnehmung auch gelernt ist. Wenn ich diese Wahrnehmung verändern, positiv beeinflussen will, muß ich mich also mit Lernprozessen beschäftigen.

Einen Überblick über die verschiedenen Lerntheorien gibt **Staehle (1994)** (S. 862 ff). An anderer Stelle (S.192 ff) behandelt er die psychologischen Grundlagen. In der Betriebswirtschaftslehre haben Lerntheorien unter dem Stichwort Lern- oder Erfahrungskurven (S. 613ff) eine spezifische Bedeutung.

**Gebert/v. Rosenstiel (1992)** haben mit dem Titel *Organisationspsychologie. Person und Organisation* nicht nur ein Lehrbuch für das Hauptfach Psychologie vorgelegt, sondern zugleich eine Einführung für Wirtschafts- und Verwaltungswissenschaftler, Kommunikationswissenschaftler und Soziologen; nicht zuletzt soll es auch dem Praktiker Anregungen bieten. Sie thematisieren auch wieder die Problematik der Sozialtechnologie. Nicht selten dienen die Erkenntnisse der Psychologie nur der Selektion, blenden aber die Möglichkeiten der Qualifikation oder gar der Ursachenbehebung völlig aus.

### 6.3 Gruppendynamik

Das gilt nicht für ein spezielles Gebiet, das im Grenzbereich zwischen Psychologie und Soziologie angesiedelt ist: die Gruppendynamik. Sie vereinigt drei normalerweise in der Wissenschaft getrennte Dimensionen: Wissenschaftstheorie, Sozialwissenschaften und Organisationstheorie bzw. Organisationsentwicklung.

In einer Festschrift für Patrick Lindner gibt **Schwarz (1993)** als Herausgeber unter dem Titel *Gruppendynamik. Geschichte und Zukunft* einen kompakten Überblick und eine Standortbestimmung. Patrick Lindner, einer der wichtigsten Protagonisten der Gruppendynamik in Europa hat - typischerweise - selbst wenig Schriftliches zu einer wissenschaftlichen Grundlegung und Verbreitung beigetragen. Durch seine Tätigkeit, praktische Erfahrung und beeindruckende Persönlichkeit hat er jedoch ganze Generationen von Gruppendynamikern maßgeblich geprägt.

Die Festschrift, die eine Vielzahl dieser Gruppendynamiker zu den unterschiedlichsten Aspekten zu Wort kommen läßt, vermittelt eine gute Vorstellung von der Praxis der Gruppendynamik. Unter anderem werden auch die Erfolge in der praktischen Anwendung dargestellt. Abgeschlossene Organisationsprojekte großer Organisationen auf gruppendynamischer Basis fehlen hier - es gibt sie nicht.

Wohl aber hat sich die Gruppendynamik in einigen Bereichen erfolgreich etabliert: In der Managemententwicklung, in der Schule, in der Wissenschaft usw.. Hier fehlen einige Bereiche, in denen es zwar Erfolge gibt, es ist aber nicht gelungen, für diese Festschrift Beiträge zu bekommen: die öffentliche Verwaltung, das Gesundheitswesen.

*Die Gruppendynamik ist eine Erfahrungswissenschaft, die einen wichtigen Beitrag zur Praxis der CI leisten kann.*

Andere Bereiche wieder haben sich als bisher resistent gegenüber gruppendynamischem Lernen erwiesen: Kirche, Gewerkschaften, politische Parteien, Militär.

Einen wesentlich systematischeren Überblick über die Gruppendynamik gibt Philip E. **Slater (1978)** in *Mikrokosmos: Eine Studie über Gruppendynamik.* Die für unseren Zusammenhang vielleicht wichtigste Erkenntnis dieser Studie ist die Beobachtung, "daß eine Gruppe ganz offenbar gar nicht eine Sammlung von Individuen ist, sondern eine Sammlung von Teilen dieser Individuen (den Rollen Anm. d. Verf.).

... Aber ich frage mich, ob diese bevorzugte soziologische Einheit - die körperlose, der Bedürfnisse, der Gefühle ... entkleidete Rolle - nicht gleichfalls ihre begrenzte Ergiebigkeit erschöpft hat.

Es ist zwar richtig, daß wissenschaftlicher Fortschritt meistens davon ausging, daß große Teile der zu einer bestimmten Zeit vorliegenden Daten systematisch außer acht gelassen wurden; aber ich sehe keine Möglichkeit, wie das Verständnis von Gruppen über das gegenwärtig erreichte Niveau hinausgelangen könnte, wenn nicht die der Analyse zugrundegelegte Einheit auf irgendeine Weise jenen Teil des Trieblebens des Individuums mit umfaßt, welches es einer Gruppe überantwortet." (S. 297/298).

*Theoriebildung setzt Kenntnis der Komplexität voraus.*

Slater ist sich durchaus klar darüber, daß dadurch die Komplexität des Untersuchungsgegenstandes ins fast Unendliche steigt. Dem hält er aber entgegen: "Der Prozeß der Theoriebildung vollzieht sich dann am erfolgreichsten, wenn er auf der Erkenntnis, nicht aber auf der Verleugnung der Komplexität des untersuchten Gegenstandes beruht."

Auch wenn es aussichtslos erscheint, die Komplexität der angesprochenen Gruppenprozesse theoretisch einigermaßen angemessen zu erfassen, so ist die Gruppendynamik gerade deswegen von praktischer Bedeutung, weil sie darauf aufmerksam macht, daß es diese Prozesse gibt, und daß sie nach vielfach beobachteten Gesetzmäßigkeiten ablaufen. Zwar ähnelt der Ansatz der Gruppendynamik, der sich in wesentlichen Teilen - z.B. was die Bedeutung der Libido und der Verdrängung angeht - auf die Freudsche Psychoanalyse stützt, in vielem der eingangs erwähnten "Tiefenpsychologie", hat jedoch in der Regel nichts mit deren Scharlatanerie gemein.

"Jeder Hierarchie wohnt die Tendenz inne, ihr Gegenteil zu erzeugen. Bewußtes menschliches Denken ist geradezu pervers einseitig und die "Wiederkehr des Verdrängten" manifestiert sich nicht nur im Psychischen, sondern auch im Sozialen. Neben jeder Hierarchie wartet das Gespenst des gerade Umgekehrten nur auf eine kulturelle Neuentdeckung, um voll manifest zu werden. Mitten in der überwältigenden Schmeichelei von *Tausendundeine Nacht* erkennen wir ein solches Gespenst - darin, daß so häufig rücksichts- und ehrfurchtslose wilde Araber, freche Gauner und unverschämte Usurpatoren mit ihren Streichen Erfolg haben und dafür belohnt werden." (S.184)

Es sind diese Zusammenhänge, die den rational durchgestylten Organisationstheorien entgegengestellt werden müssen. Nicht daß man auf die zweckorientierte, zielgerichtete Organisation verzichten könnte, doch man muß - auch sich selbst - immer wieder bewußt machen, daß sie nicht alles ist. Tatsächlich verführt nämlich nicht nur das betriebswirtschaftliche Denken, sondern auch die Soziologie zu der irrigen Meinung, nun habe man die Dinge "im Griff".

## 6.4 Der Beitrag der Soziologie

Gegenstand der Soziologie ist die Gesellschaft. Das ist leider nicht so einfach, wie es sich anhört. Zentral für die Gesellschaft ist die Ausübung von Macht, die Herrschaft, besser noch die Strukturen, in denen Macht ausgeübt wird. Herrschaft, das ist die Verteilung materieller und immaterieller gesellschaftlicher Güter. Diese Verteilung bestimmt die gesellschaftliche Wirklichkeit. In keinem anderen Bereich ist Wirklichkeit so stark in erster Linie durch die *Wahrnehmung* der Wirklichkeit bestimmt. Der amerikanische Soziologe W. I. Thomas formuliert dies in dem nach ihm benannten Theorem: "Wenn Menschen Situationen als real definieren, dann sind sie real in ihren Konsequenzen." Max Weber spitzt dies auf die Formel zu, daß Herrschaft nur existiert, solange sie von den Beherrschten anerkannt wird. (Vergleiche dazu auch die *Pragmatische Maxime* S.117)

Damit rückt der Begriff des *sozialen Handelns* in den Mittelpunkt. Denn immer sind es Handlungen zwischen Menschen, die gesellschaftliche Tatsachen erst erfahrbar machen. Als Beobachter und Beteiligter interpretiere ich solches Handeln immer in einem sytematischen Zusammenhang, schließe daraus auf die gesellschaftliche Realität. Ganz korrekt und kompliziert drückt dies das folgende Zitat aus, das der Leser ruhig auch überspringen kann:

"Soziales Handeln ist, so könnte man das auch sagen, *theoriegeleitet*. Denn das handlungsleitende Wissen, ..., ist keine bloße Anhäufung von Aussagen; vielmehr sind diese Aussagen untereinander verknüpft und aufeinander bezogen in einer Weise, die es erlaubt, im Falle der Aktualisierung der einen oder anderen Aussage im Zusammenhang eines bestimmten gegebenen Handlungskontextes, einer bestimmten gegebenen Handlungssituation, auf andere Aussagen in der Absicht der Orientierung, der Erklärung, der Begründung zurückzugreifen. Die Verknüpfung, die im handlungsleitenden Wissensvorrat des einzelnen, im Wissensvorrat von Gruppen oder im gesellschaftlichen Wissensvorrat verfügbaren Aussagen und der aktuelle Rückgriff auf sie erfolgen nach Regeln, deren Anwendung Plausibilität erzeugt und damit ein wesentliches Moment auch von Handlungssicherheit abgibt."

*Im sozialen Bereich ist die Wirklichkeit vor allem von der Wahrnehmung der Wirklichkeit bestimmt.*

Haben Sie es gelesen? Um es zu verstehen, müssen Sie es mindestens zweimal lesen. Ich habe es dennoch bewußt hierhergesetzt, weil es in gewisser Weise typisch für soziologische Literatur ist. Das Zitat stammt aus einer Einführung in das Studium der Soziologie, wird also Anfängern zugemutet. Es geht mir jedoch keineswegs darum, diesen Sprachstil zu kritisieren, sondern darum, den Leser vorzuwarnen. Wer sich mit einer solchen Sprache absolut nicht

*Alles Handeln im Unternehmen ist soziales Handeln.*

anfreunden kann, sollte sich der Soziologie vielleicht besser fernhalten.

*Wissenschaft ist immer mit dem Bemühen um Genauigkeit in der Sprache verbunden.*

Das besondere Bemühen um Genauigkeit in der Sprache kennzeichnet die Soziologie und ist wahrscheinlich auch notwendig, wenn man nicht ständig in die Fallen tappen will, die die Umgangssprache für soziologische Problemstellungen bereithält. Denn die Sprache ist ein schwer durchschaubares, aber gleichzeitig eines der wirkungsvollsten Instrumente zur Stabilisierung von Herrschaft. Wenn ich mich also mit Herrschaft und den Strukturen, in denen sie funktioniert, auseinandersetze, muß ich immer auch die Sprache selbst reflektieren.

*Die Organisationssoziologie mehrt die Gesetzmäßigkeiten des Strukturwandels*

Eine Konsequenz wäre sicher, daß man an dieser Stelle auch die Linguistik auf ihren Beitrag zu unserem Thema untersuchen müßte. Darauf will ich hier verzichten und mich auf einen Hinweis auf Benjamin Lee **Whorf (1963)** *Sprache, Denken, Wirklichkeit* beschränken.

Nicht so abschreckend wie das obige Zitat ist die Einführung in die Soziologie von Günter **Wiswede (1991)** *Soziologie. Ein Lehrbuch für den wirtschafts- und sozialwissenschaftlichen Bereich,* das für den aus rein betriebswirtschaftlicher Sicht an Soziologie Interessierten als Einstieg empfohlen werden kann.

### 6.4.1 Organisationssoziologie

Für unseren Zusammenhang der Corporate Identity ist sicher die Organisationssoziologie von besonderer Bedeutung. Eine Übersicht über diesen Themenkreis gibt Renate **Mayntz (1972)** *Soziologie der Organisation.*

"Aus der Verbreitung der Organisationen ergeben sich für die Soziologie drei wichtige Themenkreise. Sie unterscheiden sich dadurch, ob man vom Individuum, von der einzelnen Organisation oder von der Gesellschaft als Ganzem ausgeht. Das vorliegende Buch wird sich dem zweiten Themenkreis widmen. Es will eine Einführung in die soziologische Organisationsanalyse geben und untersucht daher das soziale Gebilde der Organisation, ihre Struktur, die Prozesse in ihr und ihre wechselseitigen Beziehungen mit der Umwelt.

... Im Mittelpunkt des ersten Themenkreises steht das Individuum. Hier untersucht man etwa die Zugehörigkeit des einzelnen zu verschiedenen Organisationen, seine Motive und das Ausmaß seiner Beteiligung, sein Verhalten in der Organisation und seine Reaktionen auf diese soziale Situation." (S. 23/24) Die Studien zu diesem Themenkreis sind meistens sozialpsychologisch orientiert.

"Die Fragen des dritten Themenkreises bilden zwar den Hintergrund für jede soziologische Organisationsanalyse, sind jedoch nicht ihr eigentlicher Gegenstand ... . Man geht bei diesem Themenkreis von der Gesellschaft aus und fragt nach bestimmten Wirkungen eines so oder so beschaffenen Geflechts von Organisationen. Diese Wirkungen, ..., sind sowohl positiver als auch negativer Art und nicht selten einander entgegengesetzt. So ließe sich z.B. fragen, wieweit die Verselbständigung von Einzelzwecken in Organisationen zu Konflikten in der Gesellschaft führt ... Ähnlich müßte man einmal die unbestreitbare Tatsache der Leistungssteigerung durch die zweckorientierte arbeitsteilige Kooperation in Organisationen gegen die Gefahr einer hemmenden Überorganisation (Bürokratisierung) abwägen." (S. 24)

Ein wichtiges Thema im Zusammenhang mit der Organisationsanalyse sind die Tendenzen des strukturellen Wandels, der offenbar bestimmten Gesetzmäßigkeiten folgt. Soweit sie mit dem Größenwachstum und dem Alter einer Organisation zusammenhängen, spielen sie immer und überall eine vergleichbare Rolle. "Andere strukturelle Entwicklungstendenzen hängen dagegen von besonderen technologischen, gesellschaftlichen und anderen Gegebenheiten ab, die nur unter bestimmten geschichtlichen Umständen oder nur bei bestimmten Organisationstypen auftreten; hierzu gehören etwa die Tendenzen zur Oligarchisierung in freiwilligen Vereinigungen ... oder die Tendenzen zur Zentralisierung bzw. Dezentralisierung der Autorität in großen Unternehmen oder der Verwaltung." (S.107/108)

### 6.4.2 Funktionale Systemtheorie

Die Theorieentwicklung in der Soziologie ist in den achtziger Jahren vor allem vom systemtheoretischen Paradigma geprägt worden. "Keine andere theoretische Orientierung hat auch nur eine annähernd vergleichbare Brisanz und Dynamik entwickeln können." (Willke (1993)) Die Ausstrahlung systemtheoretischen Denkens in Nachbardisziplinen wie Verwaltungswissenschaft, Wirtschaftssoziologie oder Organisationspsychologie wirkt sich positiv auf die dringend notwendige interdisziplinäre Zusammenarbeit aus.

*Die Systemtheorie fördert die interdisziplinäre Zusammenarbeit.*

Die Systemtheorie in Deutschland wird in erster Linie mit dem Namen Niklas Luhmann verbunden. Ich beziehe mich im folgenden hauptsächlich auf **Luhmann (1973)** *Zweckbegriff und Systemrationalität,* weil er hier den funktionalen Systembegriff vor dem Hintergrund des Systembegriffs der "klassischen Organisationslehre" herausarbeitet. Auch auf Luhmann trifft zu, was eingangs zur Sprache der Soziologie gesagt wurde.

Weil die Begriffe Teil und Ganzes oder Zweck und Mittel in der Umgangssprache wie in der Sprache der Betriebswirtschaftslehre so unproblematisch erscheinen, besteht er auf einer Genauigkeit im Denken wie in der Sprache, die die Lektüre sehr anstrengend macht.

Doch wer sich da durchgebissen hat, wird erkennen, wie hilfreich die Systemtheorie bei der Behandlung konkreter Probleme in Organisationen sein kann.

Die Systemtheorie geht vor allem auf Talcott Parsons (1976) zurück. Nach seinem als AGIL-Schema bekannten Modell hat jedes System vier Grundbedingungen zu erfüllen, ohne die es nicht überleben kann:

*Zentral für die Systemtheorie sind die vier Grundbedingungen jeden Systems.*

- *Adaption,* die Anpassung an die Umwelt
- *Goal attainment,* die Zielsetzung und -erreichung
- *Integration,* die Anpassung der Subsysteme an das System
- *Latency,* die Erhaltung der Struktur und damit des Systems.

Die Methode der *Funktionalen Analyse* untersucht Verhaltensweisen, Strukturen und Prozesse im Hinblick auf ihren Beitrag zu diesen Grundbedingungen und unterscheidet dabei zwischen *manifesten und latenten Funktionen.* Manifeste Funktionen sind die bewußten und gewollten Folgen einer Handlung, latent sind dagegen die weder bewußten noch gewollten Folgen. Ist der Beitrag für das System negativ, so wird von *Dysfunktionen* gesprochen. Es liegt auf der Hand, daß gerade latente Folgen nicht selten dysfunktional sind, das ist jedoch nicht die Regel. Besonders bei primär zweckorientierten Systemen werden die Systembedingungen oft nicht einmal registriert, so daß eine Stabilisierung oft weitgehend über latente Funktionen geleistet wird.

Die Entdeckung dieser latenten Funktionen - ohne daß sie damals so genannt wurden - im Rahmen der Hawthorne-Studie der Gruppe um Elton Mayo markierte in den vierziger Jahren den Beginn der Betriebssoziologie und führte zur "Human Relations-Bewegung" in den USA. Eigentlich hatte man bei diesen Untersuchungen den Einfluß der (physikalischen) Arbeitsbedingungen auf die Leistung untersuchen wollen. So verbesserte man die Beleuchtung und stellte eine Steigerung der Leistung fest. Die Überraschung war jedoch groß, als in der Kontrollgruppe auch die Reduzierung der Beleuchtung zu Ergebnisverbesserungen führte. Als sie dem auf den Grund gingen, fanden die Forscher heraus, daß die Leistungssteigerung darauf zurückzuführen war, daß sich jemand um die Arbeiter kümmerte, Interesse für sie zeigte. Das hatte mit Kontrolle nichts zu tun, denn die hatte es im Grunde vorher genauso gegeben.

Doch noch heute werden die Konsequenzen aus diesen Forschungsergebnissen in vielen Betrieben nicht wahrgenommen, geschweige denn umgesetzt. Die Rolle der sozialen Beziehungen im Betrieb wird immer noch vernachlässigt. Da werden aufwendige und teuere Reengineering-Programme entwickelt, dabei könnte oft eine flexible Pausenregelung und eine bessere Gestaltung der Kantine Wunder bewirken. Die manifeste Funktion der Kantine, nämlich die Versorgung ist dabei sekundär gegenüber der latenten Funktion des Informationsaustauschs über die Abteilungsgrenzen hinweg.

**Luhmann (1964)** weist in *Funktionen und Folgen formaler Organisation* darauf hin, wie wichtig *informelle Strukturen* nicht nur für die Integration, sondern oft auch für die Zielerreichung sind, während die bewußte Aufrechterhaltung formaler Strukturen die Anpassung der Organisation an die Umwelt oft massiv behindert, und damit letztendlich dysfunktional für den Systembestand ist.

Ein wichtiger Teil der Funktionalen Analyse ist die Substitution von Funktionen durch *funktionale Äquivalente.* Dieses Modell behandelt die Beziehung zwischen Ursache und Wirkung nicht länger als wissenschaftlichen Grundbegriff, der zur Definiton der Funktion benutzt werden könnte. Man muß die Kausalbeziehung umgekehrt "nach ihrer Funktion im wissenschaftlichen wie auch im praktischen Überlegungskontext fragen. Diese Funktion aber ist, ..., die Ermöglichung eines Vergleichs bestimmter Ursachen mit anderen, funktional äquivalenten Ursachen, oder bestimmter rechtfertigender Wirkungen mit anderen, funktional äquivalenten Wirkungen. Vergleich ist eine unentbehrliche Voraussetzung jeder Kausalfeststellung. Wo die Wissenschaft an dem Versuch, invariante Beziehungen zwischen bestimmten Ursachen und bestimmten Wirkungen (Kausalgesetze) festzustellen, scheitert, muß sie daher auf die vorausliegende vergleichende Methode zurückgreifen; ist doch jedes Scheitern nichts anderes als Ausdruck der Tatsache, daß es "andere Möglichkeiten" gibt. ...

Der Übergang von einer Kausalgesetze suchenden Methode zu einer funktional vergleichenden Methode führt in der Theorie konsequent zu dem in der Einleitung geforderten Übergang von Handlungstheorien zu Systemtheorien." **(Luhmann (1973)** S.168/169).

Dazu muß man wissen, daß Luhmanns Systembegriff den Begriff der Handlung einschließt, weil er von *Handlungssystemen* ausgeht, "das heißt von Systemen, die aus konkreten Handlungen eines oder mehrer Menschen gebildet sind und sich durch Sinnbeziehungen zwischen diesen Handlungen von der Umwelt abgrenzen." (S. 8)

Man kann ein System nicht allein aus seiner inneren Ordnung heraus begreifen. Das *Innen* macht nur einen Sinn, wenn es auch ein *Außen* gibt. Mit ihrem Ansatz erklärt die Systemtheorie auch, was denn das *Mehr* des Ganzen gegenüber den Teilen ist. "Dieses Mehr läßt sich nur als Ordnungsleistung des Systems im Verhältnis zu seiner Umwelt verstehen - und nicht allein von innen her als Summierungsüberschuß. Systeme müssen daher zunächst äußerst formal als Identitäten begriffen werden, die sich in einer komplexen und veränderlichen Umwelt durch Stabilisierung einer Innen/Außen-Differenz erhalten." (S.175)

*Die für den Menschen wichtigste Funktion jedes Systems ist die Reduktion von Komplexität.*

Nur wenn man die Bedeutung dieser Unterscheidung zwischen Dazugehörenden und Außenstehenden erkennt, kann man verstehen, welche Gefahren mit dem sogenannten "virtuellen Unternehmen", dem zunehmenden Verschwinden der Grenzen sowohl innerhalb als auch nach außen, auf die Organisationen zukommt. Aber auch für die Grenzen gibt es funktionale Äquivalente. Ein Beispiel dafür ist die ungeheuere Betonung der "VeriFone-Familie" bei diesem Musterbeispiel eines virtuellen Unternehmens, das über die ganze Welt verteilt ist. (vgl. Kao (1996) S. 68 ff)

Die mit der Innen/Außen-Differenz verbundene *Reduktion von Komplexität* ist eine wichtige

*Widersprüche in der Wertstruktur sind eine permanente Quelle von Konflikten.*

*Die Analyse darf nicht an der Oberfläche bleiben, sondern muß auch latente Funktionen aufdecken.*

Funktion von Systemen. Alles, was man über ein System aussagen kann, - Differenzierung in Teile, Hierarchiebildung, Grenzerhaltung,

Differenzierung von Struktur und Prozeß, selektive Umweltentwürfe usw. - läßt sich funktional als Reduktion von Komplexität analysieren. "Im Vergleich zur Welt schließt ein System für sich selbst mehr Möglichkeiten aus, reduziert Komplexität und bildet dadurch eine höhere Ordnung mit weniger Möglichkeiten, an der sich das Erleben und Handeln besser orientieren kann. ...Diese Reduktion der äußeren Umweltkomplexität auf ein Format, das Erleben und Handeln ermöglicht, wird bei allen menschlichen Systembildungen durch Sinn gesteuert. ... Auch soziale Systeme sind Systeme, die Handlungen durch ihren *Sinn* (und nicht etwa durch ihre Stoßkraft) miteinander verbinden und gegen eine Umwelt anderer Möglichkeiten abgrenzen." (S.176)

Konflikte gehören zu den Grundphänomenen der Soziologie. Innerhalb von Organisationen entstehen sie durch widerspruchsvolle Anforderungen an bestimmte Rollen. "Solche Widersprüche und Konflikte sind nichts weiter, als eine Konsequenz des Versuchs, in einer komplexen und veränderlichen Umwelt invariante Systeme zu bilden. Konflikthandeln ist demgemäß eine besondere Strategie der Verminderung von Komplexität durch Kampf. Statt extern durch Kampf von entschiedenen Positionen aus können Widersprüche, wenn ein System über eine gewisse Zeitstrecke stabilisiert ist, auch durch interne Einrichtungen absorbiert werden, vor allem dadurch, daß unvereinbare Dinge nacheinander getan werden ..." (S. 229/230)

Zu diesen Systemeinrichtungen zur Absorption von Widersprüchen gehören Techniken, wie die Geheimhaltung von Informationen, die Trennung von Situationen und Zuschauern, die Problemisolierung und die Wertabstraktion, die unverbindliche Rhetorik, die Institutionalisierung von Präferenzen oder die Delegation unangenehmer Handlungsaufträge.

"Während die klassische Organisationslehre solche Konflikte zwischen Untersystemen zwar beobachtet hatte, sie aber auf unzulängliches Verständnis oder auf fehlende Motivation der Beteiligten zurückführt - also kognitiv oder emotional, nicht also strukturell erklärt -, ist heute weithin anerkannt, daß die spezifische Zweck/Mittel-Vertauschung Widersprüche in der Wertstruktur enthüllen und dadurch Konflikte erzeugen kann."(S. 281)

Es gibt verschiedene Formen dieser erwähnten Zweck/Mittel-Vertauschungen. Eine Verschiebung besteht z. B. darin, daß ein Untersystem ihm zugewiesene Mittel als eigene Zwecke auffaßt. Das typische Beispiel ist eine Behörde, die eine bestimmte Maßnahme nur deswegen ausführt, weil dafür ein Haushaltstitel existiert. Ein englischer Historiker nannte einmal ein gravierenderes Beispiel: "Am Ende des Krieges wurde Dresden nur deshalb zerstört, weil das bomber command existierte; einen strategischen Sinn hatte das nicht mehr."

"Eine andere radikalere Umbewertung setzt eine Zweck/Mittel-Verschiebung voraus, geht aber darüber hinaus, indem sie zugleich mit der Konstituierung ihres Unterzwecks dem Endzweck, dem das Gesamtsystem dient, zum Mittel für den Unterzweck degradiert." (S.274) Das typische Beispiel ist die Partei, die ein Programm entwickelt, um Wahlen zu gewinnen, statt die Wahl gewinnen zu wollen, um das Programm realisieren zu können. In fast jedem größeren Unternehmen kann man eine Vielzahl solcher Zweck/Mittel-Vertauschungen beobachten, die ernsthafte CI-Probleme verursachen können.

→ Manifeste und latente Funktionen,
→ Funktionale Äquivalente,
→ Zweck/Mittel-Vertauschung:

die funktionale Systemtheorie bietet ein breites Spektrum an Konzepten für die Analyse und damit ein tiefgehendes Verständnis der in Unternehmen und Institutionen ablaufenden Prozesse. Die Analyse bleibt nicht an der Oberfläche der Phänomene hängen und bietet deshalb die Möglichkeit, die verschiedensten Störungen in der Organisation als Folgen struktureller Mängel zu erkennen und von den Ursachen her besser zu beheben.

→ Reduktion von Komplexität

ist ein weiteres Konzept, eine zentrale Funktion jedes Systems. Indem sie die unendliche Vielzahl der Möglichkeiten der natürlichen Umwelt einschränkt, erleichtert die Reduktion von Komplexität die Entscheidung und damit das Handeln. Die Art und Weise, wie sie erfolgt, ist jeweils charakteristisch für das System, die Organisation oder das Unternehmen, ist ein Element der Corporate Identity. Die spezifische Art, in bestimmten Situationen zu reagieren, vereinfacht und beschleunigt in vielen Fällen die Entscheidung.

Ein sehr ähnliches Konzept finden wir in der Semiotik. Bei der Verwendung von Zeichen wird der theoretisch unendliche Prozeß der Interpretation durch die Gewohnheit, auf ein Zeichen zu reagieren - also z. B. einen Begriff zu verstehen - , abgekürzt. Nur diese Gewohnheit sichert eine schnelle und effektive Kommunikation. Auch sie ist ein Element der Corporate Identity. Systemtheorie und Semiotik erklären im Grunde das gleiche Phänomen auf der Grundlage ihres jeweils spezifischen Modells.

*Nur die Gewohnheit sichert eine schnelle und effektive Kommunikation.*

Unter dem Gesichtspunkt der Semiotik als integrierender Wissenschaft sollte man solche Aspekte im Auge behalten. Noch ist der Anspruch der Integration nicht mehr als ein Ansatz, für den vieles spricht. Ausgearbeitet ist er noch nicht.

*Semiotik: Die Lehre von den Zeichen muß als Grundlage der Integration verstanden werden.*

## 7. Semiotik als integrierende Wissenschaft

### 7.1 Zur Akzeptanz des Pragmatismus

Die Struktur wissenschaftlicher Revolutionen lautet der Titel eines Buches von Thomas **Kuhn (1973)**, das das wissenschaftstheoretische Denken nicht unerheblich beeinflußt hat. Seine wichtigste These lautet, daß Wissenschaft normalerweise in "Paradigmen" einer anerkannten Theorie betrieben wird, unter deren Dach führende Wissenschaftler kollektiv die Normen dafür setzen, was als Wissenschaft anerkannt wird und was nicht, in welcher Richtung Forschung betrieben werden soll und was unwichtig ist.

Die zweite These Kuhns lautet, daß es gegenüber dieser "normalen" Wissenschaft große Umbrüche oder "wissenschaftliche Revolutionen" gibt, in denen die früheren Grundlagen eine tiefgreifende Umstrukturierung erfahren. Sie sind gebunden an eine neue wissenschaftliche Großtheorie, die neue Fakten enthält und es zugleich ermöglicht, bekannte Sachverhalte anders und zugleich überzeugender zu deuten. Diese Revolution eröffnet darüber hinaus ein weites Feld zuvor nicht erkannter Forschungsmöglichkeiten, in dem sich neue Wissenschaftskollektive unter einem neuen Paradigma herausbilden.

Ein solches Paradigma bildet der Ende des 19. Jahrhunderts in Amerika entstandene philosophische Pragmatismus, der sich erst heute langsam auch in Europa durchzusetzen beginnt. Einer seiner wichtigsten Vertreter ist Charles Sanders Peirce (1839-1914). Als Naturwissenschaftler und Mathematiker knüpfte er an alte Traditionen der Philosophie an, indem er die Semiotik - die Lehre von den Zeichen - in den Mittelpunkt seiner Philosophie rückte. Er arbeitete die Semiotik als Logik aus, die er mit mathematischer Präzision formulierte.

Die aktuellste Darstellung der Rolle von Peirce für die heutige Philosophie gibt **Oehler (1995)** in *Sachen und Zeichen. Zur Philosophie des Pragmatismus.* Dabei leitet er die Bedeutung der Semiotik für die Philosophie von der Bedeutung des Zeichens ab.

"Der Begriff des Zeichens ist allgemeiner als der Begriff der Sprache. Es gibt heute keinen Begriff, der die Beziehung des Menschen allgemeiner zu bestimmen vermag, als der Begriff des Zeichens. Die Thematisierung der Welt geschieht schon seit langem unter dem Aspekt der Relationalität, nicht mehr der Substantialität. ... Der Formenbestand der Welt wird heute verstanden als ein einziges semiotisches System, das aus vielen semiotisch geschachtelten Untersystemen besteht, deren vereinheitlichendes Grundelement das Zeichen in seiner triadischen Relation ist. In Termini der Philosophie übersetzt heißt das, daß das philosophische Denken nicht mehr nach dem Begriff des Seins im Sinne purer Selbstrepräsentation desselben fragt, sondern nach dem Begriff des Repräsentiertseins, des Dargestelltseins.
Das ist der Grund, warum die formale Semiotik die formale Ontologie der Tradition abgelöst hat und weiter ablösen wird." (Oehler, S. 94)

7

*Pragmatische Maxime: Wirklichkeit ist, was Wirkung hat.*

Peirce geht wie oben dargestellt (siehe S. 71) von den grundlegenden Kategorien des *Ersten, Zweiten und Dritten* aus. "Das Erste ist der Begriff dessen, was unabhängig von etwas anderem ist oder existiert. Das Zweite ist der Begriff dessen, was relativ zu etwas anderem ist oder der Begriff der Reaktion. Das Dritte ist der Begriff der Vermittlung, wodurch ein Erstes und ein Zweites miteinander in Beziehung gebracht werden." (Apel (1976), S.284)

Diese Kategorien lassen sich auch als *Möglichkeit, Wirklichkeit* und *Notwendigkeit* beschreiben. Sie benennen eine triadische Relation, die nicht reduziert werden kann; d.h. man kann diese dreifache Wechselbeziehung nicht durch Zweierbeziehungen (Dichotomien) oder nur auf der Basis der einzelnen Elemente vollständig erfassen. Eine entsprechende Analyse zeigt, daß in vielen Wissenschaftsbereichen solche triadischen Relationen zu den grundlegenden Beschreibungs- und Erklärungskonzepten gehören. Für Psychologie und Biologie wurden sie oben (siehe S.71) bereits genannt; für die Visuelle Kommunikation werden die triadischen Beziehungen unten (siehe S. 126) relativ ausführlich behandelt.

Tatsächlich bietet die Semiotik zumindest die Chance, eine alle Wissenschaften übergreifende vereinheitlichende Theorie zu entwickeln, wie dies unter dem Begriff der *Unified Science* insbesondere auch von Charles William Morris propagiert wurde. Gewisse Erfolge gibt es bisher jedoch nur in den Kommunikationswissenschaften.

Auf einem regelrechten Erfolgskurs ist dagegen der Pragmatismus als Philosophie. Das Grundprinzip des pragmatischen Denkens formuliert Peirce als *Pragmatische Maxime*: "Überlege, welche Wirkungen, die denkbarerweise praktische Bezüge haben könnten, wir dem Gegenstand unseres Begriffs in Gedanken zukommen lassen. Dann ist unser Begriff dieser Wirkungen das Ganze unseres Begriffs des Gegenstandes." (Peirce 1985, S.63). Zur weiteren Erläuterung ergänzt er an anderer Stelle. Die Maxime besagt, "daß ein Begriff keine logische Wirkung oder einen Sinn haben kann, der sich von dem eines zweiten Begriffs unterscheidet, ausgenommen insoweit als er in Verbindung mit anderen Begriffen und Intentionen denkbarerweise unser praktisches Verhalten in einer Weise modifizieren könnte, die von der des zweiten Begriffs verschieden ist." (Peirce CP 5.196) Dazu: Heuberger (1992), S.133

"Als die wesentliche Konstante in den mannigfaltigen Erscheinungsarten pragmatischen Denkens hat sich die Dominanz des Praxisbezugs erwiesen, wobei Praxis sowohl die situative Alltagspraxis als auch die Forschungspraxis der Wissenschaften und die pädagogisch-politische Erziehungspraxis umfaßt, eine Praxis, die sich als Experimentiergemeinschaft versteht, in der niemandem der Besitz der absoluten Wahrheit konzediert wird, sondern jedem lediglich die Aufstellung überprüfbarer Hypothesen. Das ist die Lebensordnung der Demokratie, das ist Pragmatismus. Am Ende unseres Jahrhunderts spricht vieles dafür, daß der Pragmatismus die Philosophie der Zukunft ist." (Oehler, S.13)

*Niemand ist im Besitz der absoluten Wahrheit. Es geht um die Aufstellung überprüfbarer Hypothesen.*

*Ohne eine Auseinandersetzung mit der Philosophie als Grundlage der Wissenschaft kann man keine Unternehmensphilosophie formulieren.*

Indem er den Bezug zur Demokratie herstellt, bezieht sich Oehler auf die "vier von den Pragmatisten akzeptierten fundamentalen Faktoren" (Morris (1977), S.196):

// die wissenschaftliche Methode,
// den philosophischen Empirismus,
// die evolutionäre Biologie und
// das demokratische Ideal.

Sie "bilden den "unproblematischen" Kontext, in dem die philosophischen Probleme des amerikanischen Pragmatismus auftraten, sowie den Rahmen, in dem Lösungsvorschläge dieses Problems beurteilt wurden." (Morris, S.196)

"Der wichtigste Punkt ist der, daß der Pragmatismus, mehr als irgendeine andere Philosophie, die Semiotik in eine Handlungs- und Verhaltenstheorie eingeschlossen hat. Die Relation eines Zeichens zu dem, was es bezeichnet, involviert immer die Vermittlung durch einen Interpretanten, und ein Interpretant ist eine Handlung oder Handlungstendenz eines Organismus." (Morris S. 221)

**Oehler (1995)** zeichnet unter der Überschrift "Der Pragmatismus als Philosophie der Zukunft" die Linien der Philosophie in Deutschland im ausgehenden Jahrhundert nach. (S. 245 ff.)

"Neben Phänomenologie und Hermeneutik (Heidegger) entwickelte sich mit wachsender Wirkung und parallel zur Weiterentwicklung der Logik die Wissenschaftstheorie und die Analytische Philosophie. Die sogenannte sprachanalytische Wende lenkte die Aufmerksamkeit auf das Faktum und die Funktion der Sprache und deren problematisches Verhältnis zum Denken (Wittgenstein)." (Oehler S. 248)

"Die Philosophie in Deutschland nach dem Zweiten Weltkrieg bis heute spiegelt in den Grundzügen die Konstellation der Philosophie wider, die sich in den ersten drei Jahrzehnten des Jahrhunderts formierte. Es handelt sich um Variationen derselben Themen. Die Lage spitzte sich zu, als in der Wissenschaftstheorie unter dem Einfluß der Denktradition des Wiener Kreises der Begriff des Wissens so definiert wurde, daß dieser Begriff der Geschichtlichkeit des Menschen, seine geschichtliche Erfahrung, nicht mehr abdeckte. Diese als Szientismus bezeichnete Einstellung sah für die Philosophie allein noch die Rolle bloßer Rekonstruktion des nach seinem eigenen Verständnis wissenschaftlichen Wissens vor. ... Es macht die Bedeutung Gadamers aus, die Philosophie und die historischen Geisteswissenschaften aus dieser aussichtslos erscheinenden Lage befreit zu haben. ... (Er entfaltete) in seinem Werk *Wahrheit und Methode* (1960) eine Theorie der Sprachlichkeit des Menschen, die das Wissen der Philosophie und der Geisteswissenschaften im Unterschied zu dem methodisch gewonnenen Gesetzeswissen der Naturerklärung neu begründete. Dieser Ansatz der Sprachlichkeit des Verstehens im "In-der-Welt-Sein" verlieh der Hermeneutik eine neue Wertigkeit, in deren Licht zwei Faktoren schärfer als vorher ins Bewußtsein traten: die Fundamentalität und Vorrangigkeit des lebensweltlichen Verstehens gegenüber dem methodischen Verfahren der objektivierenden

Wissenschaft und die Geschichtlichkeit und Veränderlichkeit im Sein der Wissenschaften selbst. Damit war der Monopolanspruch der Analytischen Philosophie und szientistischen Wissenschaftstheorie gebrochen.

In diesem Streit ging es letztlich um die Frage nach Struktur und Geltung des Vernunftbegriffes. Die Konfrontation verlagerte sich nun mehr und mehr in die Sozialwissenschaften und die Politische Philosophie. Es ging und geht jetzt - denn diese Auseinandersetzung dauert an - um die Bestimmung einer vernünftig eingerichteten Gesellschaft in einer verwissenschaftlichten Zivilisation und darum, wie eine Theorie auszusehen hat, die diesem Umstand gerecht wird, mit anderen Worten, ob die Logik der Sozialwissenschaften strukturgleich ist mit dem Gesetzeswissen der Naturwissenschaften oder ihre Methodologie eine andere, eigene ist. Die alten Frontlinien - hier Szientismus, dort Hermeneutik - bleiben deutlich sichtbar. Die Auseinandersetzung steigerte sich von seiten der Gegner des Szientismus zu einer prinzipiellen Kritik an der Verdinglichung und Manipulierbarkeit des Menschen im Herrschaftsgefüge der Technokratie der modernen Industriegesellschaft." (S. 249/250)

"In dieser Situation erlebte ... die sogenannte Kritische Theorie (Horkheimer, Adorno) ihre Hoch-Zeit. Unter Aufnahme des Marxschen Ansatzes verbindet diese Theorie das Problem des Verhältnisses von Theorie und Praxis mit einer Geschichtsphilosophie in gesellschaftsverändernder Absicht. Mit der Kritik an der sogenannten instrumentellen Vernunft sollten die bestehenden Verhältnisse und die ihnen konformen Wissenschaften im Zeichen einer emanzipatorischen Vernunft in Frage gestellt werden, ohne indes zu sagen oder sagen zu können, wohin die Reise denn gehen könnte.

... In Weiterentwicklung dieser älteren Kritischen Theorie hat dann Habermas versucht, Möglichkeiten der Vermittlung von wissenschaftlich-technischer Weltverwaltung und Freiheit des Individuums aufzuzeigen.

Während in einer ersten Phase der Hauptkontrahent der Kritischen Theorie der Kritische Rationalismus Karl Poppers war, der die Wissenschaftlichkeit geschichtsphilosophischer Prognosen und die Möglichkeit von Strategien globaler Gesellschaftsveränderung mit guten Gründen entschieden bestritt, kam in späteren Kontroversen als Kontrahent der Kritischen Theorie die Systemtheorie Niklas Luhmanns hinzu und gab der Kontroverse insofern eine radikale Zuspitzung, als es jetzt um die Qualität der Strukturelemente sozialer Systeme überhaupt ging und bis heute geht. Die Systemtheorie sieht das Individuum wesentlich als Element im Relationennetz der Gesellschaft, in der wechselseitigen systembedingten Dependenz der Individuen reagiert das soziale System nicht auf die subjektiven Intentionen der einzelnen Individuen als Individuen, sondern das soziale System ist ein sich selbst regulierendes System nach Regeln sui generis." (S. 250/251)

*In der Philosophie ist an die Stelle des Gegeneinander von Richtungen ein kritisches Miteinander getreten.*

"Weil auf unterschiedliche Gegenstandsbereiche bezogene Theorien von eben jenen abhängig sind, ist es sinnlos, sie miteinander zu vergleichen und zu fragen, welche von ihnen die bessere ist. Die philosophische Forschung hat daraus längst ihre Konsequenzen gezogen und das Gegeneinander der Schulen und Richtungen wird mehr und mehr durch ein kritisches Miteinander abgelöst." (S. 253)

"Die Methodenansätze des Kritischen Rationalismus Poppers und der Philosophie des Pragmatismus in der Grundlegung durch den amerikanischen Philosophen und Logiker C. S. Peirce finden in der deutschen philosophischen Landschaft zunehmende Beachtung und Anwendung." (S. 252)

Dieser Ausflug in die Philosophiegeschichte ist für unser Thema Corporate Identity deshalb von Bedeutung, weil er den Hintergrund deutlich macht, vor dem die Triadische Relation als Modell für eine theoretische Behandlung der Corporate Identity dient, das in der Lage ist, die sehr unterschiedlichen wissenschaftlichen Bereiche, die bisher angesprochen wurden, tatsächlich zu integrieren.

*Als wissenschaftliche Theorie erlaubt die Triade die begründetet Formulierung von Hypothesen.*

Es ist diese Integration, durch die die CI-Triade weit über die Systematisierung hinausgeht, als die sie (S.57 ff) dargestellt wurde. Es ist nicht zu erwarten, daß durch die Einführung des triadischen Modells völlig neue Erkenntnisse in den einzelnen Wissenschaftsbereichen gewonnen werden. Aber es ist auch nicht so, daß die Funktion des Modells sich auf die reine Einordnung der Ergebnisse in ein gemeinsames Schema beschränkt, obwohl dies, auch für sich allein genommen, bereits ein erheblicher Fortschritt ist.

Mit der Einordnung deckt die triadische Relation jedoch darüber hinaus Beziehungen auf, die sonst verborgen blieben. Das hat durchaus etwas gemeinsam mit den *latenten Funktionen* der Systemtheorie. Da die Triade eine wissenschaftliche Theorie ist, deckt sie diese Beziehungen nicht nur auf, sondern erlaubt auch die Formulierung von Hypothesen über Art und Qualität dieser Beziehungen und damit auch über die Folgen von Variationen, was dann natürlich auch praktische Konsequenzen hat. Beispiele dafür werden im Zusammenhang mit der visuellen Kommunikation dargestellt (vgl. S.126 ff).

Zwei Themen, die für die Praxis der Corporate Identity von speziellem Interesse sind, sollen zum Abschluß wenigsten kurz angesprochen werden. Sie betreffen Kommunikation und Kreativität.

"Das Verständnis des Zeichens als einer dreistelligen Relation macht auch einen anderen Umstand der Zeichengebung leicht verstehbar, nämlich die Tatsache, daß ein Zeichen nicht allein, d. h. ohne Verbindung mit anderen Zeichen existiert. Denn jedes Zeichen muß per Definition interpretierbar sein. Die Interpretierbarkeit aber setzt wenigsten ein anderes Zeichen voraus. Dieses andere Zeichen wiederum ist ebenfalls nur Zeichen, wenn und weil es interpretierbar ist, also ein anderes Zeichen voraussetzt. Und so weiter bis ins Unendliche. ... Der theoretisch unendliche Prozeß der Interpretationen ist aber in praktischer Hinsicht unproblematisch, weil wir in der Praxis des alltäglichen Handelns mit einem abgekürzten Verfahren arbeiten. Wir verständigen uns in der Kommunikation des Alltags durch einige wenige Erklärungen, Kürzel, Gebärden, Gesten, den Tonfall der Stimme etc. Die abgekürzte Zeichengebung der alltäglichen Kommunikation wird erzwungen durch die Notwendigkeit des Handelns. Wir brechen damit jeweils den prinzipiell unendlichen Interpretationsprozeß ab, weil wir handeln müssen." (Oehler, S. 85/86)

Das bedeutet auf der anderen Seite aber auch, daß wir solange im Sinne einer Interpretation kommunizieren müssen, bis wir handeln können. Der Zeichenprozeß "ist seiner Natur nach ein sozialer Prozeß, das heißt er wurzelt in einer Gemeinschaft. In diesem Zusammenhang ist es wichtig zu wissen, daß Peirce zu seiner Zeichenkonzeption über eine rein phänomenologische Analyse der Dialogsituation gekommen ist." (Oehler, S. 89)

Abschließend soll noch auf den Stellenwert der Kreativität im Rahmen des pragmatischen Verständnisses hingewiesen werden. Kreativität ist ein im Zusammenhang mit der Pflege der Corporate Identity zentrales Thema. Kreativität kann nicht auf die Frage der Gestaltung des Corporate Design reduziert werden, und gerade hier kommt es nicht selten zu den gravierendsten Mißverständnissen. Man kann keine bürokratischen Organisation durch peppiges Design in ein weltoffenes kundenorientiertes Unternehmen verwandeln. Kreativität ist ein wesentlicher Bestandteil der Persönlichkeit, auch jeder Unternehmenspersönlichkeit. Kreativität und Innovationskraft auf allen Ebenen gehören gerade unter den Bedingungen sich immer schneller wandelnder Märkte zu den Überlebensnotwendigkeiten. Die Kreativität steht dabei in einem ständigen Gegensatz zu den mehr oder weniger starren Strukturen der Organisation. Ein tieferes Verständnis, worauf denn Kreativität gründet, kann helfen, ihr die notwendigen Freiräume auch innerhalb der Strukturen zu schaffen. Peirce erklärt Kreativität im Spannungsverhältnis der triadischen Relation *Möglichkeit, Wirklichkeit und Notwendigkeit.*

"Nach Peirce läßt sich die kreative Handlung als eine etwas realisierende Handlung verstehen, so jedoch, daß der Modus der Realität von den Modi der Möglichkeit als auch der Notwendigkeit abhängt. ...Dadurch gelingt es ihm, das Procedere der Realisierung als Semiose zu charakterisieren und zwar wie folgt. Erstheit als Repertoire möglicher Fälle muß vorgegeben sein; vorgegeben sein muß auch Drittheit als regelbestimmte oder gesetzmäßige Determination oder Notwendigkeit; nur so ist Zweitheit, d. h. der zu realisierende Fall (Objekt, Ereignis) überhaupt selektierbar. Das trifft auch auf den ausgezeichneten Fall von Originalität und Innovation zu." (Oehler, S.97)

*Kreativität beschränkt sich nicht auf den künstlerischen Bereich.*

*Die verwendeten Begriffe müssen auf das grundlegende Prinzip bezogen werden.*

## 7.2 Semiotik als allgemeine Zeichentheorie

"Im Rahmen des Pragmatismus nimmt die Semiotik eine besondere Stellung ein, da alle Erkenntnis nur durch Zeichen gewonnen und über Zeichen vermittelt werden kann. Peirce behandelt die Semiotik als eine Logik, das heißt ein Instrument der Erkenntnis. Die wichtigste Voraussetzung wissenschaftlichen Arbeitens ist die sprachliche Präzision, um die sich Peirce konsequent bemüht. Keiner seiner Begriffe ist daher unscharf oder könnte als überflüssig angesehen werden. Sie sind getreu dem Grundsatz der Pragmatik immer auf konkretes Handeln bezogen. Ganz im Gegensatz dazu muß man heute leider feststellen, daß die Semiotik, so wie sie vielfach betrieben wird, zu einer reinen Terminologie verkommt. Zwar kann man, wenn man genau sein will, kaum auf die von Peirce geprägten Begriffe verzichten, doch sind diese wertlos, wenn man sie nicht auf die zugrundeliegenden Prinzipien bezieht. Und diese Prinzipien sind durchaus auch allgemeinverständlich darstellbar." **(Kroehl (1987)** S. 37)

*Alle dreistelligen Bezeichnungen sind auf die Grundformen des Seins bezogen: Möglichkeit, Wirklichkeit, Notwendigkeit*

"Die bei Peirce immer wieder anzutreffenden Triaden, dreistelligen Beziehungen, beruhen darauf, daß für ihn alles Existierende auf drei Grundkategorien des Seins zurückgeführt werden kann. Die Erstheit ist die reine Existenz einer Sache, unabhängig von jeder Beziehung zu irgendetwas anderem. In Bezug auf das Handeln stellt die reine Existenz immer nur Möglichkeiten dar, denn im Handeln wird die Existenz zur Wirklichkeit und damit zur Zweitheit. In der Zweitheit wird eine Sache immer in Beziehung zu einer anderen gesetzt.

Nehmen wir als Beispiel den Stein, den ein Steinzeitmensch gefunden hat. Als reine Existenz birgt er viele Möglichkeiten: Er kann als Axt benutzt werden, um Bäume zu fällen; er kann als Waffe dienen, um Tiere zu erlegen; er kann als Mahlstein eingesetzt werden, als Pflugschar oder als Hammer. Alle diese Funktionen sind für sich genommen Zweitheiten, weil sie ihrem Wesen nach den Stein in Beziehung zu anderen Dingen setzen, sei es zum Holz des Baumes, zum Getreidekorn oder zum Erdreich. Zweitheit ist allerdings nur die Handlung an sich, die Aktion.

Das Handeln dagegen ist eine Drittheit, denn im Handeln stellt der Mensch als drittes Element die Beziehung zwischen den beiden Elementen her. Hinter der Seinsweise der Drittheit steht immer die Vernunft, das Erkennen der Möglichkeiten und deren Nutzung. Die Wahrnehmung eines Gegenstandes ist eine Zweitheit. Die Beziehung besteht nur zwischen der wahrnehmenden Person und dem Gegenstand, das Wahrnehmen der möglichen Funktionen eines Gegenstandes ist dagegen eine Drittheit, es ist die Erkenntnis." (S. 37/38)

Alle Triaden, die Peirce aufstellt, sind auf diese drei Grundformen des Seins bezogen, wobei sich die jeweiligen Beziehungen am ehesten aus den Begriffen Möglichkeit, Wirklichkeit und Vernunft ableiten lassen, aber auch die Bezeichnungen Gefühl, Erfahrung und Gesetz treffen auf die Grundkategorien zu.

*Alle Erkenntnis kann nur durch Zeichen gewonnen und vermittelt werden.*

In der Zeichentheorie werden diese Kategorien durch die Beziehung Mittel - Objekt - Interpretant repräsentiert. Diese Beziehung wird auch als die *Triadische Zeichenrelation* bezeichnet. Aus dieser Sicht ist ein Zeichen kein statisches Phänomen, sondern ein dynamischer Prozeß. In diesem Prozeß kann alles zum Zeichen werden, wenn es nur als Zeichen interpretiert wird. Als Zeichen interpretiert bedeutet, daß etwas für etwas anderes - für sein Objekt - steht.

Im Unterschied zum Kommunikationsprozeß setzt der Zeichenprozeß nicht Sender und Empfänger voraus. Als Robinson die Feuerstelle sieht, ist sie ein Zeichen für ihn, daß außer ihm noch andere Menschen auf der Insel waren, auch wenn die Kannibalen, von denen die Feuerstelle stammte, keine kommunikative Absicht damit verbanden. Andererseits ist auch die Flaschenpost, die Robinson dem Meer anvertraut, ein Zeichen, auch wenn niemand es jemals empfängt.

Das Konzept des Interpretanten, dem dritten Element des Zeichenprozesses, wird oft mißverstanden. Es ist auf keinen Fall der Interpret, weder als Zeichenproduzent noch als Zeichenempfänger. Der Interpretant ist vielmehr das System, in dem dem Zeichen seine Bedeutung zugeordnet wird. Der Interpretant ist entweder selbst ein Zeichen oder die Disposition zu handeln. So kann der griechische Begriff "helios" mit "Sonne" übersetzt werden und man kann ihm ohne weiteres das Objekt Sonne zuordnen. Doch damit ist die Bedeutung von "helios" bei weitem nicht erfaßt. Erst die Hinzunahme des Interpretanten, der durch die Kultur und das Weltbild der Antike gebildet wird, erschließt die Bedeutung. Allerdings dies auch nur mit einer gewissen Annäherung, weil wir die Vorstellung eines Sonnengottes zwar intellektuell nachvollziehen, aber niemals unmittelbar erleben können.

Die drei Zeichenbezüge - Mittel, Objekt, Interpretant - beruhen selbst wieder auf einer dreifachen Beziehung, die denselben Grundprinzipien folgt. Diese in der Tabelle (Abb. 34) wiedergegebenen Feinbezüge werden in Kroehl (1984) näher beschrieben.

Die triadische Relation betrachtet jedoch nicht nur die Struktur innerhalb von Zeichensystemen, sie kann auch verschiedene Zeichensysteme charakterisieren. Wir sprechen zum Beispiel von einer Sprache der Musik, der Körper-

Abbildung 34: **Tabelle der Feinbezüge**

| | Zeichenbezug | | |
|---|---|---|---|
| *Feinbezug* | **Mittel** | **Objekt** | **Interpretant** |
| **Mittel** | Qualizeichen | Ikon | Konnotation |
| **Objekt** | Sinzeichen | Index | Denotation |
| **Interpretant** | Legizeichen | Symbol | Präzision |

Quelle: Kroehl (1984), S.118

sprache oder einer Fachsprache. "Sprache" wird dabei keineswegs im übertragenen Sinne benutzt.

*Kunst, Wissenschaft und Umgangssprache vermitteln Bedeutung auf unterschiedlichste Art.*

Man kann diese Sprachen danach unterscheiden, in welcher Form die Bedeutungsvermittlung erfolgt. Im Bereich der Kunst werden Bedeutungen nur als Möglichkeiten angeboten. Für die Umgangssprache beziehen sich die Bedeutungen auf die Wirklichkeit, das heißt sie müssen nur soweit geklärt werden, daß sie das gemeinsame Handeln im Bezug auf Objekte der Umwelt ermöglichen. Mit den damit verbundenen Unbestimmtheiten und Ungenauigkeiten kann sich die Wissenschaft dagegen nicht zufrieden geben. Bedeutungen müssen hier eindeutig sein. Das ist nur möglich, wenn sie auf Definitionen innerhalb geschlossener Systeme beruhen. Sie sind also ein Produkt der Vernunft. Das hat aber auch zur Konsequenz, daß diese Bedeutungen nur innerhalb dieser geschlossenen Systeme der jeweiligen Wissenschaftssprache gültig sind.

Die drei Beziehungen des Zeichens können analytisch als die Dimensionen des Zeichenprozesses aufgefaßt werden. Für diese Dimensionen haben die Begriffe Syntaktik, Semantik und Pragmatik eine gewisse Verbreitung gefunden. Sie gehen auf **Morris (1972)** zurück, der allerdings später selbst wieder Abstand von ihnen genommen hat, weil sie durch undisziplinierten Umgang zu nichtssagenden Schlagwörtern geworden waren.

Wie problematisch solche ungenauen Begriffsverwendungen sind, zeigt die gängige "Definition" der drei Dimensionen in den Sprachwissenschaften: Danach ist die Syntaktik die Lehre von der Zeichengestalt, der Zusammensetzung von Zeichen. Die Semantik ist die Lehre von der Bedeutung und die Pragmatik die Lehre von der Zeichenverwendung. Obwohl sich das sehr ähnlich anhört, hat das mit der Semiotik nichts mehr zu tun. Statt der dreifachen Beziehung steht hinter dieser Auffassung nämlich der alte Dualismus von Form und Inhalt, von Materie und Geist, der tief in das abendländische Denken eingeprägt ist.

Wenn man die Begriffe in Übereinstimmung mit Morris verwendet, dann wird im Rahmen der Syntaktik das Zeichen im Hinblick auf die Mittel untersucht. Sie beschäftigt sich also mit der rein materiellen Seite des Zeichens. Sie stellt den Katalog der Elemente auf, das Repertoire, und nennt die Regeln, nach denen aus den Elementen Zeichenkomplexe gebildet werden, liefert also die Codes. Da jedes Superzeichen wiederum als einfaches Zeichen untersucht werden kann, gibt es stets eine Hierarchie von Codes. Die Syntagmen, also die Kombinationsformen der einen Ebene bilden die Paradigmen, also die Elemente der nächsthöheren Ebene.

Bei der Sprache kann man bei der schriftlichen Form von der Ebene der Buchstaben über Silben und Wörter bis zur Ebene der Aussagen gelangen. Es gibt aber auch höhere Ebenen, wie die der Aussage- oder Redefiguren, die die Rhetorik untersucht, oder etwa die literarische Ebene, auf der beispielsweise die Theorie des

Romans angesiedelt ist. Die am besten ausgearbeitete Ebene ist die darunterliegende der Grammatik. Auf dieser Ebene werden die Regeln der korrekten Bildung von Aussagen festgelegt. Eine wichtige Beobachtung ist die Tatsache, daß die Zahl der Elemente von der begrenzten Zahl von ca. 30 Buchstaben auf eine große, aber doch endliche Zahl von Wörtern bis hin zu einer theoretisch unbegrenzten Zahl von Aussagen steigt.

Für die gesprochene Sprache beginnt die linguistische Analyse auf der Ebene der Phoneme, die in den meisten Sprachen der Welt ebenfalls auf ca. 30 begrenzt sind. Ihre Kombinationsmöglichkeiten werden durch linguistische Strukturformeln beschrieben (Whorf (1963), S. 22 ff). Die nächsthöhere Ebene ist die der Morpheme, der bedeutungtragenden Einheiten. In der Linguistik sind als weitere Ebene weniger die Wörter, als vielmehr die Gesetze für die Bildung von Aussagen von Interesse. Da die Linguistik sehr gut ausgearbeitet ist, kann sie ein gutes Modell für die Semiotik abgeben. Man muß sich jedoch darüber klar sein, daß die Linguistik ein Teilgebiet bzw. Spezialfall der Semiotik ist, der sich mit dem Zeichensystem Sprache befaßt.

Im Gegensatz zur Grammatik erfaßt die Linguistik die tieferliegenden Strukturen der Sprache. Eine der wichtigsten Erkenntnisse dabei ist die Abhängigkeit der Sicht der Welt von diesen Strukturen der Sprache.

"Gerade wie die Sprache einerseits aus gesonderten Wortbildungen und Gliederungen besteht und andererseits aus systematisch geordneten Strukturen, die als Hintergrundphänomene weniger offensichtlich, aber dafür unübertretbarer und universeller sind, gerade so könnte die physische Welt ein Aggregat quasigesonderter Entitäten (Atome, Kristalle, Organismen, Planeten, Sterne etc.) sein, die nicht isoliert, sondern nur als Erscheinungen in und aus einem Feld kausaler Zusammenhänge zu verstehen sind. " **(Whorf (1963)**, S. 72)

*Bei der Aufgabe von Zeichensystemen ist unbedingt die Ebene der Analyse zu beachten.*

Wenn man bedenkt, daß Whorf bereits 1941 starb, ist doch erstaunlich, wie weitsichtig er die weitere Entwicklung der Physik sah.

"Je weiter die Physik in die inneratomaren Vorgänge eindringt, desto mehr lösen sich die diskreten physikalischen Formen und Kräfte in Relationen reiner Strukturierung auf. Der Ort eines erscheinenden Etwas, eines Elektrons zum Beispiel wird unbestimmt und diskontinuierlich. Das Etwas verschwindet in einer strukturellen Position, um an einer anderen wieder zu erscheinen - ganz wie ein Phonem oder irgendeine andere, Strukturgesetzen unterworfene Entität, von der man ebenfalls sagen kann, sie sei *nirgendwo* zwischen den Positionen. Die Ortsbestimmung jenes Etwas, die zunächst als eine kontinuierliche Variable aufgefaßt und analysiert wurde, wurde bei näherem Zusehen zu einer bloßen Alternation, die durch Situationen "aktualisiert" und durch Strukturen jenseits der konkreten Meßbarkeit regiert wird." (Whorf, S. 73)

Schon im Zusammenhang mit dem Begriff der Ganzheit waren wir auf den Begriff des

*Die Sprache der visuellen Kommunikation ist eine Umgangssprache.*

Feldes gestoßen. Die Gestalttheorie beschreibt Ganzheit als ein "dynamisches Feld", dessen Organisations-, Strukturierungs- und Kompositionsgesetze sich grundsätzlich von festen Korrelationen zwischen festen einzelnen Variablen unterscheiden. (siehe oben S. 79)

Auch die Systemtheorie geht von vergleichbaren Denkprinzipien aus. Vielleicht gibt uns die Semiotik tatsächlich die Chance, eine umfassende Theorie zu entwickeln, die dem Anspruch einer Unified Science gerecht werden kann. Dies ist allerdings nicht die Perspektive dieses Buches, das nur zeigen soll, daß es möglich ist, mit Hilfe der Semiotik in einem Arbeitsfeld - der Corporate Identity - verschiedene wissenschaftliche Ansätze zu integrieren und dadurch zu einem gemeinsamen Erklärungsrahmen zu gelangen.

*1. Ebene: Elemente der Wahrnehmung, Texturen.*

Wer sich vor diesem Hintergrund näher mit der Semiotik beschäftigen möchte, dem seien neben der bereits erwähnten Literatur die folgenden Bücher zur Lektüre empfohlen:

Morris, Charles W. (1977), Pragmatische Semiotik und Handlungstheorie.
Nöth, Winfried (1985), Handbuch der Semiotik.
Eco, Umberto (1985), Semiotik. Entwurf einer Theorie der Zeichen.

## 7.3 Semiotik der visuellen Kommunikation

Mit Bezug auf die oben getroffene Unterscheidung der unterschiedlichen Sprachen (siehe Seite 124) muß die Sprache der Bilder, die der visuellen Kommunikation zugrundeliegt, als eine Umgangssprache angesehen werden, wenn sie auch in der Bedeutungsvermittlung etwas unbestimmter ist. Sie wird auf eine existierende Wirklichkeit bezogen und man versteht in der Regel spontan, was gemeint ist.

Wenn man die Struktur einer Umgangssprache bestimmen will, um sie korrekt zu benutzen, dann greift man in der Regel auf die Grammatik zurück. Der erste Test für die Anwendbarkeit der Semiotik ist daher die Entwicklung einer Grammatik der visuellen Sprache. Dabei ist es wichtig, die Ebenen der Codes genau zu beachten.

"Die erste, also unterste Ebene der Beschreibung wird durch die grundlegenden Elemente der Wahrnehmung gebildet. Diese grundlegenden Elemente sind die Texturen; Muster, die die Beschaffenheit von Gegenständen kennzeichnen. Die sprachliche Entsprechung dieser Zeichen sind am ehesten Adjektive, beispielsweise das Steinige, das Erdige, das Rauhe, das Glatte usw. Auf der Aussagenebene können solche Zeichen nur Qualizeichen sein, hier jedoch haben sie Sinnzeichencharakter, weil sie unterscheidende Merkmale liefern, unterschiedliche Zustände trennen. Mehr kann diese Ebene auch nicht leisten, da auf ihr nur Texturen an sich erfaßt werden können.

*2. Ebene: Elemente der Veränderung, Strukturen.*

Auf der zweiten Ebene lassen sich aufgrund der Variationen des Texturgradienten Strukturen erkennen, die sich auf ein relativ eng begrenztes Repertoire zurückführen lassen. Der Texturgradient besteht in der Zunahme der Dichte und einer Abnahme der Größe der einzelnen Texturelemente. Die Art dieser Änderung kennzeichnet die verschiedenen Möglichkeiten der Strukturbildung. So bringt die Geschwindigkeit des Gradientenverlaufs die Neigung von Oberflächen zum Ausdruck. Ist diese Geschwindigkeit konstant, so erscheint die Oberfläche plan; verändert sich jedoch die Geschwindigkeit, so erkennen wir eine Wölbung. Die Wölbung setzt eine kontinuierliche Veränderung der Geschwindigkeit voraus, eine plötzliche Änderung wird als Knick oder Kante wahrgenommen.

Damit sind alle Elemente der zweiten Beschreibungsebene gegeben, sie enthalten die Voraussetzungen für jede nur denkbare Form.

Mit der Realisierung der Form ist jedoch bereits die dritte Ebene erreicht. Aufgrund der Umrißlinie, die als Linie natürlich nur in der grafischen Konvention existiert und in der Realität durch das Aufeinandertreffen zweier Texturen entsteht, lassen sich auf dieser Ebene konkrete Gegenstände erkennen. ...

*3. Ebene: Elemente der Form, Objekte.*

Sobald es Ansatzpunkte für die Beziehung zwischen den Gegenständen einer bildlichen Darstellung gibt, befinden wir uns auf der Ebene der Aussagen, die als die wichtigste für eine Analyse der visuellen Kommunikation angesehen werden muß. " **(Kroehl (1987)**, S. 97)

*4. Ebene: Elemente der Bezeichnung, Aussagen.*

"Wie die Grammatik die Regeln angibt, nach denen aus den verschiedenen Wortarten Sätze gebildet werden, so gibt es auch eine Syntax bildlicher Zeichensysteme, die den Syntagmen der einzelnen Beschreibungsebenen zugrundeliegen. Ein System dieser Regeln ist bis heute noch nirgends ausgearbeitet worden, und es bedarf sicher noch umfangreicher theoretischer und empirischer Vorarbeiten, ehe man dazu in der Lage sein wird. Es gibt aber interessante Ansatzpunkte, die die Form solcher Regeln erkennen lassen. Für die Aussagenebene kann man folgende Grundregel formulieren:

\`Jede reguläre bildliche Aussage enthält alle drei Zeichenarten. Dabei ist die Zahl der Qualizeichen unbegrenzt, während die Zahl der Sinnzeichen auf die Anzahl der dargestellten Objekte begrenzt ist. Legizeichen können immer nur in einer Ausprägung auftreten.´ (S. 65)

"Die Semantik charakterisiert Zeichen aufgrund ihrer Beziehung zum bezeichneten Objekt, das wiederum auf Mittel, Objekt oder Interpretant bezogen sein kann. Je nach Art dieser Beziehung kann man zwischen Ikon, Index und Symbol unterscheiden. Diese Unterscheidung hat wohl die weiteste Anerkennung und Beachtung in der semiotischen Literatur gefunden. Wobei die Semiotik allerdings oft nur auf diesen Aspekt reduziert worden ist. Kein anderer Teil der Zeichentheorie ist aber auch so oft und so gründlich mißverstanden worden. Das betrifft beispielsweise auch die häufig anzutreffende Differenzierung zwischen ikonischen als bildlichen Zeichen und symbolischen als verbalen Zeichen." (S.100)

"Die Beziehung des Ikons zum bezeichneten Objekt besteht in der Ähnlichkeit. Dabei werden drei Arten von Ikons unterschieden: *Abbilder* geben einfach Wahrnehmungseigenschaften eines Objekts wieder, ganz gleich, ob ein solches Objekt nun in der Realität existiert oder nicht. Objekte von Abbildern können daher immer nur als Möglichkeiten aufgefaßt werden. ...

*Diagramme* reduzieren die Abbildung auf die Beziehungen zwischen Teilen des Objekts, die in abstrakter Form wiedergegeben werden. Durch diese Zeichenform werden die Beziehungen als das wesentliche Objekt der Darstellung gekennzeichnet, dies gilt zum Beispiel für Pläne von Verkehrsverbindungen, Lageskizzen und ähnliche Anwendungen. *Metaphern* zeigen die wesentlich gemeinten Eigenschaften eines Objekts durch Parallelität in etwas anderem. Hier wird das ikonische Prinzip der Verwendung des Objektes als reines Mittel im Zeichenprozeß besonders deutlich. Im Gegensatz dazu verweist beim Index das Objekt auf sich selbst. Der Index ist damit ein Zeichen der realen Existenz seines Objekts. Man kann auch sagen, er ist durch das Objekt verursacht." (S. 107)

*Zwischen den verschiedenen Zeichenarten gibt es keine scharfen Grenzen. Jedes aktuelle Zeichen enthält verschiedene Elemente.*

Es lassen sich drei Arten von Indices unterscheiden:

*Kennzeichen* beruhen auf der Darstellung der die Einmaligkeit des Objekts charakterisierenden Merkmale, die z.B. bei Karikaturen auch überspitzt hervorgehoben werden können.

*Anzeichen* sind als Spuren unmittelbar vom Objekt bewirkt, wie der Widerschein der Lichter der Stadt am nächtlichen Himmel.

*Wahrzeichen* dagegen sind durch Konvention oder Gewohnheit als Teile zum Zeichen für das Ganze geworden.

„Die Beziehung der dritten Zeichenart der Semantik, des Symbols, zu seinem Objekt ist konventionell. Die Zuordnung erfolgt nur innerhalb eines Systems, das den Interpretanten bildet. Die Bedeutung des Symbols ist damit verbindlich geregelt, und das System ist notwendiger Bestandteil des Zeichens. Wenn auch das Wesen des Symbols in der freien Zuordnung besteht, so ist diese Zuordnung dennoch meist nicht rein willkürlich, sie folgt vielmehr gewissen Prinzipien. Man kann daher zwischen eher ikonisch orientierten und eher indexikalisch abgeleiteten Symbolen unterscheiden und diesen das rein willkürliche Symbol entgegenstellen." (S.108)

Es ist ein Grundsatz der Semiotik, "daß man ein Zeichen nicht prinzipiell nur einer Zeichenart zuordnen kann, daß vielmehr ein Zeichen die verschiedenen Komponenten in unterschiedlicher Ausprägung enthält und man nur Schwerpunkte feststellen kann. Nach Peirce enthält das optimale Zeichen für ein Objekt ikonische, indexikalische und symbolische Elemente in einem ausgewogenen Verhältnis. Ein solches ausgewogenes Verhältnis sollte man vor allem bei der Gestaltung von Markenzeichen und Signets anstreben, die ihr Objekt umfassend repräsentieren sollen. Bei werblichen Aussagen wird man eher bestimmte Zeichencharakteristiken betonen, um die kommunikative Absicht deutlich werden zu

Abbildung 35: **Kontinuum der Bezeichnungsmöglichkeiten, Anwendungsbeispiel**

Quelle: Kroehl (1987), S. 112

Abbildung 36: **Arbeitsphasen im kreativen Prozeß**

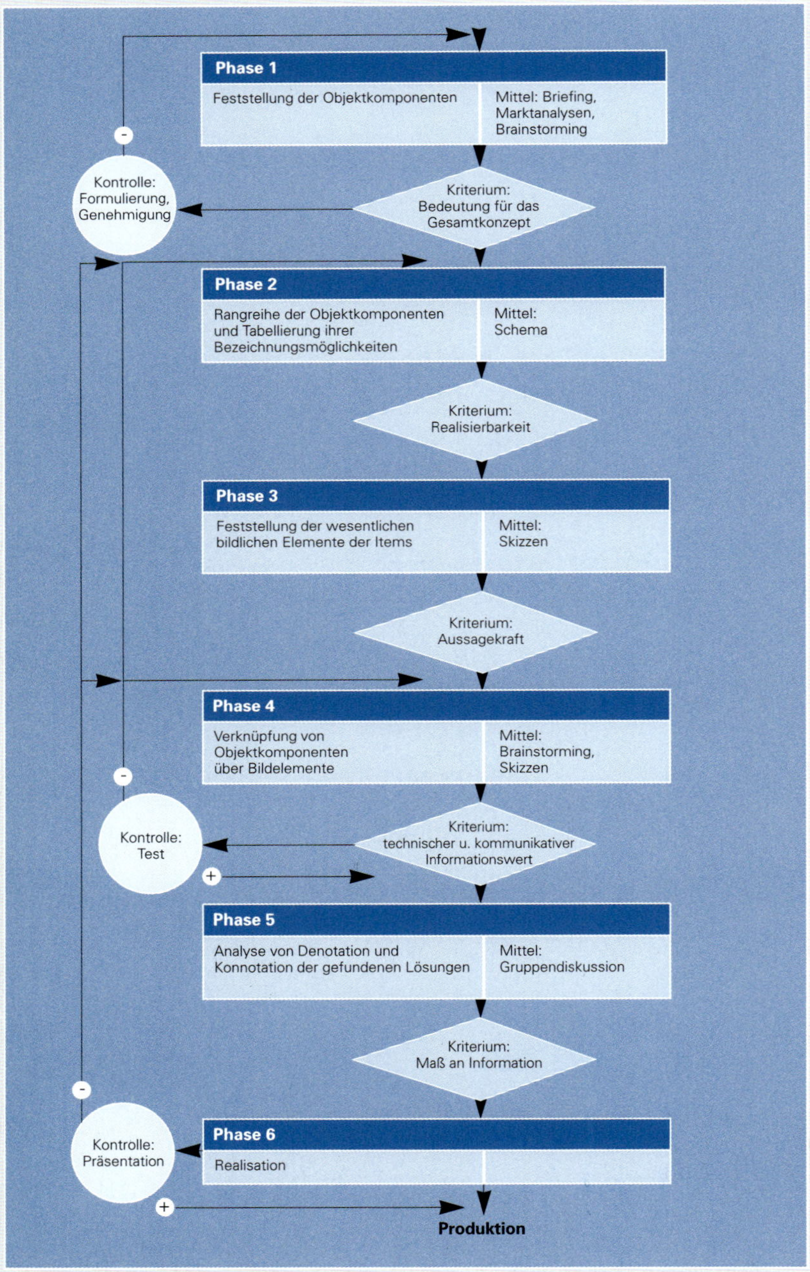


Quelle: Kroehl (1979), S.62/63

lassen. Wie die verschiedenen Zeichenarten, wenn sie sich alle auf das gleiche Objekt beziehen, unterschiedliche Aspekte dieses Projekts herausstellen, zeigt das Kontinuum der Bezeichnungsmöglichkeiten. Die Darstellung in Form eines Kreises soll darauf hinweisen, daß sich die Zeichenarten nicht immer deutlich voneinander abgrenzen lassen, daß es vielmehr kontinuierliche Übergänge zwischen ihnen gibt."(S.111) (Abb. 35)

In *Buch und Buchumschlag im Test* wurden die auf der Basis dieser Zeichenbezüge formulierten Hypothesen zur Informationsvermittlung durch verschiedene Gestaltungsprinzipien empirisch überprüft und eindrucksvoll bestätigt **(Kroehl (1984)** S.123).

Wie die Erkenntnisse der Semiotik zur visuellen Kommunikation in der Praxis der Gestaltung genutzt werden können, beschreibt Kroehl (1979) in *process visual* an einem konkreten Beispiel. Er legt dabei dar, wie das Instrumentarium der Zeichentheorie zu einer flexiblen Systematik führt, die den kreativen Spielraum in keiner Weise einengt, sondern im Gegenteil den Blick für neue Lösungen öffnet und gleichzeitig konsequent zum vorgegebenen Kommunikationsziel führt. (Abb. 36)

Für das Corporate Design eröffnet die auf der Semiotik beruhende Systematik völlig neue Möglichkeiten, Erscheinungsbild und Auftreten nach einheitlichen und für das Unternehmen auf besondere Weise kennzeichenden Prinzipien zu gestalten. Dabei muß die Betonung nicht mehr auf die Einhaltung grafischer Konstanten gelegt werden, die in der Anwendung leicht zu langweiligen Lösungen und schnell zu Abnutzungserscheinungen führen. Die Einheitlichkeit in Auftreten und Kommunikation des Unternehmens kann durch tieferliegende Charakteristika der Zeichenverwendung auf eine viel subtilere Art gewährleistet werden. Dadurch bleiben im Bereich der Werbung oder der Markenführung die Spielräume wesentlich größer. Selbst bei einem ganz auf Marken oder der Selbständigkeit einzelner Firmen abgestellten Auftritt kann ein Konzern seiner Corporate Identity einen angemessenen Ausdruck verleihen.

## 7.4 Der Zusammenhang von Strategischem Management, Marketing und Corporate Identity

Auf der Grundlage der triadischen Relation läßt sich auch das Verhältnis der vom Anspruch her ähnlich umfassenden Konzepte von Strategischem Management, Marketing und Corporate Identity beschreiben, indem man sie auf die Grundkategorien zurückführt:

| | | |
|---|---|---|
| Möglichkeit | Wirklichkeit | Vernunft. |
| Mittel | Objekt | System. |

Im Corporate-Identity-Konzept werden die Elemente interpretiert als

| | | |
|---|---|---|
| Mitarbeiter | Produkte | Kommunikation. |

Wenn wir uns auf die Definition des Management von Longenecker/Pringle (siehe oben S.86) beziehen, dann ist **Management** "der Prozeß der Beschaffung und Kombination menschlicher, finanzieller und physikalischer Ressourcen", also eindeutig den *Mitteln* zuzuordnen. Dabei geht es vor allem auch um die Führung der *Mitarbeiter* und letztendlich um die Wahrnehmung der *Möglichkeiten* des Unternehmens. **Marketing** ist die Orientierung an der Wirklichkeit des Marktes, dabei geht es vorrangig um die Positionierung von Produkten. **Corporate Identity** behandelt das Unternehmen als Gesamt-System, in dem die *Kommunikation* eine zentrale Rolle spielt. Diesen Zusammenhang stellt Abbildung 37 dar:

Dies bedeutet, daß die CI-Triade sich nicht nur in sich selbst - auf immer tieferen Ebenen - wiederholt, sondern auch nach oben offen ist. Ohne daß dies bereits genauer in den Konsequenzen analysiert wurde, lassen sich einige der

*Ein tieferes Verständnis der CI als Charakteristik befreit von den Fesseln einer oberflächlichen Einheitlichkeit.*

Abbildung 37: **Unternehmen als Gesamtsystem**

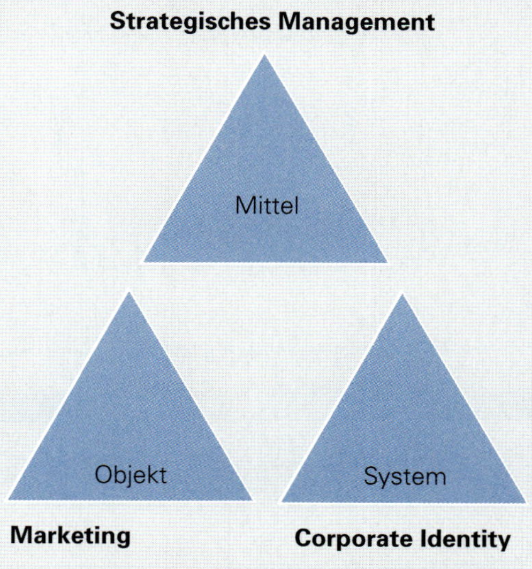


Quelle: Kroehl Identity Consultants

darüberliegende Ebenen exakt identifizieren:

Das übergeordnete System, in das sich das Unternehmen einfügt, ist die Wirtschaft, die zusammen mit Politik und Gesellschaft ein umfassendes System bildet. Nur wenn man sich die Komplexität aller dieser wechselseitigen Beziehungen vor Augen hält, kann man das hier vorgestellte Konzept der Corporate Identity nachvollziehen.

Abbildung 38: **Umfassendere Systeme, in die sich das Unternehmen einfügen muß.**

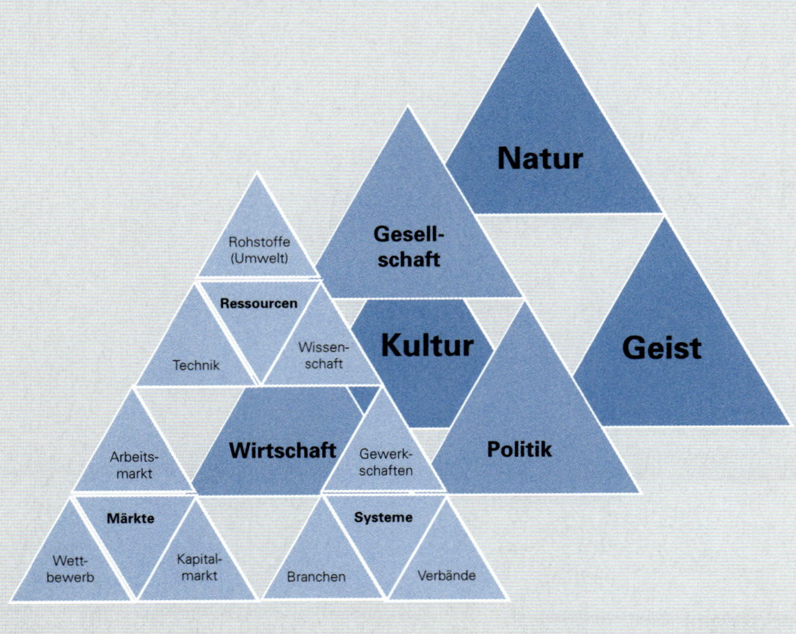


Quelle: Kroehl Identity Consultants

Die bewußte Pflege und Entwicklung der CI schließt auch das Bewußtsein ein, daß das Unternehmen - das mittelständische genauso wie der multinationale Konzern - eingebunden ist in diese umfassenden Systeme und in ihnen bestimmte Funktionen erfüllt.

Viele dieser Funktionen sind latent, also weder bewußt noch gewollt. Dennoch - oder gerade deswegen - kann ihr Verständnis helfen, die spezifische Rolle eines Unternehmens zu definieren, die Unternehmenspersönlichkeit in ihrer Einzigartigkeit zu fördern. Dies ist das eigentliche Ziel jeder Corporate Identity-Entwicklung.

Der diesem Bericht zugrundeliegende interdisziplinäre Ansatz einer wissenschaftlichen Auseinandersetzung mit dem Thema Corporate Identity nimmt jeden der angesprochenen Wissenschaftsbereiche in seiner Eigenständigkeit und seinem spezifischen Beitrag ernst. Er redet also weder einer hemdsärmlig pragmatischen Reduzierung auf die Bedürfnisse einer CI-Praxis das Wort, noch plädiert er für ein entsprechendes wissenschaftliches "Schmalspurangebot" für die Ausbildung von Designern, Designmanagern oder CI-Spezialisten. Er will vielmehr aufmerksam machen auf die Notwendigkeiten einer wirklichen interdisziplinären Zusammenarbeit sowohl bei der weiteren Entwicklung der wissenschaftlichen Grundlagen als auch bei der Lösung konkreter CI-Aufgaben in der Praxis.

# 8

# Zur Realisierung von CI-Projekten

# 8. Zur Realisierung von CI-Projekten

## 8.1 Die Aufgabe des CI-Beraters

Der Autor dieses Buches lehrt seit Jahren Kommunikationstheorie und -design und hat sich stark auf Theorie und Praxis der Corporate Identity spezialisiert. Zugleich leitet er ein CI-Beratungsunternehmen und leistet auf dieser Basis einen wesentlichen Beitrag zum wechselseitigen Transfer zwischen Wissenschaft und Anwendung. Die Verbindung von Wissenschaft und Kreativität kennzeichnet den Arbeitsstil der Teams der Kroehl Gruppe in Frankfurt. Hier arbeiten Marketingspezialisten, Sozialwissenschaftler und Designer gemeinsam an der Lösung eines sehr breiten Spektrums von CI-Aufgaben. Ihr Anspruch: Wir sind die Architekten Ihrer Identität.

*Die Tätigkeit eines CI-Beraters ist der eines Architekten vergleichbar, immer hat sie auch mit Design zu tun.*

Und tatsächlich ist die Tätigkeit eines CI-Beraters in vieler Beziehung der Arbeit eines Architekten vergleichbar. Wie ein Bauherr hat der CI-Klient meist sehr konkrete Bedürfnisse und Vorstellungen, die professionell umgesetzt werden müssen. Wie der Architekt plant der CI-Berater nicht nur, sondern koordiniert und verantwortet die Ausführung. Selten plant er "auf der grünen Wiese", fast immer ist da eine Substanz, die erhalten und ergänzt werden muß.

Die im folgenden vorgestellten Beispiele stammen aus aktuellen Projekten der Kroehl Identity Consultants. An jedem einzelnen Beispiel, aber noch mehr an der Gesamtheit der Beispiele wird deutlich, wie sehr die teilweise doch sehr unterschiedlichen Aufgabenstellungen einen Rückgriff auf die gesamte Breite der im ersten Teil dieser Studie dargestellten theoretischen Grundlagen sinnvoll oder sogar notwendig macht.

Aber noch etwas anderes wird deutlich: so breit das Aufgabenfeld der Corporate Identity ist, so vielfältig die Instrumente sind, die für seine Entwicklung eingesetzt werden können - die Aufgaben haben fast immer etwas mit Design zu tun. Design bildet eine wichtige visuelle Klammer. So wenig Design ausreichend ist für die Lösung von CI-Aufgaben, so wenig kann auf Design verzichtet werden. Die besondere Stärke von Kroehl Identity Consultants liegt in der schlüssigen Verbindung von Konzeption und Kreation. Zwischen den auf der theoretischen Basis aufbauenden Strategien und Konzepten und der Realisierung in Form konkreter Medien gibt es keinen Bruch. Die Gestalter, die aktiv an der Entwicklung der Theorie beteiligt waren und an der ständigen Weiterentwicklung beteiligt sind, finden ganz andere Möglichkeiten der Umsetzung, wie auch die Konzeptentwickler ganz anders in der Lage sind, Vorgaben zu machen und kreative Lösungen zu beurteilen.

Zugleich zeigen die Beispiele, daß solche Vorgaben den Designer nicht einengen, sondern im Gegenteil den kreativen Spielraum systematisch erweitern. Statt starrer Manuals, die auch das Unternehmen, z.B. in seinen Markenstrategien, unangemessen einschränken, gibt es auf einer tieferen Ebene liegende Prinzipien, die bei aller Vielfalt immer die grundlegende, das Unternehmen prägende Struktur erkennen lassen. Angesichts der heute von den Unternehmen geforderten Flexibilität wäre alles andere auch kontraproduktiv. Nur die Anpassung an den permanenten Wandel sichert heute noch das notwendige Überleben.

## 8.2 Ablauf eines CI-Projekts

Die Entwicklung und Pflege der Corporate Identity ist eine komplexe Aufgabe, die niemals nach einem Schema ablaufen kann. Corporate Identity als ganzheitliches Phänomen zu verstehen, heißt zu begreifen, daß nicht nur die CI als Struktur alle Teilsysteme und Prozesse der Organisation bestimmt, sondern daß umgekehrt auch jede Veränderung eines Teilsystems sich auf das Ganze auswirkt und damit die CI verändert. Eine Konsequenz daraus ist, daß auch eine geplante Entwicklung der CI praktisch an jeder Stelle ansetzen kann.

Vor diesem Hintergrund wird verständlich, warum jedes CI-Projekt seine eigene Struktur hat. So unterschiedlich die Motive sind, aus denen heraus eine CI-Entwicklung in Angriff genommen wird, so unterschiedlich sind die Problemsituationen, auf die man in einem Unternehmen oder einer Institution trifft. So differenziert wie die Märkte sind auch die strategischen Ansätze, mit denen die Unternehmen antreten, und da Corporate Identity immer nur von innen heraus entwickelt werden kann, muß auch die jeweilige CI-Strategie stets individuell konzipiert werden. Es hieße, das Prinzip der Triade gründlich mißverstehen, wenn man versuchen wollte, daraus einfache Rezepte für die Identitäts-Entwicklung abzuleiten.

Große Unterschiede in den Vorgehensweisen ergeben sich nicht zuletzt durch die unterschiedlichen Protagonisten einer CI-Entwicklung in den Unternehmen. Während idealtypisch die Initiative für CI-Maßnahmen von der Unternehmensleitung ausgeht, sind es in der Praxis oft Vertreter des mittleren Managements, die die Initiative ergreifen. Da ist der Marketingleiter, dem bewußt geworden ist, daß durch das reine Nebeneinander der Marken ein gewaltiges Synergiepotential ungenutzt bleibt, oder gar mit Erschrecken Kannibalisierungseffekte zwischen verschiedenen Unternehmensbereichen wahrnimmt. Da ist der PR-Manager, der völlig unerwartet vor der Situation steht, daß zunächst ganz harmlos erscheinende technische Pannen in der Öffentlichkeit plötzlich als moralische Defizite angeprangert werden. Da ist der Personalchef, der feststellen muß, daß dem Unternehmen nach und nach die fähigsten Mitarbeiter den Rücken kehren. Sie alle - in der Regel aber nur jeder für sich - registrieren, daß die Defizite nicht allein in ihrem Verantwortungsbereich zu beheben sind, sondern eine gemeinsame Anstrengung erfordern.

*Keine zwei CI-Projekte gleichen sich, jedes Projekt hat seine eigene Struktur.*

Das Erkennen von CI-Problemen in Unternehmen hängt sehr deutlich mit Krisensituationen zusammen, die im Rahmen der Phasen der

*Der standardisierte Ablauf bildet einen Rahmen, innerhalb dessen konkrete Projektabläufe sehr stark variieren.*

Entwicklung jeder Organisation mit großer Regelmäßigkeit auftreten (vgl. auch S. 88). In etablierten Großunternehmen ist es meist die Bürokratiekrise, der durch eine neue Qualität der Teamarbeit begegnet werden kann. In - vor allem international - dynamisch wachsenden Konzernen hat man es in aller Regel mit einer Kontrollkrise zu tun, die eine neue Kultur der Koordination erfordert. In expandierenden mittleren Unternehmen sind in erster Linie Autonomiekrisen zu bewältigen. Oft entstehen sie im Zusammenhang mit einem Übergang der Führung vom Inhaber zu einem angestellten Management. Es gilt, die bisher dominierende Persönlichkeit des Unternehmers in eine Unternehmenspersönlichkeit zu transformieren. Ein Sonderfall ist der Zusammenschluß zweier Firmen. Im Unterschied zur Übernahme, die CI-Entwicklung als Transfer-Aufgabe definiert, bietet er die einmalige Gelegenheit zur Positionierung einer neuen Unternehmenspersönlichkeit mit allen damit verbundenen Chancen, aber auch nicht zu unterschätzenden Risiken. Eine professionelle Beratung kann helfen, die Risiken zu minimieren und die Chancen optimal zu nutzen.

Wenn man alle diese verschiedenen Ausgangsbedingungen im Auge hat, so ist die Entwicklung einer Corporate Identity immer ein individueller Prozeß, der sich aber einheitlich dadurch beschreiben läßt, daß in ihm die grundlegenden Beziehungen zwischen Mitarbeitern, Produkten und Kommunikation zu integrieren sind. Daher gilt auch bei aller notwendigen Betonung des individuellen Zuschnitts jedes CI-Projekts, daß unabhängig von der Größe des Unternehmens vom Wesen her die gleichen Aufgaben zu lösen sind. Sie sind nur sehr unterschiedlich dimensioniert; was zum Beispiel in einem Fall eine aufwendige Analyse erfordert, ist im anderen Fall bereits im Briefingprozeß abzuklären. Vor diesem Hintergrund kann man durchaus von einem standardisierten Ablauf ausgehen, der den festen Rahmen bildet, innerhalb dessen die konkreten Projektabläufe sehr breit variieren (siehe Abbildung 39). (entspricht Abb. 19, S. 63)

Wer sich diesen Ablaufplan eines CI-Projekts genauer ansieht, wird dabei vielleicht über die Projektplanung stolpern, die erst lange nach dem Start an die Verabschiedung der CI-Strategie anschließt. Tatsächlich kann die Einrichtung von Projektteams zu diesem Zeitpunkt bereits ein Jahr und länger zurückliegen, wichtige und möglicherweise aufwendige Arbeitsschritte wurden bereits bewältigt: Leitbildentwicklung, Analyse und Konzeption der Strategie. Selbstverständlich laufen diese Phasen nicht ungeplant ab. Dennoch werden sie bewußt keinem Projektmanagement im engeren Sinne (vgl. S. 102 ff) unterworfen.

Zeit-, Kapazitäts- oder Budgetplanungen können in der Startphase nur jeweils für einzelne Teilaufgaben sinnvoll durchgeführt werden. Bis die Strategie steht, sind die wechselseitigen Einflüsse so groß, daß eine verbindliche Gesamtplanung eher als kontraprodutiv angesehen wird. Nicht, daß sie nicht möglich wäre; entscheidend ist vielmehr, daß sie permanent überprüft und fortgeschrieben werden muß, wenn sie nicht zu einer Fehlallokation der Mittel und Ressourcen führen soll. Mit den Entscheidungen zur Strategie ändert sich diese Situation grundlegend. Nun kann und muß die detaillierte Projektplanung und das konsequente Projektmanagement einsetzen.

## 8.3 Initiierung eines CI-Prozesses

Nach dem ersten Kontakt steht für den Berater die Grobanalyse am Anfang des Projekts. Dabei geht es nicht nur um den Auftritt des Unternehmens und möglicherweise auf den ersten Blick erkennbare Problemlagen oder auffällige Widersprüche, sondern auch um die Frage des Problembewußtseins. Nicht selten wird in den Unternehmen die eigentliche Problematik nicht erkannt. Dann steht vor der weiteren Planung erst einmal eine Sensibilisierungsphase, in der es darauf ankommt, beim Management das Bewußtsein für die tatsächliche Komplexität der Zusammenhänge zu schaffen. Dies ist eine durchaus heikle Aufgabe, da erfolgreiches Management nicht zuletzt auf der Reduzierung von Komplexität beruht (siehe oben S.87). Corporate Identity entspricht also nicht den traditionellen Denkweisen im Management. Für das Gelingen eines CI-Prozesses ist vor allem die Überwindung des rein mechanistischen Systemdenkens notwendig, wie es durch die Betriebswirtschaftslehre gefördert wird. Vor diesem Hintergrund sind betriebswirtschaftlich ausgerichtete Beratungsunternehmen in aller Regel nicht in der Lage, CI-Prozesse angemessen zu begleiten, weil sie das Unternehmen als Sozial-

Abbildung 39: **Ablauf eines CI-Projektes**

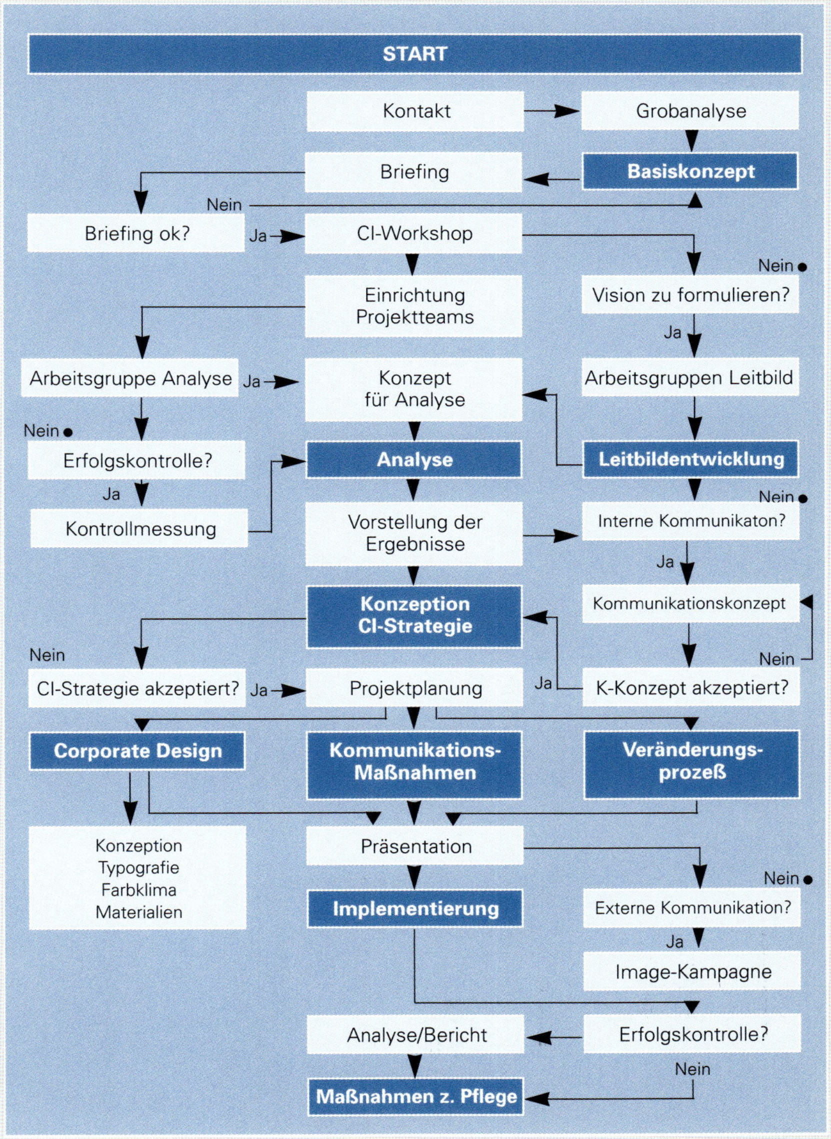


Quelle: Kroehl Identity Consultants

Abbildung 40: **Der Weg zu einer Corporate Identity**

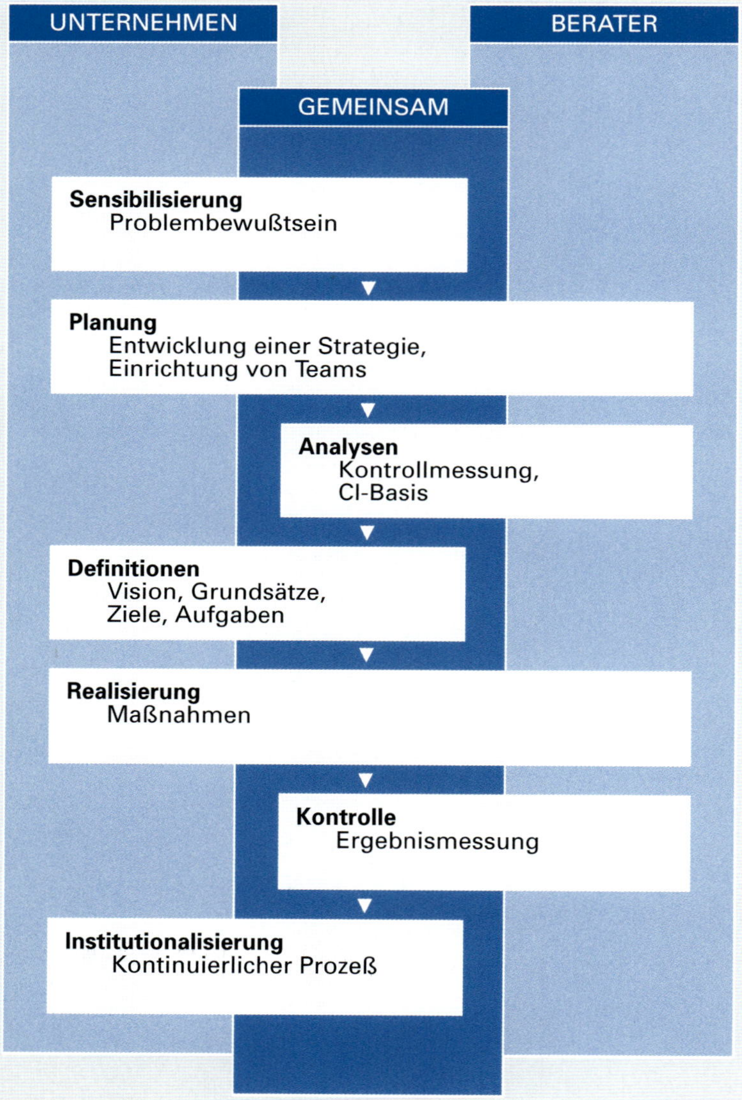


Quelle: Kroehl (1994), S. 27

und Kommunikationssystem nicht ausreichend erfassen können.

In der Anfangsphase müssen Berater und Unternehmen zunächst einmal eine gemeinsame Sprache für die Definition der Ziele und die Beschreibung der Aufgaben finden. Denn CI läßt sich auf keinen Fall als rein externe Dienstleistung entwickeln. Abbildung 40 (entspricht Abb. 11) ruft noch einmal ins Gedächtnis, wie die eigenen Bemühungen des Unternehmens und die externe Beratung für einen erfolgreichen CI-Prozeß ineinandergreifen müssen.

Allerdings ist der Ablauf eines CI-Prozesses keineswegs so linear, wie man aufgrund der beiden Abbildungen annehmen könnte. Permanent finden parallele Prozesse statt, die sich wechselseitig beeinflussen und immer wieder Vor- und Rückgriffe erforderlich machen. So ist die Sensibilisierung keine abgeschlossene Phase am Beginn des Projekts, sondern erstreckt sich über die gesamte Entwicklungszeit. Selbstverständlich tragen die Analysen zur weiteren Sensibilisierung bei, aber oft wird dem Topmanagement erst bei den Diskussionen um die Formulierung der Vision und der Leitlinien klar, wie weit Wunsch und Wirklichkeit im Falle der Unternehmenskultur auseinanderliegen, und welche Überzeugungsarbeit für die Durchsetzung mancher Unternehmensgrundsätze noch zu leisten ist. Das bleibt nicht ohne Konsequenzen für die Planung, die oft bereits als Folge der Analysen revidiert und neu geschrieben werden mußte.

Ein anderes Beispiel für die Notwendigkeit eines solchen iterativen Ansatzes ist die Definition der Ziele, die richtigerweise auf der Formulierung der Vision aufbaut. Andererseits wurden Ziele jedoch bereits im Rahmen des Briefingprozesses als Ausgangspunkt für den Planungsprozeß festgelegt. Auf der Grundlage der Analysen und vor dem Hintergrund der Vision erreicht die Zieldefinition aber tatsächlich eine neue Qualität und ist Anlaß zu einer kritischen Prüfung des gesamten Projekts. Manchen mag eine solche Feststellung erschrecken, aber im Zuge der Entwicklung zum permanenten Wandel, ist es ohnehin eine der wichtigsten Aufgaben, Planungsabläufe zu dynamisieren, sie durch iterative Verfahren für die ständige Anpassung an veränderte Bedingungen zu qualifizieren.

Die Zusammenarbeit zwischen Unternehmensleitung und CI-Berater beginnt vor diesem Hintergrund schon bei der Erstellung des Basiskonzepts, das im Rahmen eines Briefing-Prozesses in der Regel bereits intensiv abgestimmt wird. Ein bewährtes Hilfsmittel in dieser Phase ist eine Prioritätenliste der Aufgaben, wie sie in Abbildung 41 als Beispiel für ein mittleres Unternehmen dargestellt ist. In der Praxis dient die abgestimmte Aufgabenliste dazu, die Dimensionen des Projekts festzulegen und so einen Überblick über Struktur und Größenordnung der Kosten zu ermöglichen bzw. entsprechende Festlegungen zu treffen.

Für eine konkrete Fixierung der Kosten etwa durch ein verbindliches Angebot oder einen

Abbildung 41: **Aufgabenliste**

| | AUFGABEN | PRIORITÄT |
|---|---|---|
| Konzeption | Aufgabenidentifizierung | A |
| | Prioritätenliste abstimmen | |
| | Basiskonzept formulieren | A |
| | Details abstimmen | |
| | Projektdefinition | A |
| | Vorgehensweise abstimmen | |
| | Strategie/Arbeitsgruppe definieren | |
| | Zeitplan | A |
| | Meilensteine festlegen | |
| | kritischen Pfad bestimmen | |
| Analyse | Material-Analyse | A |
| | Managementgespräch | A |
| | Leitbildentwicklung | |
| | CI-Status | B |
| | Intensiv-Interviews | |
| | teilnehmende Beobachtung | |
| CI-Entwicklung | CI-Workshop | B |
| | CI-Organisation | A |
| | CI-Strategiegruppe | |
| | CI-Arbeits-/ Implementierungs gruppe | |
| Corporate Design | CD-Basis | |
| | Logo | A |
| | Kompetenzslogan | B |
| | Farbpalette | A |
| | Typografie A | |
| | Bildsprache | A |
| | CD-Aufgaben | |
| | Geschäftsdrucksachen | A |
| | Formulargestaltung | C |
| | Gebäudekennzeichnung | B |
| | Internet-Präsenz | B |
| | Messe-Auftritt | B |
| | Interior Design | C |
| | Environmental Design | C |
| Corporate Media | Image-Broschüre | A |
| | Image-Film | C |
| | Firmen-CD-ROM | C |
| | Mitarbeiter-Zeitschrift | B |
| | Firmen-Magazin | C |
| Implementierung | Image-Kampagne | |
| | Fachpresse | A |
| | Maßnahmen | |
| | Mitarbeiter, Kampagne, | A |
| | Kunden, Kampagne | A |
| | innovativer Aspekt | |

Quelle: Kroehl Identity Consultants

*Im Leitbild werden auf der Grundlage der Vision verbindliche Grundsätze des Handelns formuliert.*

detaillierten Auftrag ist es in dieser Phase in der Regel noch zu früh. Bewährt hat sich an dieser Stelle die Durchführung eines CI-Workshops, der dem Unternehmen die Möglichkeit gibt, den Berater und sein Konzept von Corporate Identity näher kennenzulernen. Gleichzeitig erfährt der Berater bei dieser Gelegenheit eine Menge über das Unternehmen und ist dadurch in der Lage, die Aufgabe genauer einzuschätzen. Der CI-Workshop ist das ideale Instrument der Sensibilisierung für das Thema. Darüber hinaus können bereits erste Ansätze eines zukünftigen CI-Programms gemeinsam erarbeitet werden. Bei einer entsprechenden personellen Zusammensetzung läßt sich von Anfang an das Prinzip der Mitarbeiterbeteiligung realisieren. Man muß sich aber bewußt sein, daß damit bereits gruppendynamische Prozesse in Gang gesetzt werden, die es zu steuern gilt (vgl. S. 107). Eine gute Vorbereitung und professionelle Durchführung des Workshops ist daher unerläßlich.

Im Rahmen eines solchen CI-Workshops zeigt sich für den Berater recht schnell, wieweit die Unternehmensentwicklung von einer Vision getragen wird, und ob eine Leitbildentwicklung sinnvoll oder gar notwendig ist. Wenn ein Unternehmen nicht bereits von einer klaren Vision geprägt ist und im Unternehmen nicht bereits nach gemeinsamen Grundsätzen gehandelt wird, dann ist die Entwicklung und Implementierung eines Leitbildes ein zentrales Element der CI-Entwicklung.

"Leitbild" ist die übergreifende Bezeichnung für die zukunftsweisende Vision und die daraus abgeleiteten Leitlinien oder Unternehmens-Grundsätze, die sich auf das konkrete Handeln im Alltag beziehen. Die Formulierung einer Vision und die Ableitung und Kommunikation der Leitlinien sind eine sehr diffizile Aufgabe, bei der nicht die schriftliche Fixierung im Vordergrund steht, sondern die Verankerung im Bewußtsein aller Mitarbeiter. Für die Lebendigkeit des Leitbildes im Unternehmen, für die Art wie die Grundsätze gelebt werden, sind weniger die Formulierungen an sich wirksam, als vielmehr die Prozesse, die zu ihnen geführt haben.

Die Formulierung der Vision - als wesentliche Voraussetzung für Strategisches Management (vgl. S. 94) - ist eine nicht delegierbare Führungsaufgabe der obersten Ebene. Eine spezielle Arbeitsgruppe auf Vorstandsebene mit Hinzuziehung von Schlüsselpersonen, z.B. aus dem Kommunikations- oder Personalmanagement, und externer Beratung bildet den geeigneten organisatorischen Rahmen. Je nach Ausgangslage reichen einige wenige Sitzungen zur Formulierung oder werden Monate dauernde Prozesse der Klärung der strategischen Grundlagen in Gang gesetzt.

Die Ableitung der Leitlinien muß dagegen von der Beteiligung her breiter angelegt sein und sollte mindestens das mittlere Management miteinbeziehen. Ideal wäre eine repräsentative Mitarbeiterbeteiligung, auf jeden Fall ist der Betriebsrat in angemessener Weise einzubeziehen. Durch eine Beteiligung des Vorstands, in der Person des Vorsitzenden oder des Personalvorstands, kann dabei eine neue, für das CI-Projekt wie auch für das Unternehmen generell wichtige Kommunikationsplattform geschaffen werden.

Mit Unternehmensgrundsätzen wurden in der Vergangenheit sehr unterschiedliche Erfahrungen gemacht. So wichtig es ist, sie konkret zu formulieren und in angemessener Weise zu kommunizieren, so wichtig ist es, deutlich zu machen, daß diese Formulierung keine Festschreibung ist. Um gelebt werden zu können, müssen Leitlinien leben, müssen selbst der permanenten Veränderung zugänglich sein, um die ständigen Prozesse des Wandels nicht nur zu begleiten, sondern von ihrem Geist her zu bestimmen.

Die Implementierung von Vision und Leitlinien ist daher ein wichtiges Element des gesamten CI-Prozesses, in den sie über das Konzept für die interne Kommunikation als Teil der Gesamtkonzeption der CI-Strategie einfließt. Das Fallbeispiel HOCHTIEF zeigt anschaulich, wie eine solche Implementierung in der Praxis aussieht, und wie interne und externe Kommunikation nahtlos ineinandergreifen.

## 8.4 Organisation eines CI-Projekts

Wie sich schon bei der Leitbildentwicklung zeigt, bedarf die Entwicklung der Corporate Identity einer verbindlichen Projektstruktur, in der auch die fallweise Beteiligung einzelner Mitarbeiter geregelt ist (Abbildung 42). Den Kern dieser Struktur bilden die Steuerungsgruppe, die Projektgruppe und die Implementierungsgruppe. Diese Struktur läßt sich in eine Stab-Linien-Organisation ebenso integrieren, wie in eine Matrixorganisation oder natürlich in eine Projektorganisation (vgl. S. 102).

Abbildung 42: **Organisationsstruktur eines CI-Projektes**

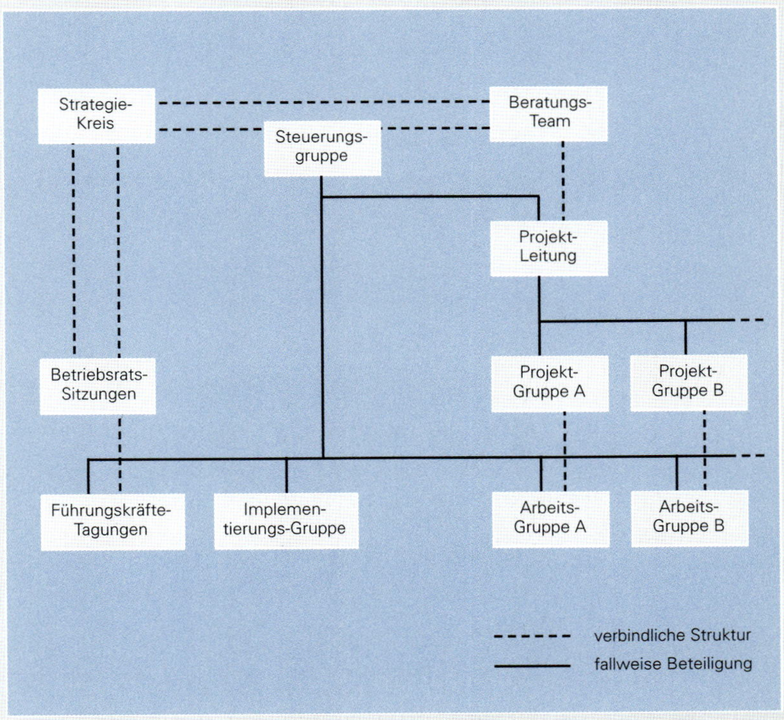


Quelle: Kroehl Identity Consultants

Die Steuerungsgruppe repräsentiert die Unternehmensleitung. In Konzernen wird sie idealerweise vom Vorstandsvorsitzenden, dem Personalvorstand und dem Leiter der Unternehmenskommunikation gebildet. Hier werden alle das Projekt betreffenden Entscheidungen getroffen. Der Steuerungsgruppe unterstehen nicht nur die Projektmitarbeiter, sie hat auch über die Linie Zugriff auf alle am CI-Projekt nur fallweise beteiligten Mitarbeiter. Ein Strategiekreis wird bei Bedarf eingerichtet. Er besteht aus dem gesamten Vorstand und eventuell Fachleuten aus den Bereichen Marketing und Kommunikation und dient der Einbindung der CI-Aktivitäten in die umfassende Unternehmensstrategie. In der Regel kommt er mit wenigen Sitzungen aus.

*Die Arbeit in verschiedenen Gruppen ist ein unverzichtbarer Bestandteil jedes CI-Projekts.*

Für die konkrete Projektarbeit im Kontakt mit den Beratern ist eine CI-Projektgruppe auch bei kleineren CI-Projekten unverzichtbar. Bei größeren Projekten läßt sich diese Gruppe in zweifacher Hinsicht differenzieren. Zum einen kann man eine Arbeits- und eine Beratungsebene unterscheiden. Die Durchführung interner Aufgaben im Rahmen des CI-Projekts übernehmen die Mitglieder der Projektgruppe, deren Arbeitszeit ganz oder teilweise dem Projekt zugeordnet ist. Die Beratungen der Arbeitsgruppe stellen ein permanentes Feedback für die CI-Aktivitäten im Unternehmens sicher. Die zweite Ebene der Differenzierung zielt auf eine arbeitsteilige Bewältigung der Aufgaben in parallel oder zeitlich versetzt arbeitenden Projektgruppen. Leitbildentwicklung, CI-Analyse, Corporate Design oder Kommunikation sind typische Arbeitsfelder, in die ein CI-Projekt aufgeteilt werden kann. Beide Ebenen der Differenzierung können miteinander kombiniert werden.

Die Funktion der Implementierungsgruppe besteht darin, frühzeitig die Umsetzung der CI-Strategie in den Unternehmensalltag vorzubereiten. Dies geschieht in erster Linie durch einen von Anfang an gesicherten Kommunikationsfluß. Während eine Projektgruppe typischerweise aus drei bis fünf Mitarbeitern, eine Arbeitsgruppe aus acht bis zwölf Mitgliedern besteht, kann die Implementierungsgruppe ohne weiteres auch dreissig und mehr Personen umfassen. Bei der Zusammensetzung dieser Gruppe wird neben der Repräsentativität für das Gesamtunternehmen auch auf die Multiplikatoreigenschaften der ausgewählten Teilnehmer geachtet. Die Auswahl über die verschiedenen Hierarchieebenen hinweg fördert nicht nur eine positive Einstellung zum CI-Projekt, sondern schafft auch die Motivation, sich gegenüber den Kollegen für das Projekt zu engagieren.

Generell muß der Einbindung der Führungskräfte eines Unternehmens in den CI-Prozeß besondere Aufmerksamkeit geschenkt werden. Angesichts der hierarchieübergreifenden Auswahl der Implementierungsgruppe ist unbedingt darauf zu achten, daß Führungskräfte nicht plötzlich das Gefühl haben, einzelne Mitarbeiter seien besser informiert als sie. Bei größeren Unternehmen sollte man dem in Form von Führungskräftetagungen zum Thema CI entgegenwirken.

Vor allem in Unternehmen, die weniger Erfahrung mit Projektorganisation haben, reagiert die Unternehmensleitung gelegentlich irritiert, wenn der Berater bei einem ersten Kontakt eine solche Projektstruktur vorstellt. Es werden Überorganisation und endlose Sitzungen befürchtet. Beides ist auf jeden Fall zu vermeiden. Worum es bei der Struktur geht, ist die klare Zuordnung von Funktionen, die Klärung von Entscheidungsstrukturen und Arbeitsabläufen. Auch wenn dies vom Prinzip her klar ist, muß man sich in der praktischen Umsetzung gerade bei größeren Projekten vor einer Bürokratisierung des Prozesses hüten. Zu leicht gerät die Delegation von Aufgaben zu einer Delegation von Verantwortung. Doch bei CI-Projekten muß sich die oberste Führungsebene zu jedem Zeitpunkt ihrer Verantwortung für den Prozeß insgesamt bewußt sein und diese Verantwortung demonstrativ wahrnehmen. Demonstrativ bedeutet vor allem auch den bewußten Einsatz symbolischer Handlungen, etwa indem der Vorstandsvorsitzende in der Implementierungsgruppe persönlich Rede und Antwort steht, oder daß für die Sitzungen ein entsprechender Rahmen gewählt wird.

Bei aller Verantwortung des Topmanagements ist aber auch die Wahl der Projektverantwortlichen von großer Bedeutung. Als entscheidend für den Erfolg von CI-Projekten hat sich immer wieder erwiesen, daß die Zuordnung der CI-Kompetenz im Unternehmen weniger unter formal-organisatorischen Gesichtspunkten als im Hinblick auf die Persönlichkeit der Verantwortlichen vorgenommen wird. Corporate Identity braucht einen überzeugten und überzeugenden Promotor im Unternehmen selbst, eine integere und integrierende Persönlichkeit mit einer Autorität, die weniger auf der hierarchischen Position als auf der sozialen und kommunikativen Kompetenz beruht.

## 8.5 Struktur der Corporate Identity

*Die Verantwortung für den gesamten CI-Prozeß liegt immer bei der Unternehmensleitung.*

Zur professionellen CI-Arbeit gehört nicht nur der systematische Ablauf des Entwicklungsprozesses und eine den Aufgaben angemessene Organisation, sondern auch Klarheit über die innere Struktur der Corporate Identity selbst. Wenn sie in der pragmatischen Definition als eine dynamische Organisation von Systemen beschrieben wird (siehe S. 80), kann man beispielsweise bei der Analyse nicht auf Kategorien zurückgreifen, die statische Strukturen beschreiben. Durch eine zu kurz greifende Definition der Corporate Identity geraten wichtige Einflußgrössen und Zusammenhänge oft gar nicht erst ins Blickfeld der Analyse und finden in der Folge auch bei der Entwicklung der CI keine oder nur unzureichende Berücksichtigung. Im Sinne der Entwicklung einer gemeinsamen Sprache ist es daher notwendig, daß Unternehmensleitung und Berater auch über ihr Verständnis von CI sprechen und die sich daraus ergebenden Aufgabenfelder miteinander abstimmen. Erst auf dieser Basis kann dann ein Konzept für die Analyse erarbeitet werden.

Bei dieser doppelten Aufgabe - Definition der CI und Abstimmung der Aufgabenfelder - hat sich die CI-Triade (siehe S. 47 ff) in der Praxis ausgezeichnet bewährt. Als Modell macht sie anschaulich, was Corporate Identity als ganzheitliches Konzept bedeutet. Zugleich reduziert sie aber auch wieder die Komplexität auf eine einfache Grundbeziehung, die als pragmatischer Ansatz sehr konkrete Handlungsmöglichkeiten transparent macht.

Als Grundlage für eine Systematik der Aufgabenfelder eignet sich besonders die Feinstruktur der CI-Triade (siehe Abb. 43) (entspricht Abb. 17, S. 61). In neun Arbeitsbereichen werden hier 27 Aufgabenfelder definiert. Diese Bereiche sind:

bezogen auf die Mitarbeiter
- Organisation
- Gestaltung des Umfelds
- Personal-Entwicklung

bezogen auf die Produkte
- Produktentwicklung
- Produktion
- Produktausstattung

bezogen auf die Kommunikation
- Interne Komunikation
- Werbung
- Öffentlichkeitsarbeit

Einmal abgesehen von der wissenschaftlichen Basis dieses Modells, auf die im Abschnitt 7.2 (siehe S. 122 ff) näher eingegangen wird, liegt sein Wert als Systematik auch darin, daß sie völlig unabhängig von konkreten Betriebs- und Organisationsstrukturen ist. Sie verweist vielmehr auf grundlegende Beziehungen, die in jeder Organisation zu finden sind. Diese Systematik gibt damit einen völlig neuen Blick auf Probleme und Lösungsmöglichkeiten frei, der nicht durch traditionelle Strukturen und Denkweisen von vornherein eingeschränkt ist. Dies ist entscheidend in einer Zeit, die vom permanenten Wandel geprägt ist, und in der grundlegende, wichtige Innovationen zur überlebensnotwendigen Voraussetzung werden.

Wie ergiebig diese Systematik für die Praxis tatsächlich ist, kann hier nur an einigen wenigen Beispielen deutlich gemacht werden. Wenn man sich nur die Querbeziehungen innerhalb des Bereichs "Mitarbeiter" ansieht, wird man unmittelbar auf die Fragestellung gebracht, was die Aufbauorganisation zur Identifikation und Motivation jedes einzelnen Mitarbeiters beiträgt. Bleibt man bei der Identifikation, wechselt aber in der Perspektive auf das Environmental Design, also die Gestaltung des Arbeitsumfeldes, kommen ganz andere Mittel in den Blick, etwa wie sich die Aufbauorganisation in der Architektur wiederfindet. Mit diesem Aspekt beschäftigt sich Werner Lippert (1997) unter dem Titel "Future Office" sehr intensiv und bringt dabei eine Reihe aufschlußreicher Beispiele.

Daß im Rahmen der Ablauforganisation die Ergonomie eine wichtige Rolle spielt, gehört sicher zu den weniger überraschenden Erkenntnissen. Wird aber auch ausreichend daran gedacht, daß und wann die Ablauforganisation

Freiräume für Kreativität gewähren muß? Wird beachtet, daß bei der Gestaltung des Arbeitsumfeldes eben nicht nur die Ergonomie zählt, sondern auch ein Klima für die Kreativität geschaffen werden kann und manchmal muß?

Solche Querbeziehungen lassen sich auch innerhalb jedes anderen Bereiches und zwischen den Bereichen beobachten. So konzentriert man sich bei der Produktausstattung traditionell darauf, einen Mehrwert zu vermitteln. Heute kann man aber nicht mehr darauf verzichten, systematisch auch Servicefunktionen einzubauen. Wechselt man im Hinblick auf den Mehrwert die Perspektive, so wird man darauf hingewiesen, ihn bereits bei der Konstruktion systematisch zu berücksichtigen.

Welch mächtiges Instrumentarium diese Systematik bietet, wird schon deutlich, wenn man nur die Zahl der möglichen Beziehungen betrachtet. Selbst wenn man die Wechselwirkungen der zweiten oder gar dritten Ordnung nicht berücksichtigt, kommt man auf 676 Relationen; auf der nächsten Ebene sind es schon fast 500.000. Es kommt hier weniger auf die Zahl der Relationen an. Was damit zum Ausdruck kommt, ist die praktische Unbegrenztheit des Potentials, mit dem die Corporate Identity systematisch in eine definierte Richtung entwickelt werden kann. Dadurch daß man aus der Vielfalt der möglichen Beziehungen ganz bestimmte bevorzugt realisiert, schafft man für das Unternehmen charakteristische Strukturen.

Abbildung 43: **Feinstruktur der CI-Triade**

| MITARBEITER | PRODUKT | KOMMUNIKATION |
|---|---|---|
| **Mitarbeiter** | | |
| **Organisation**<br>Aufbauorganisation | Ablauforganisation | Kommunikationsfluß |
| Identifikation | **Environmental Design**<br>Ergonomie | Leitfunktion |
| Motivation | Kreativität | **Personal-Entwicklung**<br>Gemeinschaft |
| **Produkt** | | |
| **Produktentwicklung**<br>Know-How | Konstruktion | Information |
| Qualifikation | **Produktion**<br>Qualität | Logistik |
| Service | Mehrwert | **Produktausstattung**<br>Gebrauch |
| **Kommunikation** | | |
| **Interne Kommunikation**<br>Koordination | Kooperation | Kollegialität |
| Beratung | **Werbung**<br>Nutzen | Argumentation |
| Repräsentation | Verantwortung | **Public Relations**<br>Engagement |

Quelle: Kroehl Identity Consultants

In der Praxis geschieht dies durch die Formulierung von Grundsätzen. Nehmen wir zum Beispiel eine Bank, die als Vision formuliert hat: "Wir wollen die Bank mit der besten Beratung werden." Um diesen Anspruch zu realisieren, werden alle Aktivitäten prinzipiell in Beziehung zur Beratung gesetzt. Das beginnt dann schon bei der Organisation, die vom Aufbau her den Beratungsgruppen einen besonderen Stellenwert gibt und im Ablauf die Backoffice-Funktionen danach ausrichtet. Das wirkt sich dann nicht nur auf die Gestaltung der Geschäftsstellen und das Programm der Personalentwicklung aus, sondern wird schon bei der Entwicklung der Bankprodukte berücksichtigt und findet auch in der Produktausstattung ihren Niederschlag, wenn nicht nur die Produktunterlagen speziell für die Beratungssituation konzipiert werden, sondern auch die Formulare darauf abgestellt sind. Am Schluß kann dann erst die Werbung stehen, aber auch hier wird man die Beratung nicht nur als Argument verwenden, sondern durch die Werbung selbst Beratung realisieren.

*Mit seiner Corporate Identity definiert ein Unternehmen seine bevorzugte Perspektive.*

So einfach dies hier klingt, so selten werden solche Konzepte in der Praxis durchgehalten, weil dort beispielsweise die Ablauforganisation oder der Kommunikationsfluß primär unter betriebswirtschaftlichen bzw. technischen Gesichtspunkten optimiert werden. Es fehlt in der Regel am ganzheitlichen Denken.

Dem ganzheitlichen Denken ist die Aufgliederung - speziell die Aufgliederung im Sinne der tayloristischen Arbeitsteilung - wesensfremd. Die Dinge werden immer im Gesamtzusammenhang gesehen, es wechselt jeweils nur die Perspektive. Angesichts der Fülle von Aufgaben, die sich aus der differenzierten Betrachtung der CI-Triade ergeben, könnte man bei naiver Betrachtung meinen, der gesamte Unternehmensprozeß sei plötzlich Aufgabe der CI-Entwicklung. Tatsache ist aber, daß alle diese Aufgaben unter CI-Aspekten betrachtet werden können. Sie können und müssen aber auch genauso unter der Perspektive von Marketing und Strategischem Management betrachtet werden (siehe S. 131). Keine dieser Betrachtungsweisen kann die andere ersetzen. Sie ergänzen und unterstützen sich vielmehr gegenseitig.

## 8.6 Analyse des CI-Status

Ausgangspunkt jeder CI-Entwicklung ist eine klare Zielbestimmung, die mit dem Basiskonzept entwickelt und im Rahmen des Briefingprozesses zwischen Berater und Unternehmensleitung abgestimmt wird. Entsprechend handelt es sich immer um individuelle Ziele, die aus der Situation des Unternehmens heraus formuliert werden. Aufgabe der CI-Analyse ist es, diese Situation unter ganzheitlichen Gesichtspunkten zu erfassen und zu beschreiben.

Fälschlicherweise werden CI-Analysen immer wieder zuerst mit Umfragen unter den Mitarbeitern, den Kunden oder anderen Anspruchsgruppen in Verbindung gebracht. Wenn sie überhaupt nötig oder auch nur sinnvoll sind, dann stehen sie jedoch eher am Ende der

Analyse. Die wirklich unverzichtbaren Grundlagen sind dagegen Sekundär- und Materialanalysen. Zum Sekundärmaterial gehören sämtliche Untersuchungen, die beispielsweise im Vorfeld strategischer Planungen durchgeführt wurden, wie Stärken-Schwächen-Analysen, prospektive Marktentwicklungen oder Indikatoren aus Frühwarnsystemen. Das Marketing liefert dazu Material in Form von Produktlebenszyklen, Produktportfolios, Zielgruppenanalysen sowie Daten aus der Konkurrenzbeobachtung. Von der Personalabteilung muß man Daten über Fluktuation, Fehlzeiten und die Akzeptanz von Qualifizierungsmaßnahmen erwarten. Aus der Produktion kommen Produktivitätskennziffern, Durchlaufzeiten und Fehlerquoten.

Auf der Basis aller dieser Materialien lassen sich in der Regel bereits sehr weitgehende Hypothesen über den Zustand der CI eines Unternehmens ableiten. Befragungen - bei welchen Zielgruppen auch immer - sollten prinzipiell nur der Absicherung solcher Hypothesen dienen. Das unter dem Etikett "empirische Forschung" oft betriebene Stochern im Nebel bringt selten wirklich verwertbare Ergebnisse und birgt immer die große Gefahr, reine Artefakte der Meßsituation zu produzieren. Im Zusammenhang mit dem "Mannheimer CI-Test" wurde bereits darauf hingewiesen, daß der Wert solcher mehr oder weniger "geeichten" Instrumente vor allem im Vergleich liegt, im Vergleich mit anderen Unternehmen oder auch im Vorher-Nachher-Vergleich im Sinne einer Erfolgskontrolle. (siehe S. 45)

Für die Analyse des CI-Status wichtiger und ergiebiger sind jedoch die gruppendynamisch (vgl. S. 107/108) fundierten Methoden der Teilnehmenden Beobachtung und des Intensiv-Interviews. Als vom Prinzip her offene Verfahren werden sie der Komplexität des Gegenstandes viel eher gerecht. Sie liefern zwar keine verallgemeinerbaren Ergebnisse, um so wichtiger aber sind die Hinweise, die sie geben. Wenn man diese Hinweise vor dem Hintergrund der Struktur als quasi genetischem Code begreift (vgl. S. 60), sind sie durchaus über den Einzelfall hinaus - etwa als typische Verhaltensmuster - interpretierbar. Dazu bedarf es jedoch eines entsprechenden fachlichen Hintergrunds, der spezifisches Know-how und viel Erfahrung erfordert.

*Eine gute Analyse ist die beste Voraussetzung für kreative Lösungen.*

Ein eminent wichtiger Teil der CI-Analyse ist die systematische Untersuchung der visuellen Elemente, in denen sich die CI eines Unternehmens ausdrückt. Das ist neben der gesamten Palette der Kommunikationsmittel vom Briefbogen bis zur Produktwerbung auch die Architektur und die Gestaltung der Arbeitsumgebungen. Mit dem Instrumentarium der Semiotik, also der Untersuchung der Charakteristik der Zeichenprozesse (vgl. Abschnitt 7.3, S. 126 ff), lassen sich dabei grundlegende Strukturen der Kommunikation aufdecken, so daß Widersprüche und Inkonsistenzen erkennbar werden. Diese beeinflussen die Wirkung der Kommunikation unterschwellig wesentlich stärker, als man im allgemeinen annimmt.

Die nach außen gerichtete Zielsetzung jeder CI-Entwicklung ist generell eine besondere Positionierung des Unternehmens im Wettbewerbsumfeld; die Einmaligkeit, Einzigartigkeit des Unternehmens soll zum Ausdruck gebracht werden. Von entsprechender Bedeutung ist daher auch die Einbeziehung des Marktumfeldes in die semiotische Analyse. Schließlich bildet dieses Umfeld den Rahmen, aus dem sich das Unternehmen abheben muß.

*Es ist wichtig, mögliche Widerstände gegen CI-Maßnahmen frühzeitig zu erkennen.*

Die Qualität einer CI-Entwicklung steht und fällt mit der Qualität der CI-Analyse. Analyse und Konzeption beeinflussen sich wechselseitig und erfordern bei großen Unternehmen meist einen erheblichen Aufwand, der durch die theoretischen Grundlagen deutlich reduziert werden kann. Statt umfangreicher Primärerhebungen genügt oft eine stichprobenartige Erfassung.

Bei mittelständischen Unternehmen kann man in der Regel davon ausgehen, daß die wesentlichen Informationen im Rahmen von Gesprächen mit dem Management korrekt vermittelt werden können. Zur Kontrolle sollte man jedoch auf Methoden wie Intensiv-Interviews mit Mitarbeitern oder Teilnehmende Beobachtung zurückgreifen. Die Kosten für solche Maßnahmen sind relativ gering. Der Nutzen ist weitaus höher zu veranschlagen. Schriftliche Befragungen sind für mittelständische Unternehmen in der Regel nur sinnvoll, wenn sich im Rahmen der Analyse bestimmte Problemsituationen herauskristallisieren, die einer genaueren Untersuchung bedürfen.

Unabhängig von Umfang und den Methoden der Analyse sind die Ergebnisse nicht nur angemessen zu präsentieren, sondern sollten auf jeden Fall auch intensiv diskutiert werden. Ein erfahrener Berater wird diese Diskussion noch als Teil der Analyse begreifen. Er wird dabei nicht versuchen, eine Einigung über die Interpretation herbeizuführen, wichtiger ist es, die Widerstände zu erkennen, die später auch im Hinblick auf die Akzeptanz bestimmter Maßnahmen zu erwarten sind.

Eine Frage, die an dieser Stelle zu klären ist, ist die Art und Weise und der Umfang der Information der Mitarbeiter. Insbesondere wenn man aufwendigere Erhebungen gemacht hat, die von den Mitarbeitern mit Interesse wahrgenommen wurden, muß man die Ergebnisse auch intern kommunizieren. Was von den Ergebnissen dabei wie dargestellt wird, hängt nicht nur von den Ergebnissen selbst, sondern auch von der im Basiskonzept festgelegten CI-Strategie ab.

## 8.7 Entwicklung einer CI-Strategie

Die im Basiskonzept festgelegte CI-Strategie liefert zunächst einmal die Eckdaten für die Grobplanung des gesamten CI-Prozesses. Diese grundsätzlichen Festlegungen werden nun auf der Grundlage der Ergebnisse der Analyse noch einmal einer generellen Überprüfung unterzogen, eventuell modifiziert und schließlich präzisiert, d.h. es werden Ziele und Maßnahmen genauer definiert. Es wird hier noch einmal darauf hingewiesen, daß Konzeption und Analyse Prozesse sind, die sich wechselseitig sehr stark beeinflussen. Es kommt daher durchaus vor, daß der

Gesamtprozeß der Entwicklung einer CI-Strategie einen längeren Zeitraum in Anspruch nimmt.

Die zentralen Elemente sind im einzelnen:

Projektorganisation
Konzept für interne Kommunikation
Controlling-Instrumente
Positionierung
- *Leitbildentwicklung*
- *Definition von Zielen und Teilzielen*

Maßnahmenplan
- *Organisationsentwicklung*
- *Personalentwicklung*
- *Corporate Design*
- *Corporate Wording*
- *Corporate Media*
- *Environmental Design*

Implementierung

Auf die Projektorganisation als wichtigen Erfolgsfaktor jedes CI-Projektes ist bereits ausführlicher eingegangen worden. Sie wird hier noch einmal erwähnt, weil die Analyse möglicherweise Hinweise auf Probleme gibt, die bereits im Rahmen der Projektorganisation aufgefangen werden können. Zu denken ist hier etwa an informelle Gruppen, deren Existenz und Struktur erst durch die Analyse transparent wird, und die aus psychologischen Gründen in der Projektorganisation Berücksichtigung finden sollten.

Das Konzept für die interne Kommunikation ist in seinen Grundzügen ebenfalls bereits im Basiskonzept enthalten. Es kann aber erst nach dem Vorliegen der Ergebnisse der CI-Analyse wirklich schlüssig formuliert werden. In der Regel muß man nämlich davon ausgehen, daß die Analyse bisher nicht bewußte Probleme aufdeckt oder Probleme in einem neuen Licht sehen läßt, erst auf dieser Basis kann eine Kommunikationsstrategie entwickelt werden, die dann in die CI-Strategie einfließt.

Ein wichtiges Element der CI-Strategie ist die Definition der Controlling-Instrumente, die im Rahmen des CI-Prozesses eingesetzt werden. Wie im Controlling generell, steht hier nicht die Kontrolle im Vordergrund, vielmehr geht es um die Bestimmung der Parameter, die den Prozeß steuern. Sie müssen so gewählt werden, daß angesichts der vielen Wechselbeziehungen, von denen eine CI-Entwicklung geprägt ist, kontinuierlich nachgeregelt werden kann.

*Die Kommunikationsstrategie ist wesentlicher Bestandteil der gesamten CI-Strategie.*

Die Positionierung des Unternehmens als weitere Voraussetzung der CI-Strategie erfolgt in Übereinstimmmung mit den Zielen der strategischen Unternehmensplanung und den Marketingzielen. Im Idealfall ist diese Positionierung bereits hinreichend definiert und im Unternehmen verankert, dann ist die Aufgabe an dieser Stelle nur, sie als Grundlage der CI-Entwicklung zu beschreiben. Nicht selten entdeckt man aber bei Erstellung und Abstimmung dieser Beschreibung, daß die Positionierung nicht oder nicht mehr den aktuellen Anforderungen des Unternehmens entspricht. Dann sollte man generell noch einmal über eine systematische Entwicklung des Leitbildes nachdenken.

Unter CI-strategischen Gesichtspunkten zielt die Positionierung - in klarer Unterscheidung der Prämissen einer unternehmensstrategischen oder marketingtechnischen Positionierung - auf die Einmaligkeit, Einzigartigkeit des Unternehmens in Abgrenzung von anderen Unternehmen, gerade dann wenn sie sich in den gleichen Marktsegmenten bewegen. Dazu ist eine klare Leitdifferenz zu definieren: Was ist es, was uns wirklich und deutlich - also für Außenstehende auch erkennbar - von anderen Unternehmen unterscheidet?

*Eine Kernfrage ist, ob es nur um Erneuerung geht, oder ob ein grundsätzlicher Wandel eingeleitet werden muß.*

Neben der Einmaligkeit ist die Wiedererkennbarkeit in den unterschiedlichsten Situationen ein wichtiges Ziel der CI-Strategie. Diese Situationen betreffen die verschiedenen Märkte, wie Kapitalmarkt, Arbeitsmarkt oder unterschiedliche Absatzmärkte, aber auch die verschiedenen Produktbereiche, in denen das Unternehmen aktiv ist, und Marken, die es im Wettbewerb plaziert hat oder noch plazieren will.

Aufbauend auf der Stärken-Schwächen-Analyse beantwortet die CI-Strategie die Frage, ob es "nur" um eine Erneuerung geht, oder ob der Wandel der Märkte - sei es in der Vergangenheit oder in der absehbaren Zukunft - nicht vielleicht sogar zu einer Wende zwingt, die natürlich einen ganz anderen Kraftaufwand erfordert.

Die CI-Strategie muß natürlich auch deutlich zum Ausdruck bringen, auf welchen Kernkompetenzen die Entwicklung aufbaut und wie sich das Kompetenzprofil des Unternehmens dabei verändern wird. Auch hier wieder hilft die Differenzierung der CI-Triade nach den grundlegenden Beziehungen Mitarbeiter, Produkte und Kommunikation.

Im Bezug auf die Mitarbeiter geht es z. B. um die Frage der Qualifikation oder die Förderung von Sensorien, um den Entwicklungen des Marktes mit der notwendigen Schnelligkeit gerecht werden zu können.

Im Bezug auf die Produkte geht es z.B. um Diversifikation oder um Qualität. Qualität ist heute als Unterscheidungsmerkmal am Markt nur noch sehr bedingt geeignet, sie wird von den Kunden als selbstverständlich vorausgesetzt. Doch die Durchdringung der gesamten Unternehmensprozesse mit dem Qualitätsgedanken, wie etwa beim Konzept des Total Quality Management (TQM), kann sehr wohl noch der Differenzierung dienen. Ebenso kann ein von der Produktentwicklung ausgehendes Designmanagement (vgl. S. 30) für eine unverwechselbare Positionierung genutzt werden.

Im Bezug auf die Kommunikation öffnet sich ein besonders weites Feld für differenzierende Strategien. Jenseits oberflächlicher Konstanten, die das Konzept der "Einheitlichen Erscheinungsbilder" bestimmten, das noch heute von vielen mit Corporate Identity verwechselt wird, kann ein Unternehmen seine eigene unverwechselbare Sprache entwickeln. Mit den wachsenden visuellen Ansprüchen unseres Medienzeitalters vervielfältigen sich nicht nur die Möglichkeiten der Darstellung, sondern zugleich auch die Fähigkeiten der Zielgruppen, individuelle

Bildwelten zu erkennen und zu interpretieren. Es ist klar, daß damit auch die Designer zur Entwicklung einer größeren Vielfalt innerhalb eines Identitätsprogramms gezwungen werden.

Diese wesentliche Erweiterung der Bandbreite gegenüber den überholten CI-Vorstellungen der siebziger und achtziger Jahre wird bei Betrachtung des Maßnahmenkatalogs sehr deutlich. Beschränkte man sich damals auf Corporate Design und schloß, wenn man weit ging, höchstens noch das Environmental Design ein, so sehen sich die Unternehmen heute allein im Bereich der Medien einem so breiten Spektrum an Optionen gegenüber, daß schon in der Selektion ein wesentliches Stück Unternehmenskultur zum Ausdruck kommt.

Lange Zeit wurden Texte und gesprochene Sprache allenfalls im Rahmen von Werbung und Pressearbeit einer besonderen Beachtung für wert gehalten. In der Folge bildete sich eher eine unverkennbare Werbesprache oder eine spezielle Journalistensprache heraus, als daß die Individualität von Unternehmen erkennbar gewesen wäre. Unter dem Stichwort Corporate Wording nutzen heute immer Unternehmen die Chance, sich auch durch einen individuellen Sprachstil, dessen Charakteristik über alle Unternehmensprozesse und Märkte hinweg erhalten bleibt, in besonderer Weise zu profilieren. Ein spezifischer Teil dieses Corporate Wording ist nicht zuletzt die Gestaltung von Formularen.

Auf der Seite der Organisation werden diese Bemühungen durch die bewußtere Kanalisierung von Kommunikationsflüssen und die Realisierung von Workflow-Konzepten begleitet. Beide sind natürlich wesentlich beeinflußt durch die rasante Vernetzung von Arbeitsplatzcomputern, aber man muß sich davor hüten, diese Prozesse einseitig auf die Technik auszurichten. Technisch ist heute fast alles möglich, um so notwendiger ist die konsequente Ausrichtung der Kommunkation an den Bedürfnissen, die sich aus der Corporate Identity als der Quelle des Unternehmenserfolgs ableiten.

*Corporate Voice - ein Unternehmen muß heute seine eigene Sprache entwickeln.*

In einer Zeit, die sich immer mehr von den Zwängen der Technik befreit hat, wird die Orientierungsfunktion der Corporate Identity tatsächlich zum entscheidenden Erfolgsfaktor. Wer das begreift, der wird auch verstehen, warum der Implementierung ein so hoher Stellenwert in der CI-Entwicklung zukommt. Im Gegensatz zum Corporate Design, das eingeführt, maximal noch erläutert wird, aber ansonsten einfach durch die Einhaltung von Richtlinien umgesetzt wird, ist die Umsetzung einer Corporate-Identity-Strategie in den Alltag eines Unternehmens oder einer Institution auf ein tiefergehendes Verständnis der Mitarbeiter auf allen Ebenen angewiesen. Deshalb begleitet der Implementierungsprozeß praktisch die gesamte CI-Entwicklung. Wichtigstes Ziel dieses Prozesses ist die Motivation der Mitarbeiter, die nur über eine angemessene Beteiligung erreicht werden kann. Was an Beteiligung angemessen, sinnvoll und förderlich für die Entwicklung ist, kann nur für den ganz konkreten Einzelfall und auch da nur für eine bestimmte Phase ermittelt werden. In jedem Strategiekreis wird es dazu unterschiedliche Auffassungen geben. Die Diskussion darüber muß in jedem Fall offen geführt werden. Die Kultur dieser Diskussion ist ein wesentlicher Bestandteil der etablierten Unternehmenskultur und wird letztendlich darüber entscheiden, ob die ehrgeizigen Ziele einer Corporate-Identity-Entwicklung erreicht werden können, oder ob am Ende doch nur ein neues Design bleibt.

*Die formelle Verabschiedung eines Strategiepapiers schafft eine Verpflichtung für alle Beteiligten.*

Die Erarbeitung der CI-Strategie ist eine gemeinsame Aufgabe, die mit Hilfe des Beraters aus dem Unternehmen oder der Institution heraus entwickelt werden muß. Dabei ist in erster Linie das Topmanagement gefordert. Die Formulierung der Strategie dagegen wird man eher als eine Aufgabe des Beraters sehen, der als Externer mit seiner Formulierung die Dinge auf den Punkt bringen muß. Unternehmensangehörige jeder Ebene leiden für eine solche Aufgabe viel zu sehr unter der "Schere im Kopf" und neigen daher - bewußt oder unbewußt - zu Kompromissen, die in diesem Zusammenhang und in dieser Phase selten förderlich sich.

Vor diesem Hintergrund ist die folgende Präsentation und formelle Verabschiedung des Strategiepapiers noch einmal eine wichtige Kontrolle im Rahmen des gesamten CI-Prozesses. Wenn auch hier wieder betont werden muß, daß ein solches Papier keine endgültige Festlegung bedeuten darf, sondern im Kontext der vielschichtigen Wechselwirkungen auch für Veränderungen offen sein muß, so erzeugt die formelle Verabschiedung doch ein Commitment für alle Beteiligten. Was hier festgehalten wurde, ist verbindlich und kann nur auf der Basis entsprechender Übereinkünfte geändert werden, deren Form ebenfalls wieder ein Teil der lebendigen Unternehmenskultur ist.

## 8.8 Implementierung einer Corporate Identity

Die Umsetzung der Strategie erfolgt im Rahmen einer detaillierten Projektplanung und eines konsequenten Projektmanagement. Je nach dem individuellen Stand der Corporate Identity in einem Unternehmen oder einer Institution stehen dabei der Veränderungsprozeß selbst, seine kommunikative Vermittlung oder Aufgaben des Corporate Design im Vordergrund.

Auf die Bedeutung des Corporate Design für den Gesamtprozeß der Corporate Identity wurde schon im theoretischen Teil dieser Arbeit hingewiesen (S.26 ff). Das Corporate Design ist ein besonders markanter Ausdruck der Kultur, die in einem Unternehmen herrscht. In einem gelungenen Design wird die Vision als treibende Kraft sinnlich erlebbar. Das Denken und Handeln der Mitarbeiter wird durch ein auf diese Weise klar artikuliertes Selbstverständnis maßgeblich geprägt, und dies in einem stärkeren Maße als es noch so gut formulierte Unternehmensgrundsätze leisten könnten.

Speziell wenn das Unternehmen vor der Notwendigkeit eines tiefgreifenden Wandels steht, wie dies heute in vielen Branchen der Fall ist, sendet ein neues Corporate Design eines der stärksten Signale für den unbedingten Willen zur Veränderung, das man den Mitarbeitern, Kunden und Partnern geben kann. Nichts kann die Selbstverpflichtung der Unternehmensleitung deutlicher zum Ausdruck bringen. Diese Formulierung macht aber zugleich klar, daß das Corporate Design als äußeres Zeichen nicht für sich selbst steht, ja sogar eine Täuschung ist, wenn es nicht auf das Engste verbunden ist mit notwendigen Veränderungen in anderen Unternehmensprozessen, wie der Organisation, der Personalentwicklung, der Produktentwicklung oder des Marketing.

Während man früher eher Teil für Teil oft in beinahe unverbundenen Projekten in deutlichen zeitlichen Abständen in Angriff genommen hat, werden heute immer mehr Bereiche gleichzeitig virulent, und zwingen zu ganzheitlichen Betrachtungsweisen. Vielfach werden dabei nicht nur innerbetriebliche Grenzen überschritten, sondern entstehen auch Notwendigkeiten der Integration über die Grenzen des Unternehmens hinaus. Outsourcing, Vernetzte Unternehmen, Einkauf von Komponenten statt Teilen, Entwicklung von Systemprodukten: das alles sind mehr als Schlagworte, es sind Vorboten erheblicher Umwälzungen, die nicht nur auf die Industrie, sondern auch auf die mittelständischen Unternehmen zukommen.

Treibende Kraft hinter diesen Entwicklungen sind die Computertechnologien, deren Wirkungen in erster Linie in einem völlig veränderten Umgang mit Information liegt. Information als Grundstoff wird erst durch Verarbeitung und Anwendung zu Know-how und damit einem verwertbaren Gut. War diese Verarbeitung früher auf Köpfe angewiesen und damit an den Menschen gebunden, so beginnt sie sich heute davon zu lösen, wird immer mehr zu einem technischen Prozeß, der auch in Maschinen reproduzierbar wird. Potenziert wird diese Entwicklung, die zunächst einmal auf der Zunahme von Speicherkapazität und Verarbeitungsgeschwindigkeit der Rechner beruhte, durch die fortschreitende Vernetzung. Neue Formen der Sammlung, Verarbeitung und Verteilung von Information führen auch zu neuen Formen der Kommunikation, denen man beispielsweise mit Workflow-Konzepten gerecht zu werden versucht.

*Heute werden Veränderungsprozesse in vielen Bereichen gleichzeitig notwendig.*

Die Auswirkungen, so unterschiedlich sie in jeder Branche, in jedem Unternehmen sein mögen, machen sich in vielfältiger Form bemerkbar. In vielen Fällen ergeben sich so gravierende Veränderungen in der Organisation, daß sich dies nicht nur auf den Zuschnitt und die Ausstattung der Produktionsflächen und Büroräume auswirkt, sondern die Architektur insgesamt auf neue Weise definiert. Die Beschleunigung der Informationsprozesse hat in vielen Bereichen einen deutlichen Einfluß auf die Produktlebenszyklen und stellt damit enorme Anforderungen an die Produktentwicklung. Auch die Produktionsprozesse sind geradezu dramatischen Veränderungen ausgesetzt, die nicht nur da, wo Mikrosystemtechnik oder Nanotechnologie eingesetzt wird, aus Werkshallen eher laborähnliche Arbeitsplätze entstehen läßt. Nicht zuletzt verändert sich die gesamte Kommunikation, das gilt für die interne Kommunikation ebenso wie für die Werbung als produktbezogene Kommunikation und das Verhältnis zu externen Zielgruppen, von den Aktionären über die Banken bis hin zur allgemeinen Öffentlichkeit.

*Die Implementierung begleitet im Grunde den gesamten CI-Prozeß.*

Vor diesem Hintergrund hat die Betriebswirtschaftslehre das "Management of Change" längst als eine der zentralen Herausforderungen unserer Zeit erkannt und eine Vielzahl von Instrumenten zu seiner Bewältigung entwickelt (vgl. S.26, S.54 und S. 99). Doch in der Praxis scheitern diese Konzepte nicht selten, weil durchaus als notwendig erkannte Veränderungen aufgrund mangelnder Akzeptanz und inneren Widerständen nicht oder nur unzureichend durchgesetzt werden können. Sieht man sich solche Fälle genauer an, so entdeckt man dahinter fast immer das gleiche Muster, das letztendlich auf das ausgeprägt mechanistische Weltbild der Betriebswirtschaftslehre und damit auch großer Teile des Topmanagements zurückzuführen ist. Damit einher geht die mangelnde Beachtung der Notwendigkeit, die Veränderungsprozesse kommunikativ zu begleiten. Man darf heute Maßnahmen der Reorganisation oder des Reengineering nicht mehr isoliert betrachten, sondern muß sie durch eine entsprechende Kommunikationsstrategie in die Corporate-Identity-Entwicklung einbinden.

Die Dreiteilung von Corporate Design, Kommunikationsmaßnahmen und Veränderungsprozeß ähnelt rein formal der gebräuchlichen Differenzierung Corporate Design, Corporate Communication und Corporate Behavior (vgl. S. 36). Sie wird hier aber nur als ein Prinzip der Arbeitsteilung in einem ganzheitlichen Prozeß gesehen. Verhaltensveränderungen werden nur durch Kommunikation bewirkt und jede Kommunikation bedarf einer bewußt gestalteten Form. Das Zusammenwirken dieser drei Elemente wird vor der eigentlichen Phase der Implementierung durch die gemeinsame Präsentation noch einmal exakt überprüft.

Von der eigentlichen Phase der Implementierung wird hier gesprochen, weil die Implementierung an und für sich den gesamten CI-Prozeß bereits seit dem CI-Workshop oder der Einrichtung der Projektteams begleitet. Hinter der Implementierungsgruppe steht der Gedanke der Motivation durch Information und Beteiligung. Nun, wo es darauf ankommt, die entwickelten Konzepte, Maßnahmen und Prozesse in die Praxis umzusetzen, hängt die Akzeptanz ganz entscheidend davon ab, daß sich die Mitglieder der Implementierungsgruppe als Protagonisten und Multiplikatoren bewähren.

Auf die Implementierung neuer Organisationsstrukturen oder Produktionsabläufe kann hier nicht nicht näher eingegangen werden. Aber schon die folgenden Anmerkungen zur Implementierung des Corporate Design machen deutlich, wie komplex diese Prozesse sind, und wie sorgfältig sie vorbereitet werden müssen.

Wenn früher ein neues Erscheinungsbild für ein Unternehmen entwickelt wurde, war die

Implemetierung eine relativ einfache Angelegenheit. Ein Manual enthielt alle notwendigen Vorgaben. Die Fachleute in Werbeabteilungen oder im Einkauf wußten damit umzugehen und hatten in Setzerei, Lithografie und Druckerei die Gesprächspartner für die Umsetzung. Die Mitarbeiter wurden letztendlich nur mit den fertigen Materialien konfrontiert. Mit dem Vordringen der Textverarbeitung auf die Schreibtische, der Entwicklung immer leistungsfähigerer Drucker und der Ausbreitung der elektronischen Kommunikation hat sich das maßgeblich geändert. Die Elemente auf den Vordrucken wurden immer weiter reduziert und die individuellen Anwendungsmöglichkeiten erweitert.

Die Zunahme der Leistungsfähigkeit der Textverarbeitung im Hinblick auf Schriften und Formatierungen gibt praktisch die Gestaltung von Drucksachen in die Hände von Laien. Zunehmend entstehen auch Produktinformationen und Broschüren individuell am Schreibtisch. Umfangreiche Datenbanken bilden die Grundlage und schaffen auch die Notwendigkeit der Selektion und individuellen Gestaltung. Versandt werden solche Zusammenstellungen nicht nur als Drucksachen, sondern immer häufiger auch als elektronische Dokumente. Mit der Entwicklung der Multimediatechnologien werden immer mehr Bildelemente in Form von Grafiken oder Fotografien eingebunden.

Damit die Vielfalt dieser Möglichkeiten nicht zu einem völlig unüberschaubaren Chaos im Unternehmensauftritt führt, müssen für alle diese Varianten nicht nur Regeln entwickelt, sondern auch Basismaterialien, wie elektronische Formulare, Formatbibliotheken oder Standardgrafiken gestaltet werden. Die schwierigste Aufgabe ist aber nicht die Entwicklung der Regeln oder die Gestaltung der Materialien, sondern die Vermittlung der richtigen Anwendung an eine Vielzahl von Mitarbeitern mit unterschiedlichen Aufgaben, unterschiedlichen Voraussetzungen und vor allem auch mit unterschiedlichen technischen Ausstattungen. Solange hierbei mit eigenständigen PC-Arbeitsplätzen gearbeitet wird, ist dies eine fast unlösbare Aufgabe.

*Die Entwicklung der Textverarbeitung zwingt zu Maßnahmen zur Sicherung des Corporate Design.*

Vor diesem Hintergrund entstehen in diesem Bereich völlig neue Dienstleistungen, die unter konsequenter Ausnutzung der heutigen technischen Möglichkeiten der Vernetzung wieder als Zwischenstationen etabliert werden können. Sie pflegen zentral Datenbanken, aus denen nicht nur Texte, sondern auch Formate, Grafiken und Bilder abgerufen und individuell zusammengestellt werden können. Die fertigen Produkte können an einem speziellen Arbeitsplatz auf Übereinstimmung mit den Corporate-Design-Prinzipien geprüft und bei Bedarf auch im Joint-Editing, praktisch einer Konferenzschaltung zwischen Arbeitsplatz und Servicestation, angepaßt werden. Wenn das Dokument versandt werden soll, kann die Servicestation auch die eventuell notwendige Konvertierung in unterschiedliche Formate übernehmen und so die Einhaltung des Corporate Design sicherstellen.

So futuristisch sich das vielleicht anhört, dieser Service ist heute bereits Realität. Angeboten wird er in erster Linie als externe Dienstleistung von Anbietern aus dem Umfeld der Druckbranche, die erkannt haben, daß die Nachfrage nach traditionellen Drucksachen im Zuge der geschilderten technischen Entwicklung deutlich zurückgehen wird und zum Teil schon heute zurückgegangen ist. Mit diesem Service greifen sie auf ihr vorhandenes spezielles Know-how zurück, definieren ihr Produkt, ihre Leistung neu und erschließen sich mit alten Kunden somit neue Märkte.

*Die Beobachtung der Weiterentwicklung der CI bildet ein wichtiges Frühwarnsystem.*

Dieser Service ist zugleich ein Beispiel für die Veränderungen, die in vielen Branchen auf die Unternehmen zukommen. Oft können sie nur überleben, wenn sie sich von traditionellen Betrachtungsweisen lösen, ihr Selbstverständnis neu definieren und sich dabei auf ihre Stärken besinnen. Die systematische Entwicklung der Corporate Identity unterstützt die Unternehmen auf diesem Weg.

## 8.9 CI-Controlling

Corporate-Identity-Projekte sind in aller Regel nicht nur sehr arbeitsintensiv, sondern auch recht kostenträchtig. Vor diesem Hintergrund ist das Interesse des Managements verständlich, so etwas wie einen Return-of-Investment zu erfassen. Angesichts der breit gefächerten Wirkungen der Corporate Identity (vgl. S. 42) muß der Erfolg gezielter Maßnahmen im Alltag eines Unternehmens oder einer Organisation auf jeden Fall erlebbar sein, damit man überhaupt von Erfolg sprechen kann. Etwas anderes als Erlebbarkeit ist aber die Meßbarkeit. Eine Quantifizierung des Erfolgs von CI-Maßnahmen setzt zunächst einmal die Definition von Indikatoren voraus. Solche Indikatoren können aus Umfrageergebnissen genauso gewonnen werden, wie aus "harten" Fakten, wie Reduzierung von Fehlzeiten oder Ausschußquoten. Letztendlich können auch Umsatz und Gewinn als Meßgrößen herangezogen werden; das Problem wird immer darin bestehen, wie von CI unabhängige Einflüsse bestimmt und herausgerechnet werden. Wichtiger als die quantitative Bestimmung des Erfolgs zu einem Zeitpunkt ist das CI-Controlling im Sinne der kontinuierlichen Beobachtung der Entwicklung der Corporate Identity, die auch ohne gezielte Maßnahmen permanenten Veränderungen unterworfen ist. Diese Veränderungen können sowohl positive Anpassungsprozesse als auch negative Verfallserscheinungen sein. Die ständige Beobachtung definierter Indikatoren bildet ein Frühwarnsystem, das es erlaubt, im Bedarfsfall rechtzeitig mit gezielten Maßnahmen gegenzusteuern.

9

# Der Kampf um die Systemführerschaft

## Identität baut auf Tradition

Der Baukonzern HOCHTIEF kann auf eine über 120jährige Unternehmensgeschichte zurückblicken. Die Gründung erfolgte im Jahr 1875 in Frankfurt unter dem Namen Gebr. Helfmann. Die Brüder Philipp und Balthasar Helfmann führten ihr Geschäft mit viel Gespür für die erfolgversprechenden Entwicklungen der Zeit. Frühzeitig engagierten sie sich im Bereich der sich rasch durchsetzenden Eisenbahn. Bahnhöfe, Streckenbauten, Brücken und Tunnel, die ganze Palette im Hoch- und Tiefbau deckte das junge Unternehmen ab und sammelte entsprechende Erfahrungen.

Der Zeit voraus war das Unternehmen nicht nur beim Einsatz neuer Bautechniken, sondern auch mit seinem Engagement in der Projektentwicklung. So wurde der noch vor der Jahrhundertwende in Eisenbeton gebaute und mit für die damalige Zeit ungewöhnlicher Technik ausgestattete Getreidespeicher im Hafen von Genua mit eigenem Geld finanziert. Die Basis dafür bildete die 1896 vollzogene Umwandlung des Unternehmens in die Actiengesellschaft für Hoch- und Tiefbauten (vormals Gebr. Helfmann). In den folgenden Jahren entwickelte sich HOCHTIEF zu einem der großen Bauunternehmen in Deutschland. Um dennoch kundennah zu bleiben, begann man bereits 1912 mit der Gründung regionaler Niederlassungen. 1922 wurde der Hauptsitz des Unternehmens nach Essen verlegt. Nach dem Zusammenbruch des Stinnes-Konzerns wurde RWE neuer Großaktionär.

Zu den legendären Kapiteln der Unternehmensgeschichte gehörte der Bau des Prinz-Albrecht-Kanals in Belgien Ende der zwanziger Jahre. Durch geradezu geniale Sondervorschläge gelang es, die Bauzeit des HOCHTIEF-Loses von neun auf viereinhalb Jahre zu halbieren. Zeit- und kostensparende Sondervorschläge sind auch heute noch Teil der Unternehmenskultur und wie der Einsatz modernster Technologien haben sie einen wesentlichen Anteil an der erfolgreichen Entwicklung von HOCHTIEF. Ein Beispiel dafür ist der U-Bahnbau in vielen Innenstädten, der zu einem der wichtigen Kompetenzbereiche des Unternehmens gehört. Neben dem Tunnelbau bilden Brückenbau, Hochhausbau, Flughafenbau und der Bau von Kraftwerksanlagen die strategisch zentralen Geschäftsfelder.

Von Anfang an hat HOCHTIEF sich konsequent auch im Ausland engagiert. Mitte der sechziger Jahre erbrachte das Unternehmen mehr als die Hälfte der Auslandsbauleistung der deutschen Bauindustrie. Die spektakuläre Rettung der Tempelanlage von Abu Simbel machte den Namen HOCHTIEF weltbekannt. In den achtziger Jahren begannen sich die internationalen Baumärkte zu wandeln. Fast überall hatten die einheimischen Unternehmen entsprechende Kapazitäten aufgebaut, als Bieter hatten sie meist die besseren Chancen. Im globalen Wettbewerb verlor das direkte Auslandsbaugeschäft an Bedeutung, HOCHTIEF setzte nun vor allem auf qualifizierte Beteiligungen, um mit dem Platzvorteil des Inländers an der Entwicklung der ausländischen Märkte teilzunehmen.

KLIENT: HOCHTIEF ESSEN

Komplette Entwicklung und Implementierung einer Corporate Identity. Zweijährige intensive Beratung und Projektarbeit. Erfolgreiche Umsetzung einer Vision der Systemführerschaft in internationalen Märkten.

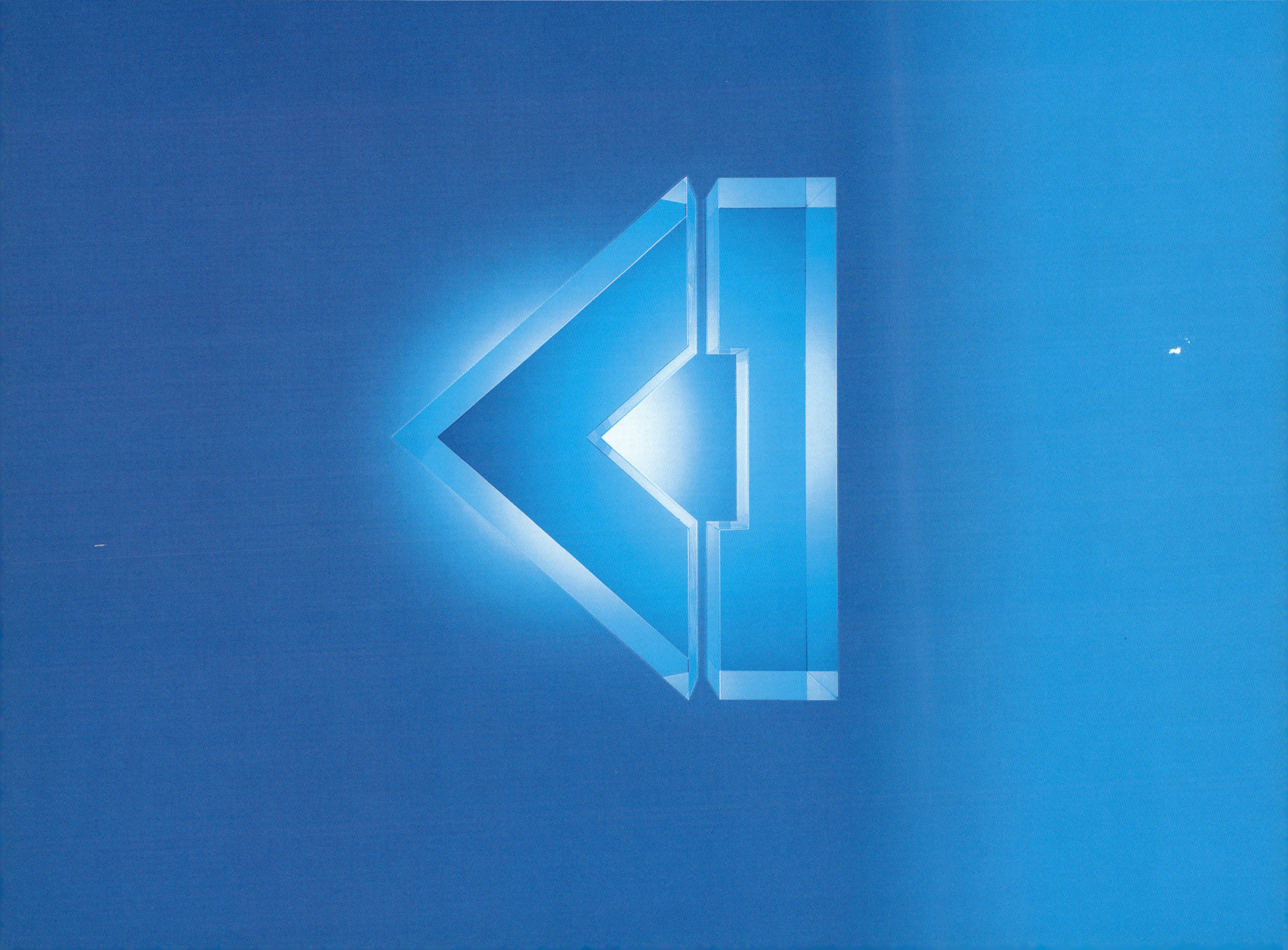

Handelsblatt
DIE WIRTSCHAFTS- UND FINAN
Disneyland für potente Sponsoren
TLT
Technische Übersetzungen und Satz
Investor
HOCHTIEF EXPRESS
Das aktuelle Thema: HOCHTIEF erwirbt Turner
Current topic: HOCHTIEF acquires Turner
Editorial/Greeting
Kennen Sie Turner
Do You Know Turn
Zum Hintergrund unserer Vision
HOCHTIEF
Strategie.
Ein Unternehmen rüstet sich für das 21. Jahrhundert.
Eine Information für unsere Aktionäre zur ordentlichen Hauptversammlung am 19. Juni 1995
HOCHTIEF: mit
OCHTIEF: Im Wettbewerb gan

## Der Erfolg beruht auf langfristigen Strategien

Nicht nur die Auslandsmärkte verlangten strategische Anpassungen. Auch die Anforderungen der Kunden veränderten sich. Der Markt erwartet zunehmend ganzheitliche Lösungen: Planen, Bauen, Finanzierern und Betreiben als Angebot aus einer Hand. Entsprechend verschob sich das Leistungsangebot der Bauindustrie vom praktischen Bauen zu den vorgelagerte Dienstleistungen wie Projektentwicklung und Finanzierung, nachgelagerten Aktivitäten wie dem Betrieb oder übergeordneten Aufgaben wie dem Baumanagement.

1994 stieß HOCHTIEF in eine neue Größenordnung vor. Bei allen Eckwerten - Bauleistung, Auftragseingang und Auftragsbestand - wurde die Zehn-Milliarden-DM-Linie überschritten. Zusammen mit den angesprochenen Veränderungen der Märkte stellte dies HOCHTIEF vor neue Herausforderungen. Um das Unternehmen darauf auszurichten, befaßte man sich verstärkt auch mit den Strukturen, in denen die Leistungen im einzelnen zu erbringen waren. Mit dem Projekt HOCHTIEF 2000 wurde begonnen, die betrieblichen Abläufe im Detail zu untersuchen und zu optimieren.

Es war klar, daß sich die damals weltweit rund 35.000 Arbeitsplätze nur für die Zukunft sichern ließen, wenn das Unternehmen internationale Maßstäbe anlegte. In Deutschland ist der Baumarkt traditionell mittelständisch geprägt. International dagegen herrschen bauindustrielle Strukturen vor. Besonders in den USA und Japan erreichen die Unternehmen nicht nur wesentlich größere Dimensionen und deutlich höhere Anteile auf den jeweiligen nationalen Märkten, sondern erzielen auch höhere Renditen. Um im globalen Wettbewerb mithalten zu können, mußte nicht nur der Marktanteil erhöht, sondern auch die Rendite deutlich verbessert werden.

Strategisch hatte sich HOCHTIEF schon länger auf diese Anforderungen eingerichtet und unbeirrt von dem durch die deutsche Vereinigung ausgelösten Boom die Internationalisierung weiter vorangetrieben. Nachdem der Boom abgeklungen war, wurde immer deutlicher, daß die deutsche Bauwirtschaft auf eine Krise zusteuerte. HOCHTIEF mußte - speziell auch im Interesse der Investor Relations - deutlich machen, daß es durch seine langfristige strategische Orientierung von dieser Entwicklung weniger betroffen war. Mit Blick auf das Vertrauen der Aktionäre, der Banken und der Kunden galt es, diese Botschaft im Umfeld der Hauptversammlung 1995 verstärkt zu vermitteln.

Es gab verschiedene Anzeichen dafür, daß dies bisher nicht bei allen Zielgruppen gelungen war. So war am Beispiel der Reaktion auf die Diskussion um die Beteiligung am Konkurrenten Holzmann deutlich geworden, wie wenig die Anforderungen der internationalen Märkte im Bewußtsein der deutschen Öffentlichkeit präsent waren. Da das Feld nicht vorbereitet war, war es fast unmöglich, im Sinne der langfristigen Strategie zu argumentieren. Für den Vorstand von HOCHTIEF war dies der Einstieg in die bewußte Pflege und Weiterentwicklung der Corporate Identity.

*Kommunikationsoffensive zur Hauptversammlung: Geschäftsbericht, Aktionärsbrief und begleitende Anzeigen thematisierten die langfristige strategische Ausrichtung.*

"Wir beziehen eine unverwechselbare Position im Markt als Systemführer bei komplexen baunahen Projekten im nationalen und international Rahmen. Wir können dabei auf das Vertrauen unserer Kunden und Partner bauen, das auf langfristigen Beziehungen beruht."

## Sensibilisierung der Führungskräfte

Im Zusammenhang mit HOCHTIEF 2000 war inzwischen erkennbar geworden, daß die rein betriebswirtschaftliche Ausrichtung dieses Projekts nicht unproblematisch war. Das Konzept baute auf eine intensive Beteiligung der Mitarbeiter. Diese würden sich kaum engagieren, wenn sie befürchten mußten, die eigenen Arbeitsplätze wegzurationalisieren. Die auf die langfristige Sicherung der Arbeitsplätze ausgerichtete Strategie mußte also auch nach innen vermittelt werden. Durch die keineswegs zufällige Parallelität in der internen und der externen Kommunikation wurde der Vorstand für diese Themen sensibilisiert.

Die Analyse zeigte, daß eine sachgerechte interne Kommunikation erhebliche Potentiale aktivieren konnte. Innerhalb des Unternehmens hat es schon immer eine klare Zukunftsorientierung gegeben. Das besondere Engagement der Mitarbeiter, ihre Kundenorientierung, ihr Mit- und Vorausdenken war Teil der gewachsenen Unternehmenskultur. Durch sie hatte sich HOCHTIEF in der Vergangenheit dem Wandel der Zeit nicht nur hervorragend angepaßt, sondern hatte diesen Wandel als Pionier auch entscheidend vorangetrieben.

Doch angesichts der Beschleunigung der Wandlungsprozesse und ihrer immer grundlegenderen Natur war klar, daß eine derartige Selbststeuerung allein nicht mehr ausreichen würde. Der Vorstand beschloß, den Veränderungsprozeß aktiv und systematisch zu gestalten. Er sah es als seine ureigenste Aufgabe an, eine verbindliche und aussagekräftige Vision zu formulieren, die mindestens für die nächsten zehn Jahre die Richtung vorgeben sollte. Ausgangspunkt war eine intensive Analyse der zu erwartenden Entwicklungen der Märkte. Im Mittelpunkt stand dabei die Forderung des Marktes nach Systemprodukten, der Trend weg vom einfachen Bauen hin zu äußerst komplexen Dienstleistungen rund um die Immobilie.

Konsequentes Ziel für HOCHTIEF war die Systemführerschaft. Die umfassenden Erfahrungen im Management internationaler Projekte und der finanzielle Hintergrund prädestinierten das Unternehmen für diese Rolle.

Die vom Vorstand mit externer Unterstützung erarbeitete Formulierung der Vision wurde im Rahmen einer Reihe von Tagungen mit den Führungskräften der obersten Ebenen diskutiert und im Hinblick auf ihre Umsetzung hinterfragt. Aus dieser Diskussion entwickelten sich die Grundzüge der Unternehmens-Leitlinien. Sie wurden als Richtschnur für Entscheidungen und Handeln im täglichen Geschäft abschließend gemeinsam formuliert.

Ein wichtiger Effekt dieser intensiven und zielgerichteten Gespräche war, daß sich die Führungskräfte immer wieder konkret mit den verschiedensten Aspekten der Corporate Identity auseinandersetzten und so, jenseits aller theoretischen Erörterungen, ein Gespür für die Bedeutung dieser Thematik für das Unternehmen insgesamt, aber auch für ihren jeweiligen Bereich entwickelten.

*Nicht nur inhaltlich waren die Tagungen der Führungskräfte optimal vorbereitet; auch der Rahmen förderte die gute Atmosphäre der Gespräche.*

LEITLINIEN
HOCHTIEF

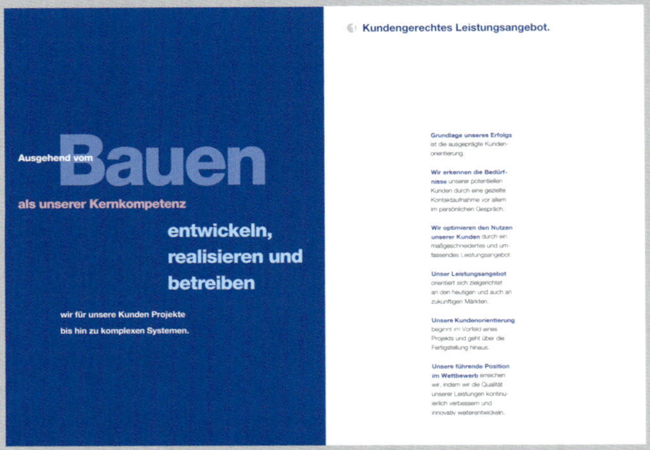
Kundengerechtes Leistungsangebot.
Ausgehend vom Bauen
als unserer Kernkompetenz
entwickeln, realisieren und betreiben
wir für unsere Kunden Projekte bis hin zu komplexen Systemen.
Grundlage unseres Erfolgs ist die ausgeprägte Kundenorientierung.
Wir erkennen die Bedürfnisse unserer potentiellen Kunden durch eine gezielte Kontaktaufnahme vor allem im persönlichen Gespräch.
Wir optimieren den Nutzen unserer Kunden durch ein maßgeschneidertes und umfassendes Leistungsangebot.
Unser Leistungsangebot orientiert sich zielgerichtet an den heutigen und auch an zukünftigen Märkten.
Unsere Kundenorientierung beginnt im Vorfeld eines Projekts und geht über die Fertigstellung hinaus.
Unsere führende Position im Wettbewerb erreichen wir, indem wir die Qualität unserer Leistungen kontinuierlich verbessern und innovativ weiterentwickeln.

Die Leitlinien sind für uns verbindlich.
sind die aus der Vision abgeleitete
Richtschnur
unseres Handelns.
Die Leitlinien sind die aus der Vision abgeleitete Richtschnur unseres Handelns. Sie sind für uns verbindlich und für unsere Kunden und Partner eine verläßliche Grundlage der geschäftlichen Beziehungen. Die Leitlinien beziehen sich auf die Themenbereiche:
Kundengerechtes Leistungsangebot
Mitarbeiter als Träger unseres Erfolgs
Teamarbeit und Kompetenzbündelung als Organisationsprinzipien
Partnerschaftliche, offene Kommunikation

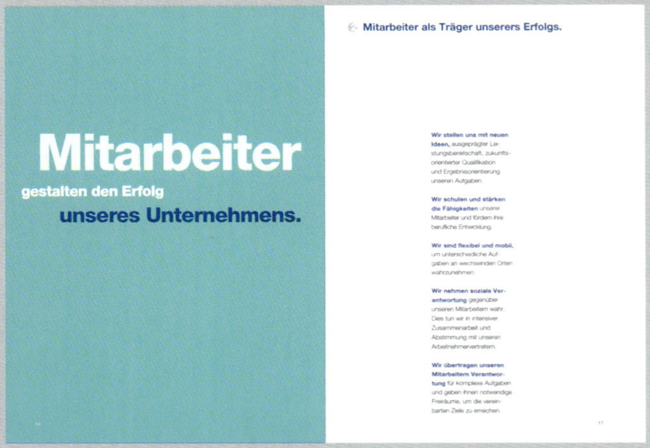
Mitarbeiter als Träger unserers Erfolgs.
Mitarbeiter
gestalten den Erfolg
unseres Unternehmens.
Wir stellen uns mit neuen Ideen, ausgeprägter Leistungsbereitschaft, zukunftsorientierter Qualifikation und Ergebnisorientierung unseren Aufgaben.
Wir schulen und stärken die Fähigkeiten unserer Mitarbeiter und fördern ihre berufliche Entwicklung.
Wir sind flexibel und mobil, um unterschiedliche Aufgaben an wechselnden Orten wahrzunehmen.
Wir nehmen soziale Verantwortung gegenüber unseren Mitarbeitern wahr. Dies tun wir in intensiver Zusammenarbeit und Abstimmung mit unseren Arbeitnehmervertretern.
Wir übertragen unseren Mitarbeitern Verantwortung für komplexe Aufgaben und geben ihnen notwendige Freiräume, um die vereinbarten Ziele zu erreichen.

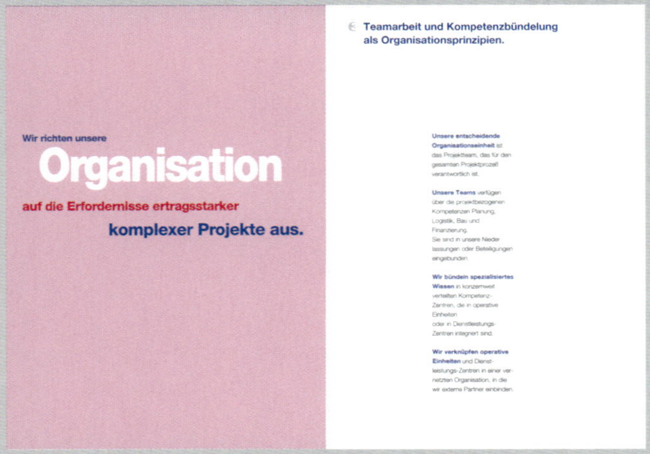
Teamarbeit und Kompetenzbündelung als Organisationsprinzipien.
Wir richten unsere
Organisation
auf die Erfordernisse ertragsstarker
komplexer Projekte aus.
Unsere entscheidende Organisationseinheit ist das Projektteam, das für den gesamten Projektprozeß verantwortlich ist.
Unsere Teams verfügen über die projektbezogenen Kompetenzen Planung, Logistik, Bau und Finanzierung. Sie sind in unsere Niederlassungen oder Beteiligungen eingebunden.
Wir bündeln spezialisiertes Wissen in konzernweit verteilten Kompetenz-Zentren, die in operative Einheiten oder in Dienstleistungs-Zentren integriert sind.
Wir verknüpfen operative Einheiten und Dienstleistungs-Zentren in einer vernetzten Organisation, in die wir externe Partner einbinden.

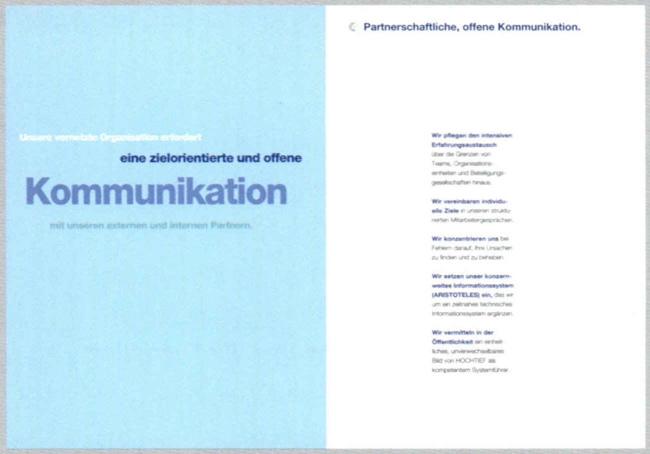
Partnerschaftliche, offene Kommunikation.
Unsere vernetzte Organisation erfordert
eine zielorientierte und offene
Kommunikation
mit unseren externen und internen Partnern.
Wir pflegen den intensiven Erfahrungsaustausch über die Grenzen von Teams, Organisationseinheiten und Beteiligungsgesellschaften hinaus.
Wir vereinbaren individuelle Ziele in unseren strukturierten Mitarbeitergesprächen.
Wir konzentrieren uns bei Fehlern darauf, ihre Ursachen zu finden und zu beheben.
Wir setzen unser konzernweites Informationssystem (ARISTOTELES) ein, das wir um ein zeitnahes technisches Informationssystem ergänzen.
Wir vermitteln in der Öffentlichkeit ein einheitliches, unverwechselbares Bild von HOCHTIEF als kompetentem Systemführer.

## Leitlinien müssen leben

Wie im Abschnitt "Strategisches Management" festgestellt wurde, wird die Notwendigkeit der Formulierung eines Leitbildes, einer Vision, und der Entwicklung von Leitlinien, Unternehmensgrundsätzen heute auch in der Betriebswirtschaftslehre allgemein erkannt. Was in der Praxis der Einführung solcher Leitlinien oft übersehen wird, ist die Tatsache, daß man sie den Mitarbeitern nicht als fertiges Produkt eines Arbeitskreises vorstellen kann, sondern sie als vorläufiges Ergebnis einer Entwicklung behandeln sollte, an der die Mitarbeiter selbst beteiligt sind. Die Vermittlung der Leitlinien muß im Rahmen einer übergreifenden Kommunikationsstrategie erfolgen.

Die Broschüre "Leitlinien" war Teil einer solchen Strategie. Die Aufmachung der Broschüre sollte die Wertigkeit der Leitlinien unterstreichen. Gleichzeitig wurde jedoch klar zum Ausdruck gebracht, daß das Aufschreiben der Leitlinien kein Festschreiben bedeutet. Es kommt vielmehr darauf an, daß die Leitlinien im Unternehmensalltag gelebt werden. Sie sind daher eingebunden in einen permanenten Kommunikationsprozeß, in dem sie sich an der Praxis bewähren müssen, oder aber zu modifizieren sind, wenn sie sich als mit der Praxis nicht vereinbar zeigen sollten. Dieser Prozeß ist in alle Maßnahmen zur Mitarbeiterförderung eingebunden und wird vor allem auch von den Vorgesetzten vor Ort getragen. Gleichzeitig wird aber auch die Abteilung Unternehmenskommunikation als Ansprechpartner für alle damit zusammenhängenden Fragen benannt.

Am Anfang der Broschüre steht die Vision, aus der die Leitlinien abgeleitet sind: **"Wir beziehen eine unverwechselbare Position im Markt als Systemführer bei komplexen baunahen Projekten im nationalen und internationalen Rahmen.** Wir können dabei auf das **Vertrauen unserer Kunden und Partner** bauen, das zunehmend auf langfristigen Beziehungen beruht. Bauen können wir auch auf das **vorbildliche Engagement unserer Mitarbeiter** im In- und Ausland. **Mit einer überdurchschnittlichen Rentabilität** sichern wir die Zukunft unseres Unternehmens nachhaltig. Wir messen deshalb unsere Entscheidungen und unser Handeln an ihrem Beitrag zum Ergebnis."

Unabhängig von der Offenheit für die weitere Entwicklung wird klar darauf hingewiesen, daß die Leitlinien für alle Mitarbeiter verbindlich sind und für Kunden und Partner eine verläßliche Grundlage der geschäftlichen Beziehungen bilden. Die Leitlinien beziehen sich auf vier Themenbereiche: Kundengerechtes Leistungsangebot, Mitarbeiter als Träger des Erfolgs, Teamarbeit und Kompetenzbündelung als Organisationsprinzipien und partnerschaftliche, offene Kommunikation. Daß drei der vier Themenbereiche mit den Grundelementen der CI-Triade besetzt sind, wurde nicht von den Beratern initiiert, kann aber sicher auch nicht als Zufall betrachtet werden. Ebensowenig zufällig wurde das Element der Organisation eine Ebene nach oben gehoben; es entsprach den aktuellen Bedürfnissen des Unternehmens.

*Überzeugungskraft resultiert auch aus der visuellen Umsetzung: die Form der Präsentation der Leitlinien beruhte auf einem sorgfältig ausgearbeiteten Konzept.*

VERMITTLUNG
NEN HELFEN, DIE EIGENE ZUKUNFT ERFOLGREICH ZU GESTALTEN.
Klare Orientierung in der Unendlichkeit des Raumes
„WIR MACHEN VISIONEN ZUR REALITÄT."
Wir beziehen Position. Das ist unser Leitspruch für die weitere Zukunft des Unternehmens und seiner Menschen. Wir sind in sehr unterschiedlichen Bereichen tätig, in denen wir erfolgreich sein wollen und Positionen beziehen. Immer getragen von dem Gedanken, die Systemführerschaft zu übernehmen. Wer in so unterschiedlichen Märkten und Bereichen tätig ist wie wir, der muss auch den Menschen im Unternehmen eine klare Zielrichtung geben und Position beziehen. Im nationalen und internationalen Wettbewerb werden wir unsere Positionen ausbauen, um das Ziel Systemführerschaft zu erreichen. pidines delicae meae in puella, quicum ludere. In sinu tum gravis ardor seter tecum Ludere sicut ipsa possem ettristis Animi levare curas! Tam gratum est mhi, quam ferunt puella pernici aureolum fuisse. Passer, delicae maea. Quicum ludere, in sinu cui. primum Digitum dare. Acris solet incitare Morsus, cum desiderio nitenti. Karum nescioquid lubet iocari et Solaci dolo. Credo, tum gravis ardor tecum Ludere sicut ipsa possem ettristis Animi levare curas! Tam gratum est mhi, quam ferunt puella pernici aureo.
DIPL.-ING. ULRICH GROSS

## Vision und Leitlinien müssen kommuniziert werden

Die Formulierung von Vision und Leitlinien ist ein gutes Beispiel für die Zusammenarbeit zwischen dem Unternehmen und seinen CI-Beratern. Diese hatten im Zuge der Auswertung der Ergebnisse der Arbeitsgruppe Vision des Vorstands und der Diskussion bei der Führungskräftetagung eine andere Formulierung vorgeschlagen. Ihnen schien "Wir beziehen Position" zunächst zu statisch im Vergleich zur Dynamik des Wandels, in dem sich das Unternehmen befand. Doch die Führungsmannschaft hatte mit ihrer Formulierung ein feines Gespür für die Bedürfnisse des Unternehmens und seiner Mitarbeiter bewiesen. Was in diesem stürmischen Wandel gebraucht wurde, war eine klare Orientierung, dies wurde in der intensiven Diskussion um den Leitsatz noch einmal besonders deutlich herausgearbeitet.

Eine wichtige Aufgabe für das Beratungsunternehmen bestand nun darin, diese Vision angemessen zu visualisieren. Schon der Begriff der Vision oder des Leitbildes verweist auf den visuellen Charakter. Der Mensch ist ein visuelles Wesen. Wenn man Menschen mitreißen, sie für eine Sache begeistern will, muß man ihnen eine konkrete Vorstellung vermitteln, braucht man starke Bilder.

In der Auseinandersetzung mit dem Begriff der Position im Rahmen einer semiotischen Analyse fanden sich eine ganze Reihe solcher Bilder, durch die vor allem auch die Statik des Begriffs aufgehoben und seine dynamischen Aspekte betont wurden. Die Untersuchung in unterschiedlichen Kontexten förderte eine Vielzahl von Assoziationen und Konnotationen zutage, die nicht nur mit Arbeits- und Kompetenzbereichen des Unternehmens zu tun hatten, sondern auch in unterschiedlicher Form mit den Leitlinien in Beziehung gesetzt werden konnten.

Die aus theoretischen Überlegungen heraus zu bevorzugende Bildsprache der Metapher erwies sich auch in der praktischen Umsetzung als besonders geeignet. Den Spitzenleistungen des Unternehmens wurden Spitzenleistungen in anderen Bereichen gleichgesetzt, in denen der Begriff der Position eine entscheidende Rolle spielt. Dem Wettbewerb im Markt wurde der sportliche Wettbewerb gegenübergestellt. In Sportarten wie dem Segeln oder der Formel-1 kommt der Technik eine immer größere Bedeutung zu, aber ausschlaggebend bleibt eben doch der Mensch, vor allem auch in seiner Fähigkeit zur Teamarbeit.

Auf dieser Basis entstanden eine Reihe von Schlüsselbildern, die in verschiedenen Medien für unterschiedliche Kommunikationsaufgaben eingesetzt wurden. Leitmedium war dabei die Imagebroschüre, die die Schlüsselbilder in Beziehung zu den Kompetenzfeldern des Unternehmens setzt. Auf eine andere Art leistet dies auch der Imagefilm. Dazu kam eine Serie von Innenplakaten, die eine Verbindung zu den Leitlinien herstellen, wie dies auch bei der Ausstattung der Kommunikationsmärkte der Fall ist.

*Für die Imagebroschüre wurde eine ganz neue Bildsprache entwickelt, die die Vision kraftvoll und manchmal auch auf überraschende Weise vermittelt.*

DIE HARMONIE DES GANZEN BERUHT AUF DER POSITION JEDES EINZELNEN.

„IN GROSSER EIGENVERANTWORTUNG NIMMT JEDER SEINE AUFGABE WAHR.“

„DIE MITARBEITER SIND TRÄGER UNSERES ERFOLGS.“

■ UNSERE MITARBEITERINNEN UND MITARBEITER STELLEN SICH MIT NEUEN IDEEN, AUSGEPRÄGTER LEISTUNGSBEREITSCHAFT, ZUKUNFTSORIENTIERTER QUALIFIKATION UND ERGEBNISORIENTIERUNG IHREN AUFGABEN. ■ JEDER WEISS, DASS ER SICH AUF DEN ANDEREN VERLASSEN KANN. ZUSAMMEN FÜHLEN SIE SICH DEM KUNDEN VERPFLICHTET UND VERSTEHEN SICH ALS DIENSTLEISTER. ■ GUTE MOTIVATION UND HOHE PRODUKTIVITÄT TRAGEN DAZU BEI, DASS WIR IN EINEM WIRTSCHAFTLICHEN VERGLEICH MIT ANBIETERN AUS NIEDRIGLOHNLÄNDERN STANDHALTEN KÖNNEN. ■ SYSTEMATISCH FÖRDERN WIR NEBEN DER QUALIFIKATION AUCH DIE FLEXIBILITÄT UND MOBILITÄT AUF ALLEN EBENEN DES UNTERNEHMENS. ■

DIPL.-ING. FRIEDEL ABEL

WIR BEZIEHEN POSITION
KULTUR UND MANAGEMENT
AUCH ÄSTHETIK IST EIN
TEIL DER FUNKTION. HARMONIE
IN PERFEKTION. UNSERE
OBJEKTE STEHEN DAFÜR.
DER GEHOBENE RAHMEN MUSS STIMMEN.
ABSOLUTE TERMINTREUE IST GEFORDERT, DENN TIMING IST
ALLES. NUR WENN DIE EINZELNEN BEWEGUNGEN PRÄZISE AUF-
EINANDER ABGESTIMMT SIND, WERDEN KOLLISIONEN VER-

halten
klaren
Kurs
Im Team sind wir
erfolgreich, weil
jeder die Richtung
kennt und weiß,
worauf es ankommt.
HOCHTIEF
WELTMEISTER

## Die tragende Idee macht Sponsoring attraktiv

In der Semiotik der visuellen Kommunikation (vgl. Abschnitt 7.3, S. 126 ff) spielt die Metapher eine besondere Rolle. Als ikonisches Zeichen läßt sie sich der Kunst zuordnen. Auch bei sprachlichen Kunstwerken, seien es Gedichte oder Romane, ist die Metapher häufig anzutreffen. Sie beschreibt ihr Objekt durch die Parallelität in etwas anderem, wobei ein ganzes System von Bedeutungen mit ins Spiel gebracht wird. Diese Bedeutungen sind zwar nicht fest bestimmbar, dafür aber um so reicher. Psycholinguistisch läßt sich erklären, warum solche Assoziationen nicht nur emotional sehr wirksam sind und neue Einsichten bringen - Aha-Erlebnisse -, sondern auch die Einstellungen zum bezeichneten Objekt sehr dauerhaft prägen.

Ein gutes Beispiel dafür ist das Schlüsselbild "Ballett". In Verbindung mit einem Bauunternehmen erscheint es zunächst überraschend. Gerade dadurch erzielt es Aufmerksamkeit. Die offenkundige Aussage dieses Bildes - das harmonische Zusammenspiel - ist aber tatsächlich nur Träger einer viel weitergehenden Aussage, nämlich daß der Betrachter seine hergebrachte Vorstellung von der Bauindustrie vielleicht grundlegend revidieren muß. Somit verfügt jedes der verwendeten Schlüsselbilder über verschiedene Ebenen der Aussage, die die Gesamtinformation wesentlich über die in den Texten angesprochen Bereiche hinaus erweitern. Damit kann das Bild eines Unternehmens auf eine sehr subtile Art gezeichnet werden. Gleichzeitig vermitteln Metaphern hohe Glaubwürdigkeit und reduzieren die Reaktanz, die fast automatische Abwehr gegen jeden Versuch, eine Einstellung zu verändern.

Das Prinzip der Metapher wird auch beim Sponsoring genutzt. Bei einer inneren Übereinstimmung zwischen den gesponsorten sportlichen oder kulturellen Ereignissen oder Personen und den Aussagen, die der Sponsor zu machen hat, führt dies immer wieder zu hohen Kommunikationsleistungen. Das belegen entsprechende Untersuchungen.

Unter diesen Aspekten gehört der Segelsport heute zu einem der attraktivsten Felder für das Sponsoring. Moderne Segelyachten bieten absolute HighTech und nutzen die umweltfreundlichste Energie. Spitzenleistungen setzen Teamgeist und schnellste Anpassung an aktuelle Situationen voraus. Alles in allem Eigenschaften, die auch in den Unternehmen heute dringend gefordert sind.

Nach neuen Untersuchungen der Freizeitforschung liegt Segeln voll im Trend. Das gilt nicht nur für die angelsächsischen Länder, wo Segeln traditionell einen hohen Stellenwert hat. Auch in Deutschland hat die Zahl der Aktiven inzwischen die Zwei-Millionengrenze überschritten. Und mehr als zehn Millionen Deutsche träumen von Wasser und Segeln - positive Einstellungen, die sich auf den Sponsor übertragen.

*Motivationsposter haben das Ziel, die Schlüsselbilder und die damit verbundenen Aussagen in den Köpfen der Mitarbeiter fest zu verankern.*

*Protagonisten mit sympathischer Ausstrahlung sind Identifikationsfiguren und bieten zugleich interessante Ansätze für Sponsoring-Aktivitäten.*

"Heute endet ein Bauprojekt nicht mehr mit der schlüsselfertigen Übergabe, sondern setzt sich fort im Gebäudemanagement. Daß wir zur Weltspitze gehören, ist das Ergebnis der konsequenten Strategie, mit der wir unsere Dienstleistungen rund um das Bauen ausgebaut haben."

## Wie man Mitarbeiter für den Wandel gewinnt

Die Entwicklung von Vision und Leitlinien erfolgt stets vor dem Hintergrund der Erkenntnis der Notwendigkeit grundlegender Veränderungen. Die damit in Zusammenhang stehenden Prozesse lassen sich systemtheoretisch beschreiben und vor diesem Hintergrund auch professionell begleiten. Der Wandel wird als Anpassung an die Umwelt erzwungen. Innerhalb des Systems stört er jedoch das langfristig aufgebaute Gleichgewicht zwischen den einzelnen Teilsystemen. Diese sind daher fast notwendige Feinde des Wandels. Man muß sich klar machen, daß die daraus resultierenden Widerstände oft durch das "Betriebsinteresse" scheinbar legitimiert sind.

In dieser Situation kommt es darauf an, vor allem Instrumente für die Integration zu entwickeln. Vision und Leitlinien sind ein Teil dieses Instrumentariums. Mindestens so wichtig wie ihre inhaltliche Formulierung ist der Prozeß ihrer Vermittlung. Er muß rational die Begründungen für die Logik des Wandels liefern, gleichzeitig aber emotional Begeisterung für neue Ziele wecken, da von solchen Zielen die stärkste Integrationskraft ausgeht. Diese Funktionen kann nur die persönliche Kommunikation erfüllen. Medien können nur, wie die Leitlinienbroschüre, die Basisinformation liefern und, wie die Mitarbeiterzeitschrift, den Prozeß begleiten. Die Vermittlung und Diskussion muß als Stufenprozeß angelegt sein, in dem jeweils die Vorgesetzten das Gespräch mit ihren direkten Mitarbeitern suchen.

Um den Kommunikationsprozeß schnell in die Breite gehen zu lassen und möglichst viele der über 20.000 Mitarbeiter im Inland zu erreichen, wurden die Kommunikationsmärkte konzipiert. Zehn Veranstaltungen mit jeweils etwa 300 Teilnehmern waren konsequent als Auftakt für die Diskussion gestaltet.

Außergewöhnliche Orte und Medien der Kommunikation unterstreichen die Bedeutung eines Themas. Mit einer filigranen Stahlkonstruktion wurde ein Environment geschaffen, das den besonderen Charakter der Veranstaltungen betonte. Auf Wandelementen, die den Raum in einzelne Diskussionszonen gliederten, wurden die Leitlinien plakativ präsentiert, die Schlüsselbilder und provokative Fragen unterstützen die Atmosphäre für den offenen Meinungsaustausch, dem sich Mitglieder des Vorstands dort stellten. Da praktisch die Führungskräfte aller Ebenen an diesen Veranstaltungen teilnahmen, waren sie nicht nur ein Vorbild und eine Hilfestellung für die Diskussion mit den eigenen Mitarbeitern vor Ort, sondern auch eine gegenseitige Verpflichtung für alle.

Wie die Strukturierung und Ausgestaltung der Räume, war auch der gesamte Ablauf der Auftaktveranstaltungen in intensiven Arbeitsgruppensitzungen sorgfältig vorbereitet worden. Ein Aufwand, der nicht nur der Aufgabenstellung gerecht wurde, sondern dem auch der Erfolg recht gab. Die Verleihung des Deutschen Industriepreises für den Unternehmensfilm - durch den Wirtschaftsminister - unterstreicht diesen Erfolg.

*Provokative Inszenierung und durchdachte Strukturierung des Raumes unterstützten die Diskussion und machten die Kommunikationsmärkte zum gelungenen Auftakt für die Vermittlung von Vision und Leitlinien.*

"Unsere vernetzte Organisation erfordert eine zielorientierte und offene Kommunikation mit unseren externen und internen Partnern. Wir pflegen den intensiven Erfahrungsaustausch über die Grenzen von Teams, Organisationseinheiten und Beteiligungsgesellschaften hinaus."

**Im Dialog vermitteln wir unser Image aktiv und bewußt. Wir sorgen dafür, daß Kunden wie Mitarbeiter den Umgang mit HOCHTIEF positiv erleben.**

**Wir entwickeln eine überdurchschnittliche Dienstleistungsorientierung im inner- und überbetrieblichen Dialog, so binden wir Kunden.**

Wir beziehen Position.
HOCHTIEF
Taking a stand

*Als starkes Symbol und ständige Erinnerung an die Verpflichtung von Vision und Leitlinien dient der Unternehmenskompaß. Die Mitarbeiter konnten zwischen drei Versionen wählen.*

**Der Unternehmenskompaß als Symbol für neue Ziele**

Im Zusammenhang mit den Themen Unternehmenskultur und Vision wurde im theoretischen Teil mehrfach auf die Rolle von Symbolen und symbolischen Handlungen hingewiesen. Parsons definiert nicht ohne Grund die Kultur als eine "gemeinsame Ordnung symbolischer Bedeutungen". Gerade die Vision als wesentliches Element der Unternehmenskultur bedarf einer festen Verankerung im Unternehmen, die am ehesten durch ein starkes Symbol geleistet werden kann. Die Suche nach einem solchen "Symbolischen Anker" begleitete daher alle Überlegungen zur Visualisierung der Vision.

"Wir beziehen Position" setzt die Bestimmung der Position voraus, so daß man in einem Kompaß die ideale Umsetzung der grundlegenden Idee sah. Er steht für die Präzision der Bestimmung der Position, assoziiert die Weite der Arbeitsbereiche und die Internationalität der Arbeitsfelder. Der "Unternehmenskompaß" sollte nicht nur als Bild ein Erkennungszeichen für alle im Rahmen der Vermittlung der Vision eingesetzten Medien sein. Er sollte darüber hinaus als Gegenstand den Mitarbeitern möglichst oft präsent sein, um sie an die gemeinsame Verpflichtung auf die Vision und die Leitlinien zu erinnern. Da ein realer Kompaß diesen Bedingungen nicht entsprochen hätte, wurde schließlich eine Uhr mit Kompaß-Zifferblatt geschaffen. Die Mitarbeiter konnten dabei zwischen drei Versionen wählen: Armbanduhr, Tischuhr und Schlüsselanhänger. Der Wert und die Bedeutung dieses Symbols wurden durch die Gestaltung der Verpackung noch einmal unterstrichen. Die Übersendung an die Mitarbeiter erfolgte nur auf ausdrückliche Anforderung. Die Anforderung, die wegen der Auswahl der Variante notwendig war, erfolgte mit einer Karte, die aus der Leitlinienbroschüre getrennt werden mußte. Mit dem Text "Ja, ich bin dabei" enthielt die Karte so etwas wie eine Selbstverpflichtung des Mitarbeiters auf die Leitlinien, an die er durch den symbolischen Anker immer wieder erinnert werden sollte.

Der Unternehmenskompaß war die Klammer für den gesamten Prozeß der Vermittlung der Leitlinien, die in vier Schritten erfolgen sollte:

Leitlinien kennenlernen,
sich damit auseinandersetzen,
Akzeptanz schaffen,
Leitlinien im täglichen Geschäft leben.

Für die Materialen, die in einem solchen Prozeß zum Einsatz kommen, ist es wichtig, daß sie schon durch die Gestaltung als zusammengehörig und aufeinander aufbauend erkennbar sind. Diese Durchgängigkeit des visuellen Auftritts wurde dadurch gewährleistet, daß die einzelnen Medien als Bausteine eines zusammenhängenden Systems gestaltet wurden. Inhaltlich und formal ist dadurch eine klare Linie entstanden, in der die Materialien einander ergänzen. Insgesamt sind sie aber nur Katalysatoren in einem Prozeß, der permanent in Gang gehalten werden muß.

"Unsere vernetzte Organisation erfordert eine zielorientierte und offene Kommunikation mit unseren externen und internen Partnern.Wir pflegen den intensiven Erfahrungsaustausch über die Grenzen von Teams, Organisationseinheiten und Beteiligungsgesellschaften hinaus."

## Unternehmens-Kommunikation als Dienstleistung

Der permanente Kommunikationsprozeß, der nicht nur mit dem Anspruch lebendiger Leitlinien verbunden ist, sondern auch im Zusammenhang mit anderen Elementen der Corporate Identity erforderlich ist, mußte seinen Niederschlag auch in der Organisationsstruktur des Unternehmens finden. Generell bedeutete die Reorganisation, die mit HOCHTIEF 2000 in Angriff genommen worden war, nicht nur die Optimierung von Prozessen, sondern auch den systematischen Auf- und Ausbau von Kompetenzen, die das Unternehmen mit Blick auf das Ziel der Systemführerschaft entwickeln mußte, und die als Dienstleistungen für einzelne Projekte oder das gesamte Unternehmen zur Verfügung stehen sollten. Das galt auch für die Kommunikation.

Zentrale Kommunikationsaufgaben waren bei HOCHTIEF bis zu diesem Zeitpunkt von der Abteilung Öffentlichkeitsarbeit betreut worden. Dem Namen entsprechend lag der Schwerpunkt in der Vergangenheit bei der Pressearbeit. Schon im Laufe des Prozesses der Entwicklung von Leitbild und Leitlinien war deutlich geworden, daß die interne Kommunikation eine eigene und zunehmend wichtige Aufgabe darstellte. Hinzu kam, daß durch den Anspruch der Systemführerschaft sowohl die Öffentlichkeitsarbeit als auch die Werbung nicht nur neue Aufgaben, sondern auch einen neuen Stellenwert bekamen. Vor diesem Hintergrund entschloß man sich, die Abteilung neu zu strukturieren und entsprechend in Unternehmenskommunikation umzubenennen. Interne Kommunikation, Public Relations und Werbung wurden als die drei Arbeitsbereiche definiert.

Durch die Art, wie diese Veränderung den Führungskräften des Unternehmens vorgestellt wurde, sollte ein wenig von der neuen angestrebten Unternehmenskultur vermittelt werden. Das Thema Kommunikation ist für Führungskräfte ganz allgemein kein neues Thema. Dennoch gehen die Vorstellungen darüber, was Kommunikation ist, was sie im Unternehmen leisten kann und leisten soll, durchaus auseinander. In der rein verbalen Vermittlung ist es daher relativ schwer, eine gemeinsame Ebene zu finden. Typische Fehler gerade in der internen Kommunikation sind oft so banal, daß man nur schwer darüber sprechen kann, zumal kaum jemand bereit ist, sie bei sich selbst zu suchen.

Durch eine den Vortrag ergänzende und untermalende Performance, die grundlegende Elemente der Kommunikation in Pantomime und Körpersprache vermittelte, konnte dieses Problem auf eine besondere Weise gelöst werden. Eine Tanztruppe demonstrierte phantasievoll, wie leistungsfähig die Körpersprache da sein kann, wo das gesprochene Wort versagt. Für die Teilnehmer war es ein beeindruckendes Erlebnis und die anschließenden Diskussionen und Gespräche zeigten, daß es gelungen war, wenn nicht unbedingt ein neues Verständnis von Kommunikation zu vermitteln, dann doch zumindest über manches nachdenklich zu machen.

*Kommunikation einmal ganz anders: Die Life-Performance zeigt, wie breit die Palette der Möglichkeiten ist, Corporate Identity als Unternehmenskultur erlebbar zu machen.*

start from the pole position
POLE POSITION
PERFEKTES TEAMWORK
SCHUMACHER FORMEL
RALF SCHUMACHER

### Eine Vision lebt von der Faszination

Das Leitmedium der Image-Broschüre "Vision" wurde oben bereits vorgestellt. Die Emotionskraft der darin verwendeten Schlüsselbilder läßt sich nur durch ein Medium noch steigern: die bewegten Bilder des Films. Der Imagefilm für HOCHTIEF baut auf den Schlüsselbildern auf, steigert sie mit den Mitteln des Films und ist so in der Lage, Begeisterung zu wecken. Erstmals wurde dieser Film im Rahmen der Auftaktveranstaltungen eingesetzt, um die Mitarbeiter für die Vision zu begeistern und zum Engagement bei der Umsetzung der Leitlinien zu motivieren. "Ich bin stolz, für dieses Unternehmen zu arbeiten," so leitete der Vorstandsvorsitzende anschließend seine Rede ein, und der Beifall der Teilnehmer bestätigte, daß er das Gefühl, das der Film bei den Mitarbeitern hinterließ, getroffen hatte.

Das Drehbuch für diesen Film wurde von Anfang an unter den Gesichtspunkten der Corporate Identity verfaßt. Bei der Konzeption hatte sich das Team die zentrale Aufgabe gestellt, die Vision erlebbar zu machen. Ausgehend von der Umsetzung in der Imagebroschüre, kam es darauf an, den Begriff der Position zu dynamisieren und ihn in Beziehung zu Spitzenleistungen zu setzen. Auch HOCHTIEF hat in seinen Arbeitsbereichen eine Vielzahl von Spitzenleistungen vorzuweisen. Bei dem Film konnte es aber nicht um eine einfache Parallelität gehen. Was bei diesem Medium fasziniert, ist die Vieldimensionalität der filmischen Sprache, die dafür genutzt werden mußte, die Bedeutungen der Metaphern weiter anzureichern. So liegt die Fasziniation der Formel-1 nicht nur in der Internationalität des Wettbewerbs. Trotz der enormen Bedeutung des technischen Elements bleibt auch bei diesem Sport letztendlich der Mensch entscheidend; und trotz aller Bewunderung, die die Rennfahrer genießen, ist doch jedem sehr wohl bewußt, daß dahinter die Leistung eines ganzen Teams steckt.

Identität braucht Identifikation. Deswegen war es für den Film von entscheidender Bedeutung, die richtigen Protagonisten nicht nur zu finden, sondern auch für das Projekt zu gewinnen. Es war das überzeugende Konzept, das wesentlich dazu beitrug, die Zusage von so hochkarätigen Leuten wie dem Formel-1-Piloten Ralf Schumacher, dem Segler Jochen Schümann, der Choreographin Susanne Linke oder dem Philosophen Rupert Lay zu erhalten. Sport, Kultur und Philosophie - jeder dieser Bereiche kann helfen, etwas von dem deutlich werden zu lassen, was in seiner Summe die Corporate Identity eines Unternehmens ausmacht.

Die Kampagne tut dies in unaufdringlicher und deshalb umso überzeugenderer Weise. In Zukunft wird sie neben Mitarbeitern auch andere Zielgruppen für HOCHTIEF gewinnen. Partner und Kunden sind zu überzeugen, daß eine Systemführerschaft bei HOCHTIEF in guten Händen liegt, und nicht zuletzt gilt es, das Vertrauen der Aktionäre in die Zukunft des Unternehmens weiter zu stärken.

*Die Kampagne für das Unternehmen wurde konsequent unter CI-Aspekten konzipiert. Er macht die Vision erlebbar und weckt die Begeisterung, die für eine Umsetzung nötig ist.*

MITARBEITER GEWINNEN
IM HOCHHAUSBAU
Mein Beleg:
wir im Gespräch
müssen
leben.
Ich
bin
dabei,
wenn es um die Umsetzung der Leitlinien geht!
22

## Visionen wirken auch nach außen

Immer wieder stellen Unternehmensleitungen und Werbeabteilungen mit Überraschung fest, daß sie mit der Werbung eine Zielgruppe erreichen, an die sie gar nicht gedacht haben - ihre eigenen Mitarbeiter. Nicht selten wird dies erst dann bemerkt, wenn negative Reaktionen kommen. "Das paßt überhaupt nicht zu uns," ist dann oft zu hören. CI-Beratern ist es völlig vertraut, daß die öffentliche Kommunikation des Unternehmens, sei es nun in der Gestalt der Werbung oder der Public Relations, manchmal einen größeren Einfluß auf die Mitarbeiter hat, als zum Beispiel direkt auf die Leitlinien zielende Maßnahmen der internen Kommunikation.

Die Wirkung beruht auf einem doppelten Effekt. Zum einen schenken die Mitarbeiter dem, was ihr Unternehmen öffentlich äußert, eine besondere Aufmerksamkeit, zum anderen werden solche Aussagen von den Mitarbeitern auch als eine Verpflichtung empfunden, die sie gegenüber dem Kunden einzulösen haben. Nicht zuletzt wird der Kunde auch die Einhaltung solcher Selbstverpflichtungen des Unternehmens anmahnen und wird damit zu einer weiteren Kontrollinstanz.

Eine besondere Form der öffentlichen Kommunikation wird noch immer mit einer gewissen Berechtigung als Imagewerbung bezeichnet. Nicht daß dieser Form der Werbung noch das in den 70er Jahren aus den USA übernommene Imagekonzept zugrundeliegt. Was jedoch bleibt, ist das Bewußtsein, daß Corporate Identity - also die tatsächliche innere Verfassung des Unternehmens - und Image - das Bild, das die Öffentlichkeit vom Unternehmen hat - zwei verschiedene Dinge sind, die beide einer systematischen Pflege bedürfen. Im Image eines Unternehmens mischen sich immer eigene Erfahrungen, begründete Meinungen und Vorurteile. Zu den Vorurteilen, mit denen speziell auch HOCHTIEF zu tun hat, gehört das Image der Branche.

Es stellt gerade einen Teil der Vision dar, sich von diesem Image eines traditionellen Bauunternehmens zu lösen und die ganze Dienstleistungspalette zu vermitteln. Gegen Vorurteile helfen nur Informationen. Vor diesem Hintergrund ging HOCHTIEF in die Kommunikationsoffensive. Allein die Mittel der traditionellen Pressearbeit sind dafür nicht ausreichend. Die Presse ist auf Neuheit und kurze prägnante Ereignisse fixiert. Langfristige Strategien haben da keinen besonderen Nachrichtenwert.

Wenn man dennoch eine breite Öffentlichkeit erreichen will, bleibt nur die Imageanzeige in überregionalen Tageszeitungen, Zeitschriften und der Wirtschaftsfachpresse. Nur sie können die notwendigen Reichweiten in definierten Zielgruppen sicherstellen. Da man Zeitpunkt und Inhalt der Information selbst in der Hand hat, kann man die Wirkung am ehesten steuern. Für viele überraschend ist die hohe Glaubwürdigkeit, die Leser gut gemachten Imageanzeigen zubilligen. Sie stehen darin der so hochgeschätzten redaktionellen Information kaum nach.

*In großformatigen Image-Anzeigen wird die Vision auch in der Öffentlichkeit vermittelt. Dramatische Motive machen den Wandel gegenüber dem traditionellen Bau-Image deutlich.*

HOCHTIEF der Systemführer. Lösungen aus einer Hand: Planen, Finanzieren, Bauen und Betreiben. Wir gestalten die Skyline Frankfurts.
WIR SIND WEGWEISEND IM HOCHHAUSBAU
HOCHTIEF

Ein Brückenschlag ist wie ein Handschlag. Er verbindet Menschen. So die längste Hängebrücke der Welt. Gebaut von HOCHTIEF. Spannweite 1624m. Durchfahrtshöhe: 65 Meter. Wir arbeiten für unsere Zukunft.
WIR VERBINDEN MENSCHEN UND NATIONEN
HOCHTIEF

Was hier aussieht wie ein Märchen aus Tausend-und einer-Nacht ist der Großflughafen in Jeddah, Saudi-Arabien. Hier, aber auch in Warschau oder Athen, demonstrieren wir unser Rund-ums-Bauen Konzept.
WIR BAUEN, FINANZIEREN UND BETREIBEN FLUGHÄFEN
HOCHTIEF

### Großflächenplakate erschließen neues Kommunikationspotential

Imagewirksame Unternehmenskommunikation findet nicht nur in explizit dafür ausgewiesenen Situationen - wie Werbung und Public-Relations - statt, sondern bei jedem Kontakt mit der Öffentlichkeit. Dazu gehört immer auch die Art und Weise, wie die Leistung erbracht wird. In der Regel geschieht dies nur im Kontakt mit dem Kunden. Anders bei Baustellen, die stets die Aufmerksamkeit ihrer Umgebung finden. Darin liegt für ein Bauunternehmen Kommunikationspotential, das in der Regel nur für die Darstellung des jeweiligen Objekts genutzt wird. Neben dem obligatorischen Baustellenschild stehen jedoch oft auch große Fassadenflächen zur Verfügung, die für Informationszwecke genutzt werden können.

Für HOCHTIEF, das über viele unter diesem Gesichtspunkt hochattraktive Baustellen auch an prominenten Innenstadtstandorten verfügt, wurden dazu Großflächenplakate im Format 8,5 mal 12 Meter entwickelt. Durch Digitaldruck können auf diesem Format auch anspruchsvolle Motive in beachtlicher Qualität zu günstigen Kosten reproduziert werden. Da keine Mieten für Werbeflächen anfallen, errechnet sich für diese Kommunikationsform ein optimales Preis/Leistungs-Verhältnis. Wenn HOCHTIEF die Möglichkeiten an seinen Baustellen optimal nutzt, erreicht man eine Zahl von Kontakten, die bei Nutzung anderer Medien oder Miete der Werbeflächen viele Millionen Mark kosten würde.

Im Gegensatz zu der eher begrenzten Öffentlichkeit des Films kann HOCHTIEF mit diesem bisher kaum genutzten Medium ein sehr breites Publikum erreichen. Das macht die Großflächenplakate an den Baustellen zu einem zentralen Medium für die Kommunikationsoffensive. Grundlage ist ein Konzept, das mit einer Serie von Motiven einen Spannungsbogen aufbaut und die Struktur einer Kampagne für die Vermittlung eines Kommunikationszieles nutzt. Jedes Plakat hängt also nur für einen definierten Zeitraum.

Die Motive bauen in drei Phasen aufeinander auf, entwickeln eine Dramaturgie. Eine vierte Phase dient im Sinne einer Erinnerungswerbung der Vertiefung und Verankerung der Botschaft. Ausgangspunkt sind spektakuläre Bauwerke von HOCHTIEF, die vom Text her mit den Menschen, die sie erstellt haben, verbunden werden. In der zweiten Phase verlagert sich der Schwerpunkt auf den Aspekt der Internationalität. Bauwerke werden mit starken Schlüsselbildern für das jeweilige Land oder die Region verbunden. In der dritten Phase stehen die Menschen, die an den Projekten mitgewirkt haben, im Vordergrund. Sie kommen aus verschiedenen Ländern, sie erfüllen ganz unterschiedliche Aufgaben, aber immer bilden sie ein Team.

Für jede der Phasen wurden vier Motive entwickelt. Die Plakate können im Rotationsverfahren genutzt werden, die Reihenfolge spielt nur im Hinblick auf die Phasen eine Rolle, innerhalb der Phasen können Zahl und Auswahl der Motive örtlichen Gegebenheiten individuell angepaßt werden.

*Mit seinen Baustellen ist HOCHTIEF im Bild vieler großer Städte präsent. Supergroßflächenplakate mit markanten Motiven nutzen diesen Weg an die Öffentlichkeit.*

AUCH IM TUNNELBAU HA

Ein wichtiger Teil
unserer Arbeit ist un-
sichtbar. Neben den
Bereichen Flughafen-,
Hochhaus- und
Straßenbau sind wir
Experten über und
auch unter der Erde.
Fachleute für modern-
sten Tunnelbau
im In- und Ausland.
WIR DIE NASE VORN
HOCHTIEF

"Wir fördern den permanenten Dialog mit der Öffentlichkeit. Dabei pflegen wir vor allem auch den Kontakt zu jungen Menschen, die für unser Unternehmen als zukünftige Mitarbeiter interessant sind. Sie sollen erfahren, welche interessanten Berufe es rund um das Bauen gibt."

## Im Dialog mit der Gesellschaft entsteht das Bild vom Unternehmen

Corporate-Identity-Entwicklung heißt heute in erster Linie den Wandel organisieren. Eine grundlegende Veränderung beobachten wir in mehr oder weniger allen Industriezweigen: Der Markt verlangt immer mehr Systemprodukte. Es werden komplette Lösungen für Probleme erwartet und nicht einzelne Leistungen. Dem hat HOCHTIEF in seiner Vision Rechnung getragen. Die Vision erforderte konsequent auch einen Wandel der Unternehmenskultur. Diese war bei HOCHTIEF traditionell bestimmt von Innovationskraft und Anpassungsfähigkeit. Diese Kultur war ein so selbstverständlicher Bestandteil des Unternehmensalltags, daß man sie nicht unbedingt bewußt wahrnahm. Sie wurde weder systematisch gefördert, noch konsequent in der Selbstdarstellung gepflegt. Beides ist angesichts der heutigen Anforderungen unumgänglich geworden.

Bei der Hauptversammlung wurde von Aktionärsvertretern kritisch gefragt, ob HOCHTIEF denn eine Bank geworden sei; man solle sich lieber darauf konzentrieren, die Renditen aus dem operativen Geschäft zu verbessern. In der Antwort wurde deutlich gemacht, daß auch die Finanzierung ein wichtiger Bestandteil des operativen Geschäfts geworden sei. Daran zeigt sich, wie sehr sich dieses Geschäft gegenüber dem traditionellen Bauen verändert hat, und wie wichtig es ist, auch nach außen zu zeigen, daß das Unternehmen eine entsprechend veränderte Kultur entwickelt hat. Dazu gehört auch eine Kultur der Kommunikation, in der der Dialog mit der Gesellschaft gesucht wird. Es ist eine wichtige Aufgabe der CI-Beratung, dabei zu helfen, daß dieser Dialog zustandekommt. Generell ist dies das Aufgabenfeld der Public Relations, aber bei diesem speziellen Thema - nämlich der Vision - verhält es sich ähnlich wie mit dem Verhältnis von Werbung und Imagewerbung: im Hinblick auf die Inhalte wie auch die Medien sind ganz spezifische Anforderungen zu erfüllen. Diese Anforderungen gelten besonders auch im Hinblick auf die Zielgruppen. Nicht die breite Öffentlichkeit ist gefragt, sondern die für das Unternehmen wichtigen Multiplikatoren. Das können durchaus Journalisten, speziell auch Fachjournalisten sein, oft sind es aber andere gesellschaftlich zu definierende Ansprechpartner, die nur mit sehr exklusiven Veranstaltungen zu gewinnen sind.

Die Diskussion der Leitlinien wurde noch einmal bewußt gemacht, wie wichtig es für ein Unternehmen beispielsweise ist, möglichst die besten Hochschulabsolventen als Mitarbeiter zu gewinnen. Tatsache ist, daß das Image der Baubranche dabei nicht unbedingt förderlich ist. Deshalb suchte HOCHTIEF den direkten Kontakt, um die Gelegenheit zu haben, das Bild zu korrigieren, einmal darzustellen, welche interessanten Aufgaben und attraktiven Arbeitsplätze ein Unternehmen der Bauindustrie heute zu bieten hat. Auch an hochkarätigen Bildungseinrichtungen stieß das Angebot auf eine außerordentlich positive Resonanz.

*Ein nicht nur interessiertes, sondern auch kritisches und dialogbereites Publikum fand der Vorstandsvorsitzende bei Vorträgen an Universitäten wie bei exklusiven Gesprächszirkeln mit Managerkollegen.*

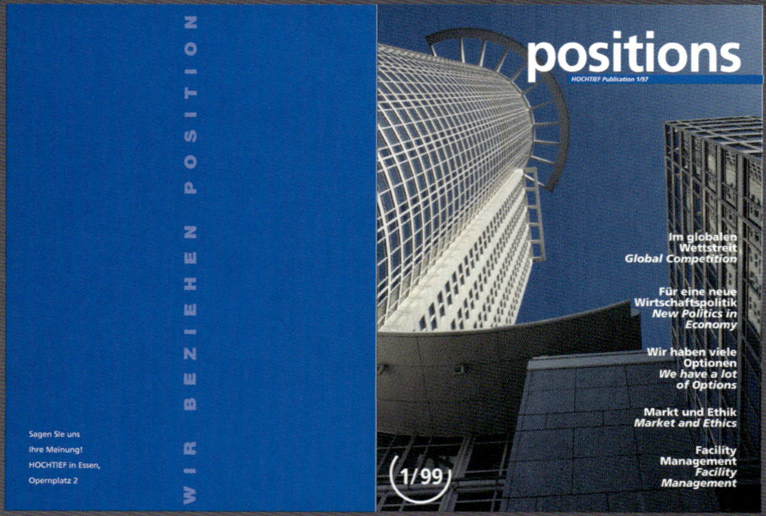
WIR BEZIEHEN POSITION
Sagen Sie uns
Ihre Meinung!
HOCHTIEF in Essen,
Opernplatz 2
positions
HOCHTIEF Publication 1/97
Im globalen Wettstreit
Global Competition
Für eine neue Wirtschaftspolitik
New Politics in Economy
Wir haben viele Optionen
We have a lot of Options
Markt und Ethik
Market and Ethics
Facility Management
Facility Management
1/99

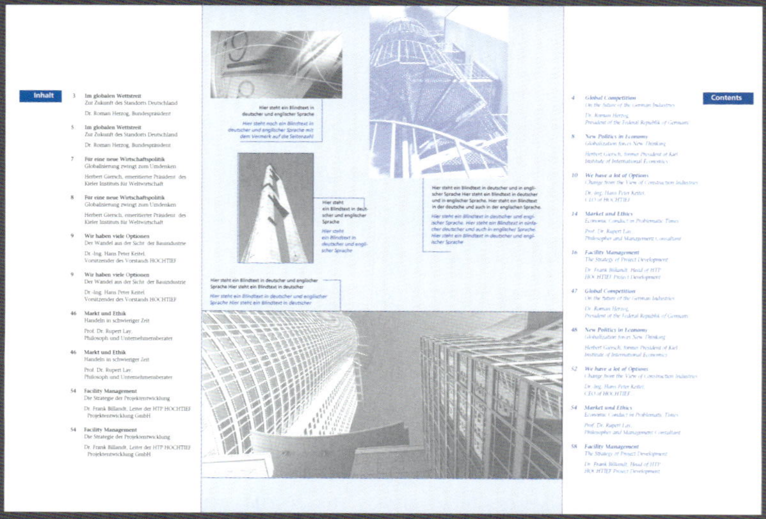
Inhalt
Contents

Der Kopf ist rund, damit man die
Richtung des Denkens ändern kann.
Editorial
Weltweiter Systemanbieter
Global System Provider

Zur Zukunft des Standorts Deutschland
Germany – the place of economy
Im globalen Wettstreit
Hier steht ein Einführungstext, der von der Headline zur Copy weiterleitet, auch wenn nicht viel Information in diesem Text steht, ist er doch von Bedeutung. („Roman Herzog")
Messeturm Frankfurt

## Unternehmens-Magazine als anspruchsvolle Medien

Anspruchsvolle Zielgruppen erfordern den Einsatz anspruchsvoller Medien und die Behandlung anspruchsvoller Themen. Neben den klassischen Medien hat sich im Bereich der Imagewerbung immer mehr ein ein spezielles Medium durchgesetzt, das sich im Feld zwischen Werbung und Information bewegt. Für Kommunikationsfachleute ist es weniger überraschend, daß die immer weiter verbreiteten Firmen-Magazine von der Öffentlichkeit tatsächlich eher der sachlichen Information als der Werbung zugeordnet werden. Dies ist in erster Linie der hochwertigen Qualtät der Informationen in solchen Magazinen zu verdanken, die in aller Regel auf eine direkte werbliche Ansprache verzichten. Gerade auch im Umfeld des Bauens gibt es eine Vielzahl von Themen, die auf breites Interesse stoßen, auf der anderen Seite jedoch nicht leicht in ähnlicher Qualität und Aufmachung zu finden sind.

Firmen Magazine sind das ideale Medium der Corporate Identity. Mit Know-how, Kompetenz und Kultur stehen sie für die Persönlichkeit des Unternehmens, die sich ohne Eigenlob und Überheblichkeit vermittelt. Wie kein zweites Medium bieten sie die Chance, relevante Themen ausführlich zu behandeln, Hintergrundinformationen zu vermitteln und auch schwierigere Zusammenhänge ohne die sonst meist notwendigen Verkürzungen darzustellen.

Firmen-Magazine sind ein wichtiges Element im Dialog mit der Gesellschaft, der für die Unternehmen heute immer wichtiger wird. Es ist die Aufgabe der Redaktion, interessante, anerkannte und bekannte Persönlichkeiten dafür zu gewinnen, relevante Themen einmal aus einem anderen Blickwinkel darzustellen. Im Zusammenspiel mit einer klar ausgeprägten Corporate Identity kann der Kreis der Themen, die für die Beziehung des Unternehmens zu seinen verschiedenen Zielgruppen von Bedeutung sind, sehr weit gezogen werden.

Ein klar definiertes Ziel eines Unternehmes-Magazins muß es sein, ihm in strategisch zu bestimmenden Kreisen der Öffentlichkeit eine Geltung als Medium für ganz besondere Informationen zu verschaffen. Diesem Ziel muß sich sowohl die Zusammenstellung der Inhalte als auch die Form der Präsentation unterordnen. Dazu gehört zum Beispiel auch der Einsatz hochkarätiger Fotografen oder Illustratoren, die dem Magazin einen eigenen unverwechselbaren visuellen Stil geben. Ein Stil, der weder die plakative Bildersprache der Werbung benutzt, noch sich in der zurückhaltenden Präzision der Illustration eines Geschäftsberichts bewegt. Auch von einer Image-Broschüre wird sich ein Magazin durch seinen Stil deutlich unterscheiden.

Es ist die besondere Kunst des Corporate Design, diese durch die unterschiedlichen Aufgabenstellungen geprägten Stile als Teilsysteme einer umfassenden Formensprache zu entwickeln.

*„positions" - der Name ist Programm. Mit hochkarätigen Autoren, besonderen Themen und einer außergewöhnlichen Präsentation schafft das Magazin eine eigene Kommunikationswelt.*

## Corporate Identity als offener Prozeß

Mit der grundlegenden Entwicklung von Leitbild und Leitlinien und ihrer Vermittlung im Rahmen von Auftaktveranstaltungen kommt innerhalb von Unternehmen ein Kommunikationsprozeß in Gang, in dessen Verlauf sich die Unternehmenskultur nach und nach in der durch die Vision vorgegebene Richtung verändert. Dabei spielen die Leitlinien als konkrete Verhaltensregeln eine wichtige Rolle. Als Agenten des Wandels treten sie naturgemäß in vielen Situationen in Konflikt mit bisher geübten Verhaltensweisen. Im Idealfall wird dann das Handeln entsprechend geändert.

In der Praxis trifft man jedoch fast immer auf ein erhebliches Beharrungsvermögen. Um es zu überwinden, muß man eine Kultur fördern, in der Handlungen und Entscheidungen immer wieder an den Leitlinien gemessen und Verhaltensweisen entsprechend positiv oder negativ sanktionert werden. Ein wichtiges Element einer solchen Strategie ist die Schaffung organisatorischer Strukturen, die sich regelmäßig mit dem Stand der CI-Entwicklung auseinandersetzen und im Kontakt mit den CI-Beratern weiterführende Strategien und Maßnahmen zu ihrer Durchsetzung entwickeln. In den Betrieben müssen die Mitglieder entsprechender Arbeitsgruppen als Ansprechpartner für das Thema Corporate Identity bekannt sein. So kann sichergestellt werden, daß das notwendige Feedback gewonnen wird und wieder in Strategien und konkrete Maßnahmen einfließen kann.

Ein immer wieder zu hörendes Argument, mit dem die systematische und vor allem kontinuierliche Entwicklung der Corporate Identity in vielen Unternehmen torpediert wird, lautet: "Schluß mit der ständigen Nabelschau. Wir sollten uns nicht länger mit uns selbst beschäftigen. Wir müssen auf die Märkte und unsere Kunden sehen. Da sind die Herausforderungen, denen wir uns stellen müssen."

Es liegt eine große Gefahr in diesem Gegensatz zwischen Corporate Identity und Marketing, der mit solchen Bemerkungen aufgebaut wird. Es soll hier noch einmal in aller Klarheit betont werden: Corporate Identity und Marketing sind zwei Seiten einer Medaille. Das eine ist ohne das andere wertlos. In der Geschichte unserer modernen Industriegesellschaften können wir immer wieder eine Verschiebung von Schwerpunkten beobachten: von der Produktion über Werbung und Marketing zum strategischen Management. Heute - im Zeitalter der Virtualisierung von Produkten und Unternehmen - wird man der Corporate Identity verstärkt Aufmerksamkeit zuwenden müssen. Das Verständnis der 80er Jahre reduzierte CI auf ein Hilfsmittel der Marketing-Kommunikation. Nur wenn wir dieses begrenzte Verständnis überwinden, wenn wir deutlich machen können, daß CI nicht Selbstbespiegelung und Imagepflege ist, sondern auf die Mobilisierung von Ressourcen zielt, mit denen die Leistungen am Markt erbracht werden, wird am Ende die Systemführerschaft stehen, zu der HOCHTIEF erfolgreich auf dem Weg ist.

EGANA INTERNATIONAL

# Marketing durch Faszination

## Die Dynamik einer Expansion

Schmuck und Juwelen haben schon immer eine unwiderstehliche Faszination auf die Menschen ausgeübt. Gerade auch die Unternehmen dieser Branche müssen ihre Zielgruppen faszinieren, wenn sie im harten Wettbewerb eines sehr schwierigen Umfeldes bestehen wollen. Die EGANA Gruppe ist weltweit einer der führenden Anbieter von Uhren und Schmuck. Zu ihrem Markenportfolio gehören so bekannte Namen wie "blue fire" für Diamanten, "Speidel" für Goldschmuck, "Yamato" für Perlen und "Bulova" für Uhren. Marken wie "Dugena", "Pierre Cardin" und "Esprit" kennen die meisten Verbraucher. Insgesamt pflegt EGANA mehr als 30 Marken und ist mit seinem Distributionsnetz in über 80 Ländern der Erde vertreten. Die Schwerpunkte liegen in Deutschland und Asien. Die rasche Ausdehnung des Netzes auf andere europäische Staaten ist ein wichtiges strategisches Ziel. Die Präsenz in den USA wächst auf der Basis einer neuen Vertriebspartnerschaft verhältnismäßig schnell.

Grundlage des insgesamt sehr dynamischen Wachstums sind visionäre Konzepte und konsequente Strategien, die auf fundierten Markt- und Produktkenntnissen aufbauen. Im Mittelpunkt der Strategien steht die Integration der Aktivitäten der Gruppe in ein globales Marketing- und Produktionskonzept. Diese Entwicklung ist getragen von dem Ziel, weltweit eine führende Rolle im Markt für Lifestyle-Produkte zu erringen. Die Ambitionen gehen also weit über das Marktsegment "Uhren und Schmuck" hinaus in einen heißumkämpften Markt, der durch immer neue Fusionen und strategische Partnerschaften zunehmend in Bewegung gerät.

Den Hintergrund für diese Strategie bilden zwei globale Trends, die schon jetzt zu erheblichen Veränderungen in den Märkten geführt haben und die sie auch in Zukunft weiter verändern werden. Der bereits länger zu beobachtende Trend der wachsenden Bedeutung des "Lifestyle" verbindet sich mit dem heute immer deutlicher in den Vordergrund tretenden Trend zu "Systemprodukten". Das aus dem Investitionsgüterbereich stammende Konzept der Systemprodukte hat sich inzwischen auch in vielen Segmenten des Konsumgütermarktes etabliert. Vorreiter dieser Entwicklung sind die Bereiche Auto, Mode und Sport, in denen eine sehr enge Verbindung mit Markenstrategien besteht.

Die EGANA Gruppe hat diese Entwicklung frühzeitig erkannt und sich durch eine geschickte Produkt- und Markenstrategie, Akquisitionen und strategische Allianzen eine hervorragende Ausgangsposition geschaffen, um in dem noch bevorstehenden Wandel der Märkte seine Visionen zu realisieren. Die Wertschöpfung in der Gruppe wird durch ihr konsequentes Engagement in der Produktion gesichert. Eine Beteiligung an einem etablierten Elektronik-Unternehmen aus Hong Kong, das in zukunftsweisenden Produktfeldern aktiv ist und beispiellose Innovationsraten aufweist, bildet einen weiteren Baustein für die zukünftige Entwicklung.

EGANA

INTERNATIONAL

KLIENT: EGANA INTERNATIONAL, HONG KONG

Corporate-Branding-Maßnahmen für einen internationalen Lifestyle-Konzern mit Sitz in Hong Kong. Kommunikationsberatung rund um den Börsengang eines Tochterunternehmens für Juwelen und Perlen.

FINANCIAL HIGHLIGHTS
EGANA WATCHES
EGANA
本集團資料
5
FIFTH ISSUE OF OUR FIRST MAGAZINE
BARRACUDA
CERRUTI 1881
ESPRIT
timewear
pierre cardin

## CI für einen globalen Markt

Aktuell steht die konsequente Ausrichtung auf starke Marken im Mittelpunkt der Unternehmens-Strategie von EGANA. Diese Marken stehen im Markt für sich und werden unter jeweils eigenen Gesichtspunkten geführt. Die langfristige Ausrichtung auf eine Integration im Markt für Lifestyle-Produkte kann vor diesem Hintergrund nur über eine sorgfältig abgestimmte Corporate-Identity-Politik erreicht werden. Gerade in einem Markt, der dem Zeitgeist besonders unterworfen ist, darf die CI nicht an kurzfristige Ziele gebunden werden. Da sich das Unternehmen sehr hohe Ziele gesetzt hat, besteht eine wichtige Aufgabe darin, sie auf realistische und planbare Teilziele herunter zu brechen, die auch von den für die Marken verantwortlichen Mitarbeitern mitgetragen werden können. "Wenn man die Richtung weiß, bringen auch kleine Schritte näher zum Ziel."

Für die Akquisition wie die systematische Entwicklung der Marken gibt es in der EGANA Gruppe ein klares Ziel-Portfolio, das sich auf Marken mit einem hohen Image in der breiten Bevölkerung und Produkte mit hoher Ertragskraft konzentriert. Die Integration der Produktbereiche und Marken soll unter dem Dach der EGANA erfolgen, wobei das verbindende Element die Zugehörigkeit zum Markt für Luxusgüter ist. Die Qualifizierung als "Luxusgüter" sagt nicht unbedingt etwas über das Preisniveau aus. Die EGANA Gruppe beschränkt sich mit ihrem Sortiment nicht auf ein enges Luxussegment. Entscheidend ist der Begriff des "Lifestyle", der innerhalb recht weiter Grenzen weitgehend unabhängig von den Preisen ist. Den Hintergrund bildet eine gewandelte Funktion des demonstrativen Konsums. An die Stelle von Statusdefinition und Erlebnischarakter tritt zunehmend der soziale Aspekt: Die Menschen wollen heute durch die Produkte, die sie kaufen, die Zugehörigkeit zu einer bestimmten Gruppe nicht nur demonstrieren, sondern erlangen. Man will gleichermaßen dazugehören, wie man sich von anderen unterscheiden will. Mit den unterschiedlichen Lebensstilen variieren auch die Zielgruppen in einer Weise, daß man heute von der Fragmentierung spricht. Ihr gegenüber steht die Integrationsfunktion der Marke. Der Begriff der Integration beschreibt das komplexe Zusammenspiel der Marken und Produkte, die eine Zielgruppe bedienen. Um ihre Funktion zu erfüllen, muß jede Marke für sich als selbständig wahrgenommen werden. Gleichzeitig sucht der Verbraucher nach einem System, das Orientierung gibt, in das sich die Marken einordnen und ihre Wertigkeit erhalten. Entsprechend konsequent und zugleich flexibel muß die Integration sein. Der Markt Im Sektor Lifestyle ist ständig in Bewegung, neue Trends werden immer schneller aufgenommen. Eine CI-Entwicklung, die den daraus entstehenden Anforderungen gerecht wird, macht nicht nur von solchen Entwicklungen unabhängiger, sie erhöht auch die Reaktionsfähigkeit. Um Erfolg in diesen Märkten zu haben, kommt es nicht unbedingt darauf an, Trendsetter zu sein, aber auf jeden Fall gilt es, den immer schneller wechselnden Trends hart auf den Fersen zu bleiben.

Egana Product Packaging

## Glänzen für die Börse

Strategische Integration bedeutet nicht notwendigerweise Zentralisierung. Das Gegenteil ist dann angebrachter, wenn es darum geht, durch den Zuschnitt der einzelnen Unternehmensbereiche nicht nur die Handlungsfähigkeit am Markt, sondern auch die Kooperationsfähigkeit untereinander zu fördern und zu stärken. Solche Überlegungen führten zu der Entscheidung, EGANA Jewellery & Pearls Limited als selbständiges Unternehmen an der Börse in Hong Kong einzuführen.

Historisch bedingt verfügt die EGANA Gruppe über eine starke Position in Hong Kong, wo EGANA International zu den 100 Unternehmen gehört, die den Hang Seng Index konstituieren. Vor allem China stellt sich für EGANA als interessanter Zukunftsmarkt dar. Bereits frühzeitig wurden in der Volksrepublik Produktionsstätten nach modernen deutschen Standards eingerichtet. Ein Joint Venture mit Beteiligung des Handelsministeriums der Volksrepublik im Bereich Business Consulting sichert diese Aktivitäten ab und verspricht auch für die Zukunft gute Chancen. Die preiswerte Produktion in China, die international renommierten Marken, eine erfahrene Mannschaft für Design und Produktmanagement und nicht zuletzt das weltweite Handelsnetz, dies alles verschafft EGANA Jewellery & Pearls Limited eine hervorragende Ausgangsposition für den Börsenstart. Für den Erfolg der Emission kam es nun darauf an, dies auch den Analysten und Anlegern zu vermitteln.

So wichtig die aktuellen Unternehmenszahlen für diese Zielgruppen sind, so steht für ihre Investitionsempfehlung beziehungsweise -entscheidung doch die Einschätzung der Zukunft des Unternehmens im Vordergrund. Dazu genügt es nicht, Visionen und Strategien nur sachlich vorzustellen, sie müssen auch emotional überzeugend dargestellt werden.

Daher galt der Gestaltung des Geschäftsberichtes die ganz besondere Aufmerksamkeit. Als globales Unternehmen, das an der Nahtstelle zwischen sehr verschiedenen Kulturen tätig ist, wollte EGANA die Botschaft vermitteln: Wir verbinden Kulturen. Dies sollte verbunden werden mit dem klaren Anspruch höchster Qualität, den die Gruppe in der Produktion wie auch in der Marketingkommunikation realisiert. Inhaltlich mußte die strategische Ausrichtung auf den Lifestyle-Bereich auch von den bildlichen Aussagen her unterstützt werden. Die fotografische Ausführung macht deutlich, daß die Gruppe in der Lage ist, auch ein sehr heterogenes Programm auf der Basis einer hohen Qualität erfolgreich zu integrieren.

Dies gilt auch für die Image-Broschüre, die EGANA als Gruppe vorstellt. Wegen ihrer Funktion, die Integration nicht nur nach außen glaubwürdig zu repräsentieren, sondern auch nach innen, mit Blick auf die Mitarbeiter ganz unterschiedlicher Unternehmensbereiche, einen Beitrag zu dieser Integration zu leisten, stellte ihre Gestaltung eine besondere Herausforderung dar.

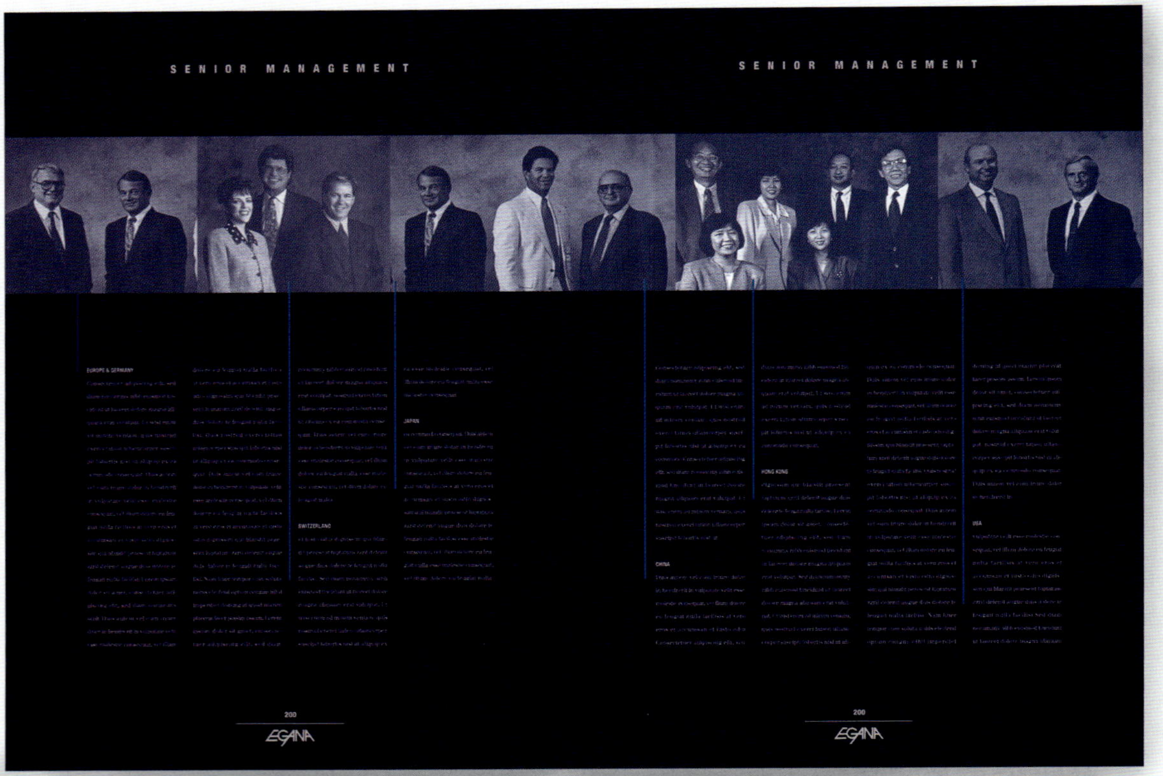
SENIOR MANAGEMENT
SENIOR MANAGEMENT
200
200

DISTRIBUTION
NETWORK
DISTRIBUTION NETWORK
NORTH AMERICA
SOUTH AMERICA
EUROPE
AFRICA
ASIA
AUSTRALIA
200
200

and support to its distributors, agents and business part-
ners in addition to after sales support, for the mutual
benefit of the parties. Being a leading distributor of
brandnamed time pieces and jewelleries, the Group has
an ongoing commitment to engage its resources
Being a leading distributor of brandnamed timepieces
4/5

and support to its distributors, agents and business part-
ners in addition to after sales support, for the mutual
benefit of the parties. Being a leading distributor of
brandnamed time pieces and jewelleries, the Group has
an ongoing commitment to engage its resources.
Being a leading distributor of brandnamed timepieces
and jewelleries, the Group has an ongoing commitment
to engage its resources in terms of finance and human
resources to build up, maintain and enhance the brand-
name awareness as well as to extend necessary assistance
8/9

EGANA JEWELLERY AND PERLS
EGANA

## Shop-Konzept als Ausdruck der Vision

Im Zuge der Entwicklung der EGANA Gruppe wird hinter den geschaffenen Realitäten nach und nach die Vision immer deutlicher erkennbar. Realisiert wird sie über marktbezogene Konzepte. Um die Produkte herum soll "eine attraktive und erfolgreiche Markenwelt" geschaffen werden. So richtig die Strategie der konsequenten Orientierung auf starke Marken ist, so wichtig ist die Integration in die Gruppe als Ganzes. Bei aller Individualität der einzelnen Firmen, Niederlassungen und Marken muß sowohl für den Mitarbeiter von innen heraus als auch für die Partner und Kunden von außen eine Zusammengehörigkeit erkennbar werden. Entscheidend ist, daß es über die Grenzen von Unternehmensteilen und Ländern hinweg gemeinsame Denk- und Verhaltensweisen gibt, die auch spezifische Ausdrucksformen finden.

Vor dem Hintergrund einer konsequenten Markenstrategie steht eine einheitliche Gestaltung aller Kommunikationsmittel der Gruppe im herkömmlichen Sinne der CD nicht zur Diskussion. Heute stehen der visuellen Kommunikation jedoch wesentlich subtilere Mittel zur Verfügung, um die Zusammengehörigkeit nach innen wie nach außen auf charakteristische Weise zum Ausdruck zu bringen. Auf dieser Basis läßt sich eine Bild- und Formensprache entwickeln, die jedem einzelnen Bereich individuelle Ausdrucksformen ermöglicht, zugleich aber einen unverwechselbaren Gesamteindruck entstehen läßt.

Während die Marketingkommunikation und speziell die Werbung konsequent auf die Marke ausgerichtet sein muß, steht man am Point of Sales einer anderen Situation gegenüber. Hier an der Nahtstelle zum Kunden, am Ort der Kaufentscheidung, ist es der Kunde gewöhnt, mit einer ganzen Palette von Produkten und Marken konfrontiert zu werden, ja er erwartet dies sogar und wählt danach seine bevorzugten Geschäfte aus. Hier bietet sich die ideale Möglichkeit der Integration durch die Entwicklung eines Ladenkonzepts, in dem die Produkte der Gruppe so präsentiert werden, daß eine signifikante und unverwechselbare Markenwelt entsteht.

Das weltweite Handelsnetz der EGANA Gruppe umfaßt rund 40.000 Einheiten im Einzelhandel, in Kaufhäusern und Ladenketten. Mit ihrer Gestaltung im Sinne der langfristigen Strategie der Positionierung im Lifestyle-Bereich werden sie auf der Grundlage eines sorgfältig abgestimmten Konzepts zu einem gewaltigen Potential für die Entwicklung der Gruppe insgesamt. Das Konzept wird sowohl als Einzelgeschäfts-Ausstattung und -Gestaltung realisiert wie auch als Shop-in-Shop-Variante eingesetzt. In Flagship-Stores kann die gesamte Palette der Gestaltungsmittel in ihrer ganzen Breite ausgespielt werden. Dabei steht nicht in traditioneller Weise die Präsentation der Produkte im Mittelpunkt. Durch das Interior wird vielmehr in einem raffinierten Zusammenspiel von Raum, Objekten, Licht und Kommunikationsmitteln das besondere Lebensgefühl der Zielgruppe vermittelt.

**Corporate Identity als Mittel der Integration**

Am Beispiel EGANA wird sehr deutlich, daß das Konzept der Corporate Identity auf keinen Fall im Gegensatz zum Begriff der Marke gesehen werden darf. So wie die CI die Marke braucht, so ist auch die Marke vor dem Hintergrund des Funktionswandels, den sie im gesellschaftlichen Umfeld durchgemacht hat, zunehmend auf die Ergänzung durch die Corporate Identity angewiesen. Das Ein-Marken-Unternehmen, wie es beispielsweise typisch für die Automobilindustrie war, gehört heute der Vergangenheit an. Nicht nur als Folge von Fusionen wird die Produktpalette immer größer und muß durch Markenstrategien im Markt positioniert werden. Im Zuge der gesellschaftlichen Entwicklung kann man heute nicht mehr nur von einer "Kommunikation mit Produkten" reden, sondern weithin bereits eine "Sozialisation durch Produkte" konstatieren. Produkte und Marken schaffen Lebenswelten, die nur auf der Basis einer Integration in einen größeren Rahmen funktionieren. Traditionellerweise wird dieser Rahmen durch den Handel gebildet. Doch alle Anzeichen deuten darauf hin, daß der Handel in seiner jetzigen Verfassung nur sehr bedingt in der Lage ist, die damit verbundenen Anforderungen zu erfüllen und die darin liegenden Chancen auch zu nutzen. In dieser Situation eröffnet die Corporate Identity den Unternehmen völlig neue Chancen, Kontinuitäten zu schaffen und Kundenbindung zu realisieren.

Der Wandel der Märkte, dem wir heute gegenüberstehen, verändert nicht nur die Strukturen der Produktion und des Handels, er greift ebenso massiv in die Strukturen der Kommunikation ein. Spätestens seit für jeden erkennbar geworden ist, daß das Internet sich auf breiter Front durchsetzen wird, muß jedes Unternehmen seine Kommunikationskanäle einer kritischen Prüfung unterziehen. Wie der traditionelle Handel, so müssen auch die traditionellen Werbeträger ihre Rolle im Markt neu definieren. Auch hier eröffnen sich den Unternehmen neue Perspektiven und neue Chancen, die nicht allein in den neuen Techniken, sondern vor allem in den neuen Strukturen liegen. Eine starke Corporate Identity stärkt auch die Rolle des Unternehmens als Kommunikator, indem sie ihm mit einer erkennbaren Persönlichkeit zugleich Glaubwürdigkeit verleiht.

Ein Ausdruck dieser Entwicklung sind Firmen-Magazine, die sich vielfach bereits eine beachtliche Geltung verschafft haben. Mit Blick auf die Lifestyle-Strategie bietet sich ein solches Magazin für EGANA geradezu an. Es ist das optimale Medium für eine Integration, die völlig frei ist von äußeren Zwängen. in einem Lifestyle-Magazin können die Produkte nach einem stringenten Konzept in Zusammenhang mit relevanten Themen gebracht und damit entsprechend positioniert werden. Ein solches Medium bietet nicht nur die Gelegenheit für eine Integration innerhalb der Gruppe, sondern kann auch externe Partner gezielt in das Konzept integrieren.

MERCK INTERNATIONAL

# Das Design für den globalen Auftritt

**Der Dialog mit der Öffentlichkeit begleitet den Gang an die Börse**

Die Gründung des Unternehmens E. Merck wird auf das Jahr 1827 datiert. Der Apotheker Heinrich Emanuel Merck (1794 - 1855) nutzte damals mit Unternehmer- und Forschergeist konsequent die Chancen, die der steigende medizinische Bedarf an der neuentdeckten Substanzgruppe der Alkaloide, besonderer Pflanzeninhaltsstoffe, eröffnete. Seit dieser Zeit werden bei Merck wissenschaftliche Arbeiten auf vielen Gebieten durchgeführt, die als Grundlage für die Entwicklung neuer Produkte oder Produktgruppen dienen.

Heute ist Merck eine führende europäische Gruppe für Pharma, Labor und Spezialchemie. Das Sortiment umfaßt über 20 000 verschiedene Artikel (Arzneimittel, Vitamine, Biomaterialien, Reagenzien, Laborbedarf, Elektronikchemikalien, Flüssigkristalle, Pigmente) und viele Dienstleistungen. Die Merck-Gruppe besteht aus über 150 Gesellschaften in 47 Ländern und produziert an 67 Standorten in 28 Ländern. Der Grad der Internationalisierung wird auch in den kommenden Jahren weiter steigen. Für Pharmazie und Chemie gehört Forschung zu den unverzichtbaren Voraussetzungen. Da Forschung heute nur noch in internationaler Kooperation möglich ist, arbeitet Merck weltweit mit bedeutenden Forschergruppen zusammen. Effizientes Projektmanagement hat einen besonderen Stellenwert, da die Realisierung einer Produktidee von den Anfängen bis zur Markteinführung einen erheblichen intellektuellen und finanziellen Aufwand bedeutet.

Die öffentliche Diskussion um die Zukunft der chemischen Industrie zeigt deutlich, daß der gesellschaftliche Nutzen ein außerordentlich bedeutendes Bewertungskriterium für Forschungsvorhaben geworden ist. Merck will die Öffentlichkeit daher nicht nur über seine Forschung ganz allgemein informieren, sondern auch davon überzeugen, daß die Investitionen in Forschung und Entwicklung zum Wohl vieler Menschen, zur Lösung gesellschaftlicher Anliegen, zum Nutzen von Kunden und Mitarbeitern getätigt werden. Ziel ist es, einen Beitrag zur Verbesserung der Lebensqualität zu leisten. Dazu sucht man den kritischen Dialog.

1995 ging Merck an die Börse, dabei wurden alle operativen Tätigkeiten unter dem Dach der Merck KGaA vereint, in der die E. Merck Komplementär ist. Beide Gesellschaften zusammen ohne Beteiligungsgesellschaften werden vereinfachend als Merck Darmstadt bezeichnet. Mit dem Börsengang wurden zugleich Investor-Relations-Aktivitäten in Angriff genommen. Die Partner an den Kapitalmärkten sollten zeitnah sowohl über Strategien als auch über wichtige Ereignisse und den Geschäftsverlauf informiert werden, um die Grundlage für Vertrauen und langfristige Engagements in die Merck-Aktie zu legen.

In diesem Zusammenhang wurde der gesamte Auftritt des Unternehmens einer kritischen Prüfung unterzogen. Mit dem Börsengang waren notwendigerweise eine ganze Reihe von Änderungen der internen Struktur verbunden und es waren neue Konzepte mit Leben zu füllen.

MERCK

KLIENT: MERCK, CHEMIE- UND PHARMAKONZERN

Corporate Design für den weltweiten Auftritt des Konzerns mit Integration der internationalen Tochtergesellschaften und am Markt profilierter Marken mit eigenem Erscheinungsbild.

## Die Schriftmarke als Ausdruck der Persönlichkeit

Das Logo der Firma Merck ist seit fast zwei Jahrzehnten gelernt und vertraut. Es hat bestimmte Anmutungsqualitäten, die eine Antiqua-Schrift auszeichnen. Da es sich aber um eine gewöhnliche Satzschrift handelt, die alle möglichen Kombinationen aus 26 Buchstaben zu berücksichtigen hat, ist sie sehr allgemein und weniger auf die spezifische Aufeinanderfolge dieser fünf Zeichen ausgelegt. Die Schriftzeile wird mehr oder weniger austauschbar und eben nicht gerade das, was sie sein soll, nämlich der Ausdruck einer einzigartigen Persönlichkeit.

An einer Marke muß man ständig feilen. Auch eine gelungene Marke ist im Ausdruck immer an die Zeit ihrer Entstehung gebunden. Meist sind es winzige Merkmale, die dem Betrachter nicht einmal bewußt werden. Unabhängig von der bewußten Wahrnehmung erfaßt er aber rein gefühlsmäßig die Charakteristiken einer Schrift, wie modern oder altmodisch. Selbst Marken, die als zeitlos gelten, sind im Laufe der Jahre immer wieder für Laien fast unmerklich der Zeit angepaßt worden.

Die Satzschrift, in der das Logo Merck abgesetzt wurde, ist die Clarendon, eine englische Schrift des 18. Jahrhunderts. Sie weist noch einige Schnörkel auf, die den Lesefluß hemmen und heute in einer Zeit immer schnellerer Rezeption störend wirken. Dadurch vermittelte das Logo zwar durchaus Tradition im positiven Sinn, wurde aber auch mit Nebenbedeutungen wie "betulich" und "veraltet" belastet. Die Schrift klemmte an verschiedenen Stellen regelrecht und erschwerte die Lesbarkeit bei bestimmten Distanzen der Wahrnehmung. Aus diesem Grund wurde eine ganze Reihe von Korrekturen an der Schriftmarke vorgenommen, die, obwohl sie kaum wahrgenommen werden, ganz erhebliche Auswirkungen haben.

So wurde beispielsweise der von der Original Clarendon übernommene Schnörkel bei den Versalien entfernt, was sich positiv auf den gesamten Schriftzug auswirkt. Jetzt hat jeder einzelne Buchstaben die Luft, die er zum Atmen braucht. Die im Hinblick auf die Wahrnehmung getesteten Zeichenqualitäten lassen die Verbesserungen deutlich erkennen. Es wurde nicht nur die Gestaltfestigkeit gestärkt, auch die Bedeutungsvermittlung konnte in die gewünschte Richtung verschoben werden. Konnotierte die Marke vorher primär die Begriffe Tradition und Seriosität, so laden jetzt auch die Merkmale Modernität und Individualität deutlich höher auf.

Die Nähe zu einer Satzschrift verführt immer wieder dazu, bei den verschiedensten Anwendungen nicht den Original-Schriftzug zu nutzen, sondern ihn neu abzusetzen. Von daher gab es gerade auch bei den Tochtergesellschaften von Merck eine Vielzahl von Varianten des Logos, die im Zuge der Straffung des internationalen Auftritts mit bereinigt werden sollten.

**Die Wahrnehmung wird von der Atmosphäre bestimmt.**

Mit der Börseneinführung stand Merck, insbesondere was die Wahrnehmung des Unternehmens in einer über die Fachkreise hinausgehenden Öffentlichkeit anging, vor einer neuen Situation, die eindeutig nicht nur für die Betonung und Stärkung der einheitlichen Identität, sondern auch für deren systematische Ausrichtung sprach.

Aus der Erforschung der visuellen Wahrnehmung kennen wir das Phänomen, daß dieselbe Figur, vor unterschiedlichen Hintergründen präsentiert, sehr unterschiedlich wahrgenommen wird. Der Hintergrund schafft eine Atmosphäre, die sich auf die Figur überträgt. Die Wahl von Schriften und Farben im Rahmen des Corporate Design sind wesentliche Elemente einer solchen Hintergrundgestaltung. Schriften wie Farben haben eine ausgeprägte psychologische Charakteristik, die in den von einem Unternehmen eingesetzten Medien zum Ausdruck kommt. Oft wirken diese Charakteristika stärker auf die Vorstellungen, die man sich von einem Unternehmen bildet, als die sachlichen Inhalte. Informationsvermittlung ist immer zu einem hohen Prozentsatz emotional bestimmt. Das gilt auch für scheinbar ganz rationale Informationen im geschäftlichen Bereich.

Wenn Firmenmarke und Firmenzeile als Einheit wiedergegeben sind, wenn Schriftcharakter und Größenverhältnisse in Einklang stehen, kommt darin auch ein Stück Unternehmenskultur zum Ausdruck.

Neben der konsequenten Anwendung des Firmenzeichens ist auch ein einheitliches Farbsystem wichtiger Bestandteil des gesamten Corporate Design.

Da Merck Farben zur systematischen Kennzeichnung von Produktbereichen und Produkten einsetzt, kommt ein ganzes Spektrum von Farben zur Anwendung. Die für das Unternehmen charakteristische Komponente liegt in der Zusammensetzung dieses Spektrums und dem spezifischen Spannungsverhältnis, das im Hinblick auf die Farbkontraste und die quantitative Verteilung der Farben aufgebaut wird.

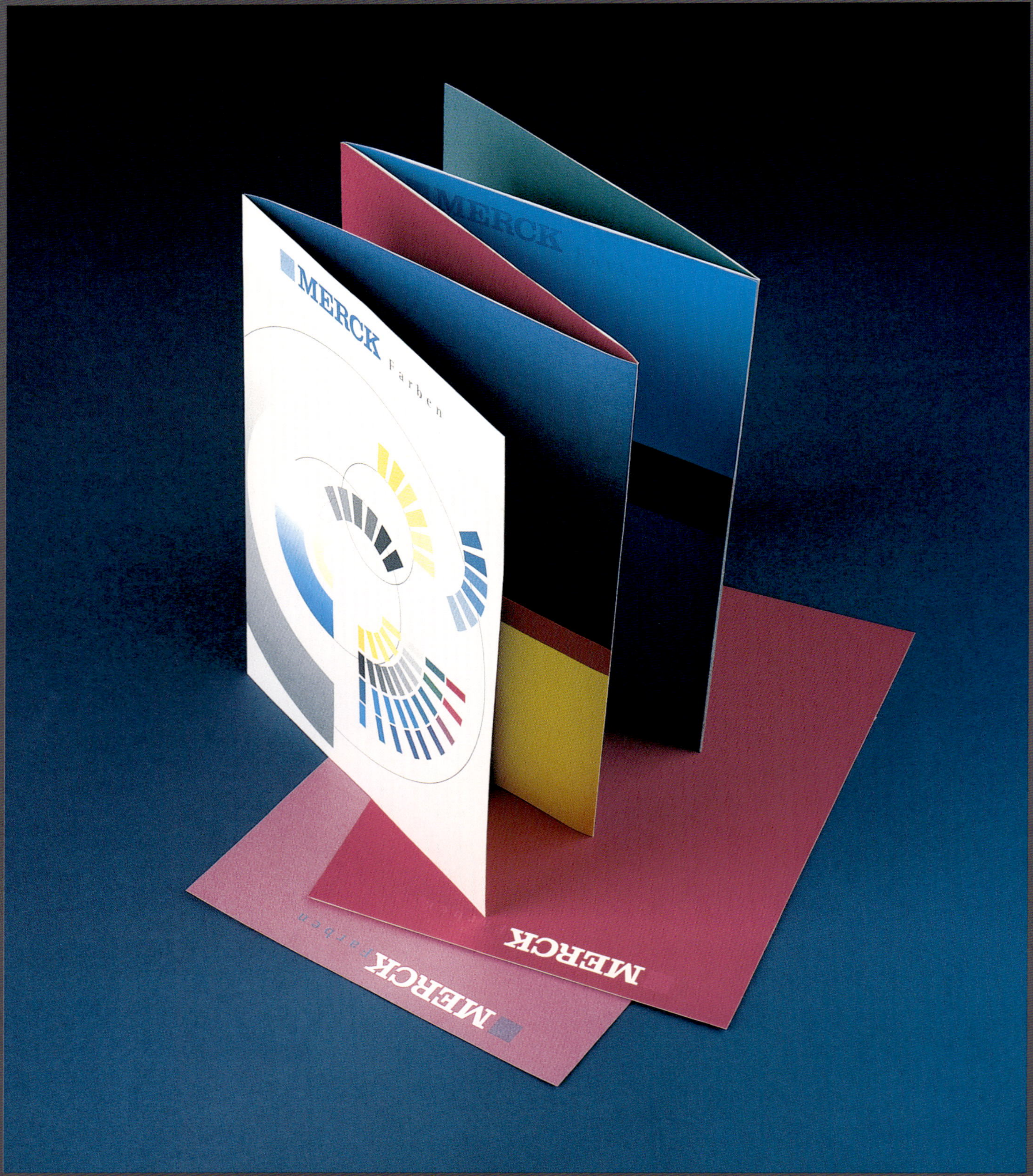
MERCK
Farben
MERCK
MERCK
MERCK
Farben

MERCK Blätter
MERCK
MERCK
MERCK
MERCK
MERCK
MERCK
MERCK
MERCK

MERCK
MERCK
Austria
Merck Gesellschaft mbH · Wien
MERCK
MEPRO Produkte
MERCK
Biomaterial
MERCK
Vel
MERCK
Clévenot
MERCK
Polylabo
MERCK
ジャパン
MERCK
Lipha
MERCK
Groupe Lipha
MERCK
Hermal
MERCK
Hellas
MERCK
Química Chilena
MERCK
Prolabo
Merck Prolabo
MERCK
Generika

## Die Integration der Beteiligungsgesellschaften

Es gibt keine feste Regel, nach der ein optimaler Aufbau der CI-Struktur eines weltweit tätigen Konzerns festgelegt werden könnte. Für jede der möglichen Formen - von der monolithischen Einheit von Marke und Firma bis zum vom Erscheinungsbild her völlig unverbundenen Konglomerat von Firmen, die wiederum eine Vielzahl von Marken anbieten - gibt es in fast jedem Markt verschiedene Lösungen, die erfolgreich sind. Dabei spielen nicht zuletzt die gewachsenen Kulturen aller beteiligten Unternehmen eine entscheidende Rolle. Es gibt Beispiele, daß man sich gerade wegen der gewachsenen starken, aber nicht miteinander zu vereinbarenden Kulturen der beteiligten Partner mit großem Erfolg für die Entwicklung einer neuen Identity entschieden hat (z.B. ABB oder Novartis). In der Regel wird man jedoch versuchen, alle Möglichkeiten des Imagetransfers besonders bei bekannten Namen auszunutzen.

Bei der Entscheidung für eine CI-Struktur handelt es sich immer um eine strategische Entscheidung, die von einer Vielzahl von Faktoren abhängt: Märkte, Produkte und Konkurrenzsituationen führen zu den unterschiedlichsten Konstellationen. Im Chemie- und Pharma-Bereich haben wir es in der Regel - und so auch bei Merck - mit einem diffizilen Zusammenwirken zwischen dem Image eines starken Herstellers und einer großen Zahl von Produkten zu tun, die als Marken sehr unterschiedlich im Markt positioniert sind. Dabei kann es sein, daß in einzelnen Märkten Marken stärker als der Hersteller sind. Markenpflege läßt sich in diesen Fällen aber fast immer mit der Pflege des Corporate Images des Herstellers vereinbaren. Sie führt fast ausnahmslos zu positiven Rückübertragungen.

Im forschungsintensiven Chemie- und Pharmabereich, in dem ein großer Teil des Geschäfts immer mit neuen Produkten gemacht wird, und wo jederzeit neue Produktfamilien entstehen können, ist die wichtigste Aufgabe des Corporate Design, die Einführung neuer Produkte durch die Stärke des Herstellers zu unterstützen, was nicht nur Kosten spart, sondern - was noch viel wichtiger ist - in der Regel auch erhebliche Zeitgewinne mit sich bringt. Vor diesem Hintergrund ist jede Zersplitterung der Kräfte zu vermeiden. Die konsequente Realisierung eines einheitlichen Design auf der Firmenebene (im Unterschied zur Markenebene) sollte daher Vorrang haben, wobei im Falle von Beteiligungen auch kurzfristige Nachteile sehr wohl in Kauf genommen werden konnten. In jedem Fall überwiegen die längerfristigen strategischen Vorteile.

Die Gefahr eines diffusen Gesamterscheinungsbildes ist besonders groß, wenn Unternehmen wachsen und Wildwuchs Chancen einer klaren Positionierung verhindert. Ein prägnantes Erscheinungsbild muß nicht nur die Tochterfirmen, sondern auch die verschiedenen Marken umfassen und unter der Dachmarke integrieren.

*Wildwuchs hatte zu einem diffusen Erscheinungsbild geführt. Wenn Schriftcharakter und Größenverhältnisse im Einklang stehen, kommt darin die Unternehmenskultur zum Ausdruck.*

Datum
Bereich/Abt.
Zuständig
Tel. 0 61 51/72
Fax 0 61 51/
E-mail
Ihr Schr. vom
Ihre Zeichen
MERCK
Merck KGaA · Darmstadt
Deutschland
Guten Tag, liebe Frau Schmidt-Johannson
Sie kennen sicher das japanische Sprichwort: Ein guter Brief bringt eine gute Antwort. Auch Sprache und Briefe sind Bausteine unserer Corporate Identity. Mit den Veränderungen der Sprachgewohnheiten unserer Kunden, Lieferanten und Aktionäre muss sich auch unser Briefstil verändern. Die Korrespondenz nach draußen ist ein wichtiger Bestandteil unserer Arbeit. Das gilt für alle Mitarbeiter, ob sie nun Texte und Briefe selbst formulieren oder auf Textbausteine zurückgreifen.
Wir werden uns in Zukunft noch konsequenter mit der Erstellung von Formulierungshilfen und Mustertexten zur Verbesserung unserer Korrespondenz befassen. Wir sehen diesen Dialog als einen wichtigen Beitrag zur Entwicklung einer gemeinsamen Sprache, die schriftlich wie mündlich die Kultur des Unternehmens zum Ausdruck bringt. Zu unserer Briefkultur gehört es, Floskeln und unklare Aussagen zu vermeiden. Eine verständliche Sprache ist gelebte Partnerschaft.
Der erste Schritt dient der Analyse. Wir wollen unseren Sprachstil mit dem der Konkurrenz vergleichen und an unseren Unternehmensgrundsätzen messen.
dazu, die beigefügte Checkliste
einiges über unsere gepl
Wir danken Ihnen für Ihr
engagiert zu unterstützen.
Carina Herrmann
Darmstadt, 15. August 1999
Kommanditgesellschaft auf Aktien
Handelsregister AG Darmstadt HRB 6164
Sitz der Gesellschaft: Darmstadt
Vorsitzender des Aufsichtsrats:
Heinrich Hornef
GESCHÄFTSBERICHT
MERCK
MERCK
Merck KGaA
64271 Darmstadt
Beratung und Verkauf
Frau Schmidt-Johannson
persönlich
MERCK
Merck KGaA · Darmstadt
Germany
Central Purchasing
Jens R. Bruun
MERCK
eurolab
Merck Eurolab GmbH
Vertriebszentrum Frankfurt
Gerd Brass
Beratung und Verkauf
Kerkertser Straße 6
56338 Braubach
Telefon 0 26 27-14 25
Telefax 0 26 27-14 25
Mobil: 01 71-739 11 07
Insterburger Straße 9
60487 Frankfurt
Telefon 0 69-79 40 09-0
Telefax 0 69-79 40 09-18

## Corporate Voice – Kommunikation mit Prinzipien

"Wir möchten die komplexen Sachverhalte so präsentieren, daß sie auch vom Nicht-Fachmann nachvollzogen werden können. Es ist unser Anliegen, daß Sie unsere Entwicklung mit Interesse begleiten können. Bitte, nutzen Sie die angebotenen Möglichkeiten, zusätzliche Informationen zu bestimmten Einzelthemen bei uns anzufordern, und scheuen Sie sich nicht, in Kommentaren und kritischen Anmerkungen den Dialog mit uns aufzunehmen."

Dieser kurze Text ist einerseits Programm, gleichzeitig aber auch ein markantes Beispiel für die Kultur der Kommunikation bei Merck. Es ist die Stimme des Unternehmens, ein ebenso wichtiges wie in vielen Unternehmen vernachlässigtes Merkmal der Identität. Wie die Stimme nicht nur ein Ausdruck der Persönlichkeit eines Menschen ist, sondern auch als eindeutige Identifikation dem Fingerabdruck vergleichbar ist, so ist auch der Kommunikationsstil eines Unternehmens ein Erkennungsmerkmal. Das gilt auch, wenn die Corporate Voice eines Unternehmens nicht bewußt gepflegt wird. Wenn es keine Richtlinien für die Formulierung von Geschäftsbriefen, für die sprachliche Gestaltung von Produkt-Dokumentationen und Kunden-Informationen gibt, und die Werbesprache allein der kampagnenorientierten Kreativität der jeweiligen Agentur überlassen bleibt, dann hat das Unternehmen mit Sicherheit CI-Probleme, die sich auch beim Image bemerkbar machen.

Niemand sagt, daß solche Richtlinien auf Papier stehen müssen, wichtiger ist, daß sie in den Köpfen der Mitarbeiter verankert sind. Sie in den Köpfen der Mitarbeiter zu verankern, ist eine kontinuierliche Aufgabe für jeden Vorgesetzten. Bei der Personalauswahl und der Einarbeitung neuer Mitarbeiter steht die Vermittlung dieser Prinzipien im Mittelpunkt. Natürlich ist dies auch eine Aufgabe der Personalentwicklung, selbst wenn sie es nur als Nebenziel im Auge behalten muß.

Für die systematische Gestaltung und Pflege der Corporate Voice gelten die gleichen Grundsätze wie für Corporate Identity generell: die Basis für die Identifikation wird nicht durch starre Regeln und feste Formeln gelegt, und schon gar nicht durch eine oberflächliche Einheitlichkeit. Grundlage können nur tieferliegende Prinzipien sein, die genügend individuellen Spielraum lassen, daß die Mitarbeiter ihre eigene Persönlichkeit entfalten können, daß auch Abteilungen, Produkte und Marken ihren eigenen Charakter entwickeln können.

Die entscheidende Leistung einer guten Corporate Identity ist nicht die Uniformität, sondern die überzeugende Integration einer Vielzahl von Persönlichkeiten, die in ihrer Summe hinter den Leistungen eines Unternehmens stehen. Einheit in der Vielfalt, Einzigartigkeit in einem Umfeld von Beliebigkeit und Austauschbarkeit, das sind heute die Schlüssel zum Erfolg.

*Nicht nur der äußere Rahmen muß stimmen. Die Unternehmenspersönlichkeit drückt sich vor allem auch im Sprachstil aus, der systematisch gepflegt wird.*

*Pharma.* Im Unternehmensbereich Pharma machten wir in drei Geschäftsfeldern - Originalpräparate, Generika, Selbstmedikation - auch 1998 erneut Fortschritte. Dies bestätigte unsere Strategie, uns auf unsere Kernkompetenzen zu konzentrieren und unsere Geschäfte weiter regional zu diversifizieren.

Im Schlüsselmark USA wollen wir unsere Stellung deutlich ausbauen. Wir setzen mehr und mehr auf innovative Geschäftsansätze und Produkte. Der Pharmabereich hat mit einem konsolidierten Umsatz von weltweit 4 676 Mio DM (+2,6%) und einem Anteil von 58 % wieder den weitaus größten Beitrag zum Umsatz der Merck-Gruppe geleistet. Das Betriebsergebnis verminderte sich um 10,3% auf 793 Mio DM. Die Umsatzrendite lag bei 17,0%.

*Spezialchemie.* Der Unternehmensbereich Spezialchemie umfaßt die vier Sparten CHN (Cosmetics, Health, Nutrition), Elektronikchemikalien, Flüssigkristalle und Pigmente - Technische Industrien. 1998 wurde weltweit konsolidiert ein Umsatz von 1 502 Mio DM erreicht. In DM gerechnet lag dies auf Vorjahresniveau, in Landeswährungen wurde ein Zuwachs von 3,1% erzielt. Das Betriebsergebnis verringerte sich um 29% auf 104 Mio DM. Die Umsatzrendite betrug 6,9%.

*Labor.* Die Neuordnung der Organisation sowie die Bereinigung und Neuausrichtung des Produktportfolios wurden im Unternehmensbereich Labor konsequent fortgesetzt.

MERCK

*Pharma.* Im Unternehmensbereich Pharma machten wir in drei Geschäftsfeldern - Originalpräparate, Generika, Selbstmedikation - auch 1998 erneut Fortschritte. Dies bestätigte unsere Strategie, uns auf unsere Kernkompetenzen zu konzentrieren und unsere Geschäfte weiter regional zu diversifizieren.

Im Schlüsselmark USA wollen wir unsere Stellung deutlich ausbauen. Wir setzen mehr und mehr auf innovative Geschäftsansätze und Produkte. Der Pharmabereich hat mit einem konsolidierten Umsatz von weltweit 4 676 Mio DM (+2,6%) und einem Anteil von 58 % wieder den weitaus größten Beitrag zum Umsatz der Merck-Gruppe geleistet. Das Betriebsergebnis verminderte sich um 10,3% auf 793 Mio DM. Die Umsatzrendite lag bei 17,0%.

*Spezialchemie.* Der Unternehmensbereich Spezialchemie umfaßt die vier Sparten CHN (Cosmetics, Health, Nutrition), Elektronikchemikalien, Flüssigkristalle und Pigmente - Technische Industrien. 1998 wurde weltweit konsolidiert ein Umsatz von 1 502 Mio DM erreicht. In DM gerechnet lag dies auf Vorjahresniveau, in Landeswährungen wurde ein Zuwachs von 3,1% erzielt. Das Betriebsergebnis verringerte sich um 29% auf 104 Mio DM. Die Umsatzrendite betrug 6,9%.

*Labor.* Die Neuordnung der Organisation sowie die Bereinigung und Neuausrichtung des Produktportfolios wurden im Unternehmensbereich Labor konsequent fortgesetzt.

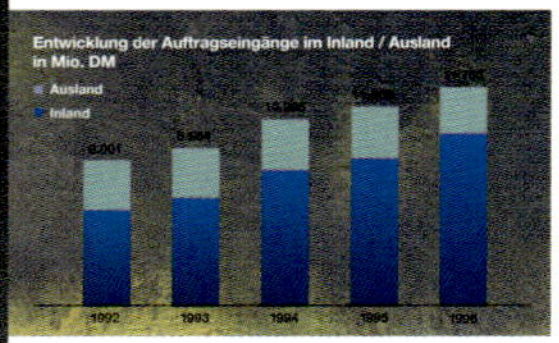


MERCK

## Die Inszenierung einer Unternehmenskultur

Von alters her ist die Sprache das wichtigste Instrument, um die Persönlichkeit zum Ausdruck zu bringen. Sprache ist aber nicht nur das gesprochene oder geschriebene Wort. Körpersprache, Sprache der Musik oder Bildsprache sind nicht nur Metaphern. Es sind wirklich Sprachen, die gekennzeichnet sind durch ein Vokabular, eine Grammatik und eine Semantik. Das Vokabular ist das Repertoire an Ausdrucksformen, die Grammatik gibt die Regeln an, nach denen Aussagen gebildet werden, und die Semantik ist das System, in dem Bedeutungen vermittelt werden. Auf jeder dieser Ebenen kann in jeder Sprache ein Teilsystem geschaffen werden, eine Sprache mit einer unverwechselbaren Charakteristik. Kulturen und Subkulturen zeichnen sich durch die Entwicklung solcher Sprachmuster aus.

Auch die Inszenierung einer Unternehmenskultur beruht auf der Herausbildung einer ganz eigenen und unverwechselbaren Sprache, die sich bei den hier gezeigten Beispielen in erster Linie im Repertoire der Bildsprache manifestiert. Diese Bildsprache wird konsequent als Ergänzung - aber auch in bewußt aufgebauter Spannung - zum rational orientierten Wort eingesetzt. Das grafische Repertoire vermittelt Bedeutung in erster Linie über Assoziationen. Sie reichern die rationalen Bedeutungen der Texte sehr stark mit emotionalen Elementen an. Und obwohl der rationale Charakter der Texte durch Diagramme mit präziser Bedeutung noch unterstützt wird, beherrscht der emotionale Anteil die Gesamtkommunikation.

In den drei Unternehmensbereichen Pharma, Laborgeschäft und Spezialchemie verfügt Merck über eine sehr breite und heterogene Palette von Dienstleistungen und Produkten. Treibende Kraft hinter allen geschäftlichen Aktivitäten ist die Innovation. Daraus ergibt sich die große Bedeutung von Forschung und Entwicklung für das Unternehmen. Ziele der Entwicklung innovativer Produkte sind neben der Erschließung neuer geschäftlicher Potentiale die Optimierung der Sortimente und insgesamt die Stärkung der wissenschaftlichen und anwendungstechnischen Kompetenz.

In der konzipierten Serie von Image-Anzeigen sollten diese sehr komplexen Zusammenhänge, auf die ein Text nur in sehr reduzierter Form eingehen kann, durch die bildlichen Aussagen intuitiv begreifbar gemacht werden. Es sollte deutlich werden, daß hinter den sehr unterschiedlichen Anwendungen einheitliche Prinzipien und gemeinsame Konzepte stehen, die die Kernkompetenzen des Unternehmens ausmachen. Nach dem erfolgreichen Börsengang war das Ziel dieser Aktion die Vertrauensbildung in einer breiten Öffentlichkeit.

Die Inszenierung, die in der bewußten Abstimmung der einzelnen Elemente der Kommunikation liegt, ist ein Ausdruck der Unternehmenskultur, die wichtige Themen nicht dem Zufall überläßt.

*Mit der Entwicklung einer eigenen unverwechselbaren Bildsprache verschafft sich das Unternehmen Aufmerksamkeit und sichert eine hohe Wiedererkennbarkeit auch bei wechselnden Themen.*

*Unternehmen Pharma*
*Intelligente Allianzen*
*statt Mega-Fusionen*

**Stärkung der vier Geschäftsfelder fortgesetzt**

Im Unternehmenbereich Pharma machten wir in drei Geschäftsfeldern – Originalpräparate, Generika, Selbstmedikation (OTC) – auch 1998 erneut Fortschritte. Dies bestätigt auch unsere Strategie, uns auf unsere Kernkompetenzen zu konzentrieren und unser Geschäft weiter regional zu diversifizieren. Im Schlüsselmark USA wollen wir unsere Stellung deutlich ausbauen. Wir setzen mehr und mehr auf innovative Geschäftsansätze und Produkte.

**Im Bereich Generika** wurde mit dem Erwerb eines 41,7%igen Anteils von Pharmaceutical Resources Inc. (PAR), New York/USA ein weiterer Schritt zur Erhöhung der Präsenz im nordamerikanischen Markt unternommen. In Japan haben wir das Generika-Geschäft von Astra Japan gekauft.

**Inland.** Das Ergebnis des Pharmabereichs verminderte sich 1998 um 91 Mio DM (-10,3%) auf 793 Mio DM. Die wesentlichen Bestimmungsfaktoren für diesen Rückgang sind einmalige Erträge in 1997 aus einem Zusatzgeschäft, das sich im Berichtsjahr nicht wiederholt hat, sowie die aus Akquisitionen und Desinvestitionen saldierten Ergebnisminderungen. Ohne diese Sondereinflüsse ergab sich ein organisches Ergebniswachstum von 110 Mio DM.

Die gesundheitspolitische Situation in Deutschland war 1998 einerseits durch die unterschiedlichen Mehrheitsverhältnisse in Bundestag und Bundesrat sowie andererseits durch die Bundestagswahl im September geprägt. In der Konsequenz wurden keine neuen Initiativen ergriffen. Wir erreichten bei einem um 5,9% wachsenden Gesamtmarkt gute Steigerungen.

Bei Effektpigmenten in den Einsatzgebieten Druck, Kunststoffe und Industrielacke verzeichnen wir weiterhin gute Wachstumsraten, so daß wir in diesen Geschäftssegmenten die gesetzten Planziele deutlich überschreiten konnten. Für Automobil-Serienlackierungen haben wir 1998 wieder neue, sehr attraktive Farbeffekte vorgestellt, die in der Lackindustrie großes Interesse finden. Beispielhaft angeführt seien hier die farbstarken, glänzenden Interferenzeffekte (Ultracolor® Pigmente) oder die neuen Iriodin® Blue Shade Silver Pigmente.

Unsere direkte Präsenz in allen wichtigen Märkten macht uns zu einem bevorzugten Partner international und global agierender Kunden. Der Trend zu höherwertigen Produkten, die attraktive Farbeffekte mit funktionalen Vorteilen verbinden, hält weiter an.

Die Merck-Gruppe
ist weltweit tätig:
in 48 Ländern
mit eigenen
Gesellschaften,
in 25 Ländern
mit eigenen
Produktionsstätten

Die Herstellung von speziellen Produkten erfolgt auch unter Vakuum-Bedingungen.

Unsere Flüssigkristalle haben dazu beigetragen, daß heute zunehmend Computer mit flachen Bildschirmen eingesetzt werden – so zum Beispiel in unserer Flüssigkristall-Forschung. Zur marktnahen Entwicklung unserer Flüssigkristalle arbeiten unsere Forscher an mehreren Standorten weltweit.

Die Produktionssteuerung über eine Meßwarte ist Stand der Technik.

Europa ist weiterhin der wichtigste Markt der Merck-Gruppe. In dieser Region erzielen wir 4 580 Mio DM Umsatz, 0,1% weniger als im Vorjahr. Dies entspricht 56,4% unseres Gesamtumsatzes; der Anteil ist wegen der seit Jahren stärkeren Geschäftsentwicklung in den anderen Regionen weiterhin rückläufig.

Bedingt durch etwas stärkere Exporte sind die Außenumsätze unserer Gesellschaften in Europa um 0,6% auf 5 233 Mio DM angestiegen. Diese Zahlen sind jedoch dadurch beeinflußt, daß wir 1997 das Dermatika-Geschäft unserer Tochtergesellschaft Hermal und anderer Gesellschaften verkauften und Anfang 1998 unser Biomaterialgeschäft in ein – nicht konsolidiertes – Joint Venture mit Biomet eingebracht haben. Bereinigtum diese Effektesind die Umsätze unserer europäischen Gesellschaften um 2,8% angestiegen.

MERCK

Illustrationen: Rolph Schüngeler

MERCK
service

MERCK

## Ein markanter Auftritt

*Die Möglichkeiten der Darstellung des Unternehmens im öffentlichen Raum sind vielfältig. Trotz der ständig wechselnden Situationen bleiben die Konstanz und Prägnanz eines starken Zeichens erhalten.*

Das traditionelle Wahrzeichen von Merck ist der Pützerturm. Mit einer gläsernen Pyramide wurde im Eingangsbereich der Zentrale in Darmstadt ein architektonischer Kontrapunkt gesetzt. Nicht zuletzt ein Zeichen dafür, daß für Merck Tradition und Moderne keine Gegensätze sind. Das Familien-Unternehmen verbindet beide Aspekte in einer gelungenen Mischung.

Diese Mischung kennzeichnet auch die überarbeitete Schriftmarke, die im Rahmen der Gebäudekennzeichnung auch die Wahrnehmung des Unternehmens in seiner Umgebung prägt. Die Kennzeichnung von Gebäuden muß als Teil der umfassenderen Aufgabe des Environmental Design gesehen werden. Leuchtschriften und andere Elemente müssen auf ihre Ausstrahlung in die Umgebung hin konzipiert werden, sich gleichzeitig aber auch in die Architektur einfügen. Dabei geht es nicht einfach darum, den richtigen Platz an der Fassade oder auf dem Dach zu finden, sondern auch darum, ein diffiziles Gleichgewicht der Proportionen herzustellen. Selten genügt es, den Schriftzug für diese Anwendung einfach zu vergrößern, die Aufgabe verlangt vielmehr eine einfühlsame Anpassung an die von Material und Umgebung bestimmten Verhältnisse. Mit dem Ziel der Identifikation gilt es, einen einzigartigen Ausdruck für das Unternehmen zu schaffen. Dazu geeignete Lösungen finden sich oft in Form zusätzlicher Konstruktionen, wie Vordächern, Masten oder freistehenden Schildern. Nicht unbedingt der Identifikation, aber doch als Ausdrucksform der Unternehmenskultur dienen freie Elemente, die die Architektur ergänzen und bei der Gestaltung von Räumen oder Plätzen Akzente setzen.

Environmental Design, das ist nicht nur Optik eines Unternehmens, wie sie sich in der Architektur spiegelt. Das ist nur der äußere Aspekt. Wichtiger und mit größeren Auswirkungen auf das Unternehmen insgesamt ist der nach innen gerichtete Aspekt, der in der Gestaltung der Arbeitsumgebung für die Mitarbeiter liegt. Insofern ist Interior Design ein spezieller Aspekt des Environmental Design. Vor die Funktion der Identifikation tritt dabei die Ergonomie, die Ausrichtung auf die Bedürfnisse der Produktion. Produktion ist dabei in einem weiten Sinne zu verstehen und umfaßt auch die Erbringung von Dienstleistungen, die wegen der damit in aller Regel verbundenen Kundenkontakte einer besonders sorgfältig geplanten Umgebung bedarf.

Neben Identifikation und Ergonomie gibt es auch im Environmental Design den dritten Aspekt der Kommunikation. Es ist dies die Leitfunktion, der oft zu wenig Beachtung geschenkt wird. Man verpaßt damit Chancen, das Unternehmen als kommunikativ und kundenfreundlich zu präsentieren. Was sich in meist lieblos gemachten Hinweis- und Türschildern erschöpft, kann durch die Verwendung sorgfältig ausgewählter Materialien, Farben und Formen wesentlich dazu beitragen, dem Unternehmen den Charakter des Besonderen zu geben.

MERCK

**Computer und Kommunikationstechnik gehören heute dazu.**

Für Merck als Pharmaunternehmen hat die Forschung und Entwicklung eine besondere Bedeutung. Weltweit sind über 2700 Mitarbeiter in diesem Bereich beschäftigt, für den fast 10 Prozent des Umsatzes aufgewendet werden. Forschung ist auf Kommunikation doppelt angewiesen. Zum einen setzt sie den weltweiten Zugang zu hochwertigen Informationen voraus, zum anderen stellt die Vermittlung ihrer Ergebnisse im Rahmen der Produktinformation immer wieder besonders hohe Anforderungen. Das gilt vor allem auch deshalb, weil das Sortiment von Merck von umfangreichen Serviceleistungen begleitet wird, die den Kommunikationsbedarf weiter erhöhen. Denn nur der ständige Erfahrungsaustausch mit den Kunden garantiert die bedarfsgerechte Qualität dieses Service.

Vor diesem Hintergrund hat auch die Kommunikationstechnik bei Merck einen hohen Stellenwert. Schon frühzeitig gehörte der Zugang zu Online-Datenbanken und die Recherche am Computer auf dem Schreibtisch zum Alltag der Forschung in der chemischen und pharmazeutischen Industrie. Seit Mitte der achtziger Jahre lassen sich neue Wirkstoffe am Bildschirm modellieren. Das auf dieser Basis entwickelte Drug-Design ist inzwischen ein fester Bestandteil der Arzneimittelforschung. Merck war in diesem Bereich von Anfang an engagiert und ist einer der Wegbereiter für die Einführung der Computerprogramme, die heute weltweit wissenschaftlicher Standard geworden sind.

Heute, wo sich der Computer für den Chemiker zum nicht mehr wegzudenkenden Werkzeug entwickelt hat, gewinnt auch die Multimedia-Kommunikation von Computer zu Computer eine immer größere Bedeutung. Das gilt besonders da, wo dynamische Vorgänge, wie chemische Reaktionen, durch Computeranimationen anschaulich gemacht werden können. Auf der Basis des Austauschs dieser Daten läßt sich zum Beispiel die in der Genom-Forschung wichtige Kooperation mit international anerkannten Spezialisten schneller und effektiver gestalten.

Solche Vorteile werden jedoch nicht nur im Bereich der Forschung, sondern auch für das Unternehmen insgesamt genutzt. Merck unterhält ein weltweites Netz von Gesellschaften, Niederlassungen, Forschungszentren, Produktionsstätten und Vertretungen, die dank modernster Kommunikationstechnik und ausgefeilter Informationssysteme in permanenter Verbindung untereinander stehen.

Jeder Mitarbeiter im Außendienst hat mit seinem Laptop, auch wenn er beim Kunden ist, online Zugriff auf alle benötigten Informationen, die er auf diese Weise überzeugend in sein Kundengespräch einbauen kann. Die gute grafische Aufbereitung der entsprechenden Daten bedeutet eine hervorragende Unterstützung angesichts der Erklärungsbedürftigkeit vieler Produkte und der Komplexität vieler Zusammenhänge.

*Speziell auf die Bedürfnisse einer äußerst anspruchsvollen Kommunikation sind die eingesetzten Medien zugeschnitten. Auch der Laptop ist eine Spezialentwicklung.*

Merck KGaA, Darmstadt - Germa
http://www.merck.de/english/index.htm
SPECIALITY
CHEMICALS
LABORATORY
It is a distinguishing feature of our company that our range of products is accompanied by extensive services.
By supplying the right products and services of high quality and reliability we contribute to your success. We continuously invest in Research and Development, optimization of production and procedures measures for quality control.
MERCK INNOVATIONS, PROBLEM SOLUTIONS AND PRODUCTS
Chemdat (Catalogue)
Analytical Reagents
Bioprocessing
Bioseparation
Chromatography
Environmental Analysis
Hygiene Monitoring
Medical Laboratory
Microbiology
Microscopy
Research Reagents
Merck addresses
MERCK
MERCK
Merck KGaA · Darmstadt · Germany

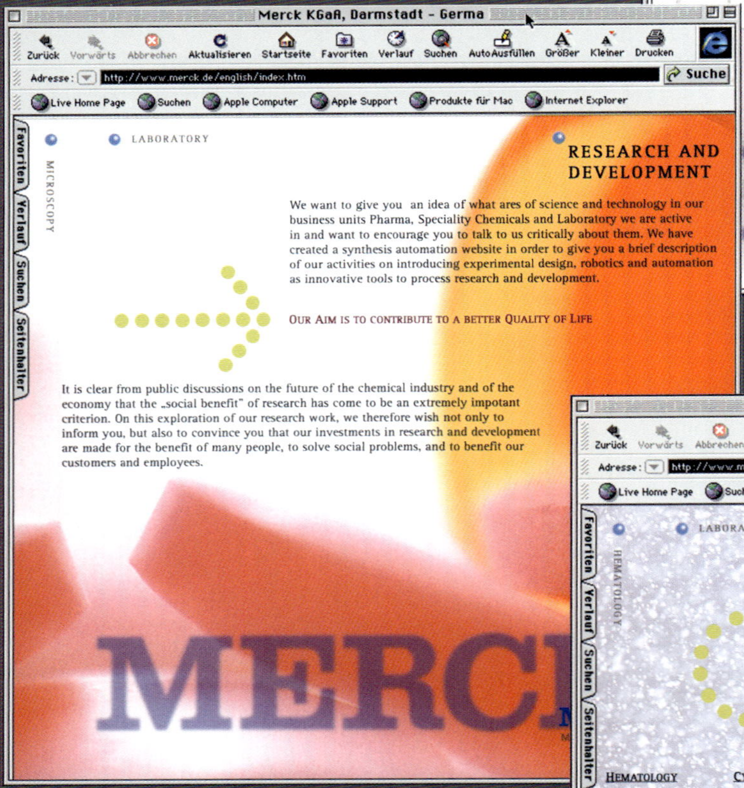
Merck KGaA, Darmstadt - Germa
http://www.merck.de/english/index.htm
LABORATORY
MICROSCOPY
RESEARCH AND DEVELOPMENT
We want to give you an idea of what ares of science and technology in our business units Pharma, Speciality Chemicals and Laboratory we are active in and want to encourage you to talk to us critically about them. We have created a synthesis automation website in order to give you a brief description of our activities on introducing experimental design, robotics and automation as innovative tools to process research and development.
OUR AIM IS TO CONTRIBUTE TO A BETTER QUALITY OF LIFE
It is clear from public discussions on the future of the chemical industry and of the economy that the „social benefit" of research has come to be an extremely impotant criterion. On this exploration of our research work, we therefore wish not only to inform you, but also to convince you that our investments in research and development are made for the benefit of many people, to solve social problems, and to benefit our customers and employees.
MERC

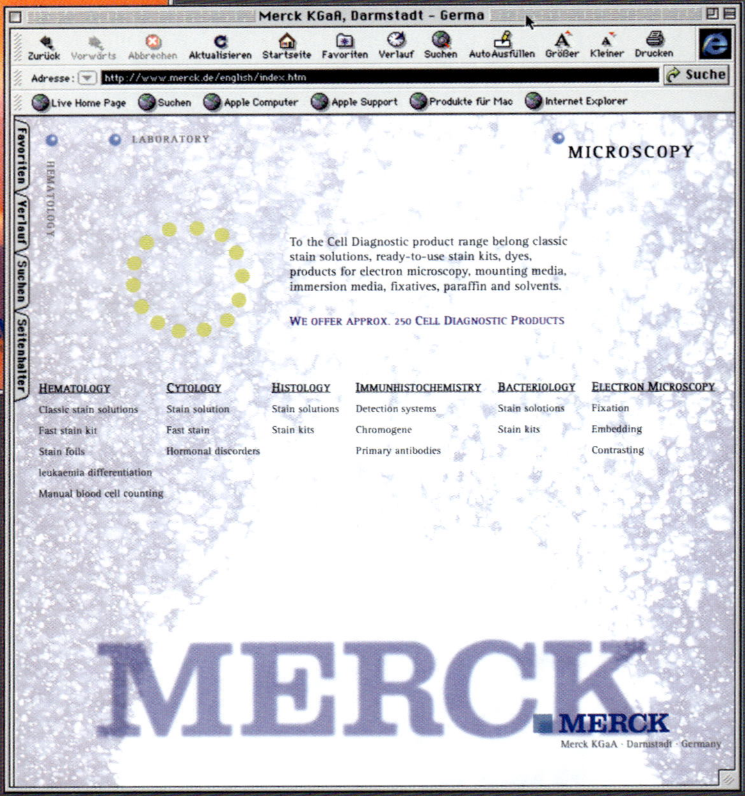
Merck KGaA, Darmstadt - Germa
http://www.merck.de/english/index.htm
LABORATORY
HEMATOLOGY
MICROSCOPY
To the Cell Diagnostic product range belong classic stain solutions, ready-to-use stain kits, dyes, products for electron microscopy, mounting media, immersion media, fixatives, paraffin and solvents.
WE OFFER APPROX. 250 CELL DIAGNOSTIC PRODUCTS
HEMATOLOGY
Classic stain solutions
Fast stain kit
Stain foils
leukaemia differentiation
Manual blood cell counting
CYTOLOGY
Stain solution
Fast stain
Hormonal disorders
HISTOLOGY
Stain solutions
Stain kits
IMMUNHISTOCHEMISTRY
Detection systems
Chromogene
Primary antibodies
BACTERIOLOGY
Stain solotions
Stain kits
ELECTRON MICROSCOPY
Fixation
Embedding
Contrasting
MERCK
MERCK
Merck KGaA · Darmstadt · Germany

## Kommunikation auf höchstem Niveau

Das Geschäftsfeld Selbstmedikation ist ein bedeutender Umsatzträger der Merck-Gruppe, der systematisch weiter ausgebaut wird. Das Sortiment besteht aus Arzneimitteln und diätetischen Lebensmitteln, die ohne Rezept erhältlich sind. Der Schwerpunkt liegt auf Präparaten im Bereich Vitamine und Mineralien, Erkältung, Magen und Darm sowie dem medizinischen Sonnenschutz. Diese Produkte sind nur in der Apotheke erhältlich. Damit ist im Bedarfsfall die fachliche Beratung durch den Apotheker sichergestellt.

Für die Selbstmedikation sind daher neben den Verbrauchern die Apotheker eine Zielgruppe, die als Multiplikatoren einen Bedarf an besonders anspruchsvoller Information haben. Bei dieser Lage eignet sich das Internet als optimales Informationsmedium, weil es auf Abruf zur Verfügung steht und damit den ohnhin stark belasteten Informationshaushalt der Apotheker nicht mit zusätzlichem Material beansprucht, wie dies bei einem Printmedium unvermeidlich wäre. Doch auch eine gute Information zur Selbstmedikation steht immer in Konkurrenz mit anderen Internet-Angeboten. Mit der Einbettung in ein auf die unmittelbaren Bedürfnisse der Apotheker zugeschnittenes Informationsangebot rund um das Apotheken-Management versucht sich Merck daher nicht nur als umfassender Informationsanbieter, sondern auch als Informationsbroker im Internet zu positionieren.

Bei der Zielgruppe der Apotheker kann man mit einiger Sicherheit davon ausgehen, daß sie sehr bald flächendeckend über das Internet erreicht werden kann. Schon jetzt verfügen viele Apotheken über einen entsprechenden Zugang.

Im Verhältnis dazu ist der Anteil der Internet-Teilnehmer auf der Seite der Verbraucher - speziell bei den Zielgruppen für die Selbstmedikation - eher gering. Aber die Märkte für diese Informationen werden jetzt verteilt, und so ist es nur konsequent, auch mit dieser Zielrichtung schon jetzt aktiv zu werden. Umfangreich und detailliert, wie dies nur bei einem elektronischen Medium möglich ist, bietet Merck daher auch die Information für den Verbraucher an. Durch eine flexible Struktur, die den schnellen Überblick mit sehr tiefgehenden, aber klar gegliederten und gut aufbereiteten Informationen verbindet, kommt das Programm den Bedürfnissen der Verbraucher entgegen.

Unter dem Domain-Namen "medizinpartner.de" wendet sich Merck mit einem Internet-Angebot an die kombinierte Zielgruppe "Ärzte, Apotheker und Patienten". Am Konzept dieses übergreifenden Angebots wird deutlich, daß Informationsangebote im Internet immer auch im Hinblick auf die Corporate-Identity-Struktur sorgfältig durchdacht werden müssen. Die Zielgruppen-Präferenz, die man erreichen will, setzt ein klares Profil voraus. Nur eine deutlich herausgearbeitete Persönlichkeit, Charakteristik des Angebots ist in der Lage, das Vertrauen des Nutzers zu gewinnen.

*Im Internet muß sich jedes Informationsangebot gegen starke Konkurrenz behaupten. Eine gut durchdachte Struktur und ein einprägsames Screendesign schaffen dafür die Voraussetzungen.*

## Integration als dauernde Aufgabe

Cebion® ist eine starke und bekannte Verbrauchermarke; das umsatzstarke Iopamidol® ist als Radiologikum nur den Fachkreisen vertraut; zahlreiche verschreibungspflichtige Originalpräparate profitieren vom Vertrauen, das der Hersteller bei den Ärzten genießt; Generika erfordern eine eigene Marketingstrategie, und sehr erfolgreich werden Nischengeschäfte betrieben. Monot besitzt eine führende Position im französischen Apothekenbereich; Seven Seas ist einer der bedeutendsten Anbieter auf seinem Feld in Großbritannien. Im Laborgeschäft stehen und fallen die Produkte mit den Dienstleistungen, die sie begleiten; in der Spezialchemie beherrscht die Innovation das Feld, speziell mit Flüssigkristallen bedient man einen äußerst expansiven Markt. Das alles beschreibt nur einen Teil der weltweiten Aktivitäten, die unter dem Dach Merck zu integrieren sind. Und nach dem erfolgreichen Börsengang werden auch in den nächsten Jahren Akquisitionen neue Aufgaben mit sich bringen.

Die Integration wird unter diesen Voraussetzungen zur permanenten Herausforderung, der sich das Unternehmen im Interesse seines globalen Auftritts immer wieder neu stellen muß. Nur mit großer Sensibilität und konsequentem Design läßt sich verhindern, daß "organisches Wachstum" das Erscheinungsbild stets aufs Neue verwässert und es immer wieder großer Kraftanstrengungen bedarf, um die Geschlossenheit des Auftritts wiederherzustellen.

Mit der Vielzahl der Elemente, die sich unter dem Dach Merck versammeln, wachsen die Anforderungen, die an die Mittel der Integration zu stellen sind. Gleichzeitig wachsen aber auch die Anforderungen, die diese Mittel selbst stellen. Neue Kommunikationskanäle, wie das Internet, und neue Präsentationsformen, wie Multimedia, erweitern die Bandbreite der Gestaltungsmöglichkeiten und stellen zugleich neue Quellen der Verunsicherung dar. Nur ein konsequentes Design für den globalen Auftritt macht es möglich, eine starke Corporate Identity in internationale Marktpräsenz umzusetzen.

LEADING HOTELS OF THE WORLD

# Die Inszenierung der Einzigartigkeit

## Luxus und die Kultur der Gastlichkeit

"The Leading Hotels of the World" ist ein exklusiver Zusammenschluß von über 300 Luxus-Hotels in 68 Ländern weltweit. Von der Zentrale in New York und Büros in 15 der größten Städte der Welt betreibt Leading Hotels eine eigene Reservierungs- und Marketing-Gesellschaft. Luxus und eine absolut herausragende Qualität aller Dienstleistungen kennzeichnen die Häuser dieser Gruppe. Die Tradition und die Kultur dieser Hotels in Verbindung mit der Erfahrung des jeweiligen Hotel-Managements setzen die Maßstäbe, an denen sich alle Luxushotels messen lassen müssen. Alle Mitglieder müssen sich in regelmäßigen Abständen auf die Einhaltung der absolut höchsten Standards im Hinblick auf die Zufriedenheit der Gäste überprüfen lassen. Entsprechend schwer ist es für ein Hotel, als neues Mitglied in diesen Kreis der führenden Hotels der Welt aufgenommen zu werden.

In Deutschland gehören zu dieser Gruppe unter anderem so traditionsreiche und klangvolle Namen wie das Brenner's Park-Hotel & Spa in Baden-Baden, das Grand Hotel Esplanade in Berlin, das Excelsior Hotel Ernst in Köln, das Hotel Nassauer Hof in Wiesbaden, das Kempinski Hotel Taschenbergpalais in Dresden und das Hotel Vier Jahreszeiten in Hamburg. International nennen kann man das Hotel Ritz in Paris, das Savoy in London, das Hotel Schloß Fuschl in Salzburg, das Grand Hotel Villa Medici in Florenz, das Hotel Excelsior in Venedig, das Baur au Lac in Zürich, das New York Palace und die Walldorf Towers in New York, das Halekulani auf Hawaii, das Regents in Hong Kong, das Mandarin in Singapur oder das Oriental in Bangkok.

In allen diesen Hotels trifft man eine Welt der Eleganz und erfährt die größte Tradition der Gastlichkeit, die es in der Welt gibt. Was sich in diesen Häusern manifestiert, ist der Lebensstil der Kultur in Perfektion.

Der Gast steht hier im Mittelpunkt der Aufmerksamkeit - nicht nur der Aufmerksamkeit des Hotelpersonals, das kennzeichnet auch andere Hotels - sondern auch im Mittelpunkt der Aufmerksamkeit der anderen Gäste. Man sieht sich und man wird gesehen. Man gehört dazu. Das macht die Besonderheit dieser Hotels aus. Sie bieten die perfekte Inszenierung, aber sie inszenieren weniger sich selbst als ihre Gäste, denen sie die Bühne bieten. Das macht die Pflege der Corporate Identity für "The Leading Hotels of the World" zu einer doppelt schwierigen Aufgabe, denn auch jedes der angeschlossenen Häuser hat seine eigene starke Persönlichkeit, die durch die Identität der Gruppe auf keinen Fall beeinträchtigt werden darf, sondern ganz im Gegenteil durch sie noch unterstrichen werden soll. Die Mittel, die hier eingesetzt werden, unterscheiden sich damit von anderen CI-Aufgaben. Am Beispiel zweier Häuser, des Brenner's Park-Hotel & Spa in Deutschland und des Hayman Island in Australien soll das dargestellt werden.

The Leading Hotels of the World®

**Brenner's Park-Hotel & Spa**
**Ein Haus mit großer Tradition**

Die Geschichte von Brenner's Park-Hotel & Spa reicht über 125 Jahre zurück. Die Geburtsstunde fällt in die Ära der Grand-Hotels, die den Lebensstil einer Epoche mitgeprägt haben. Auch wenn Brenner's den Wandel zur modernen Hotellerie mitgestaltet hat, bewahrt es immer noch etwas vom Geist der legendären Grand-Hotels. Die sehr individuell und immer auf höchstem Niveau eingerichteten Zimmer und Suiten schaffen ein Ambiente von unaufdringlicher Eleganz, das dem Gast auf eine sehr subtile Art Vertrautheit vermittelt. Was das Brenner's daneben so einzigartig macht, ist vor allem der perfekte Service. Jeder Wunsch eines Gastes wird, wenn es irgend geht, erfüllt.

"Gute Hotellerie ist Teil unserer Kultur und ein Spiegel unserer Identität," bringt der langjährige Direktor Richard Schmitz es auf den Punkt. Er weiß, wie wichtig die ständige Pflege von Kultur und Identität ist. Viele internationale Auszeichnungen bestätigen den Erfolg seiner Arbeit. So wurde das Haus 1998 vom Travel Digest als eines der zehn besten Hotels der Welt ausgezeichnet. Brennner's Park-Hotel & Spa knüpft damit an eine große Tradition an.

Diese Tradition beruht zum einen auf der Geschichte und Atmosphäre des historischen Weltbades Baden-Baden. Aber mehr noch ist es der Genius Loci des Hauses Brenner's Park-Hotel, das Kaiser, Könige und die Mächtigen aus allen Teilen der Erde beherbergte. Und auch heute noch gehören Staatsbesucher zu den wohlumsorgten Gästen des Hauses. Zum 125jährigen Jubiläum schrieb der ehemalige Bundeskanzler Helmut Kohl: "Gern erinnere ich mich an meine Begegnung mit dem französischen Staatspräsidenten Jacques Chirac im Dezember 1995. Bei solchen wichtigen internationalen Begegnungen ist der Rahmen, in dem sie stattfinden, ganz entscheidend. Unsere Gespräche hier in Baden-Baden konnten in einer anregenden und gleichzeitig entspannten Atmosphäre stattfinden, wozu ihr Haus einen wichtigen Beitrag geleistet hat." Auch das hat Tradition, schon Konrad Adenauer hatte hier mit Charles de Gaulle über die politische Einigung Europas gesprochen.

Das Brenner's verband und verbindet auch heute Menschen aus vielen Erdteilen, nicht nur Politiker und Potentaten, auch Künstler und Sportler, Wissenschaftler und Wirtschaftsführer. Brenner's Park-Hotel & Spa ist damit zum Synonym geworden für einen aus positiver Weltschau gewonnenen Lebensstil, in dem sich die Würde der Tradition mit der Sensibilität für die Anforderungen des Heute verbinden. Dieser Lebensstil ist der Kern der Identität des Hauses.

Die Aufgabe der Pflege und Entwicklung der Corporate Identity stellt vor diesem Hintergrund Anforderungen, die sich vom üblichen Aufgabenspektrum unterscheiden. Dies wurde besonders deutlich bei der Einführung des Spa-Gedankens, mit dem Brenner's unter Beweis stellte, wie Innovation und Tradition zusammenpassen.

BRENNER'S

PARK-HOTEL & SPA

KLIENT: BRENNER'S PARK-HOTEL & SPA, BADEN-BADEN

Langjährige Beratung und Durchführung von Corporate-Identity-Maßnahmen für Brenner's Park-Hotel, Brenner's Spa und für die zur Gruppe gehörende Fachklinik Stéphanie les Bains.

## Ein Lebensstil wird zelebriert

"Wer aufhört, besser sein zu wollen, hat aufgehört gut zu sein." Das ist der Kernsatz aus dem Leitbild von Brenner's Park-Hotel & Spa, der Vision eines Grandhotels in heutiger Zeit, aus der sich alle Leitlinien ableiten, alle Grundsätze, nach denen die Mitarbeiter des Hauses handeln. Ein Grandhotel ist mehr als ein perfektes Luxushotel, was es unterscheidet ist die Atmosphäre, die Stimmung, die jeden Gast umgibt, sobald er das Haus betritt. Sie entsteht nur, wenn die Mitarbeiter ständig mitdenken, wenn sie Dienstleistung nicht als Pflicht sehen, sondern als inneres Bedürfnis, dem Wohlbefinden des Gastes zu dienen. Das bedeutet ständige Reflexion des eigenen Tuns, die Vorwegnahme der Wünsche des Gastes. Das bedeutet aber auch optimaler Informationsaustausch zwischen den Mitarbeitern, ein selbstverständliches Einverständnis untereinander und eine reibungsloses Hand-in-Hand über den ganzen Tagesablauf hinweg. Das alles muß den Mitarbeitern zur zweiten Natur werden, doch es kommt nicht von selbst, sondern beruht auf einem ausgeklügelten Programm permanenter Personalentwicklung.

Das Ergebnis der intensiven Schulung soll niemand bewußt registrieren, aber jeder Gast muß es sofort spüren. Die subtile Art der Vertrautheit, die der Gast empfindet, unterscheidet sich von der familiären Atmosphäre eines Familienhotels; und zwischen der Aufmerksamkeit, die das Personal von Brenner's dem Gast entgegenbringt, und der allzu geschäftigen Dienstfertigkeit mancher Businesshotels liegen Welten. Der Stil des Hauses ist gekennzeichnet durch die Unaufdringlichkeit, mit der er einhergeht. Die erlesene Ausstattung der individuell eingerichteten Zimmer, die noble Eleganz der Halle, die Großzügigkeit des weitläufigen Parks, das alles drängt sich nicht auf, sondern ist eher ein selbstverständliches Angebot an die Gäste.

Das wird auch von der Fachpresse registriert, die den "Stil von Noblesse und Eleganz in Verbindung mit vollendeten Umgangsformen" als ein "Gütesiegel" bezeichnete, das Brenner's seit seiner Eröffnung gekennzeichnet hat.

Die Zeit konstatierte die Wirkung des "distinguierten Tagungsortes" auf Seminargäste: "Die Dringlichkeit des Themas wird den Teilnehmern schon durch die stilvolle Atmosphäre des Schauplatzes vermittelt. ... Allerdings pflegt Brenner's Park-Hotel mit dem Luxus einen derart gelassenen Umgang, daß wir Lehrlinge aus der Mittelschicht in dieser Umgebung unsere Befangenheit bald ablegen."

Auch das Topmanagement manchen großen Unternehmens hat erkannt, daß der kultivierte Stil, der im Brenner's gepflegt wird, ein wichtiger Erfolgsfaktor nicht nur für ein Grandhotel, sondern auch im internationalen Business ist. So sind die Seminare, die das Management von Brenner's Park-Hotel & Spa zum Thema Stil, Etikette und Verhalten gegenüber internationalen Gästen anbietet, immer ausgebucht.

BRENNER'S SPA

**Die Spa-Philosophie, Lebensart. In Einklang mit der Natur.**

Als Brenner's Park-Hotel den Spa-Gedanken als erster in Deutschland einführte, baute man zwar auf den Erfahrungen amerikanischer Einrichtungen wie Golden Door oder The Green House auf, entwickelte aber eine eigene Kultur, die der großen Tradition des Hauses entsprach.

In Amerika steht der Begriff Spa allgemein für Gesundheit und Fitness, allerdings mit einem etwas negativen Beigeschmack, weil die Mehrzahl der Gäste dieser Einrichtungen nichts anderes im Sinn hat, als abzunehmen. "Kur" wiederum ist in Deutschland assoziativ belastet durch das allgemein verstaubte Kurort-Image, wobei "Kur" leicht mit "alt " und "krank" in Zusammenhang gebracht wird. Von dem allem wollte und mußte sich Brenner´s Spa deutlich absetzen. Die Tatsache, daß sich das Spa-Konzept inzwischen in vielfältiger Weise in Europa etabliert hat, ist nicht zuletzt darauf zurückzuführen, daß es Brenner's Park-Hotel & Spa in hervorragender Weise gelungen ist, mit seiner Positionierung des Spa die positiven Aspekte zu revitalisieren und alle negativen Assoziationen auf beiden Seiten zu vermeiden.

Möglich war dies durch die Besinnung auf die alte Tradition der Kurstadt Baden-Baden, wo schon römische Feldherrn und Cäsaren Ruhe und Erholung suchten, und die sich mit dem kaiserlichen Ehrennamen "Aquae Aureliae" schmücken durfte. Kaiser und Könige verkehrten auch im Brenner's Park-Hotel und so sollte auch das neue Spa den höchsten Ansprüchen genügen. Ein fein abgestimmtes Angebot für Schönheit, Fitness und Wohlergehen sollte für Körper, Geist und Seele gleichermaßen Entspannung und Erholung bieten. Das Spa wurde ein integrierter Bestandteil des Hotels, der sich wie selbstverständlich in den Luxus und Service des Hauses und die Natur des Parks an der weltberühmten Lichtentaler Allee fügte.

Erfolgreiche Konzepte werden kopiert. Heute bieten viele Häuser den Service eines Spa, doch kaum eines dürfte an das Niveau des Originals heranreichen. Dies wurde eindrucksvoll belegt, als die "International Spa & Fitness Association" ISPA ihren Bädergipfel im Brenner's Park-Hotel & Spa ausrichtete, und die Spitzenstellung durch das Urteil der Fachpresse bestätigt wurde. Wichtiger aber noch ist dem Haus das Urteil der Gäste, die das Angebot des Spa heute nicht mehr missen möchten.

Grundlage des Erfolgs ist das ganzheitliche Konzept. Schönheit, Gesundheit und Wohlbefinden bedingen sich wechselseitig. Soll alles zusammenstimmen, so muß die individuelle Pflege und Kosmetik im Spa durch Reduktionskost und viel Bewegung ergänzt werden. Für das gesunde Essen sorgt die Küche, die ihr Angebot auf Wunsch individuell auf das Fitnessprogramm abstellt; der Gast kann jederzeit sorglos zugreifen. Zur Bewegung lädt die Natur "vor der Haustür" ein. Auch hier beginnt die Corporate Identity damit, daß das Produkt stimmt.

1998/99 DEUTSCH/ENGLISH
DIE ZEIT
HOTELS IST.
2000 DEUTSCH/ENGLISH

BADEFREUDE
LASSEN SIE KÖRPER UND SEELE IM WASSER AUFBLÜHEN

HOCHGENUSS
FEIERN SIE IHRE WIEDERGEBURT IN EINER OASE

BEAUTYKULT
GESCHMACK UND SCHÖNHEITSIDEAL ÄNDERN SICH STÄNDIG

GOURMANDISE
SPEISEN MIT VERNUNFT UND HOCHGENUSS

STEPHANIE
LES BAINS
DIE PRIVATE FACHKLINIK
STEPHANIE
LES BAINS
Private Fachklinik für Innere Medizin,
Physikalische und Rehabilitative Medizin
und Naturheilverfahren
STEPHANIE
LES BAINS
Private Fachklinik für Innere Medizin,
Physikalische und Rehabilitative Medizin
und Naturheilverfahren
LES BAINS
DIE PRIVATE FACHKLINIK

## Gesundheit und Wohlgefühl

Schönheit, Gesundheit und Wohlergehen sind die drei Säulen des Spa-Konzepts von Brenner's. Vor diesem Hintergrund stellt sich die Klinik Stéphanie-les-Bains als sinnvolle Ergänzung und Teil des Konzepts dar. Sie ist eine Klinik völlig neuen Typs, alles das, was bei dem Wort Klinik abschreckt, gilt hier nicht. Individualität wird großgeschrieben. Ganz in der Gesundheitstradition von Baden-Baden wird hier die genußreiche Variante einer umfassenden Vorsorge in einem modernen Diagnosezentrum praktiziert.

Die Kernzielgruppe sind gestreßte Manager zwischen 35 und 60 Jahren. Wer Verantwortung im beruflichen, gesellschaftlichen und privaten Leben zu tragen hat, trägt auch die Verantwortung für die eigene Gesundheit und Leistungsfähigkeit. Auf diese grundsätzliche Haltung wurde das Produkt PREVENT zugeschnitten. Es ist ein zweitägiges Gesundheitsprogramm zur Aufdeckung von Risikofaktoren, zur Früherkennung von Krankheiten und vor allem für eine umfassende Gesundheitsberatung. Weil genügend Zeit für Schwimmbad und Park bleibt, wird der Check-up zum erholsamen Kurzurlaub.

Es ist das Zusammenspiel der Leistungen des Hotels, des Spa-Ressort und der Klinik und der Residenzen, die das einzigartige Produkt ausmachen, das sich mit dem Namen Brenner's Park-Hotel & Spa verbindet. Abgerundet wird dieses Angebot durch die Residenz Turgenjew, in der 41 Appartments als Dauerwohnsitze konzipiert sind, alle Einrichtungen und fast die ganze Servicepalette von Brenner's Park-Hotel & Spa stehen auch den Bewohnern der Residenz offen. Gerade auch an diesem Beispiel wird die Zukunftsorientierung und Innovationskraft des so traditionsreichen Hauses deutlich.

Mit viel Gespür für die Strömungen der Zeit hat das Hotelmanagement den Kern einer Entwicklung erfaßt, die heute in vielen Branchen zu beobachten ist: es werden nicht mehr die traditionellen Produkte verkauft. Im Zuge eines rasant zunehmenden Wertewandels haben sich Produkte zu gesellschaftlichen Orientierungssystemen gewandelt. Zunehmend stellt man fest, daß sich die Menschen über die Produkte, die sie kaufen und verwenden, definieren; daß sie ihre Zugehörigkeit zu einer Gruppe oder zu einem Lebensstil zum Ausdruck bringen. Das hat nichts mehr mit dem demonstrativen Konsum zu tun, den man in den siebziger Jahren konstatierte, und geht auch über den Erlebnisaspekt hinaus, der in den vergangenen Jahrzehnten eine wichtige Rolle spielte. Um eine solche Orientierungsfunktion erfüllen zu können, muß ein Produkt in eine Bedeutungswelt eingebettet sein, die nur durch komplexe Zeichensysteme geschaffen werden kann. Im Unterschied zu anderen Produkten, die solche Bedeutungswelten mit großem Medienaufwand schaffen müssen, ist ein Hotel in der relativ komfortablen Lage, selbst das Medium zu sein, das solche Codes transportieren kann.

BRENNER'S

**Das Hotel als Kommunikationsforum**

Ein Hotel ist ein zweites Zuhause, speziell auf den Typ Grandhotel trifft das in besonderer Weise zu. Mehr noch, es ist in gewisser Weise ein öffentliches Zuhause; die Mischung von Öffentlichkeit und Privatheit macht das Hotel zu einem Ort, an dem ein bestimmter Lebensstil ganz bewußt zum Ausdruck gebracht wird. Dem muß das Hotel Rechnung tragen, indem es schon in der Ausstattung einen entsprechenden Stil pflegt. Dazu gehören auch Medien, wie die Speisekarte, die Weinkarte oder die Barkarte, um die markantesten aus einer großen Vielfalt von Ausstattungselementen zu nennen, die - so nebensächlich wie sie sein mögen - die Kultur des Hauses ebenso prägen, wie die Aufmerksamkeit und das Verhalten des Personals. Das allein genügt allerdings nicht mehr für einen Anspruch, wie ihn Brenner's Park-Hotel & Spa stellt.

Brenner's ist nicht nur der Ausdruck, sondern selbst Bestandteil des Lebensstils und hat mit dem Spa ein wichtiges Element dieses Stils kreiert, nimmt also aktiv an einer der heutigen Zeit angemessenen Weiterentwicklung teil. In diesem Zusammenhang sind die vielfältigen kulturellen Ereignisse zu sehen, die Brenner's über das Jahr hinweg anbietet. Das sind nicht nur die Ausstellungen und Musikabende im stilvollen Ambiente der Hotelhalle, sondern zum Beispiel auch die Kaminabende, die für die Gäste zu den besonderen Ereignissen gehören. Hochkarätige Manager, Wissenschaftler oder Künstler sind jeweils als Referenten zu interessanten Themen geladen, über die sie mit den Gästen in der entspannten Atmosphäre des Kaminzimmers ins Gespräch kommen. Wichtig ist es, so auch die Kontakte unter den Gästen zu fördern. Diesem Ziel und zugleich auch der Förderung des Spa-Gedankens dient auch der SPA-Award, den Brenner's Park-Hotel & Spa zusammen mit der Zeitschrift Gala und der Baden-Baden Marketing jährlich in Baden-Baden in einem festlichen Rahmen verleiht. Er zeichnet Persönlichkeiten, auch Produkt-Persönlichkeiten und Einrichtungen aus, die den Wellness-Gedanken in besonderer Weise umsetzen.

Das geeignete Medium zur kontinuierlichen Kontaktpflege mit der Kernzielgruppe, zu der jeder gehört, der schon einmal Gast im Brenner's war, ist ein eigenes Lifestyle-Magazin, in dem die unterschiedlichsten Themen angesprochen werden, die zu dem besonderen Lebensstil gehören, wie Golf, Kunst, Mode, Kosmetik, Schmuck, Gesundheit und Fitness, natürlich in entsprechend anspruchsvoller journalistischer Aufbereitung und drucktechnischer Realisierung. Wie selbstverständlich fügt sich auch das preisgekrönte Hotelvideo Brenner's Park-Hotel & Spa immer wieder in diesen Rahmen. Dabei stehen stets Menschen im Vordergrund, Mitarbeiter wie Gäste. Es werden Geschichten rund um das Haus und seine Angebote erzählt, die sich niemals werblich aufdrängen, sondern diese subtile Vertrautheit herstellen, die den ganz persönlichen und einzigartigen Charakter von Brenner's Park-Hotel & Spa ausmacht.

BRENNER'S
PARK-HOTEL & SPA
Herr
Dr. Helmut Mustermann
Vorstandsvorsitzender
Muster GmbH
Musterstraße 11
12345 Musterstadt
renner's is an estab-
lishment for those
who want to stay fit
and healthy. To delight
in all the joys life has
to offer, in an atmos-
phere of ease and relax-
ation. The park and the
surrounding country-
side offer the perfect
environment for almost
every kind of sport.
ere is where our
motto "Lifestyle. At
One with Nature"
comes into its own. It
is, indeed, our dedica-
tion to the well-being of
our guests which has
brought our house such
international acclaim.
www.brenners-park.de
Brenner's Park-Hotel & Spa
Schillerstraße 4-6 · D-76530 Baden-
Telefon +49 (0) 72 21-900-0 · Telefax +49
info@brenners-park.de

*Der Terrassen-Salon ist mit dem Park-Salon verbunden, so dass Sie hier Ihre Veranstaltung fortsetzen können. Auf der Terrasse genießen Sie die Pausen mit Blick in den Park.*

| | |
|---|---|
| *Cocktails* | *bis 60 Personen* |
| *Konzerte* | *bis 50 Personen* |
| *Bankette* | *bis 40 Personen* |

*The terrace parlor connects directly with the park parlor - a single event can be held in 2 adjacent rooms. Enjoy breaks on the terrace overlooking the park.*

| | |
|---|---|
| *Cocktails* | *up to 60 persons* |
| *Concerts* | *up to 50 persons* |
| *Banquets* | *up to 40 persons* |

*Das Park-Restaurant ist der beliebteste Raum für exklusive Galaveranstaltungen. Hier entfaltet sich der Glanz des Hauses und bildet eine ideale Kulisse für anspruchsvollste Festlichkeiten.*

| | |
|---|---|
| *Bankette* | *bis 240 Personen* |

*The park restaurant is the favored location for extravagant gala events. This is where the splendor of the house becomes apparent, and this sets the stage for sophisticated gatherings.*

| | |
|---|---|
| *Banquet* | *up to 240 persons* |

*Das Foyer empfängt Ihre geladenen Gäste. Ein Raum für Stehempfänge, Tagungspausen oder Sitzungsvorbereitungen.*

| | |
|---|---|
| *Cocktails* | *bis 120 Personen* |
| *Konzerte* | *bis 50 Personen* |

*The hotel lobby welcomes your guests. The right location for standing receptions, conference breaks or conference preparations.*

| | |
|---|---|
| *Cocktails* | *up to 120 persons* |
| *Concerts* | *up to 50 persons* |

**Die Hayman Island Story**

Hayman Island ist die nördlichste Insel der Whitsunday Gruppe nahe dem Great Barrier Riff vor der Küste des australischen Queensland. Diese kleine, ansonsten unbewohnte Insel beherbergt mit dem Hayman Island Resort eines der luxuriösesten Hotels der Welt. Das mit großem Aufwand gebaute Ensemble ist mit vielen erlesenen Antiquitäten und wertvollen Kunstwerken ausgestattet. Architektur und Interior Design sind so konzipiert, daß man beim Weg durch die verschiedenen Teile der Anlage durch kaum wahrnehmbare Veränderungen immer wieder neue Eindrücke gewinnt und zu neuen Gedanken angeregt wird.

Manche Bereiche repräsentieren die absolute Spitze an zeitgenössischem Design und moderner Wohnkultur, während andere, wie die Club Lounge, die Gäste in eine gefeierte, aber vergangene Ära zurückversetzen sollen. Diese Foyers, Lounges, Restaurants oder auch die holzgetäfelte Bibliothek sind auf das Kostbarste mit Antiquitäten möbiliert. Die Wände sind mit handgewebten Tai Ping Tapeten bespannt. Das Foyer zum französischen Restaurant La Fontaine wird von einer mit 23karätigem Blattgold versehenen Kuppel überwölbt. Alle Bilder in den Gästezimmern sind Originale australischer Künstler.

Es wurden buchstäblich keine Kosten gescheut, um das Resort zu einem der exklusivsten der ganzen Welt zu machen. Bei der grundlegenden Rekonstruktion im Jahr 1987 wurden über 650.000 Bäume und Sträucher gepflanzt und eine eindrucksvolle Landschaft rund um das Resort geschaffen. Einer der Glanzpunkte ist der japanische Garten, der an das orientalische Restaurant anschließt. Es war das erklärte Ziel, mit dem Resort, das Zimmer und Suiten für bis zu 430 Gäste bereithält, zu den Top Five der Welt zu gehören.

Diesem Ziel gemäß ist auch sonst alles vom Feinsten. 20.000 Flaschen ausgesuchtester Weine lagern im Weinkeller und das Personal rekrutiert sich aus den angesehensten Häusern der Welt. Entsprechend gut ist der Service, der nicht nur im Hotel, sondern auch in der Küche geboten wird. In den sechs Restaurants des Resorts sorgen etwa 60 Küchenchefs für Gourmetgenuß auf höchstem Niveau. Jedes der Restaurants hat einen anderen Stil und bietet die Küche eines anderen Landes. Vollklimatisierte unterirdische Gänge verbinden die zentralen Servicebereiche und die einzelnen Küchen, so daß der Gast fast nichts mitbekommt von der gewaltigen Maschinerie, die für sein Wohlbefinden in ständiger Bewegung ist.

Wie die Gastronomie jedem Vergleich mit den angesagtesten Restaurants in London, Paris oder New York standhält, so bietet auch die Ladenpassage alles, was auf dem gehobenen Niveau des Konsums Rang und Namen hat; ob Mode, Schmuck oder Kosmetik, es gibt kaum einen Bedarf, der hier nicht aufs Angenehmste befriedigt werden kann.

Hayman
ISLAND

KLIENT: HAYMAN ISLAND AUSTRALIA

Vorschlag für einen neuen Auftritt des renommierten Resorts bei internationalen Zielgruppen, unter besonderer Berücksichtigung des europäischen Gästepotentials.

Hayman
WHEN THE RESORT on Hayman was totally rebuilt in 1987, the management had only
THIS HUGE PATCHWORK OF REEFS begins in the Torres Strait, which separates New
Guinea and Australia, and runs down the north-eastern coast of Australia for 2.5000
A FEELING OF MODERN ELEGANCE prevails in every spacious and superbly appointed guest
room. The design, furnishings and decor complement the natural beauty of the island.
Your comfort and privacy are assured. Sweeping views abound, from lush
HAYMAN - AUSTRALIA'S MOST PRESTIGIOUS RESORT
Hayman
ISLAND
Hayman

## Eine Welt für sich

Man kann heute sagen, daß das Hayman Island Resort das 1987 sehr hoch gesteckte Ziel tatsächlich erreicht hat. In dem populären amerikanischen Fernsehprogramm "Lifestyles of the Rich and Famous" wurde es ausführlich vorgestellt, und in den "World Best" des Magazins Lifestyle wurde es 1992 als Nummer fünf unter den zehn Top Resorts der Welt geführt. Hayman Island hat bisher über 30 hochangesehene Preise im Tourismusbereich gewonnen, darunter den "Best Resort" der Australian Tourismus Awards. Besonders stolz ist man auf den Gold Award der Pacific Asia Travel Association, mit dem die außergewöhnlichen Anstrengungen anerkannt wurden, die das Resort zum Schutz der einzigartigen Umwelt der Insel unternommen hat.

So farbenprächtig und vielfältig die Vogelwelt und die Schmetterlinge auf der Insel sind, sie können nicht mit dem Reichtum der Unterwasserwelt am Great Barrier Riff konkurrieren. Es gibt wenige Plätze auf unserem Planeten, die etwas Vergleichbares zu bieten haben. Die atemberaubende Schönheit des Naturschauspiels dieser Farben, die Vielfalt der Erscheinungsformen und der Artenreichtum an Fischen und anderen Riffbewohnern läßt sich mit Worten kaum beschreiben. 1981 wurde dieses größte Gebilde, das je von Lebewesen auf dieser Erde geschaffen wurde, zum Weltkulturerbe erklärt. Der Naturpark des Barrier Riff steht unter der Aufsicht des Queensland Department of Environment and Conservation; ihre Aufseher und Wissenschaftler sammeln ständig wertvolle Informationen über das Riff und sein marines Leben. Durch diese Informationen und eine angemessene Regelung der menschlichen Aktivitäten am Riff hofft die Behörde, das Riff und seine reichen Ressourcen auch für zukünftige Generationen zu erhalten.

Hayman Island ist ideal gelegen, um die äußeren Riffe zu erforschen. Den Gästen des Resort steht dafür eine eigene Yacht zur Verfügung, von der aus sie unter sachkundiger Anleitung die einzigartige Schönheit dieser Natur genießen können. Die "Riff-Göttin" ist eines der am besten ausgestatteten und luxuriösesten Boote Australiens, die Tauchern für Tagesausflüge zur Verfügung stehen. Sie läuft regelmäßig verschiedene Plätze am Großen Riff an, und hält für die Gäste komplette Ausrüstungen zum Tauchen oder Schnorcheln bereit.

Die Möglichkeiten der Freizeitgestaltung auf und um Hayman Island sind praktisch unbegrenzt. Tennis- und Squashplätze stehen ebenso zur Verfügung wie Golftrainingsplätze mit herrlichem Blick über die blaue Lagune. Im Mittelpunkt steht natürlich der Wassersport; Segeln, Windsurfen, Wasserski oder Parasailing gehören zu den beliebten Aktivitäten. Nicht zuletzt nennen sollte man die wunderbaren Strände auf Hayman Island und den umliegenden, oft unbewohnten Inseln. Wer diese herrliche Landschaft je mit dem Boot oder dem Flugzeug erkundet hat, wird diese Eindrücke nie im Leben vergessen.

Hayman
ISLAND
Hayman
ISLAND
Hayman
ISLAND

## Das Produkt ist die Botschaft

Die absolute Einzigartigkeit des Hayman Island Resort liegt in der Verbindung der die Insel umgebenden einmaligen Natur und dem unbedingten Willen, dies durch den erlesenen Luxus einer Hotelanlage auf höchstem internationalen Niveau zu ergänzen. Auf Hayman Island ist dies in vollkommener Weise gelungen. Es wurde eine Bedeutungswelt geschaffen, die auf Schritt und Tritt das Besondere erlebbar macht.

Aber dabei gibt es einen wesentlichen Unterschied zu Brenner's Park-Hotel & Spa. Jeder wird bewußt den Aufwand wahrnehmen, mit dem dieser Nimbus der Exklusivität geschaffen worden ist. Die Tatsache, daß für Aufbau und Ausstattung des Resorts 300 Millionen Dollar ausgegeben wurden, gehört mit zur Botschaft: Alles was gut und teuer ist. Das entscheidende Kriterium für die Einschätzung des Produkts ist der Preis. Die Mittel, ein wesentliches Element über das sich auch die Zielgruppe definiert. Das hat wenig mit der unaufdringlichen Noblesse von Brenner's gemeinsam. Und doch sind beide mit gleicher Berechtigung Mitglieder der Gruppe "The Leading Hotels of the World". Jedes der Häuser realisiert auf seine Art einen Führungsanspruch. Hier wird deutlich, daß die Identität - oder besser gesagt, das Identifikationsmuster - einer Gruppe von völlig anderer Art ist, als die Identität eines Hauses. Das gemeinsame Dach muß teilweise sehr unterschiedliche Identitäten integrieren und zugleich für die Zielgruppe ein herausragendes Leistungsversprechen deutlich machen.

Wer einmal auf Hayman Island war, wird immer begeistert davon erzählen. So wird das Produkt selbst zur Botschaft. Ein solches Produkt muß in der Kommunikation eigene Wege gehen, um in seiner Zielgruppe Erfolg zu haben. Die Mund-zu-Mund-Propaganda ist dafür die absolut entscheidende Basis. Doch es wäre vollkommen falsch, deshalb auf eine systematische Marktkommunikation zu verzichten. Es kommt vielmehr alles darauf an, die kaum beeinflußbare private Kommunikation wirkungsvoll zu unterstützen. Dazu gehört neben der Bereitstellung von Medien für die sekundäre Kommunikation die Präsenz im öffentlichen Raum, die eine konsequente PR-Arbeit voraussetzt. Nur wenn das Resort in den Medien, vor allem im Fernsehen und in den Lifestyle-Magazinen mit dem entsprechenden Tenor und der angemessenen Dosierung vertreten ist, kann das Image auf dem notwendigen Niveau gehalten werden.

Für die Unterstützung der privaten Kommunikation gibt es eine sehr differenzierte Palette vom Medien, die oft gar nicht bewußt als Medien wahrgenommen werden. Daneben gibt es aber auch für das Hayman Island Resort drei zentrale Medien: ein Magazin, wie es in seiner Funktion bereits im Zusammenhang mit Brenner's dargestellt wurde, ein Videofilm und ein Fotoband, der die Funktion einer Imagebroschüre hat. Jedes dieser drei Medien transportiert die Kernbotschaft der Einzigartigkeit und Exklusivität der Welt des Hayman Island Resort.

THIS HUGE PATCHWORK OF REEFS begins in the Torres Strait, which
Guinea and Australia, and runs down the north-eastern coast of Australia
kilometres. Scattered throughout this intricate maze of submerged reefs
coral cays and a large number OF CONTINENTAL ISLANDS THE
their own fringing reefs. The Great Barrier Reef harbours an incredible
life. There are over 400 kinds of colourful hard and soft corals in the
than 1,500 species of fish. The Great Barrier Reef is the largest
COLOURFUL UNDERWATER WORLD. Few destinations on this planet are
able to offer what the Great Barrier Reef can promise. Those who have
visited the Reef will find an amazing underwater world filled with such colour and
that words often seem totally inadequate to describe it. The Great Barrier Reef
made up of almost 3,000 individual coral reefs - the largest single reef system
It covers a vast area of approximately 350,000 square kilometres. This make
than either Victoria or the United Kingdom, and half the size of Tex
The Great Barrier Reef
Its protection is the responsib
Activities prohibited within the
Hayman
UNDERWATER
SEAWORLD
WORLD

### Inszenierte Exklusivität

Die Exklusivität der Welt des Hayman Island Resort kommt schon in der Lage zum Ausdruck, die - wie alles andere - keineswegs zufällig, sondern sorgfältig ausgesucht ist. Außer dem Resort ist die Insel unbewohnt, niemand stört die Abgeschiedenheit der sprichwörtlich einsamen Insel für den Urlaub, der Entspannung total bietet. Gleichzeitig muß der Gast aber nichts vermissen, was den Luxus der Großstadt ausmacht. Neben den Restaurants gehören dazu auch die exklusiven Geschäfte, mit so illustren und teuren Namen wie Hermes, Vuitton und Cartier. Selbstverständlich entspricht auch die Ausstattung und das Warenangebot in den Einkaufspassagen ganz dem Charakter der gesamten Anlage.

Diese Exklusivität, die die Gäste auf Schritt und Tritt begleitet, ist daher bis ins letzte Detail inszeniert. Die Aufmerksamkeit gilt der Gestaltung der Speise- und Getränkekarten für die Restaurants genauso wie den Tragetaschen und Verpackungen für die Geschäfte. Die Exklusivität, die Hayman Island umgibt, ist kein Selbstzweck, sie ist vielmehr Teil der Selbstinszenierung der Gäste dieses Resorts. Es ist die Welt der Reichen und Berühmten, die hier zelebriert wird. So richtet sich die Inszenierung immer auch zugleich nach außen. Wenn man Geschenke von Hayman Island mitbringt, soll die Verpackung nicht nur Hermes oder Cartier signalisieren, sondern eben auch Hayman Island.

Das wichtigste Medium ist die Imagebroschüre. Ein Medium, das die Funktion einer Imagebroschüre hat, muß allerdings nicht immer wie eine Imagebroschüre aussehen. Im Falle von Hayman Island Resort ist es ein journalistisch hervorragend gemachter, reich bebildeter Fotoband, der ohne weiteres auch über den Buchhandel verkauft werden kann. Die sprachlich gut gemachte Information über das Resort ist eingebettet in eine beeindruckende Darstellung der Inselgruppe und der einzigartigen Naturschauspiele des Great Barrier Riff. In diesem Fall gilt der Satz "Ein Bild sagt mehr als tausend Worte" hundertprozentig.

Gerade für ein Thema wie Hayman Island zeigt sich aber auch deutlich, daß das bewegte Bild des Films dem Foto eindeutig überlegen ist. Es ermöglicht die Herstellung einer besonderen Ebene der Authentizität und der Emotionalität; Authentizität in dem Sinne, daß man das Berichtete beinahe als Realität miterleben kann; Emotionalität vor allem auch durch die Unterstützung des Tons. Sowohl der Sprecher bzw. die Sprecherin als auch die Musik können ein ganzes Spektrum zusätzlicher Informationen vermitteln.

Der Fotoband wie der Videofilm sind darauf angelegt, die primäre Kommunikation zu unterstützen. Sie sind natürlich Erinnerung, aber mehr noch sollen sie helfen, Dritten ein Bild von der Einzigartigkeit der Verbindung von Kultur und Natur auf und um Hayman Island zu geben. Hayman Island ist gewachsene Identität.

FISHES
BIRDS
BUTTERFLY

A strome or Spider Shell. The eyes of this mollusc peep out from the safety of its shell.

Australia's Whitsunday Islands lie scattered across a sapphire sea. Here, in one of the world's most spectacular settings, is one of its finest resorts. An island resort embraced by the warm tranquil waters of the Pacific. Closeby, awesome and enchanting, the

underwater splendour of the Great Barrier Reef. Your journey begins as your jet aircraft casts a silent shadow over shimmering sunlit waters. You touch down. Nearby, a sleek pleasure craft silently waits, graceful and serene. On board, champagne is served whilst you

Hayman's magnificent pools are the sparkling jewels in the crown of a watersports haven. They offer a perfect setting for relaxation - morning, noon and night. You can laze by any of three crystal clear pools. The fabulous West Wing pool alone is seven time

olympic size. Plunge into their turquoise waters or simply sink into a sun lounge with a good book and your favourite beverage. On Hayman, you can immerse yourself in a world unlike any other, where opportunities for nearly every activity are available. Whilst you are

Ranked amongst the top ten resorts in the world.

A spectacular view of the sand shoals at the entrance of Hill Inlet, Whitsunday Island.

Hayman Island is the most northerly island in the Whitsunday Group. This spectacular group of 74 islands - uninhabited except for a handful - is without doubt one of the world's best kept secrets. Just to the west of The Whitsundays is the mainland - and

large National Parks with ancient rainforest. to the east lies the beautiful coral gardens of The Great Barrier Reef. Many of the islands themselves have excellent fringing reefs, too - with a wide variety of colourful marine life. Perhaps the most spectacular way is

**The Leading Hotels of the World.
Zur Identität einer Gruppe.**

Wie an den Beispielen von Brenner's Park-Hotel & Spa und Hayman Island Resort sehr deutlich zu erkennen ist, integriert die Gruppe „The Leading Hotels of the World" Spitzenhotels von sehr unterschiedlichem Charakter. Jedes der über 300 Häuser, die sich in dieser Gruppe zusammengefunden haben, repräsentiert eine ganz eigene Identität, ist unverwechselbar. Das unterscheidet diese Gruppe sehr deutlich von anderen großen Hotelkonzernen oder Gruppen, deren Prinzip oft gerade in der Einheitlichkeit liegt; kennt man eines der Häuser, so kennt man alle. Wo der Gast auch hinkommt, er findet sich sofort zurecht, hat eine vertraute Umgebung, die ihm Sicherheit vermittelt. Ein Konzept, das sicher für seine Zielgruppe sehr erfolgreich ist. Diese Zielgruppe besteht zu einem großen Teil aus Geschäftsleuten, die überall und nirgends zuhause sind. Sie orientieren sich in erster Linie an der Funktionalität; bei dem vielen Neuen, auf das sie sich beruflich immer wieder einstellen müssen, suchen sie das Gewohnte, quasi als Streßreduzierung. Die permanente Gefahr, die damit verbunden ist, ist die Mittelmäßigkeit.

Genau dieser Gefahr will die Zielgruppe der Leading Hotels auf jeden Fall entgehen. Auch wenn es sich rein demografisch gesehen um einen Personenkreis handelt, der sehr ähnlich zusammengesetzt ist, zeichnet er sich doch durch eine andere Psychologie aus. Auch wenn er genauso wenig Zeit hat, ist er keineswegs hektisch und betriebsam, sondern hat gelernt, sich zu organisieren oder besser noch organisieren zu lassen. Man wird in diesem Personenkreis mit großer Wahrscheinlichkeit die besseren Topmanager finden. Es sind diejenigen, die gelernt haben, sich auf das Wesentliche zu konzentrieren und im Vertrauen auf andere auch sehr wichtige Aufgaben zu delegieren. Weil sie einen Blick dafür haben, wem sie vertrauen, wem sie etwas überlassen können, werden sie auch selten enttäuscht. Aufgrund ihrer großen inneren Ruhe sind diese Menschen äußerst aufgeschlossen für Neues, erleben es nicht als Gefahr oder Bedrohung, sondern sehen darin die Anregung und eine Bereicherung. Sie nehmen kulturelle Impulse auf und schöpfen daraus Kraft für Innovationen. Diese Zielgruppe ist nicht weniger darauf angewiesen, daß die Dinge in ihrer Umgebung funktionieren, doch die Methode, wie sie das sicherstellt, unterscheidet sich deutlich vom Durchschnitt. Aufgrund eines sehr differenzierten Codesystems hat dieser Personenkreis, der keineswegs mit einer Gesellschaftsschicht identifiziert werden kann, eine außerordentliche Sensibilität für Qualität und für das Besondere, wobei der Preis meist hoch ist, doch das Preis-Leistungsverhältnis dafür fast immer sehr deutlich zugunsten des Kunden ausfällt.

The Leading Hotels of the World konzentriert sich auf diese Klientel: „In ständiger Abwehr jeder Mittelmäßigkeit, die immer mehr auch die großen Hotels bedroht, hält sie die Prinzipien der Gastlichkeit in höchster Vollendung hoch."

MIKROFORUM HIGHTECH VENTURE SITE

# Kreatives Umfeld für Spitzenforschung

## Die Antwort auf die Herausforderungen der Mikrotechnik

Mit dem MikroFORUM befindet sich ein neuer Typ von Wissenschafts- und Technologie-Park im Aufbau. Es soll ein Center of Excellence für die kommende Entwicklung in den Schwerpunkten Mikrotechnik, Biotechnologie und Multimedia-Anwendungen werden. 2000 Menschen sollen dort leben und arbeiten.

*Die Entwicklung einer neuen Corporate Identity - quasi auf der grünen Wiese - gehört zu den spannendsten, aber auch verantwortungsvollsten Aufgaben.*

Dazu bietet das Forum ideale Bedingungen für die anwendungsorientierte Forschung in der Zusammenarbeit zwischen Forschungseinrichtungen, jungen Unternehmen und Entwicklungsabteilungen international tätiger Konzerne. In einem Klima offener zielorientierter Kommunikation gedeihen Ideen schnell zu anwendungsreifen Produkten, die eine solide Basis für innovative Unternehmensgründungen bilden. Neue Arbeitsformen sollen eine attraktive Umgebung für hochqualifizierte Forscher bilden, die zu Unternehmern qualifiziert und bei Unternehmensgründungen unterstützt werden. Im Sinne einer Public Private Partnership wird ein Rahmen für eine interdisziplinäre Zusammenarbeit von Wissenschaft und Wirtschaft geschaffen.

Die Initiative für das MikroFORUM ging vom IMM aus, bei dem auch die wissenschaftliche Betreuung des Gesamtkonzepts liegt. 1990 durch die Landesregierung Rheinland-Pfalz gegründet, hat es inzwischen eine weltweit führende Position in der angewandten Mikrotechnik erreicht. Das IMM beschäftigt heute mehr als 250 Mitarbeiter und hat bereits eine Reihe von Unternehmensgründungen mit nachhaltigem Erfolg auf den Weg gebracht.

Die Aufgabenstellung beschränkte sich zunächst auf das Corporate Design, weil die Initiatoren davon ausgingen, daß ein CI mit den Mitarbeitern gemeinsam zu entwickeln sei. Das ist zwar generell richtig, geht aber von einer bereits existierenden Organisation aus. Das MikroFORUM aber war erst im Entstehen.

Die Corporate Identity einer Organisation ist vergleichbar dem genetischen Code eines Organismus. Schon die erste Keimzelle enthält alle Informationen, die den späteren Aufbau und die Eigenschaften bestimmen. Dies macht deutlich, warum es richtig, ja sogar notwendig ist, Corporate Identity von vornherein als Ganzes in Angriff zu nehmen. Eine Beschränkung allein auf das Corporate Design wäre, wenn auch kein fataler Fehler, so doch mindestens eine versäumte Chance gewesen.

Die Beschreibung der wesentlichen Elemente der Corporate Identity gehört zu den einem Corporate Design vorausgehenden Aufgaben. Insofern fließen die hier vorgestellten grundsätzlichen Überlegungen in das Corporate-Design-Konzept ein. Dieses Konzept steht in enger Wechselwirkung mit der grundlegenden Corporate-Identity-Konzeption. Das Design ist einerseits von ihr geprägt, andererseits ist das Design aber auch ein wesentlicher Faktor bei der Umsetzung der Konzeption in die Realität des Alltags im MikroFORUM.

KLIENT: MIKRO FORUM RHEINLAND-PFALZ

Corporate Identity und Corporate Design für einen Wissenschafts- und Gewerbepark neuen Zuschnitts als Center of Excellence für die Zukunftsbereiche Mikrotechnik, Biotechnik und Digital Factory.

Videosequenz: Interdisziplinarität und Forschung

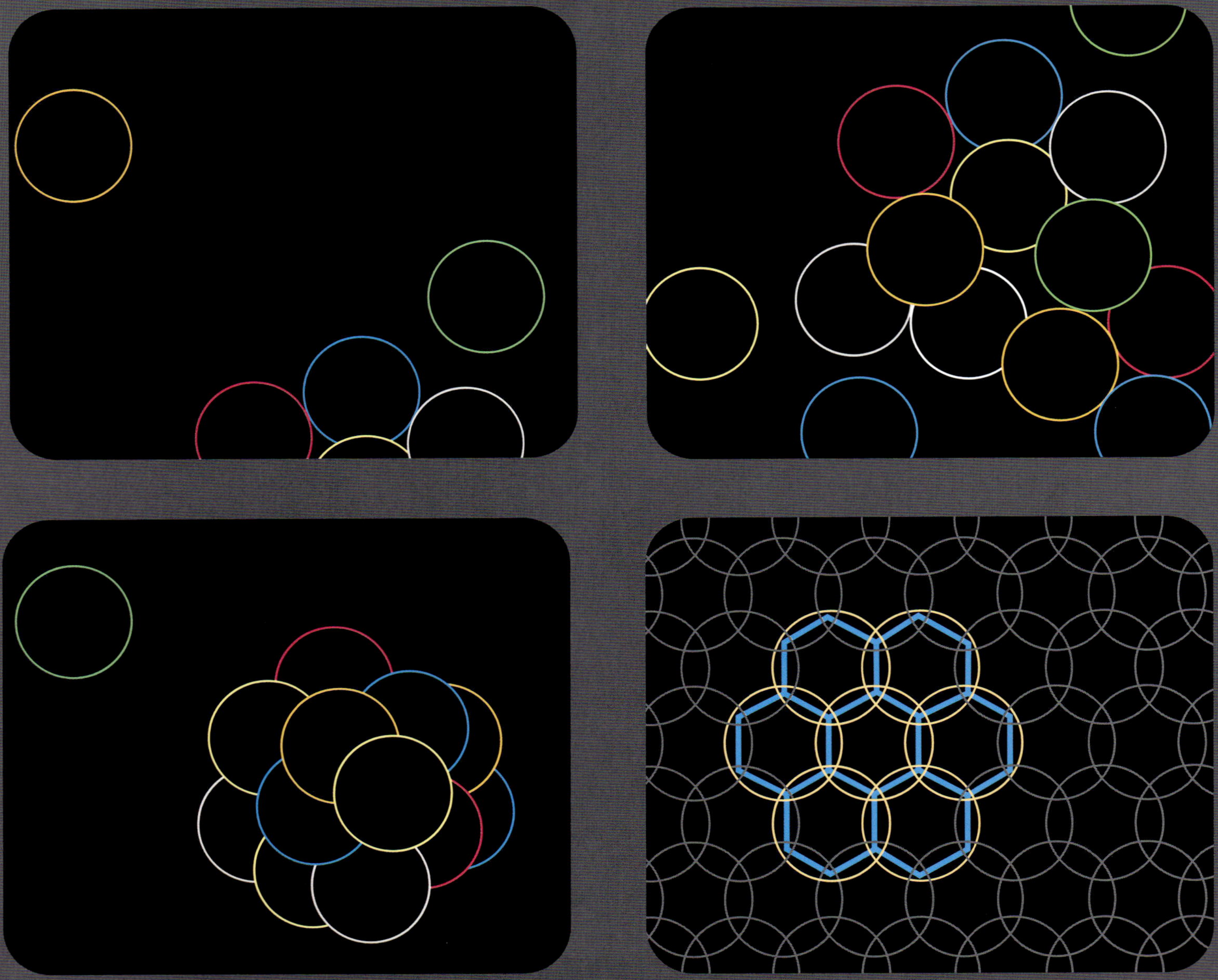

## Analytische Grundlagen des CI-Konzepts

Studien zum Thema "interdisziplinäre Forschung" zeigen, daß der Erfolg solcher Institutionen zum einen von ihrer Einordnung in das wissenschaftliche Umfeld, zum anderen aber auch davon abhängen, daß sie die Flexibilität ihrer inneren Strukturen bewahren. Diese Flexibilität bedeutet nämlich immer zugleich eine gewisse Unsicherheit sowohl im internen Umgang miteinander, als auch im Bezug auf die Position im wissenschaftlichen und gesellschaftlichen Umfeld. Das Management tendiert daher generell zu Strategien, die diese Unsicherheit reduzieren sollen, aber beinahe regelmäßig nur zu einer Erstarrung der Strukturen führen.

Dem kann nur durch die Entwicklung einer Kultur entgegengewirkt werden, die Flexibilität belohnt, die alles immer wieder in Frage stellt, die den ständigen Perspektivenwechsel zur zweiten Natur macht, die jede Form der Erstarrung immer wieder aufbricht. Selbstverständlich wird diese Kultur von den Menschen geprägt; deshalb ist es gerade in der Aufbauphase wichtig, eine sehr konkrete Vorstellung von dieser Kultur zu formulieren, um sie schon als Kriterium bei der Personalauswahl berücksichtigen zu können.

Interdisziplinarität ist eine immer wieder zu hörende Forderung, doch in der Praxis erweisen sich die bestehenden Institutionen beinahe regelmäßig als unfähig zu wirklich interdisziplinärer Arbeit. Zu sehr stehen die Kulturen nicht nur im Mikrobereich der Institutionen, sondern auch in den Makrobereichen der Scientific Community oder auch der Gesellschaft insgesamt dem entgegen. Vieles, was sich als interdisziplinär ausgibt, erweist sich eher als das multidisziplinäre Nebeneinander einer arbeitsteiligen Gesellschaft. Gerade im MikroFORUM, das aus einer Ansammlung von selbständigen Firmen bestehen wird, muß dem interdisziplinären Miteinander ganz besondere Aufmerksamkeit geschenkt werden

Es ist wichtig, sich an dieser Stelle bewußt zu machen, daß es in erster Linie um die Organisation sozialer Prozesse geht. Dies gilt gleicherweise für den Makrobereich wie für den Mikrobereich. Im Makrobereich geht es um die Einbindung in das System der Wissenschaft nicht nur in Deutschland, sondern primär mit dem Fokus auf Europa, generell aber auch weltweit. Neben den manifesten ist auch den latenten Funktionen in diesem Bereich Rechnung zu tragen. Es geht dabei um komplexe Mechanismen, die in Systemen wie der Honorierung, der Reputation oder der Kommunikation ihren Niederschlag finden. So könnte beispielsweise auch eine sehr gute Bezahlung kaum die Nachteile kompensieren, die sich aus einem eventuellen Abschneiden von Kommunikationssträngen ergäben. Umgekehrt würde auch eine eher mäßige Honorierung akzeptiert, wenn die Vorteile für die Karriere auf der Hand lägen.

*Das grundlegende Prinzip der Interdisziplinarität kommt in der Überlagerung der Kreise zum Ausdruck. Sie bilden Hexagone, die wir als Grundform in der Natur in den verschiedensten Variationen immer wieder antreffen können.*

Videosequenz: Seriation des Zeichens

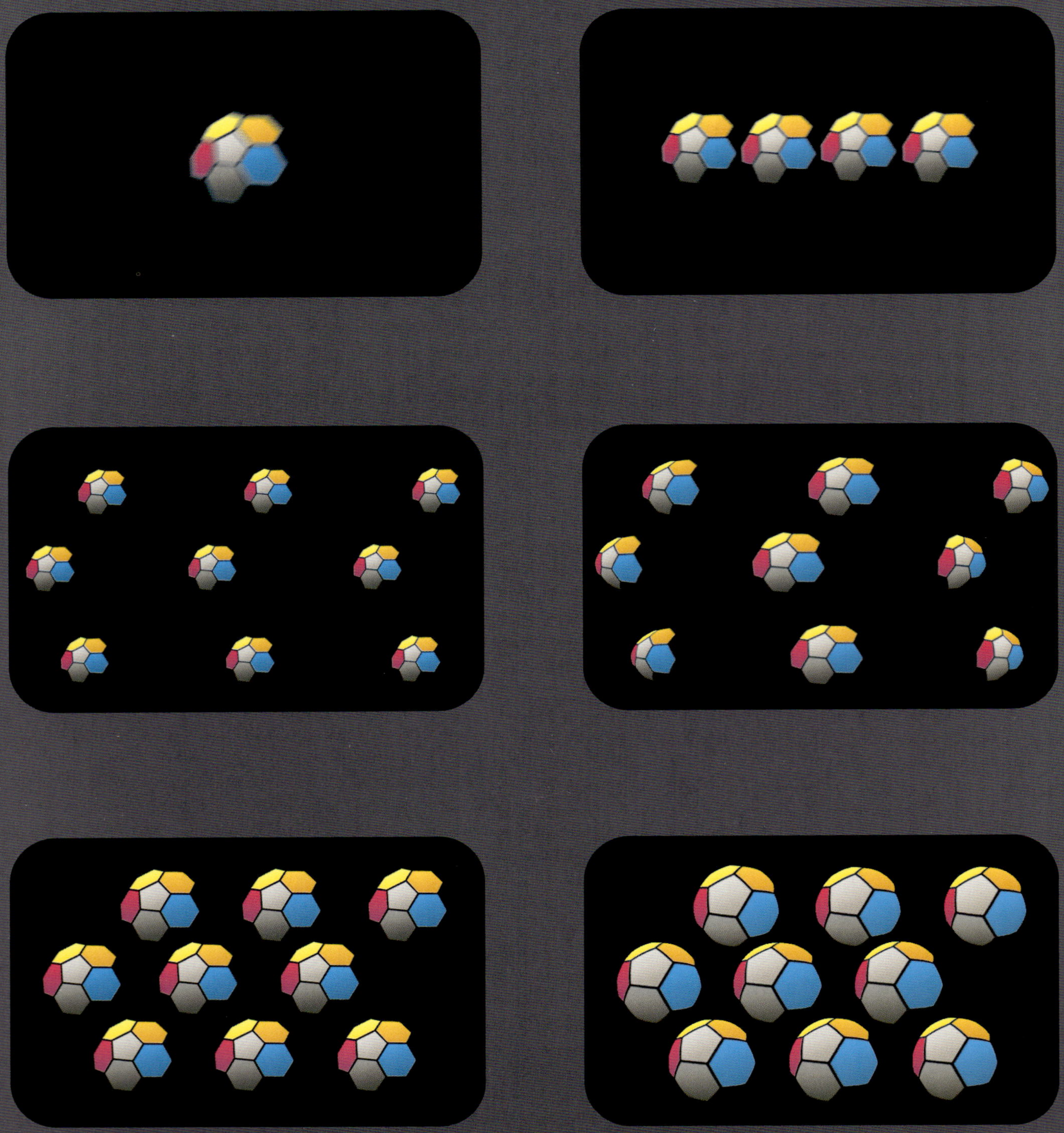

**Design bestimmt das Bewußtsein**

Selbstverständlich hat dies alles auch etwas damit zu tun, wie das MikroFORUM nach außen auftritt, wie der Anspruch des Besonderen sich auch in der Selbstdarstellung und den eingesetzten Mitteln der Kommunikation dokumentiert. Es wird davon abhängen, mit welchen Publikationen das Forum an die Öffentlichkeit bzw. seine Zielgruppen herantritt, wie es seine Konferenzen organisiert und ausstattet, welche Arbeitsmöglichkeiten und Kommunikationskanäle es seinen Unternehmen und Wissenschaftlern bietet. Alle diese Faktoren werden in einem erheblichen Ausmaß auch vom Corporate Design beeinflußt.

Zu den wesentlichen CD-Elementen gehört die Farbwelt, die nicht nur auf der Auswahl der Farbtöne, sondern auch auf deren qualitativem und quantitativem Spannungsverhältnis beruht. In der Farbpsychologie werden einzelnen Farben bestimmte Charaktereigenschaften zugeordnet. Die Farbwahl lenkt also die Corporate Identity eines Unternehmens oder einer Institution bereits in eine bestimmte Richtung. In der recht umfangreichen Literatur zum Thema Interdisziplinarität wird der "interdisziplinäre Wissenschaftler" mit folgenden Eigenschaften beschrieben:

| | | |
|---|---|---|
| Flexibilität | / | Zuverlässigkeit |
| Neugierde | | Geduld |
| Sensibilität | | Toleranz |
| Kreativität | \ | Risikofreude |

Die gewählte Farbwelt ist durchaus geeignet, die Spannung der zum Teil auch gegensätzlichen Eigenschaften wiederzugeben.

Im Gegensatz zu den konnotativen, gefühlsmäßigen Bedeutungen der Farben, lassen sich mit den Formen des Signets auch denotative Bedeutungen vermitteln. Hier kommt es ganz entscheidend darauf an, daß in diesem Zeichen das Konzept, die grundlegende Idee des Forums, nicht nur einen unmittelbaren Ausdruck findet, sondern auch in der intensiveren Auseinandersetzung immer neue Perspektiven eröffnet, den Charakter differenzierter erschließt. Vor diesem Hintergrund liegt die Lösung weniger in einem ganz bestimmten Zeichen, einem Signet, als in einem charakterisierenden Prinzip, das man als Signatur bezeichnen könnte.

Als ein zentrales Element des MikroFORUM wird die Interdisziplinarität angesehen. Sie besteht nicht nur in der Grenzüberschreitung zwischen einzelnen Wissenschaftsdisziplinen, sondern auch in der Überwindung der Schranken zwischen wissenschaftlicher Forschung und der Anwendungsorientierung der Industrie. Als Symbol für diese Grenzüberschreitungen können Hexagone dienen, die aus der Überlagerung regelmäßig verteilter Kreise entstehen. Das Hexagon als Überlagerungsfigur gleichmäßig verteilter Kreise finden wir überall in der Natur und immer wieder in ihrer wissenschaftlichen Modellierung, z.B. in chemischen Formeln. Das bildete die Ausgangsbasis für die weiteren Überlegungen.

*Der interdisziplinär arbeitende Wissenschaftler muß zum Teil gegensätzliche Eigenschaften vereinen. Die gewählte Farbwelt drückt auch die daraus entstehenden Spannungen gut aus.*

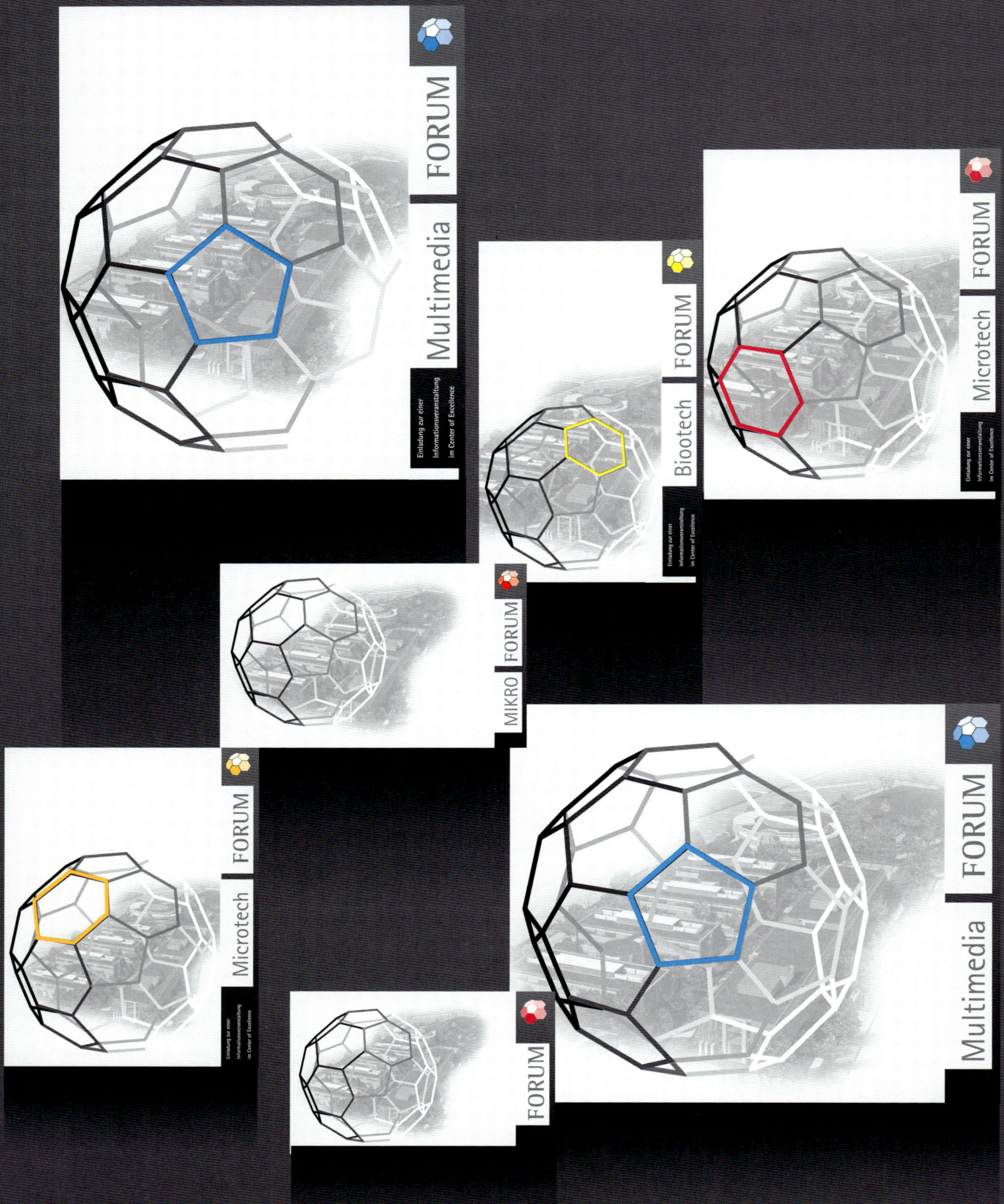
FORUM
Multimedia
Einladung zur einer
Informationsveranstaltung
im Center of Excellence
FORUM
Biotech
FORUM
Microtech
MIKRO
FORUM
FORUM
Microtech
FORUM
FORUM
Multimedia

## Mythen sind die Seele der Corporate Identity

Der frühere Vorstandsvorsitzende von BMW wurde einmal gefragt, was denn das Besondere der CI von BMW ausmache. Pischetsrieder antwortete mit einem feinen Gespür für das Wesentliche: „Dies rührt hauptsächlich her von einer lebendigen kollektiven Erinnerung an die existenzbedrohenden Krisen, durch die das Unternehmen vor Generationen gegangen ist." In vielen Unternehmen gibt es entsprechende Geschichten, die zu Mythen geworden sind. Und Mythen sind der Stoff, aus dem die Identität entsteht. Wo es sie nicht gibt, kann man wenigstens versuchen, an bestehende Mythen anzuknüpfen.

Sechsecke sind langweilig. In Serie ergeben sie eine nicht weniger langweilige ebene Struktur. Doch ersetzt man nur eines der Sechsecke durch ein Fünfeck, so entsteht Spannung, eine Wölbung (Abbildung). Fügt man weitere Fünfecke ein, so entsteht eine Kugel. Sie bildet eine geometrische Struktur, die als Kohlenstoff-Cluster C60 den Namen "Buckminsterfulleren" erhielt. Fullerene gehören zu den interessantesten Erscheinungen im Bereich Neuer Werkstoffe. Hinter der Entwicklung des Buckminsterfulleren verbirgt sich eines der faszinierendsten Kapitel interdisziplinärer Forschung, eine Geschichte, die sich wie kaum eine andere zu einem Mythos im oben erwähnten Sinne eignet.

Das Buckminsterfulleren ist ein Polyeder. Bereits im 18. Jahrhundert hatte der Schweizer Mathematiker Leonhard Euler bewiesen, daß jeder solcher Körper genau zwölf Fünfecke enthalten muß, um ein geschlossenes Sphäroid zu bilden. Die Zahl der Sechsecke kann dagegen in weiten Grenzen variieren. Den Namen hat das Buckminsterfulleren von dem Architekten, Ingenieur und Zukunftsphilosophen Richard Buckminster Fuller, der in den 60er Jahren mit grandiosen Kuppelkonstruktionen von sich reden machte. Nach ihm hatten die Chemiker Curl und Smalley 1985 das von ihnen experimentell erzeugte C60 benannt. Sie fanden heraus, daß - ganz entsprechend den Erkenntnissen von Euler - alle gradzahligen Kohlenstoff-Cluster mit mehr als 32 Atomen erstaunlich beständig waren. Sie postulierten eine völlig neue Klasse von Molekülen, die sie „Fullerene" nannten. Später erfuhren sie, daß der Chemiker David E.H. Jones die Existenz solcher hohlen Moleküle schon 1966 vorausgesagt hatte, sie aber nicht synthetisieren konnte. Die Isolation des Stoffes in makroskopischen Mengen gelang erst 1990. Die Lösung fanden Physiker am Max-Planck-Institut für Kernphysik in Heidelberg. Mit den Ergebnissen aus Heidelberg gelang es nun auch Curl und Smalley, Fullerene zu produzieren. Mehr noch - sie fanden heraus, daß daß man sie regelrecht wachsen lassen kann, und damit praktisch Hüllen für andere Moleküle oder Atome herstellen kann. So dotierten Forscher der Bell-Laboratories Fullerene mit Kalium und erhielten mit Kalium-Buckid das erste aus Molekülen bestehende Metall, dessen elektrische Eigenschaften in allen drei Raumrichtungen identisch sind. Auf dieser Basis lassen sich Supraleiter ebenso wie Halbleiter herstellen.

*Das Buckminsterfulleren verweist auf eines der faszinierendsten Kapitel interdisziplinärer Forschung. Die Ziele des MikroFORUM werden mit seiner Geschichte auch emotional verankert.*

MIKRO | FORUM

*Wechselnde Perspektiven, veränderte Farben, variierte Formen: alles Zeichen der Flexibilität, die für das MikroFORUM zum "zweiten Wesen" werden muß.*

Zur Zeit überschlagen sich die Berichte über ungewöhnliche Eigenschaften der Fullerene. Die beiden Entdecker sind heute überzeugt, daß sich ihnen 1985 die Lösung, die schon zum Greifen nahe lag, entzog, "weil wir nicht über den eigenen Tellerrand hinaussahen. ... Aber wie auch immer: Jetzt sind wir klüger, und der eigentliche Spaß kann beginnen."

Dies ist mit Hintergrund des hier vorgestellten Signets, das grafisch aus der Spannung zwischen dem Fünfeck und den Sechsecken lebt. Das Zeichen ist ein Symbol dafür, wie Unterschiedliches sich sinnvoll zu einem Ganzen fügt. Die Sechsecke variieren in ständig wechselnder Perspektive. Damit erhalten die - prinzipiell unendlichen - Variationen des Sechsecks eine eigenständige Zeichenqualität, die auch in jeder Reduzierung noch erhalten bleibt. Das bietet für die Gestaltung sehr beachtliche Freiheitsgrade, die eine weitgehende Offenheit für zukünftige Entwicklungen bedeuten. Die Hexagone stehen auch für die selbständigen Firmen im MikroFORUM, deren Zahl fast beliebig groß werden kann.

Wie offen ein solches Konzept ist, zeigt die Anwendung am Beispiel des Environments, das im Eingangsbereich des Hochtechnologieparks eingesetzt werden soll. Es arbeitet mit Licht in wechselnden Farben und Formen und steht für das zentrale Prinzip der Flexibilität und des permanenten Wandels, das die Kultur des Zentrums prägen sollte.

Mikro FORUM
Center of Excellence
Hightech Venture Site
Biotech Forum
Multimedia Forum
Mikrotech Forum
Biotech FORUM
Center of Excellence
Hightech Venture Site
Multimedia FORUM
Hightech Venture Site
Center of Excellence
Mikrotech FORUM
Center of Excellence
Hightech Venture Site

## Das Signet wird zur Signatur

Wie das Sechseck als Element zum Zeichen wird und eine ganze Zeichenwelt eröffnet, so wird auch die Form des "Bucky-Ball", wie das Buckminsterfulleren auch genannt wird, zum Zeichen, das vor allem auch im dreidimensionalen Raum sehr variabel eingesetzt werden kann. Dies gilt zum einen für die räumliche Präsentation des Signets, beispielsweise zur Gebäudekennzeichnung, aber auch für Anwendungen im Interior Design; zum anderen ist es die Grundlage für die dreidimensionale Darstellung in der Computeranimation.

Die Kugel wird zum Symbol für eine Welt, die sich in erster Linie im Blick nach innen erschließt. Dies ist eine markante Gemeinsamkeit von Mikro- und Nanotechnik, Molekularbiologie, Biotechnologie und anderen Forschungsbereichen, die im Blickfeld des MikroFORUM liegen. Die Kugel öffnet sich, gewährt Einblicke in eine Welt von faszinierender Vielfalt, die aber dennoch immer wieder ähnliche Formen erzeugt. Auch hier wieder stehen die Grenzflächen für wechselnde Perspektiven. Zugleich wird deutlich, daß es im Grunde immer um die gleichen Phänomene und Prozesse geht, die jeweils aus dem Blickwinkel verschiedener Forschungsrichtungen und Anwendungsbereiche gesehen werden.

Wie die Realisierung dieses Prinzips für die verschiedenen Bereiche und unterschiedliche Kommunikationsaufgaben aussehen könnte, zeigen die folgenden Beispiele der Anwendung.

*Veranstaltungen*

Von großer Bedeutung für das MikroFORUM sind die Veranstaltungen. Sie bestimmen zu einem erheblichen Teil, wie es sich in der Scientific Community etablieren kann. Neben der selbstverständlichen Voraussetzung, daß Inhalte und Referenten dem erhobenen Anspruch gerecht werden müssen, trägt auch der äußere Rahmen wesentlich zur Positionierung des Hochtechnologieparks im Kräftefeld zwischen Instituten, Großforschungseinrichtungen und den Labors der Industrieforschung bei. Einladungen und Plakate werben nicht nur für die einzelnen Veranstaltungen, sondern immer auch für das MikroFORUM als Idee.

Einen wichtigen Beitrag dazu leistet die Ausstattung der Veranstaltungsräume von den Raumkonzepten über Möbel und Medien bis hin zum Rednerpult. Zu entwickeln ist eine kommunikative Gestaltung von Tagungsräumen und Foyers, etwa durch Stellwände oder Ausstellungen zu den im Forum behandelten Themen.

*Herausgeberschaft*

Für Konferenz- und Kongreßberichte wurde ebenso wie für die wissenschaftlichen Veröffentlichungen von Unternehmen, Projektgruppen und Mitarbeitern des MikroFORUM die Entwicklung eines Herausgeber-Konzepts vorgeschlagen. Auf dieser Basis lassen sich für verschiedene Zwecke Reihen entwickeln, die eine Herkunft aus dem MikroFORUM in jedem Falle sofort erkennbar machen.

*Auch im dreidimensionalen Bereich wird das Buckminsterfulleren als Zeichen variabel eingesetzt. Wo immer auch nur eine Andeutung dieser Form auftaucht, soll sie die Assoziation zum MikroFORUM auslösen.*

Internationale Spitzenforschung
Consectetuer adipiscing elit, sed diam nonummy nibh euismod tincidunt ut laoreet dolore magna aliquam erat volutpat. Ut wisi enim ad minim veniam, quis nostrud exerci tation ullamcorper suscipit lobortis nisl ut aliquip ex ea commodo consequat.
Duis autem vel eum iriure dolor in hendrerit in vulputate velit esse molestie consequat, vel illum dolore eu feugiat nulla facilisis at vero eros et accumsan et iusto odio dignissim qui blandit praesent luptatum zzril delenit augue duis dolore te feugait nulla facilisi. Lorem ipsum dolor sit amet, consectetuer adipiscing elit, sed diam nonummy nibh euismod tincidunt ut laoreet dolore magna aliquam erat volutpat. Sed diamnonummy nibh euismod tincidunt ut laoreet dolore magna aliquam erat volutpat. Ut wisi enim ad minim veniam, quis nostrud exerci tation ullamcorper suscipit lobortis nisl ut aliquip ex ea commodo consequat.
Duis autem vel eum iriure dolor in hendrerit in vulputate velit esse molestie consequat, vel illum dolore eu feugiat nulla facilisis at vero eros et accumsan et iusto odio dignissim qui blandit praesent luptatum zzril delenit augue duis dolore te feugait nulla facilisi.
Quis nostrud exerci tation ullamcorper suscipit lobortis nisl ut aliquip ex ea commodo consequat. Duis autem vel eum iriure dolor in hendrerit in vulputate velit esse molestie consequat, vel illum dolore eu feugiat nulla facilisis at vero eros et accumsan et iusto odio dignissim qui blandit praesent luptatum zzril
Consectetuer adipiscing elit, sed diam nonum
my nibh euismod tincidunt ut laoreet dolore
magna aliquam erat volutpat. Ut wisi enim ad minim veniam, quis nostrud exerci tati
ullamcorper suscipit lobortis nisl ut aliquip ex ea commodo consequat.
Duis autem vel eum
FORUM
Newsletter
Hightech Venture Site
Monatlich erscheinendes Info-Magazin für Mikrotechnik, Biotechnik und Multimedia
18
Die Themen
Die internationale Spitzenforschung
MikroForum hat die Arbeit begonnen
Hightech Venture Site präsentiert sich britischen Forschern
Biotech Kongress im August 2000
FORSCHUNGSPREIS
FÜR BESONDERE VERDIENSTE AUF DEM GEBIET DER MIKROTECHNIK

## Corporate Identity braucht Mythen und Riten

Wie die Mythen - Geschichte und Geschichten - die Tradition eines Unternehmens lebendig werden lassen, so geben die Riten der Kultur einen festen und dauerhaften Rahmen. Handlungen zu ritualisieren, heißt ihnen eine Form zu geben, die durch ständige Wiederholung zu einem charakteristischen Bestandteil des Lebens in der Organisation wird. Ritualisieren heißt aber auch, diesen Handlungen einen "feierlichen" Rahmen zu geben, sie durch die Art des Vollzugs aus dem Alltag herauszuheben.

Eine der Quellen für Riten ist in vielen Organisationen die Mitgliedschaft. Auch für das MikroFORUM kann sie zu einem entscheidenden Faktor für den Erfolg werden. Neben der Ansiedlung im Gelände kann auch die Mitarbeit an Projekten und in den Gremien des Forums als eine Art Mitgliedschaft konzipiert werden. Ziel ist es, eine Gemeinschaft zu bilden, in der Persönlichkeiten aus der Wissenschaft und der Wirtschaft helfen, die Ziele des MikroFORUM zu verwirklichen; sei es als Unternehmensgründer, Venture Kapitalgeber oder Business Angel. Generell soll damit die Mitgliedschaft beim MikroFORUM zur Wertschätzung in Wissenschaft und Wirtschaft beitragen, zugleich aber auch Kommunikationskanäle öffnen.

*Optischer Symbolträger*

Zeichen der Mitgliedschaft ist eine Anstecknadel, die nicht nur ein Erkennungszeichen ist, sondern zugleich Identifikation und Gesprächsbereitschaft zum Ausdruck bringt.

*Newsletter*

Eine Mitgliedschaft braucht als konstituierendes Element eine gemeinsame Informationsbasis, die am besten durch einen Newsletter gewährleistet werden kann, der regelmäßig über alle Entwicklungen und Projekte des MikroFORUM berichtet. Darüber hinaus kann er die Aufmerksamkeit auf bestimmte Themen und wissenschaftliche Entwicklungen im Umfeld lenken, die zu Aufgaben und Projekten des Forums werden können. Durch die Einrichtung einer Redaktion werden darüber hinaus interessante Wissenschaftler in loser Form an das MikroFORUM gebunden werden.

*Forschungspreis*

Zu den wichtigen Riten der Scientific Community gehören Auszeichnungen. Mit Blick auf die Förderung der Geschäfte der im Forum ansässigen Unternehmen und der Karriere der dort tätigen Wissenschaftler kommt der Auslobung eines solchen Preises eine besondere Bedeutung zu. Eine attraktive Gestaltung der Insignien eines solchen Preises (Skulptur und Urkunde) wird dazu beitragen, das Niveau zu verdeutlichen und Anerkennung zu finden.

*Ein ausgeklügeltes System der Mitgliedschaft, verbunden mit den unterschiedlichsten Incentives leistet einen wichtigen Beitrag zum Erfolg des hinter dem Forschungszentrum MikroFORUM stehenden Konzepts.*

Hightech Venture Site
MIKRO | FORUM
Annual Report 1999
Mikrotechnik
Biotechnik
MIKRO | FORUM
Annual Report

**Wer ein Image aufbauen will, muß sich selbst inszenieren.**

Der Begriff des Image ist ein wenig in Verruf gekommen, dabei verweist er auf nichts anderes, als auf die Art, wie ein Unternehmen oder eine Institution von der Öffentlichkeit oder bestimmten Zielgruppen wahrgenommen wird. Für eine Einrichtung, wie sie mit dem MikroFORUM geplant ist, hängt der ganze Erfolg davon ab, daß sie sich einen entsprechenden Ruf in den Kreisen von Wissenschaft und Wirtschaft schafft. Daß dies in erster Linie von der Qualifikation der dort arbeitenden Wissenschaftler und Unternehmer und natürlich von der Qualität ihrer Arbeit abhängt, muß nicht besonders betont werden. Aber es muß auch klar sein, daß es auch exzellente Arbeit ohne eine entsprechende Selbstdarstellung schwer hat, sich durchzusetzen.

Um auch namhafte international tätige Unternehmen zur Ansiedlung von Niederlassungen im Forum zu bewegen, was ein wesentlicher Bestandteil des Konzepts ist, muß der Standort ein entsprechendes Renommé vermitteln.

*Image-Broschüren*

Eine Einrichtung wie das MikroFORUM ist erklärungsbedürftig. Es muß deutlich gemacht werden, daß und in welcher Weise es sich von anderen Technologieparks unterscheidet. Die Darstellung von Zielen, Aufgaben und Organisation erfordert daher einen gewissen Umfang. Dabei kann es nicht nur um sachliche Information gehen, wichtiger noch ist es, die Empfänger auch emotional anzusprechen und für ein Engagement zu gewinnen. Hinter dem MikroFORUM steht eine große Vision, die auch als solche vermittelt werden muß. Nur mit einer sehr sorgfältigen Gestaltung kann das angestrebte hohe Niveau auch unmittelbar erlebbar gemacht werden.

*Geschäftsberichte*

Beim Rechenschaftsbericht über die Tätigkeit des MikroFORUM steht die sachliche Information im Mittelpunkt. Ihre Aufbereitung in Form von Tabellen, Übersichten, Grafiken und wissenschaftlichen Abbildungen muß daher das Niveau des Forums in besonderer Weise widerspiegeln. Speziell die kommunikative Kompetenz muß auch im Geschäftsbericht zum Ausdruck kommen.

*Für die Imagebroschüre als einem der wichtigsten Kommunikationsmittel in der Aufbauphase wird das Leitmotiv des Fullerens in raffinierter Weise immer wieder überraschend neu ins Spiel gebracht.*

Sign Design Mikro Park

## Wissenschaftliche Kommunikation braucht neue Medien

*Internet-Angebot*

Das Internet ist inzwischen zu einem ernstzunehmenden Medium der wissenschaftlichen Kommunikation geworden, von dem gerade eine Einrichtung wie das MikroFORUM in besonderer Weise profitieren kann. Es bietet die Möglichkeit, eine offene Gemeinschaft zu bilden, Ideen und Anregungen auszutauschen und über alle - geografischen wie disziplinären - Grenzen hinweg zusammenzuarbeiten.

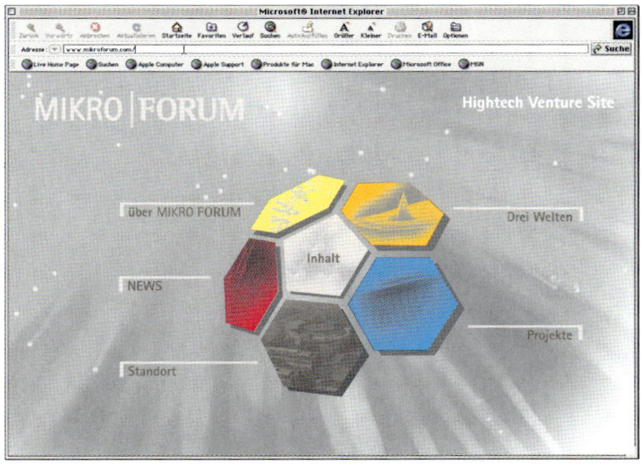


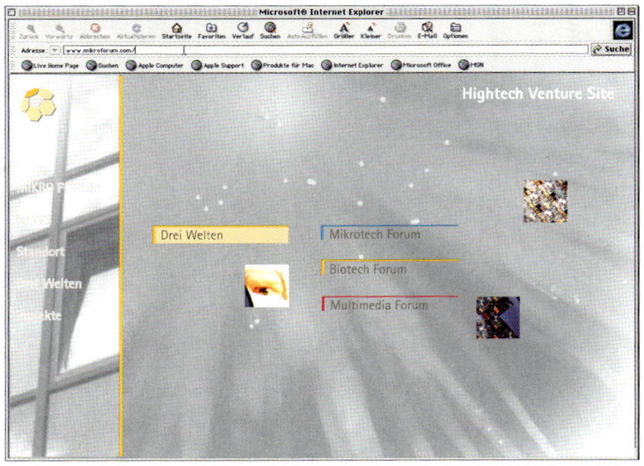


Die Gestaltung des Internet-Angebots trägt diesen Möglichkeiten konsequent Rechnung. Unter den einzelnen Informationsbereichen werden jeweils umfangreiche Inhalte mit voller Funktionalität im Sinne des World Wide Web (www.) angeboten. Dies bedeutet, daß es zahlreiche aktive Querverweise innerhalb des Programms, aber auch auf Internet-Angebote Dritter gibt, mit denen das MikroFORUM zusammenarbeitet. Unabhängig davon, ob man sich für einen eigenen Server oder die Inanspruchnahme eines Providers entschließt, wurde eine eigene Domain in Deutschland (mikroforum.de) und in den USA eingerichtet (microforum.com). Dies dokumentiert nicht nur den internationalen Anspruch des MikroFORUM, sondern garantiert weltweit auch unter Kostengesichtspunkten eine optimale Verfügbarkeit.

*Im Internet-Angebot für das MikroFORUM wird das Prinzip der offenen Kommunikation beispielhaft realisiert. Schon die äußere Form muß einladen zur Entdeckungsreise.*

Neue Medien sind jedoch nicht auf die Elektronik beschränkt; eine Einrichtung, wie das MikroFORUM zieht sehr viele Besucher an, die durch eine die Faszination der Mikrotechnik widerspiegelnde Präsentation der Produkte, einen starken visuellen Eindruck von der Leistungsfähigkeit der Institute und Firmen im MikroFORUM gewinnen. Durch die Kombination mit stark vergrößerten Abbildungen und kurzen erläuternden Texten wird die Arbeit im Feld der Mikrotechnik transparent gemacht. Die Form der Präsentation greift wesentliche Elemente der Architektur des MikroFORUM auf, die speziell im Communication Center auf Transparenz angelegt ist und damit die grundlegende Idee des MikroFORUM erlebbar macht.

*Die Präsentation fügt sich nahtlos in die Architektur, vermittelt High Tech und läßt die Produkte durch eine raffinierte Beleuchtungstechnik wie Juwelen aufblitzen.*

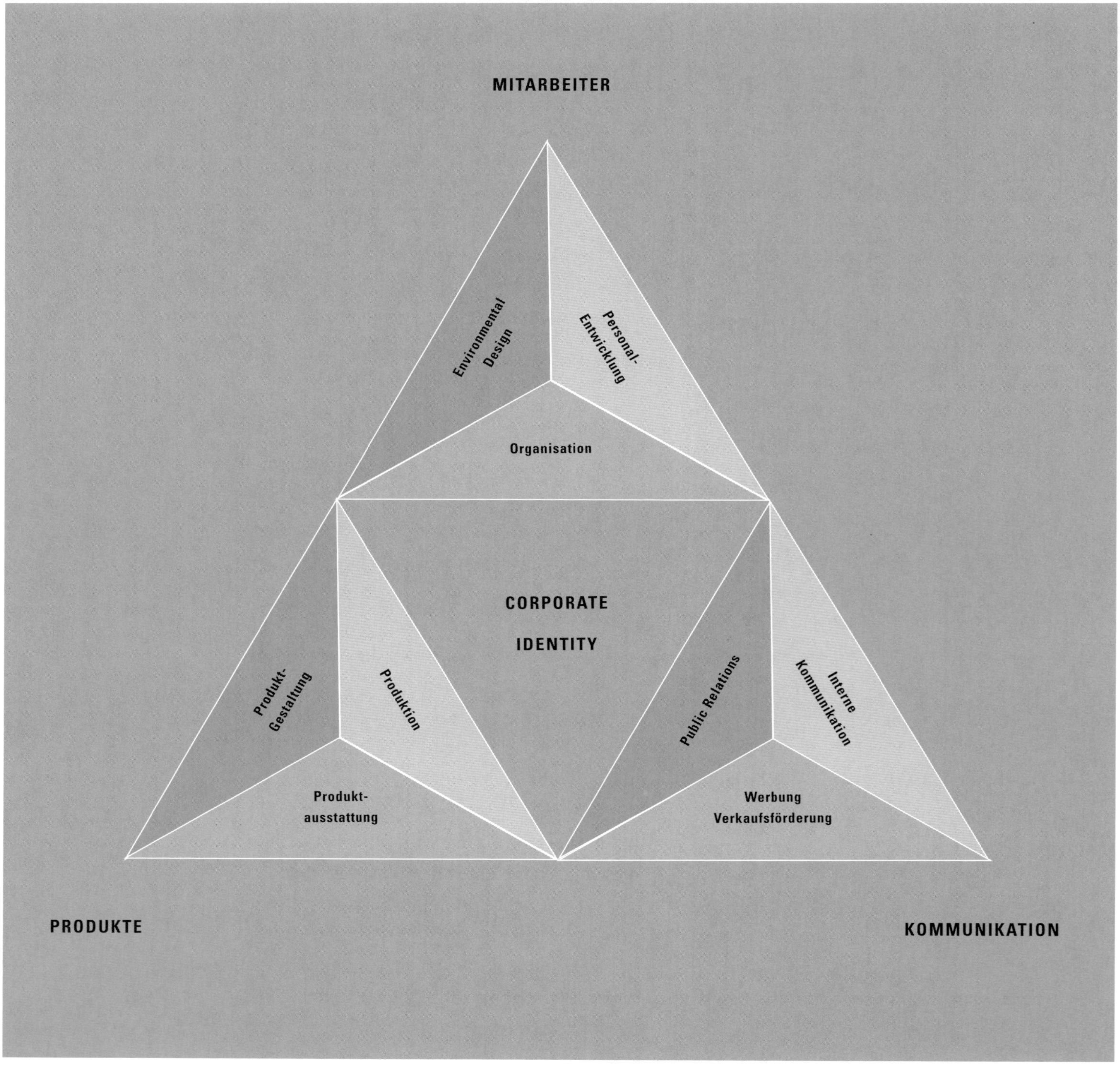
MITARBEITER
Environmental Design
Personal-Entwicklung
Organisation
CORPORATE
IDENTITY
Produkt-Gestaltung
Produktion
Public Relations
Interne Kommunikation
Produkt-ausstattung
Werbung Verkaufsförderung
PRODUKTE
KOMMUNIKATION

## Visionen für das 21. Jahrhundert

Strategisches Management, Marketing und Corporate Identity sind die drei Säulen, die den Unternehmen auch im 21. Jahrhundert ein sicheres Fundament geben. Doch die Gewichte haben sich im Laufe der letzten Jahrzehnte deutlich verschoben. Wenn heute vom "Ende des Marketing" gesprochen wird, dann hat das oft zu Mißverständnissen geführt. Marketing ist nach wie vor ein unverzichtbares Konzept im Rahmen des strategischen Management. Doch die strategische Ausrichtung auf den Markt hat ihre Bedeutung als Erfolgsfaktor verloren und ist - ähnlich wie die Qualität in der Produktion - zu einer selbstverständlichen Voraussetzung geworden. Professionelles Marketing ist also notwendiger denn je. Aber angesichts der Geschwindigkeit der sich wandelnden Märkte kommt derjenige, der sich am Markt orientiert, immer öfter zu spät. Erfolg hat heute der, der dem Markt Orientierung gibt, der über die heutigen Märkte hinausschauend Visionen entwickelt und mit neuen Produkten neue Märkte schafft.

Vor diesem Hintergrund wird die Corporate Identity im 21. Jahrhundert von drei zentralen Entwicklungen geprägt sein:

- der Entwicklung der Technik, die zu immer komplexeren Systemen führt;
- der Entwicklung der Unternehmen, die noch lange von Fusionen bestimmt wird;
- der Entwicklung der Beratung hin zu mehr Professionalität.

Am Beginn des 21. Jahrhunderts führt die Informatisierung von Wirtschaft und Gesellschaft zu mindestens ebenso großen Umwälzungen wie die Industrialisierung vor hundert Jahren. Doch die Welt hat sich verändert, heute wird die Entwicklung weniger von den großen visionären Unternehmerpersönlichkeiten getragen. Obwohl es auch sie noch gibt, sind es heute in erster Linie die Unternehmenspersönlichkeiten, aus denen heraus die Märkte der Zukunft entwickelt werden. Über den Erfolg entscheidet nicht mehr die individuelle Durchsetzungsfähigkeit, sondern die Fähigkeit eines komplexen Unternehmens als ein Organismus zu handeln, die Fähigkeit eines Unternehmens, Visionen zu entwickeln und sie strategisch handelnd umzusetzen.

Ziel muß die Marktführerschaft sein, die sich allerdings nicht allein in Marktanteilen ausdrückt, sondern zunächst einmal auf Technologieführerschaft beruht. Angesichts der rasanten Entwicklung der Technik ist Technologieführerschaft immer schwerer zu erreichen und zu sichern. Während sich die Technik auf der einen Seite immer weiter ausdifferenziert, werden auf der anderen Seite immer höhere Integrationsleistungen nötig. Marktführerschaft, Technologieführerschaft und Systemführerschaft bilden in diesem Szenario einen fast unauflöslichen Komplex, der von einem Unternehmen permanent organisatorische, technische und strategische Höchstleistungen abfordert. Ein Gleichgewicht dieser Leistungen auf höchstem Niveau kann in der Praxis nur durch eine systematische Pflege der CI erreicht werden.

Die moderne Technik ist immer mehr dadurch gekennzeichnet, daß fast alles machbar ist. Dies führt nicht nur dazu, daß die Produkte immer austauschbarer werden, sondern daß es auch immer mehr Alternativen zur Lösung einer Aufgabe oder zur Befriedigung eines Bedürfnisses gibt. Die Konkurrenz wird über traditionelle Produktbereiche hinaus erheblich ausgeweitet, mit der Folge, daß auch die Unternehmen austauschbarer werden.

Doch die Austauschbarkeit von Unternehmen ist etwas völlig anderes, als die Austauschbarkeit von Produkten. Corporate Communication kann vor diesem Hintergrund nicht einfach parallel zur Werbung gesetzt werden. Sie kann dem Unternehmen keine Attribute verleihen, die ihm nicht aus seiner Kompetenz heraus zukommen. Was ein Unternehmen erfolgreich, d.h. mit Aussicht auf Marktführerschaft anbieten kann, muß nicht nur aus dem im Unternehmen vorhandenen Know-how heraus entwickelt werden, sondern muß auch der Unternehmenskultur entsprechen. Dies gilt besonders dann, wenn im Zuge von Fusionen sehr unterschiedliche, teilweise sogar gegensätzliche Unternehmenskulturen aufeinandertreffen.

Unternehmenszusammenschlüsse und Akquisitionen sind keine vorübergehenden Erscheinungen. Sie werden zumindest in den ersten Jahrzehnten des neuen Jahrhunderts ebenso zum Alltag einer im wachsenden Ausmaß globalen Wirtschaft gehören, wie sie die letzten Jahrzehnte des alten Jahrhunderts bestimmt haben. Zusammen mit der technischen Entwicklung der Produktion, deren Dimensionen der Veränderung sich heute selbst die Fachleute in den Betrieben kaum vorstellen können, entsteht in den Unternehmen ein permanenter Druck zur Veränderung, der zunächst einmal krisenhaft erlebt wird. Diese Krisen sind nur zu überwinden, wenn man begreift, daß die Veränderungen zum Dauerzustand, zur Normalität geworden sind. Das ist mit der Erkenntnis verbunden, daß die Identität eines Unternehmens nicht mehr in statischen Strukturen zu suchen ist, sondern nur in dynamischen Prozessen gefunden werden kann.

Eine ganzheitliche Betrachtung der Corporate Identity, die sich nicht nur auf die Kommunikation konzentriert, die vielmehr das Unternehmen als Ganzes im Auge behält, ist der Schlüssel zum Erfolg im 21. Jahrhundert. Kommunikation muß im Einklang stehen mit dem Potential, das die Mitarbeiter mit ihrem Know-how und ihren Fähigkeiten bilden, wie sie mit der Realität der Produkte des Unternehmens und seiner Position in den Märkten übereinstimmen muß.

Die sorgfältige Beachtung dieser Zusammenhänge bildet den Hintergrund der erfolgreichen Positionierung von HOCHTIEF, die hier als Beispiel vorgestellt wurde. In einer wissenschaftlichen Analyse der Bedeutung von Visionen in der Gruppe der 500 größten Unternehmen Deutschlands (Drosdek (1998)), wird der Fall HOCHTIEF als vorbildlich herausgehoben, wobei ausdrücklich auf den ganzheitlichen Aspekt der Umsetzung hingewiesen wird. Leitbildbroschüre, Kommunikationsmärkte, Imagebroschüre und Unternehmensfilm sind Teile eines umfassenden Programms, mit dem die Vision und die Leitlinien fest im Unternehmen verankert wurden.

HOCHTIEF ist ein Musterbeispiel für Integrierte Kommunikation, die auf einer starken Corporate Identity aufbaut. Es macht deutlich, wie breit eine solche Kommunikation in einem Konzern angelegt sein muß, wenn sie der Vielgestaltigkeit der Ziel- und Anspruchsgruppen gerecht werden will. Dazu gehört die Präsenz im Kreis der Opinion Leader in Wirtschaft und Politik, wie sie mit einem Kamingespräch verbunden ist, genauso wie der Kontakt mit Studenten in den Kaderschmieden von Eliteschulen und Universitäten. Das Image der Branche wie des Unternehmens entscheidet nicht nur über die Aufträge, die man akquirieren kann, und die Börsenkurse, die den abstrakten Unternehmenswert in Kapitalkraft umsetzen, sondern auch über die Gewinnung der besten Mitarbeiter für das Unternehmen, durch die allein seine Zukunft sichergestellt werden kann.

Dieses breite Spektrum der Unternehmenskommunikation und seine enge Wechselbeziehung mit der Substanz des Unternehmens, erfordern eine neue Qualität der Beratung, die nur professionell und interdisziplinär arbeitende Teams gewährleisten können. "Professionalität", als Ausrichtung auf die unmittelbare praktische Relevanz, darf nicht mit dem Hang vieler Praktiker verwechselt werden, sich weniger mit umfassenden Problemanalysen abzugeben, als nach Rezepten für schnelle und schmerzlose Lösungen zu suchen. Solche Rezepte hat gerade die Corporate-Identity-Beratung nicht zu bieten. Dies wäre angesichts der Komplexität der Materie mit Sicherheit der falsche Weg.

Jedes CI-Projekt ist anders gelagert, geht von anderen Voraussetzungen aus und erfordert die Entwicklung eigener Strategien für die Lösung. Das ist auch an den vorgestellten Fallbeispielen gut zu erkennen. Auf der anderen Seite ist jedoch die Praxis der CI-Beratung keineswegs so theoriebeladen, wie man dies vielleicht nach der Lektüre des ersten Teils des vorliegenden Buches vermuten könnte. Der Kunde bekommt in aller Regel sehr wenig von der Breite der theoretischen Ansätze mit, die zur Lösung komplexer Identitätsaufgaben herangezogen werden. Was aber jedem, der sich etwas intensiver auch mit dem Hintergrund der Corporate Identity auseinandersetzt, klar wird, ist die Tatsache, daß solche Lösungen nur auf der Basis wirklich funktionierender interdisziplinärer Zusammenarbeit gefunden werden können. Dieses Zusammenwirken durch ein Kernteam sicherzustellen und je nach Bedarf auch auf eine größere Arbeitsgruppe auszudehenen, darin liegt die professionelle Leistung bei der CI-Beratung.

"Professionalität" besteht eben nicht in der schnellen Verfügbarkeit von Rezepten und einem Handeln entlang vorgefertigter Schemata. Wirkliche Professionalität ist eher das Gegenteil. Sie kommt aus einem tiefgreifenden Verständnis der eingesetzten Werkzeuge und Instrumente. Es gibt keine Fakten, die unabhängig wären von den Methoden, mit denen sie gewonnen werden. Nur wenn man diese Hintergründe kennt, kann man eine Analyse richtig bewerten und damit auch erfolgversprechende Maßnahmen einleiten.

Corporate-Identity-Entwicklung in einem Unternehmen bedeutet nie die Abwicklung des ganzen Programms. Vielmehr kommt es darauf an, aus einer sehr umfangreichen Palette möglicher Maßnahmen, ein konsistentes Bündel im Hinblick auf die aktuellen Bedürfnisse des Unternehmens auszuwählen. Wie so oft ist auch hier die Konzentration auf das Wesentliche das Geheimnis des Erfolgs. Nach den Gesetzen der Ganzheit - und jedes Unternehmen ist eine Ganzheit, unabhängig davon, ob man das registriert oder nicht - wirkt sich jede auf einen Teil bezogene Aktivität immer auch auf das Ganze aus. Wenn man die Corporate Identity mit dem genetischen Code vergleicht, dann sind CI-Maßnahmen der Gentherapie vergleichbar. Wenn man ein verändertes Gen erst einmal an der richtigen Stelle eingepflanzt hat, dann verbreitet es seine Information durch bestimmte Botenstoffe selbsttätig und verändert so den ganzen Organismus.

Ein außerordentlich wichtiger "Botenstoff" der CI ist das Corporate Design. Es transportiert den Geist der Veränderung auch in die letzte Ecke des Unternehmens. Daher hängt sehr viel von der perfekten Umsetzung ab. Design ist absolut nicht alles, aber alles ist nichts, ohne gutes Design. Deshalb muß auch der Designer in die interdisziplinäre Arbeit eingebunden sein. Nur wenn man die Konzepte von innen heraus versteht, kann man zu einer adäquaten Umsetzung kommen. Oberflächliche "Kreativität", wie sie beinahe typisch für die Werbung ist, bedeutet Gift für dieses wohl herausforderndste Gebiet, das die professionelle Kommunikation kennt.

Ganz gleich, ob es um die Vermittlung einer mitreißenden Vision, um die Verankerung praxistauglicher Leitlinien, um die pragmatische Umsetzung des Anspruchs der Kundenorientierung oder um die Durchsetzung eines tiefgreifenden Veränderungsprozesses in der Produktion geht, fast immer entscheidet sich Erfolg oder Mißerfolg, Akzeptanz oder Ablehnung in der Kommunikation. Kommunikation besteht weder nur in der Übermittlung sachlicher Information, noch nutzt allein der emotionale Appell.

CI-Kommunikation ist ein sehr diffiziler Prozeß, in dem Botschaften auf sehr vielen Ebenen ausgetauscht werden. Nur wenn diese Botschaften untereinander stimmig sind, aus einem ganzheitlichen Konzept heraus als glaubwürdig wahrgenommen werden, nur dann kann man mit einem dauerhaften Erfolg rechnen. Die dynamische Corporate Identity befreit Unternehmen und Institutionen vom Druck der ständigen Veränderung des Umfeldes. Sie sind nicht mehr durch externen Wandel getrieben, sondern betreiben aktiv ihre eigene Entwicklung und die Entwicklung ihrer Märkte.

10

## 9. Literatur-Verzeichnis

### 9.1 Corporate Identity

Achterholt, G. (1991), Corporate Identity. In zehn Arbeitsschritten die eigene Identität finden und umsetzen. 2. Auflage, Wiesbaden

Alberti, Karl Richard (1995), Corporate Identity im Fusionsprozeß: ein Beratungsmodell, Stuttgart

Amann, Rainer (1993), Gelenkte Entwicklung mittelständischer Unternehmen durch Corporate Identity-Strategie, Baden-Baden

Antonoff, Roman (1975), Methoden der Imagegestaltung für Unternehmen und Organisationen. Eine Einführung. Essen

Antonoff, Roman (1987), Die Identität des Unternehmens. Ein Wegbegleiter zur Corporate Identity. Frankfurt a. M.

Antonoff, Roman (1994), CI Report 94. Das Jahrbuch vorbildlicher Corporate Identity, Darmstadt

Birkigt, Klaus, Stadler, Marinus M. & Funck, Hans Joachim (Hrsg.) (1993), Corporate Identity. Grundlagen, Funktionen, Fallbeispiele. 6. Auflage, Landsberg/Lech (1. Ausgabe 1980)

Borchert, Carsten (1995), Corporate-Identity-Konzeptionen in der Energiewirtschaft: ein empirischer Vergleich, Münster Hamburg

Bungarten, Theo (Hrsg.) (1993b), Unternehmensidentität. Corporate Identity. Betriebswirtschaftliche und kommunikationswissenschaftliche Theorie und Praxis.

Bungarten, Theo (Hrsg.) (1993b), Unternehmenskommunikation. Linguistische Analysen und Beschreibungen.

Bungarten Theo (Hrsg.) (1991), Konzepte zur Unternehmenskommunikation, Unternehmenskultur & Unternehmensidentität = Concepts of Business Communication, Corporate Culture & Corporate Identity, Tostedt

Chajet, Clive (1995), Image-Design. Corporate Identity für Firmen, Marken und Produkte, Frankfurt, New York

Conrad, P. (1988), Involvement-Forschung, Berlin New York

Daldrop, Norbert W. (1997), Kompendium Corporate Identity und Corporate Design, Stuttgart

Dierkes, Meinolf/ Rosenstiel, Lutz von/ Steger, Ulrich (Hrsg.). (1993), Unternehmenskultur in Theorie und Praxis: Konzepte aus Ökonomie, Psychologie und Ethnologie, Frankfurt a.M.

Domizlaff, H. (1951), Die Gewinnung des öffentlichen Vertrauens. 2. Auflage, Hamburg.

Förster, Hans-Peter (1994), Corporate Wording. Konzepte für eine unternehmerische Schreibkultur, Frankfurt / New York

Fraunhofer Informationszentrum Raum und Bau (1996) Corporate Identity. Eine Bibliografie, Stuttgart

Fretter, Thomas (1993), Konsequenzen einer system- und koalitionstheoretischen Betrachtung der Unternehmung für die Entwicklung einer Corporate Identity, Köln (Dissertation)

Glöckler, Thomas (1995), Strategische Erfolgspotentiale durch Corporate Identity: Aufbau und Nutzung, Wiesbaden

Heidelberger Druckmaschinen AG (1995) DRUPA 95, Corporate Identity (Heidelberg news)

Heinen, S. (1987), Unternehmenskultur als Gegenstand der Betriebswirtschaftslehre. In: Heinen, S. (Hrsg.) : Unternehmenskultur: Perspektiven für Wissenschaft und Praxis. München

Hinterhuber, Hans H. / Winter, Lothar G. (1991), Unternehmenskultur und Corporate Identity, in Dülfer (1991), S.189-200

Hoffmann, Petra (1996), Corporate-Identity-Politiken bei Volksbanken und Raiffeisenbanken, Gießen

Jacobson, Majory (1994), Kunst im Unternehmen, Frankfurt / New York

Kammerer, Jürgen (1988), Beitrag der Produktpolitik zur Corporate Identity, München

Karolus , Gregor (1995), Corporate Culture und Corporate Identity in Non-Profit-Organisationen, Trier (Diplomarbeit)

Keller, Ingrid G. (1987), Corporate Identity - Elemente und Wirkung. Eine empirische Untersuchung zur Erfassung der internen Wirkung von Corporate Identity. Dissertation an der Universität Mannheim

Keller, Ingrid G. (1990), Das CI-Dilemma. Abschied von falschen Illusionen. Wiesbaden

Kiessling, Waldemar F. (1996), Corporate Identity: Unternehmensleitbild - Organisationskultur, Alling

Kleinfeld, Klaus (1992), Das Corporate Identity Konzept unter dem Gesichtspunkt strategischer Unternehmensführung, Würzburg (Dissertation)

Kleinfeld, Klaus-Christian (1992), Das Corporate Identity Konzept unter dem Gesichtspunkt strategischer Unternehmensführung. Dissertation an der Universität Würzburg

Körner, Martin (1990), Corporate Identity und Unternehmensstruktur: Ganzheitliche Strategie der Unternehmensführung, Stuttgart (3. Auflage 1993)

Körner, Martin (1990), Leitbildentwicklung als Basis der CI-Politik. Stuttgart

Körner, Martin (1990a), Corporate Identity und Unternehmenskultur: Ganzheitliche Strategie der Unternehmensführung, Stuttgart

Kreutzer, Ralf/ Jugel, S./ Wiedmann, K-P. (1989), Unternehmensphilosophie und Corporate Identity: empirische Bestandsaufnahme und Leitfaden zur Implementierung einer Corporate-Identity-Strategie, 2. Aufl., Mannheim

Kroehl, Heinz (1994b), Corporate Identity: Dynamik im Marketing, in: Harvard Business Manager 2/1994 S.25-31

Lenzen, Andreas (1996), Corporate Identity in Banken: wie sich Unternehmenskultur in Rendite verwandelt. Wiesbaden

Leu, Olaf (Hrsg.)(1994), Coprorate Design: Design als Programm = Corporate Identity, Corporate Design, München

Nagel, Gerhard (1991), Durch Firmenkultur zur Firmenpersönlichkeit. Manager entdecken ein neues Erfolgspotential, Landsberg/Lech

Nietsch, Cornelia (1996), Corporate Identity zwischen Anspruch und Wirklichkeit: Das Beispiel Deutsche Reichsbahn, Frankfurt a.M.

Noack, Hans-Christoph (1987), Corporate Identity - Ein mittelständisches Führungsinstrument der Zukunft?. Beispiele, Analysen, Strategien.. Ein Film von Hans-Christoph Noack. Frankfurt a. M. FSP

Olins, Wally (1990), Corporate Identity: Strategie und Gestaltung. Frankfurt, New York (2. Auflage)

Regenthal, Gerhard (1996), Identität & Image: Praxishilfen für den Umgang mit Corporate Identity, Köln

Regenthal, Gerhard (1997), Corporate Identity - Luxus oder Notwendigkeit? Mit gutem Image zum Erfolg, Wiesbaden

Renner, Sebastian G. (1991), Corporate Identity. Gestaltungsformen, Informationslogistik, Unternehmensauftritt. Würzburg

Schau, Martin (1998), Corporate identity durch die Einbeziehung von Zielvereinbarungen im Rahmen der Personalentwicklung: eine empirische Untersuchung, Frankfurt a.M. 1998

Schmidt, Klaus (1991), Corporate Identity in einem multikulturellen Markt. Dissertation an der Universität Wuppertal

Schmidt Klaus (Hrsg.) (1994), Corporate Identity in Europa. Strategien, Instrumente, erfolgreiche Beispiele, Frankfurt / New York

Schmitt-Siegel, Helmut M. (1992) Nur der Schein trügt nicht. in: Econ Handbuch Corporate Policies, S. 124 - 144

Schoch, Guido (1987), Unternehmenskultur in Banken. Dissertation an der Universität St. Gallen

Stammbach, Regula (1993), Corporate Identity. Verhaltenswissenschaftliche Grundlagen mit Fallbeispielen aus dem Bereich Einkaufszentren. Bern

Stelzner, Wolf-Dieter (1991), Der Komplex "Unternehmenskultur" aus der Sicht eines qualitativen Forschungsparadigmas. Eine organisationspsychologische Arbeit mit interdisziplinärem Charakter. Dissertation an der Universität Köln

Tafertshofer, Alois (1982), Corporate Identity. Magische Formel als Unternehmensideologie, in: Die Unternehmung 1/1982 S.11-25

Wache, Thies/ Brammer, Dirk (1993), Corporate Identity als ganzheitliche Strategie, Wiesbaden

## 9.2 CI Praxis

Carter, David E. (1985), How to improve your corporate identity. New York

Cliff, Stafford (1992), The best in restaurant corporate identity. A quattro book. Mies (CH)

Commerzbank (1990), Corporate Identity. Leitbild des Commerzbank-Konzerns, Frankfurt

Davidson, William H./ Davis, Stanley M. (1992), Vision 2020. Wie Unternehmen die Zukunft gestalten. Freiburg i. Br.

Diedenhofen, Hans-Joachim (1991), Imageanalyse: Aussagefähige Grundlage für Strategien pharmazeutischer Unternehmungen. Dissertation an der Universität St. Gallen

Econ Handbuch Corporate Policies. Wie Ihr Unternehmen erfolgreich auftritt. Düsseldorf 1992

Harbrücker, Ulrich (1992), Wertewandel und Corporate Identity. Perspektiven eines gesellschaftsorientierten Marketing von Versicherungsunternehmen. Wiesbaden: Gabler

Harder, Otto (1985), Das einheitliche Erscheinungsbild ('Corporate Identity') bei politischen Parteien. Dissertation an der Universität Augsburg

Klage, Jan P. (1991), Corporate Identity im Kreditwesen.Wiesbaden: Deutscher Universitätsverlag

Kroehl, Heinz (1994a), Management by Identity. Mainz

Krömer , Walter (1985), Marktstrategische Konsequenzen einer dynamischen Corporate Identity. Handelsmarken-Marketing am Beispiel der Handelsgruppe K.G. Techno-Einkauf GmbH & Co, Hamburg. Hamburg: Techno-Einkauf Marketing und Verlagsgesellschaft

Kutschinski-Schuster, Birgit (1993), Corporate Identity für Städte. Eine Untersuchung zur Anwendbarkeit einer Leitstrategie für Unternehmen auf Städte. Essen

Lippert, Werner (Hrsg) (1997), Future Office. Corporate Identity & Corporate Culture. Geist und Stil einer Firma, Düsseldorf, Regensburg

Merkle, Wolfgang (1992), Corporate Identity für Handelsbetriebe. Theoretische Grundlagen und Realisierungsansätze eines umfassenden Profilierungskonzeptes. Göttingen

Schwanzer, Berthold (1986) Die Bedeutung der Architektur für die corporate identity eines Unternehmens : eine empirische Untersuchung von Geschäften und Bankfilialen. 2. Aufl. Wien, Zugl.: Wien, Wirtschaftsuniv., Diss., 1984

Schwanzer, Berthold (1988), Die Erlebniswelt von Geschäften und Bankfilialen. Empirische Untersuchung über die Architektur von Geschäften und Schaufenstern. Wien.

Staudt, Erwin (1992), Von der Vision zum Prozeß: Unternehmenskultur in der IBM - Immer neue Wege zu Spitzenqualität und Kompetenz. In:Econ Handbuch Corporate Policies. Wie Ihr Unternehmen erfolgreich auftritt. Düsseldorf

Watson jr., T. J. (1966), IBM - Ein Unternehmen und seine Grundsätze. München

Wolff Olins (1999), Der neue CI-Guide, Funktion - Planung - Umsetzung, Zürich

## 9.3 Design


Aicher, Otl (1989), Entwurf der Moderne, in ARCH+ Zeitschrift für Architektur und Städtebau 98 April 1989

Aicher, Otl / Krampen, Martin (1977), Zeichensysteme der visuellen Kommunikation. Handbuch für Designer, Architekten, Planer, Organisatoren, Stuttgart

Brune, Guido ((1994), Ökonomische Aspekte des Designmanagements, in: Hammer, Norbert, Die Stillen Designer - Manager des Designs, Essen 1994

Buck, Alex/ Vogt, Matthias (Hrsg.) (1996), Design-Management. Was Produkte wirklich erfolgreich macht, Frankfurt a.M.

Buddensieg, Tilmann/ Rogge, Henning (1978), Industriekultur. Peter Behrens und die AEG 1907-1914, Berlin

Design Zentrum Nordrhein-Westfalen (Hrsg.) (1993)Handbuch für Industriedesign, Fotodesign, Kommunikationsdesign 1993/94, Essen

Easterby, Ronald / Zwaga, Harm (eds.) (1978), Information Design. The design and evaluation of signs and printed material. Proceedings of the Nato Conference on Visual Presentation of Information 1978 Het Vennenbos, Netherlands

Erlhoff, Michael (Hrsg.) 1992, Kölner Modell. Erstes Kölner Design-Jahrbuch 1992, Köln

Felber, U. (1984), Systematisches Designmanagement in der Unternehmung: Grundlagen und Konzepte, Marburg

Hammer, Norbert (1994), Die Stillen Designer - Manager des Designs, Essen

Inagaki, Koichiro (1991), Visual identity in Chicago. The best of American corporate identity design. Tokyo

Inagaki, Koichiro (1991), Visual identity in New York. The best of American corporate identity design. Tokyo: Seibundo Shinkosha.

Inagaki, Koichiro (1991), Visual identity in San Francisco. Tokyo

Kao, John (ed.) (1996), The New Business of Design, The Forty-fifth International Design Conference in Aspen, New York

Kerner, Günter / Duroy, Rolf (1981), Bildsprache 1, München

Kerner, Günter / Duroy, Rolf (1981), Bildsprache 2, München

Kroehl, Heinz (1987), Communication Design 2000, Zürich (deutsch, englisch, französisch)

le Quément, Patrick (1994), Designmanagement bei Renault, in. Hammer (1994), S.57-66

Lengyel, Stefan/Sturm, Hermann (Hrsg.)(1990), Design - Schnittpunkt - Essen 1949-1989. 40 Jahre Industriedesign in Essen, Berlin

Lindinger, Herbert (Hrsg.)(1987), Hochschule für Gestaltung Ulm. Die Moral der Gegenstände, Berlin

Lorenz, Christopher (1992), Die Macht des Design: Der neue Erfolgsfaktor im globalen Wettbewerb, Frankfurt a. M.

Ota, Jukio (1993), Pictogram Design. Popular Edition, Tokio

Rat für Formgebung (Hrsg.) (1994), Designkultur. Philosophie - Strategie - Prozeß. 40 Jahre Design-Entwicklung in Deutschland. Publikation begleitend zur Ausstellung,

Schmittel, W. (1984), Corporate Design International. Zürich

Schönberger, Angela (Hrsg.) (1990), Raymond Loewy. Pionier des Amerikanischen Industriedesigns, Berlin Katalogbuch zur Ausstellung des Internationalen Design Zentrums Berlin

Selle, Gerd (1994), Geschichte des Design in Deutschland. Frankfurt / New York

Ughanwa, D.O. (1989), The Role of Design in International Competitiveness, London, New York

Wingler, Hans M. (1962), Das Bauhaus. 1919-1933 Weimar Dessau Berlin und die Nachfolge in Chicago seit 1937

## 9.4 Management

Berndt, Ralph (1992 a) Marketing 1. Käuferverhalten, Marktforschung und Marketing-Prognosen, 2. Auflage, Berlin Heidelberg New York

Berndt, Ralph (1992 b) Marketing 2. Marketing-Politik, 2. Auflage, Berlin Heidelberg New York

Berndt, Ralph (1992 c) Marketing 3. Marketing-Management, 2. Auflage, Berlin Heidelberg New York

Berth, Rolf (1990), Visionäres Management. Die Philosophie der Innovation. Düsseldorf: Econ

Bleicher, Knut (1992), Das Konzept Integriertes Management, 2. Auflage, Frankfurt / NewYork

Bleicher, Knut (1994), Normatives Management. Politik, Verfassung und Philosophie des Unternehmens, Frankfurt/NewYork (Campus)

Burghardt, Manfred (1993), Projektmanagement. Leitfaden für die Planung, Ueberwachung und Steuerung von Entwicklungsprojekten, 2. überarb.Aufl., Berlin München (Siemens)

Conrad, P./ Sydow, J. (1991), Organisationskultur, Organisationsklima und Involvement, in: Dülfer (1991) S.77-94

Davidow, William H. / Malone, Michael S. (1993), Das virtuelle Unternehmen. Der Kunde als Coproduzent, Frankfurt / New York

Dreesmann, Helmut / Kraemer-Fieger, Sabine (Hrsg.) (1994), Moving. Neue Managementkonzepte zur Organisation des Wandels, Wiesbaden

Dülfer, Eberhard (1991), Internationales Management in unterschiedlichen Kulturbereichen, München

Dülfer, Eberhard (Hrsg.)(1991), Organisationskultur. Phänomen - Philosophie - Technologie, 2. erw. Auflage Stuttgart

Eggers, Bernd (1994), Ganzheitlich-vernetzendes Management, Wiesbaden (Gabler)

Frese, Erich (1993), Grundlagen der Organisation. Konzepte - Prinzipien - Strukturen, 5. vollst. überarb. Aufl., Wiesbaden

Gomez, P. (1985), Systemorientiertes Problemlösen im Management: von der Organisationsmethodik zur Systemmehodik, in: Probst/ Siegwart (Hrsg.) (1985) S.235-260

Gouillart, Francis J./Kelly, James N. (1995), Business Transformation, Wien (Orig.: New York 1995)

Greiner, L.E. (1972), Evolution and revolution as organizations grow, in HBR July/August 1972, S.37-46

Große-Oetringhaus, Wigand F. (1996), Strategische Identität - Orientierung im Wandel. Ganzheitliche Transformation zu Spitzenleistungen, Berlin/Heidelberg/New York

Gutenberg, E. (1968), Grundlagen der Betriebswirtschaftslehre, 1. Band Die Produktion, 14. Auflage Berlin Heidelberg New York

Hahn, D./Taylor B. (Hrsg.)(1986), Strategische Unternehmensplanung - Stand und Entwicklungstendenzen, 4. Aufl. Heidelberg/Wien

Heinen, E. (1985), Einführung in die Betriebswirtschaftslehre, 9. Aufl., Wiesbaden (1. Aufl. 1968)

Heinrich, Lutz J. /Burgholzer, Peter (1990), Informationsmanagement. Planung, Überwachung und Steuerung der Informations-Infrastruktur, 3.korrig.Auflage, München Wien

Heintel, Peter/ Krainz, Ewald E. (1990), Projektmanagement. Eine Antwort auf die Hierarchiekrise?, 2. Aufl., Wiebaden (Gabler)

Heintel, Peter/ Krainz, Ewald E. (1990), Projektmanagement. Eine Antwort auf die Hierarchiekrise?, 2. Aufl., Wiebaden (Gabler)

Hilker, Jörg (1993), Marketing-Implementierung. Grundlagen und Umsetzung am Beispiel ostdeutscher Unternehmen, Wiesbaden

Hinterhuber, Hans.H. (1992), Strategische Unternehmensführung. Band II Strategisches Handeln, Berlin/New York 5. neubearb. und erw. Auflage 1992

Hinterhuber, Hans.H. (1992), Strategische Unternehmensführung. Band I Strategisches Denken, Berlin/New York 5. neubearb. und erw. Auflage 1992

Jung, R.H. (1985), Mikroorganisation - Eine Untersuchung der Selbstorganisationsleistungen in betrieblichen Führungssystemen, Bern/Stuttgart

Kieser, Alfred (Hrsg.) (1993), Organisationstheorien, Stuttgart

Lay, Rupert (1997), Über die Kultur des Unternehmens, Düsseldorf, München

Levitt, Theodore (1992), Über Management, Frankfurt/New York, engl.: Thinking about management, New York 1991

Marrow, .J. (1977), Kurt Lewin - Leben und Werk, Stuttgart

Peters, Tom (1988), Kreatives Chaos. Die neue Management-Praxis, Hamburg (eng. Thriving on Chaos, New York 1987)

Peters, Tom (1993), Jenseits der Hierarchien. Liberation Management, Düsseldorf u.a.

Probst, G.J.B. /Siegwart, H. (Hrsg.) (1985), Integriertes Management - Bausteine eines systemorientierten Managements, Bern/Stuttgart

Scheer, August-Wilhelm (Hrsg.) (1993), Handbuch Informationsmanagement. Aufgaben - Konzepte - Praxislösungen, Wiesbaden

Schein, Edgar H. (1995), Unternehmenskultur. Ein Handbuch für Führungskräfte, Frankfurt / New York engl.: Organizational culture and leadership: dynamic view, San Francisco 1985

Schneider, Frank (1991), Corporate-Identity-orientierte Unternehmenspolitik. Eine Untersuchung unter besonderer Berücksichtigung von Corporate Design und Corporate Advertising, Heidelberg

Schoppe, Siegfried G., (Hrsg.) (1992), Kompendium der internationalen Betriebswirtschaftslehre, München/Wien, 2.verb.Aufl.

Schuster, F.E. (1987), Menschenführung - ein Gewinn, Hamburg engl.: The Schuster report: The proven connection between people and profit, New York 1986

Schweitzer, M. (1988), Gegenstand der Betriebswirtschaftslehre, in Allgemeine Betriebswirtschaftslehre, Band 1, 4. Aufl. Stuttgart New York

Staehle, Wolfgang H. (1994), Management. Eine verhaltenswissenschaftliche Perspektive. 7. Aufl. München

Tietz, Bruno (1987), Wege in die Informationsgesellschaft. Szenarien und Optionen für Wirtschaft und Gesellschaft. Ein Handbuch für Entscheidungsträger, Stuttgart

## 9.5 Psychologie

Allport, Gordon W. (1970), Gestalt und Wachstum in der Persönlichkeit, Meisenheim

Baßler, Wolfgang (1988), Ganzheit und Element. Zwei kontroverse Entwürfe einer Gegenstandsbildung in der Psychologie, Göttingen

Gebert, Alfred / Hacker, Winfried (Hrsg.) (1991), Arbeits- und Organisationspsychologie 1991 in Dresden (1. Deutscher Psychologentag), Bonn

Gebert, Dieter / Rosenstiel, Lutz von (1992), Organisationspsychologie. Person und Organisation, Stuttgart Berlin Köln 3. überarb. und erw. Aufl.

Gibson, James J. (1973), Die Sinne und der Prozeß der Wahrnehmung, Bern/Stuttgart/Wien

Herkner, Werner (1986), Psychologie, Wien

Kebeck, Günther (1994), Wahrnehmung. Theorien, Methoden und Forschungsergebnisse der Wahrnehmungspsychologie, Weinheim München

Köhler, Wolfgang (1933), Psychologische Probleme, Berlin

Neisser, Ulric (1974), Kognitive Psychologie, Stuttgart

Prinz, Wolfgang / Bridgeman, Bruce (1994), Wahrnehmung, Göttingen

Rock, Irvin (1985), Wahrnehmung. Vom visuellen Reiz zum Sehen und Erkennen, Heidelberg

Schwarz, Gerhard et al. (Hrsg.)(1993), Gruppendynamik. Geschichte und Zukunft, Wien

Slater, Philip E. (1978) Mikrokosmos: Eine Studie über Gruppendynamik, Frankfurt

Vernon, M.D. (1974), Wahrnehmung und Erfahrung, Köln

## 9.6 Semiotik

Apel, Karl-Otto (Hrsg.). (1976), Charles Sanders Peirce - Schriften zum Pragmatismus und Pragmatizismus. Frankfurt a. M.

Eco, Umberto (1972), Einführung in die Semiotik. München

Eco, Umberto (1985), Semiotik. Entwurf einer Theorie der Zeichen. München

Heuberger, Frank (1992), Problemlösendes Handeln: Zur Handlungs- und Erkenntnistheorie von Georg Herbert Mead, Alfred Schütz und Charles Sanders Peirce. Frankfurt a. M.

Hoopes, James (Ed.) (1991), Peirce on Signs. Writings on Semiotic by Charles Sanders Peirce, Chapel Hill London

Krampen, Martin et al. (1987/1981), Classics of Semiotics, New York London

Kroehl, Heinz (1979), Der generative Aspekt der Gestaltung, in: Wolfgang Schmittel (Hrsg.), process visual, S.58 ff, Zürich

Kroehl, Heinz (1984), Buch und Buchumschlag im Test, Dortmund

Morris, Charles W. (1972), Grundlagen der Zeichentheorie. Ästhetik und Zeichentheorie, München

Morris, Charles W. (1977), Pragmatische Semiotik und Handlungstheorie, Frankfurt a.M.

Nöth, Winfried (1985), Handbuch der Semiotik, Stuttgart

Oehler, Klaus (1995), Sachen und Zeichen. Zur Philosophie des Pragmatismus, Frankfurt a.M.

Peirce, Charles Sanders (1931-35), Collected Papers Vol. 1-6 Hrsg. v. C. Hartshorne und P. Weiss, Cambridge, Mass.

Peirce, Charles Sanders (1958), Collected Papers Vol. 7/8 Hrsg. v. A.W. Burks, Cambridge, Mass.

Peirce, Charles Sanders (1985), Über die Klarheit unserer Gedanken. How to Make Our Ideas Clear (engl. und dtsch.), Frankfurt a. M.

Peirce, Charles Sanders (1986), Semiotische Schriften. Frankfurt a. M.

Peirce, Charles Sanders (1992), Reasoning and the Logic of Things. The Cambridge Conferences Lectures of 1898, Edited by Kenneth Laine Ketner, Cambridge, Mass. London

Posner, Roland /Reinecke, Hans-Peter (Hrsg.) (1977), Zeichenprozesse. Semiotische Forschung in den Einzelwissenschaften, Wiesbaden

Whorf, Benjamin Lee (1963) Sprache Denken Wirklichkeit, Reinbek bei Hamburg

## 9.7 Soziologie

Bruckmeier, Karl (1988), Kritik der Organisationsgesellschaft. Wege der systemtheoretischen Auflösung der Gesellschaft von Max Weber, Parsons, Luhmann und Habermas. Münster

Bürschel, Wolfgang (1990), Zum Begriff modernen ganzheitlichen Denkens: Studie zur Systemtheorie Luhmanns, Frankfurt a.M.

Coleman, J.E. (1986), Die asymmetrische Gesellschaft, Weinheim/ Basel

Erikson, E.H. (1995), Identität und Lebenszyklus, Frankfurt a.M., orig.: Identity and the Life Cycle, 1959

Faltin, I. (1990), Norm-Milieu-politische Kultur: normative Vernetzungen in Gesellschaft und Politik der Bundesrepublik, Wiesbaden

Klages, H. (1984), Wertorientierungen im Wandel. Rückblick, Gegenstandsanalyse, Prognosen. Frankfurt a.M./New York

Lewin, Kurt (1969), Grundzüge der topologischen Psychologie, Bern/ Stuttgart

Luhmann, Niklas (1964), Funktionen und Folgen formaler Organisation, Berlin

Luhmann, Niklas (1973), Zweckbegriff und Systemrationalität, Frankfurt a.M.

Luhmann, Niklas (1984), Soziale Systeme - Grundriß einer allgemeinen Theorie,
Frankfurt a.M.

Mayntz, Renate (1972), Soziologie der Organisation, Reinbek b. Hamburg

Parsons, Talcott (1976), Das System moderner Gesellschaften. 2. Aufl., München

Popper, Karl R. (1982), Logik der Forschung, 7. erw. Auflage, Tübingen

Probst, G.J.B. (1987), Selbstorganisation - Ordnungsprozesse in sozialen Systemen aus ganzheitlicher Sicht, Berlin/Hamburg

Reimann, H./Giesen, B./Götze, D. et al (1991), Basale Soziologie: Hauptprobleme, Opladen (4., neubearb. u. erw. Aufl.)

Reimann, H./Giesen, B./Götze, D./Schmid, M. (1991), Basale Soziologie: Theoretische Modelle, Opladen (4., neubearb. u. erw. Aufl.)

Sahner, H. (1982), Theorie und Forschung. Zur paradigmatischen Struktur der westdeutschen Soziologie und zu ihrem Einfluß auf die Forschung, Opladen

Saurwein, Karl-Heinz (1988), Ökonomie und soziologische Theoriekonstruktion. Zur Bedeutung ökonomischer Theorieelemente in der Sozialtheorie Talcott Parsons. Opladen

Schulze, Gerhard (1993), Die Erlebnisgesellschaft: Kultursoziologie der Gegenwart. 4. Aufl., Frankfurt a. M.

Treibel, Annette (1994), Einführung in soziologische Theorien der Gegenwart, 2. Auflage Opladen

Willke, Helmut (1993), Systemtheorie. Eine Einführung in die Grundprobleme der Theorie sozialer Systeme. 4. überarb. Aufl., Stuttgart Jena

Wiswede, Günter (1991), Soziologie. Ein Lehrbuch für den wirtschafts- und sozialwissenschaftlichen Bereich, Landsberg am Lech, 2. überarb. u. erw. Aufl.

11